KB069715

아들러 아동상담

-이론과 실제-

김춘경 저

학지사

이 책은 2004년도 경북대학교 학술진흥연구비(저술장려)의 지원을 받아 연구되었다.

 **머리말**

아들러 이론을 처음 접하게 된 것은 대학시절 심리학개론 시간이었다. 두꺼운 심리학개론 책에서 반쪽뿐인 간단한 내용이었으나 거기에 실린 형제 간의 서열구도가 성격에 영향을 미친다는 내용에 무척 관심이 끌렸다. 그 때 그 관심을 갖고 독일로 유학을 가면서 계속 아들러 심리학과 상담을 공부할 수 있기를 바랐다. 마음의 소원을 이루어 주시는 하나님의 은총으로 아들러 상담 전문가인 故 Tamas von Kuerty 교수의 지도를 받게 되었고, 그분이 운영하시는 연구소에서 아들러 상담자양성과정을 이수할 수 있었다. 바쁜 유학생활 속에서 참으로 많은 일들이 있었지만 다양한 방식으로 운영되는 상담교육과정을 큰 기쁨과 감사한 마음으로 어렵고 힘들다는 생각 없이 즐겁게 참여할 수 있었던 것은 아들러 상담이 지니고 있는 인간에 대한 깊은 통찰력과 치유력 때문이 아니었나 싶다. 어려운 공부를 하러 다닌 게 아니라, 나를 더욱 깊이 알고 바쁘고 힘든 삶을 사는 나를 위로하고 힘을 얻고 치유를 받으러 다녔다는 생각이 든다. 또 다른 이유는 우리나라에는 그 당시만 해도, 아니 10년 전만 해도 거의 소개조차 제대로 되어 있지 않은 새로운 분야를 공부한다는 사명감이 아들러 상담 연구에 열정을 쏟게 한 것 같다.

사실 아들러 상담 및 심리치료는 현대 심리학에 가장 큰 영향력을 미친 것으로 인정받고 있다. 실제로 우리나라에 잘 알려져 있는 교류분석(TA), 실존치료, 인간중심치료, 현실치료, REBT, 해결중심단기치료 등이 모두 아들러의 개인심리학의 영향을 많이 받았다. REBT의 엘리스는 "아들러는 최초의 인본주의 심리학자"라고 했으며, 의미치료학자인 Frankle은 아들러를 "실존주의 정신운동의 선구자이며, 아들러가 성취하고 달성한 바는 코페르니쿠스의 발견에 버금간다."라고 칭송했으며, 우리가 잘 아는 매슬로도 "해가 갈수록 아들러가 점점 더 옳다는 생각을 하게 된다. 그 시대가 아들러를 따라잡지 못했다고 말하고 싶다."라고 하여 아들러 심리학이 현대 심리학에 끼친 영향력을 잘 대변해 주고 있다. 또한 신 프로이트학파로 불리는 Erikson, Fromm, Horney, Sullivan, Berne 등도, 일찍이 아들러가 강조한 인간발달에 있어서 사회적 과정의 중요성을 재발견하여 아들러와 같은 입장에서 그들의 이론을 전개시키고 있다고 하여 이들을 신 아들러학파로 불러야 한다는 주장도 꾸준히 이루어지고 있다. 아들러의 사회적 영향을 강조하는 특성은 호나이와 프롬에게, 성격의 통일성을 강조하는 점은 올포트에게, 인간의 창조적 힘과 과거보다는 미래의 목적이 더 중요하다는 주장은 매슬로의 연구에 많은 영향을 주었다. 아들러의 영향을 받은 많은 학자들에 관한 연구는 활발히 이루어지고 있으나, 정작 이들에게 막강한 영향력을 행사한 아들러의 개인심리학에 대한 연구는 우리나라에서는 매우 미비한 실정이다.

1995년부터 지금까지 아들러 상담에 관한 크고 작은 워크숍과 특강을 해오면서 아들러 상담과 관련해서 좋은 참고도서를 소개해 달라는 주문을 자주 받았다. 마땅한 참고서적이 없어 안타까웠고, 미흡하지만 본인이 작업을 해서 책으로 내겠다는 약속을 한 것도 벌써 5~6년이 지났다. 그 사이 번역서를 먼저 출판하게 되어 지금 이 책에 대한 부담이 많이 덜어졌다. 아들러의 개인심리학적 개념은 아동상담, 가족상담, 청소년상담, 노인상담, 부부상담, 가족상담, 건강상담 등의 다양한 분야에 매우 활발히 적용되고 있다. 맨처음 아들러 상담책을 준비할 때는 아들러 상담의 이론적 배경과 상담기술을 1부로 하고, 2부에는 아동상담, 3부에는 가족상담을 쓰겠다는 계획이었으나, 준비하다 보니 그 내용이 너무 방대하고, 그렇게 하다가는 어느 세월에 이 책이 세상에 나올 수 있을지도 묘연하였다. 그래서 이번에는 2부에서 다룰 예정이었던 아동상담에 관한 부분만을 다루기로 하였다.

아들러 상담에 관한 많은 사람들의 요구와 오랫동안 아들러 아동상담, 아들러 놀이치료에 관한 워크숍을 하면서 책으로 자료를 잘 정리해서 내겠다는 약속을 지키기 위해 아직도 부족함이 있지만 출판의 용기를 내게 되었다. 2005년 가을에는 아들러 전문가인 Dr. James Robert Bitter와 Dr. Donald Kelly 교수를 모신 국제학술대회가 개최되었다. 이를 계기로 앞으로 더욱 많은 관심과 연구가 우리나라에서도 이루어질 것을 기대해 본다. 이 책이 지금까지 아들러 상담, 특히 아들러 아동상담에 관심을 가졌던 독자들의 관심을 조금이라도 충족시켜 줄 수 있기를 바라며, 상담을 전공하는 대학생과 대학원생, 일선에서 상담을 하고 있는 상담사, 교사, 사회복지사, 임상심리사, 의료 종사자 등에게 도움이 되었으면 한다.

이 책이 나오기까지 관심을 가지고 도와주신 학지사의 김진환 사장님과 교정과 편집에 애써 주신 편집부 여러분, 특히 정영석 차장님께 진심으로 감사드린다. 마지막으로 이 책이 출판되도록 지원을 해 준 경북대학교 학술지원처에 감사드린다.

2006. 1.
김춘경

차 례

제1부

아들러 상담이론

제**1**장
아들러의 생애

1. 아들러의 생애

알프레드 아들러(Alfred Adler)는 1870년 2월 7일 비엔나 교외의 펜징에서 레오폴드와 폴린의 6남매 중 둘째로 태어났다. 아들러가 형제 서열 중 둘째였다는 사실은 그의 이론발달에 큰 영향을 미쳤다. 그는 둘째로서 언제나 첫째인 형을 극복하기 위해 부단한 노력을 했다고 한다(Roehrich, 1976). 아버지는 중산층의 유대인 상인이었고, 어머니는 가정주부였다. 어린 시절에 아들러는 약한 몸 때문에 고생했으며 자동차에 치인 적도 있었다. 어린 시절의 병약함과 형 지그문트(Sigmund)에 대한 질투심으로 열등감을 지녔다고 한다. 동생의 탄생으로 어머니의 사랑을 동생에게 빼앗기게 되면서 아들러는 아버지의 보살핌을 받았고 아버지와 친밀한 관계를 계속 유지하게 된다. 이런 경험은 프로이트(Freud)의 오이디푸스 콤플렉스를 받아들이기 어렵게 하였다. 자라나면서 건강은 점차 호전되었다. 아들러는 세 살 때 동생이 자기 침대 옆에서 죽는 일을 겪었으며 아들러 자신도 1년 뒤 폐렴으로 거의 죽을 뻔한 경험을 했다. 자신의 병약함과 동생의 죽음으로 인해 아들러는 아주 어린 시절부터 의학에 대한 관심을 가졌다. 이에 대해 아들러는 다음과 같이 회상한다.

> 나의 병이 나은 것을 기뻐하며, 하마터면 죽을 뻔했던 것을 오랫동안 이야기했다. 그때부터 나는 항상 어른이 되면 의사가 되어야겠다고 생각했던 것이 기억난다. 나는 고통, 죽음에 대한 공포에 대해 종말을 고하려는 목표를 세웠다. 다시 말해 나는 죽음과 죽음에 대한 공포를 극복하기 위하여 의사란 직업을 택하였다(Adler, Hjelle, & Ziegler, 1981, 재인용).

학창 시절 아들러는 매우 평범한 학생이었다. 중학교 때는 수학을 낙제하여 재수강을 하기도 했다. 하루는 선생님이 부모님을 불러, 아들러는 아무 일도 할 줄 모르니 학교를 그만두고 구두제화공이나 하라고 했던 일화도 있다. 그때 아버지는 아들러를 격려하였고, 아들러는 학업을 계속해서 졸업할 때는 가장 우수한 학생이 되었다. 아들러는 1888년 명문 비엔나 대학에 들어가 의학을 공부했다. 1895년에는 종합 의학 박사과정(Doktor der gesammten Heilkunde)에 입학했고, 1897년에 러시아에서 온 라이사(Raissa)와 결혼하여 세 명의 딸과 한 명의 아들을 두었다.

아들러는 1898년 의사로 개업을 하였다. 처음에는 안과의사로 개업하였으나, 후에 일반 내과에서 신경학과 정신의학으로 전환하였다. 학업을 하면서 아들러는 사회주의 학생연합(sozialistischen Studentenverein)의 회원으로 활동하였고, 마르크스의 저서를 많이 읽었다. 개업을 하고 나서도 아들러는 심리학, 철학, 사회과학을 공부했다.

1902년 가을, 프로이트는 아들러를 자신의 토론 그룹에 초대했다. 후에 이 모임은 비엔나 정신분석학회(Vienna Psychoanalytic Society)로 발전했으며, 아들러는 1910년에 이 모임에 회장이 되었다. 이 모임에서 아들러는 교육의 문제에 적극적인 관심을 보인 최초의 회원이었고(Furtmueller, 1983), 예방

의학적 차원에서 교육의 문제를 심층심리학적으로 접근하여 해결하려는 노력을 많이 하였다. 1910년 아들러는 정신분석학회 회장으로 선출되고, 정신분석학회지 편집 일을 맡았다. 초기에 프로이트와 아들러는 조화로운 관계를 유지하였으나, 자신의 이론에 대한 엄격한 충성과 획일화에 대한 프로이트의 압력이 한 원인이 되어 아들러는 1년 후 이 학회에서 탈퇴하였다. 아들러는 여러 가지 측면에서 종종 프로이트 사상과 마찰을 빚곤 했다.

정신분석학회 탈퇴 후 아들러는 대부분 사회주의적이고 교육적 이념을 강조하는 그의 추종자들과 함께 그들 자신의 학회를 창설하였다. 그때 참석한 회원들 중에는 칼 프르트뮐러, 알리너 프르트뮐러, 에른스트 프뢰쉘, 조제프 크라머, 이다 뢰비, 알렉산더 노이어, 오펜하임, 레온하르트 자이프, 에르윈 벡스베르크(Carl Furtmueller, Aline Furtmueller, Ernst Froeshel, Josef Kramer, Ida Loewy, Alexander Neuer, E. Oppenheim, Leonhard Seif, Erwin Wexberg) 등이 있다. 1912년에 그는 '개인심리학'의 개념을 가지고 '개인심리학회(Society for Individual Psychology)'를 탄생시켰다.

아들러는 군의관으로 제1차세계대전에 참전하였다. 제1차세계대전 이후 아들러는 오스트리아 정부의 부탁으로 신경증 학생들과 그들 부모들을 상담할 수 있는 아동상담소를 설립하였다. 이는 현재 지역사회 정신치료소의 선구적 역할을 한 것으로 볼 수 있다. 그때 그는 교사, 사회사업가, 의사, 그리고 다른 전문가들을 양성하는 현장실습 장소로 비엔나의 공립학교에 최초의 아동상담소를 설립하였다. 아동상담소에서 아들러는 부모교육, 부모상담 프로그램, 교사교육, 집단상담의 새로운 장을 개척할 수 있었다. 아들러는 전에는 사용된 적이 없는 교육적 관념에 대한 것을 전문가들에게 설명하였고, 아동의 행동을 이해하는 법과 아동을 돕는 법을 가르쳤다. 아들러의 아동상담소는 그 시대에는 다소 혁명적인 성향을 가진 것으로 받아들여졌음에도 불구하고, 비엔나와 전 유럽에 걸쳐 빠르게 성장하였다. 그리고 짧은 기간에 50여 개에 달하는 상담소가 생기게 되었다. 그 당시 유럽에 퍼져나갔던 상담소와 독특한 강연스타일, 그리고 시연을 통해 아들러는 많지는 않지만 소중한 제자들을 만났다.

그의 최초의 심리학 논문인 「교육자로서의 의사」는 1904년에 출판되었는데, 이 논문의 중요한 테마는 모든 교육자들에게 적용 가능한 것이었다. 아들러는 '자신의 강점에 대한 아동의 확신'의 중요성을 강조했는데, 특히 허약한 아동이나 응석받이의 지도와 관련해서는 더욱 그러했다. 그는 아동의 최대의 자산은 삶에 대처할 수 있는 인간적 용기(personal courage)라고 믿었다. 그는 교육자들에게 아동이 자신을 교육하는 이들에 대한 두려움 없이 자신의 행동결과를 자연스럽게 경험하게 함으로써 자제심을 기르도록 도와주라고 가르쳤다. 남은 생애 동안 그는 아동을 지도하는 데 중요한 원리라고 여긴 방식을 통해 아동양육의 실제와 부모 교사 교육에 관심을 두었다. 그는 (심리치료적) 실험학교를 세워 치료교육, 교육치료적 틀을 체계화시키기도 하였다.

아들러는 미국, 네덜란드, 프랑스, 스웨덴, 벨기에, 체코, 독일, 유고슬라비아, 영국, 스코틀랜드 등을 돌며 수없이 많은 강연을 하면서, 개인심리학 이론의 추종자들을 많이 형성시켰다. 아들러를 알고 있는 사람들은 아들러가 인생을 즐기는 낙천적인 사람이라고 회고하였다. 그는 이야기하기를 즐기며 피아노를 치면서 노래하기도 즐겼다고 한다.

1926년 미국에서 첫 순회강연을 가지게 된 이후 그의 방문은 점점 빈번해졌고, 유럽에 대한 나치의 압제가 시작되었던 1935년, 사회적으로 평등한 사회에 관한 급진적이고 정치적으로 수용될 수 없는 생각을 갖고 있었던 아들러는 미국으로 망명해야만 했다. 그는 1937년 스코틀랜드 애버딘에서 순회강연 중 사망하였다. 비록 미국에서 개인심리학 이론을 널리 가르치고 강연을 했지만, 그의 사망은 개인심리학 발전에 중요한 공백을 남겼다. 미국의 아들러학파 학자들은 프로이트의 정신분석을 채택한 사람들의 막강한 저항에 부딪혔다. 아들러의 죽음 이후, 그의 연구에 대한 관심은 쇠퇴하였다. 나치정권과 제2차세계대전으로 인해 아들러의 제자들은 유럽대륙과 그외 지방으로 흩어지게 되었다. 그들 중 상당수는 미국으로 건너갔다. 미국에서 그들은 프로이트 심리학의 대립으로 여겨지는 아들러의 사상에 대한 아주 강한 거부를 발견하였다. 유럽의 아들러 사상에 대한 잘못된 인식과 그의 업적 파괴, 그리고 프로이트 접근법이 주류를 이루었던 시대적 상황은 아들러의 공헌에 대한 인식 저하와 개인심리학을 따르는 많은 임상자들의 일시적인 쇠퇴의 주된 원인이 되었다.

제2차세계대전 이후 개인심리학은 다시 르네상스를 맞이했다. 로우스, 레트너, 슈페어버(V. Lous, J. Rattner, M. Sperber), 특히 드레이커스(R. Dreikurs)와 그의 많은 미국 동료들과 학생들에 의해 아들러의 개인심리학은 다시 조명받기 시작했으며, 그 이후 계속 엄청난 발전을 이루고 있다. 오늘날 개인심리학은 현재의 많은 사고 시스템과 심리치료 접근들의 선구자로 인식되고 있다. 개인심리학의 영향은 자녀 양육, 결혼과 가족치료, 그리고 학교상담, 인간관계 개선, 부모교육 및 부모상담 등 수많은 분야에서 찾아볼 수 있다. 또한 미국, 독일, 프랑스 덴마크, 그리스, 영국, 네덜란드, 이스라엘, 이탈리아, 오스트리아, 스위스, 캐나다, 호주 등지에 아들러 연구소가 설립되어 활발한 활동을 하고 있다(Orgler, 1974; Roehrig, 1976; Ansbacher & Ansbacher, 1982).

2. 아들러에 대한 평가

역사의 가시성이라는 견지에서 볼 때 아들러보다는 프로이트가 더 유명하다. 아들러와 프로이트의 차이가 너무 크고 중요했기 때문에 그들의 이론은 항상 비교되어 설명되곤 한다. 아들러는 인간을 가치 있고 사회적으로 동기화되며 창의적이고 독립적인 행동을 할 수 있는 존재로 보았다. 그의 이론은 사회적 민주주의의 개념에 기초하고 있기 때문에 최근에 와서야 교육학과 심리학에 영향력을 미치기 시작했다. 특히 우리나라에서는 얼마 전까지만 해도 아들러의 개인심리학을 알고 있는 사람은 거의 없었다.

엘렌버거(Ellenberger, 1970)는 그 상황을 아주 간명하게 진술하였다.

아들러의 연구가 미치는 영향력을 평가하려는 어떠한 시도도 역설적이다. 개인심리학의 영향은 어떠한 의심도 능가하는 것이다. 그러나 아들러만큼, 모든 면에서 승인 받지 않고서 그렇게 많은 부분을 차용당한 저자를 발견하기도 어렵다.

어떤 사람들에게 있어 아들러는 프로이트에게서 벗어나 정신분석의 변형을 추구했던 프로이트의 제자일뿐이었다. 그러나 아들러는 프로이트와 만나기 전에 이미 그의 이론의 개요를 밝혔다. 아들러가 프로이트와 합류한 이유가 전적으로 명확하지는 않지만, 프로이트는 1902년 수요 저녁모임에 아들러를 초대했는데 아들러가 프로이트의 이론을 옹호하는 글을 두 편 쓴 후였다. 지금은 아들러와 프로이트가 서로의 이론에 상호 영향을 미쳤다는 증거가 발견되었으므로 아들러가 프로이트의 동료였다고 말하는 것이 보다 정확할 것이다.

아들러는 상담 및 심리치료 전문 분야에 많이 이용되는 풍부한 개념과 표현들을 남겨놓았다. 뉴욕시에서 임상가로 활동하고 있는 그의 아들 쿠르트(Kurt)는 심리치료와 상담에 대한 아버지의 혁신적인 공헌 중에 가장 중요하다고 여기는 예들을 모았다.

- 엘리스(Ellis): '아들러는 최초의 인본주의 심리학자이다.'
- 보틈(Bottome): '아들러는 실존주의 심리학의 창시자이다.'
- 프랭클(Frankle): '실존주의 정신운동의 선구자이며, 아들러가 성취하고 달성한 바는 코페르니쿠스의 발견에 버금간다.'
- 매슬로(Maslow): '해가 갈수록 아들러가 점점 더 옳다는 생각을 하게 된다. … 그 시대가 아들러를 따라잡지 못했다고 말하고 싶다.'

아동양육의 실제, 교육 혹은 심리학을 연구하는 사람들 중 아들러의 사상을 모르는 사람은 거의 없을 것이다. 한편 이러한 사상의 창안자가 누구냐고 묻는다면 그 이름을 아는 사람도 거의 없을 것이다. 예를 들면 많은 사람들이 적어도 교류분석이론과 프로이트의 원욕, 자아, 초자아 간에 표면적인 유사점이 있음을 알고 있는 반면, 이러한 사회적 상호작용 분석이 많은 부분 사회적 삶과 심리적 성장에 관한 아들러의 가르침에 입각하고 있다는 것을 아는 사람은 거의 없을 것이다. 이와 마찬가지로 많은 사람들이 글래서(Glasser)의 현실치료 '실패 없는 학교'를 공교육에 적용해야 한다고 주장하고 있지만, 현실치료의 가장 근본적인 원리와 기법 중 몇몇이 개인심리학적(Adlerian)이란 것을 거의 모르고 있다. 프랭클, 레키(Lecky)와 메이(May)는 아들러의 제자들이었으며, 이들은 아들러가 자신의 일부 사상의 근원이라고 인정했다. 신 프로이트학파로 불리는 에릭슨(Erikson), 프롬(Fromm), 호나이(Horney), 설리번(Sullivan), 번(Berne) 등은 아들러와 관계를 맺지는 않았으나 일찍이 인간발달에 있어 사회적 과정의 중요성을 재발견하여 많은 부분에서 아들러와 같은 입장에서 그들의 이론을 전개시키고 있다. 그런 이유로 이들을 신 아들러학파(Neo Adlerian)로 불러야 한다는 주장이 있다 (Fritz Wittels, 1939; Ansbacher, 1951; Mosak, 1989; Marray, 1989, 1990; Schulz, 1990). 신 프로이트학파에 속한 학자들 중에서 아들러의 사회적 영향을 강조하는 특성은 호나이(Horney)와 프롬(Fromm)에게, 성격의 통일성을 강조하는 점은 올포트(Allport)에게, 인간의 창조적 힘과 과거보다는 미래의 목적이 더 중요하다는 주장은 매슬로의 연구에 영향을 주었다(Schultz, 1990). 이 외에도 아들러는 최초의 인본주의 심리학자(Ellis, 1970)로, 실존적 정신운동의 선구자(Frankle, 1970)로 불리고, 인지심리학적 이론 등에도 많은 영향을 끼친 시대를 앞선 학자로 인정받고 있다(Schultz, 1990). 프롬과 호나이 그리고 설리번도 개인심리학을 자신의 체제로 통합했는데, 너무나 많은 부분을 통합했기 때문에 엘렌버거는 호나이의 심리학을 '아들러의 가르침과 프로이트의 용어를 결합한 것'이라고 말할 정도였다.

　자신의 이론을 정설로 만들려고 했던 프로이트와는 달리 아들러는 이론의 체계화보다는 자신의 이론을 문제를 지닌 자를 실제 돕는데 중점을 두었다. 엘렌버거(1970)는 아들러의 심리학을 칸트(Kant), 마르크스(Marx), 니체(Nietzsche)가 기여했던 구체적이고 실용적인 심리학 전통에 포함시키고 있다.

프로이트와 아들러를 구분하는 주요 개념으로 갈등과 통일성에 관한 것을 생각할 수 있다. 프로이트는 인간 정신의 장을 둘 또는 셋의 개별적인 부분, 즉 의식 대 무의식, 원초자아 대 자아 대 초자아, 죽음의 본능 대 삶의 본능으로 나누었다. 이 부분들은 서로 배타적이고 적대적인 관계를 가지고 있어, 인간은 이러한 부분들 사이의 갈등에서 벗어날 수 없는 존재로 보았다(Ansbacher, 1972). 반면 아들러는 인간의 특성을 갈등의 관계로 보지 않고, 생활양식이라는 개성화 방식에 의해 생의 목표를 향하고 있는 전체성과 통일체를 형성하는 것으로 보았다. 번의 경우 갈등에 관해서는 프로이트와 입장을 같이하고 있으나, 부모, 성인, 아동자아의 중요한 관점이 서로 조화될 수 있는 인격의 조화 가능성을 보았다. 번은 자아상태가 조화와 통일을 이룰 수 있다고 보았으며, 이것이 아들러와 유사한 점으로, 그는 경험의 결정론적이고 심리 내적 역동성보다는 사람들 간의 상호작용에 대한 해석에 더 많은 관심을 가졌다고 볼 수 있다.

프로이트가 사회적 상황의 호전이 매우 어렵다고 보는 문화비관자(kulturpessimist)라고 하면, 아들러는 공동체를 좀 더 인간적으로 만들 수 있다는 가능성을 믿은 긍정적인 사회개혁자라고 할 수 있다. 인간의 사회적 특성을 강조하고 사회현상과 이상발달의 변화와 치료에 대해 보여준 긍정적인 자세는 새로운 인간이해와 치료의 장을 열어준 개인심리학의 공헌이다.

아들러를 최초의 인본주의 심리학자라고 했던 엘리스는 ASAP(American Society of Adlerian Psychology)의 회원이었고, 점차 아들러의 원칙을 받아들였다. 게다가 필립스(Phillips)의 간섭치료(interference Therapy), 켈리(Kelly)의 개인구성 심리학, 사르트르(Sartre)의 실존 심리분석, 모우러(Mowrer)의 통합치료(Integrity Therapy) 모두가 아들러의 영향을 받은 것으로 보인다.

아들러는 의사, 교사, 부모와 같은 많은 청중들 앞에서 집단치료와 가족치료를 실시함으로써 내담자와 공개적으로 일한 최초의 사람이었다. 그는 다른 전문가들이 상담 상호과정을 직접 관찰하여 배울 수 있게 하기 위해서 이러한 모의실험상황(demonstration)을 사용하였다. 어떤 다른 임상가도 아들러가 이러한 공개적 모의설명을 통해서 했던 것만큼의 모험을 하거나 정보를 공유하지 않았다.

아들러는 남성에 의한 지배와 그가 살았던 시대 전후의 유럽을 압박했던 전제정권에 의한 지배를 그리 다르지 않은 것으로 보았다. 1920년대에 아들러는 2세대가 지나면 여성들이 진정한 평등을 성취하게 될 것이라고 예측했다. 과거 10년간 평등에 대한 여성의 성공적인 투쟁은 이러한 예측의 정확성을 증명해 준다. 아들러는 여성의 열등성에 대한 그 당시에 만연해 있는 잘못된 사상을 묵인하지 않고 불평등은 충실한 관계와 상호 협력을 불가능하게 만든다고 강조하였다. 모든 사람의 평등에 대한 그의 발언은 여성의 해방을 기념하는 기념비 설립을 위한 타이라 볼센(Tyra Bolsen)의 계획에 반영되었다. 덴마크 조각가이자 초기 '해방주의자(liberationist)'인 볼센은 많은 여성을 조각하였는데, 그가 조각한 남성상은 아들러뿐이었다.

아들러는 300권 이상의 책과 논문을 발표했다. 셀 수 없을 정도의 많은 강의와 강연을 통해 전문가들뿐만 아니라 일반 대중에게도 그의 이론의 유용성을 전파하였다. 아들러의 사상을 따르는 사람들은 대중들이 필요로 하는 것을 정확히 인지하고 아들러가 실행한 공공강연, 부모·가족 교육센터, 그리고 유용하고 실질적인 정보의 보급을 통해 계속해서 그의 이론을 지지하고 발전시켜 나가고 있다.

제2장
아들러 상담의 기본 개념

1. 전체로서의 인간

아들러(Adler)는 자신의 이론을 '개인심리학(Individualpsychology)'이라고 이름붙였다. 이 이름은 아들러가 인간을 전체적으로 보아야 한다는 입장에서 개인의 분리 불가능성(indivisibility), 즉 '나누지 못하는(in-divide)' 전인(全人)이라는 어원을 가진 라틴어에서 따온 것이다. 후에 이 이름은 아들러의 주요 개념인 공동체감 또는 사회적 관심 개념과 상충되는 개념으로 오해되기도 하여 명칭에 관한 문제가 제기되기도 하였으나, 아들러는 인간의 전체성의 개념을 강조하기 위해서 '개인심리학'이라는 명칭을 고수하였다.

앞서 아들러를 극찬한 매슬로(Maslow)도 아들러의 전체성 개념에서 개인심리학파의 우수성을 보았다: "해가 갈수록 나는 아들러가 더욱더 옳다는 것을 느낀다. 그의 인간에 대한 이론은 사실이 밝혀짐에 따라 더욱 강한 지지를 받는다. 나는 특히 어떤 면에서는 이 시대가 아직 그를 좇아가지 못하고 있다고 말하려 한다. 내가 말하고자 하는 것은 그의 전체에 관한 강조이다.(1970: 13)"

　행동 패턴을 이해하기 위해서 전체성 개념을 이해하는 것은 필수적이다. 개인의 지능, 관심 그리고 성취물들에 관한 정보를 아무리 많이 모은다 하더라도 이러한 자료가 그 사람의 모든 것을 설명할 수는 없다. 행동과 자료 사이의 관계를 알아내고, 행동의 목적과 패턴을 관찰할 수 있을 때까지 치료적 혹은 교정적 조치를 취하기는 어렵다. 많은 자료를 모으고 내담자의 과거 역사에 강하게 집중하는 상담 기술은 종종 이러한 아주 중요한 관계를 설명하지 못한다. 효과적인 상담을 위해서는 행동의 의미를 총체성과 연관시켜 분명히 이해해야 한다.

　이러한 관점은 우리가 인간을 바라볼 때 환원론적(reductionistic) 접근보다는 전체론적(holistic) 접근을 취할 것을 요구한다. 프로이트는 인간 정신의 장을 둘 또는 셋으로 나누어 이것들이 서로 배타적이고 적대적인 관계를 가지고 있다고 보았으나, 아들러는 의식과 무의식, 마음과 육체, 접근과 회피, 양가감정과 갈등의 양극성 개념을 부정하고 개인을 목표를 향해 일정한 패턴으로 삶을 살아가는 역동적이고 통합된 유기체로 본다. 인과관계 혹은 분석적 설명에 의해 성격을 분해시키는 것은 이러한 총체성을 부정하는 것이다. 전체성(holism)은 타인을—타인과의 관계 속에서 의미를 갖기 위한 독특한 계획으로 살아가는—역동적이고 자기 지시적이며 마음과 몸이 서로 관련되어 있는 것으로 이해하는 관점이다.

2. 열등감과 보상기제

　맥스췰 멀츠라는 의사는 현대인들 중에 95%가 열등감이라는 질병에 시달린다고 했다. 많은 사람들이 열등감 때문에 위축되어 살아가면서 자신의 가능성과 능력을 발휘하지 못하고 불행해하는 것을 자주 볼 수 있다. 많은 사람들은 열등감이란 단어 자체가 개인심리학의 전문용어라는 사실을 모른

채 일상용어로 사용하고 있으며, 이 단어가 단순한 사실만을 나타내는 것이 아니라 개인심리학의 이론적 기원이 된다는 사실을 모르고 있다.

1900년대 초 몸이 아픈 환자들을 도와주는 내과의사였을 때, 아들러는 기관열등(organ inferiority)에 바탕을 둔 심리이론을 발전시켰다. 대략 1910년과 1920년 사이에 발전한 그의 이론은 성격과 아동발달 그리고 개인이 열등감을 극복하려고 노력할 수 있는 방법들에 초점을 맞추었다.

아들러는 열등감이 인생 전반에 걸쳐서 커다란 영향을 미치고 있음을 통찰하고, 열등감이 인간의 삶에 미치는 영향, 특히 열등감과 인간의 정신병리 현상과의 관계를 밝혔다. 그는 인간의 심층심리에 자리 잡고 있는 열등감(Minderwertigkeitsgefühl)이 모든 병리현상의 일차적 원인이라고 해석하고, 많은 정신병리현상은 열등감에 대한 이차적인 반응이라고 보았다. 그래서 그는 열등감의 개념 없이 정신병리학을 이해한다는 것은 불가능하다고 하면서, "열등감에 관한 연구는 모든 심리학자, 심리치료자 그리고 교육학자들에게 학습장애아, 노이로제 환자, 범죄자, 자살자, 알코올 중독자, 성도착증자를 이해하는 데 없어서는 안 되고 또 없어질 수 없는 열쇠임을 증명해 보여준다.(Adler, 1973a: 121)"라고 하였다.

아들러는 인간은 누구나 열등한 존재로 태어났으므로, 인간이라는 것은 곧 열등감을 갖게 된다는 것이라고 말했다. 아들러(1979)는 인류학적이고 발달심리학적 설명을 통해 모든 인간에게 필연적으로 생기는 열등감의 근원을 두 가지 면에서 설명하고 있다.

첫째, 계통발생학적(phylogenetisch)으로 인간은 육체적으로 약한(열등한) 종족에 속한다는 것이다. 연약한 인간에게 있어 엄청난 힘을 지닌 자연은 두렵고 무서운 존재로서 인식되며 인간은 이러한 적대적인 환경을 극복하고자 집단을 형성하고 지능을 비롯한 다양한 능력을 발달시켜 결국 자연의 지배자가 될 수 있었음을 지적한다.

둘째, 개체발생학적(ontogenetisch)으로 인간은 생애 초기에는 육체적으로 아주 약한 존재로서 타인의 도움 없이는 생존조차 할 수 없는 무력한(열등한) 존재라는 사실에 주의를 기울였다. 이 때문에 무력감과 열등감정이 인간의 기본 감정을 이룬다고 보았다. 육체적으로는 물론, 정신적으로도 어린이는 아직 '완성되지 않은(unfertig)' 존재로서, 삶의 요구에 적절히 대응할 만큼 성장되지 못한 채 매 순간마다 환경의 보호와 원조에 의존하고 있다. 이 경험은 어린이에게 의존감과 무력감, 나아가 연약한 존재감을 지니게 한다(Adler, 1966).

아들러에게 있어 중요한 것은 열등감 자체가 아니라, 이러한 생득적인 열등함을 인간이 어떻게 받아들이고 대응해 나가느냐이다. 아들러는 인간을 자기 결정적인 존재라고 보았다. 인간은 자신의 경험에 스스로 의미를 부여하고, 자신의 삶에 부여한 의미에 따라서 삶의 태도와 방식을 달리한다. 그러므로 중요한 것은 개인에게 주어진 열등한 환경과 열등함 그 자체가 아니라 개인이 그러한 상황을 어떻게 해석하는가에 달려 있다. 즉, 열등감은 객관적인 원인에서보다는 주관적으로 느끼는(subjectiv empfunden) 것으로써 모든 인간행동에 결정적인 영향을 끼친다. 여기서 주관적 감정이 개인심리학의 열등감을 이해하는 데 중요한 역할을 한다. 이런 맥락에서 아들러는 열등성과 열등감의 차이를 분명히 할 것을 강조하면서, 열등한 느낌(감: Gefühl)이란 주관적인 해석으로 자신이 지닌 가치판단에 의존하는 것이지, 결코 객관적으로 측량할 수 있는 실제로 지니고 있는 열등성과는 전혀 다른 것이라고 한다(Adler,1972).

아들러는 인간이 열등감을 어느 정도 경험하느냐에 따라서 열등감을 갖는 것은 필요하고 나아가 바람직하다고까지 한다. 아들러(1973a: 68)는 "열등감은 연약한 인간에게 자연이 준 축복이다."라고 하면서 열등상황을 극복하여 우월의 상황으로 밀고 나아가게 하는 힘을 지닌 강한 열등감은 인간이 지닌 잠재능력을 발달시키는 자극제 또는 촉진제의 역할을 한다고 강조한다. 아들러는 이에 대해 많은 역사적 인물들의 실례를 제시하고 있다. 역사적으로 많은 위대한 사람들이 열등감을 지녔던 사람들이다. 그들은 열등감을 극복한 결과 위대하게 되었던 것이다. 말더듬이였던 데모스테네스가 자기의 신체적 열등감을 극복하기 위해 피나는 노력을 한 결과 당대의 유명한 웅변가가 되었는데 이것은 신체적 열등감을 건설적으로 승화한 하나의 대표적인 예이다. 이 외에도 학력이 없었던 링컨, 신체에 대한 열등감을 지녔던 루즈벨트, 가난했던 록펠러, 귀머거리의 베토벤, 돌대가리란 소리를 들었던 소크라테스 등 많은 사람들이 열등감을 극복하여 성공한 사람들이다.

아들러(1973a)는 인간의 모든 문화사도 인간의 불안과 열등감을 극복하고자 노력했던 역사라고 보았다. 새처럼 하늘을 날 수 없다는 열등감이 인간을 우주에 갈 수 있게 만들어 주었고, 표범처럼 빨리 달릴 수 없다는 열등감이 인간에게 자동차를 안겨다 주었으며, 허약한 신체를 가졌다는 열등감이 인간을 지구의 생물 중 가장 뛰어난 의학을 가진 존재로 만들어 주었다고 볼 수 있다. 만약 인간이 열등감을 느끼고 이것을 극복하려는 노력을 하지 않았다면, 인간은 참으로 하찮은 존재로 살고 있을 것이며 인류의 역사는 조금도 발전하지 않았을 것이다. 인간의 발달을 위한 무한한 에너지를 제공해 주는 것이 열등감이라고 볼 수 있다.

아들러는 교육의 기초와 그 가능성도 열등감에서 찾는다. 자신의 약함을 극복하고자 하는 욕구에서 어린이는 교육적 도움을 받아들이게 된다. 자신의 환경적 요구에 적응하여 자신의 약함을 가능한 한 빨리 극복하기 위해 노력한다는 것이다. 이와 같이 아들러에게 있어 열등감은 인간의 성장과 발전, 나아가 인류 문명의 발전에 있어 매우 중요한 개념이다. 열등감이 이와 같이 긍정적이고 생산적인 것으로 인식될 수 있는 것은 열등개념과 꼭 붙어다니는 보상(Kompensation)개념 때문이다. 아들러는 그의 초기저서 『(신체)기관의 열등성에 관한 연구(1907)』에서 유기체가 기관과 기관, 유기체와 물리적 환경, 유기체와 사회적 환경과의 관계에서 열등을 인식하게 되면 심리적 상부구조는 이를 보상하려는 방향으로 움직이게 된다는 점을 발견한다. 그는 이어서 개인은 신체의 열등감뿐만 아니라 자신이 약하다고 느끼는 사회적·심리적인 부분들에 대한 열등의식도 보상하고자 노력하는 것

을 발견했다. 인간은 기본적으로 자신의 약점 때문에 생기는 긴장과 불안
정감, 그리고 남보다 열등하고 하위에 있다는 사실을 참기 힘들어 한다. 아
들러학파에서는 열등의 감정을 극복 또는 보상하려는 추동을 인간의 기본
동기로 본다.

3. 우월의 추구

인간은 기본적으로 자신의 약점 때문에 생기는 긴장과 불안정감, 그리고
남보다 열등하고 하위에 있다는 사실을 참기 힘들어 한다. 그래서 열등의
감정을 극복 또는 보상하여 우월해지고, 위로 상승하고자 하는 목표를 달
성하고자 노력한다. 보상은 인간이 지닌 열등감을 조정하는 효과가 있다.
인간은 자신의 열등감을 보상하는 방향으로 행동한다. 그렇다면 그 보상은
어디까지 이르는가? 보상의 궁극적인 목적을 아들러는 우월에의 추구라고
하였다. 우월에의 추구는 삶의 기초적 사실로서 모든 인간이 문제에 직면
하였을 때 부족한 것은 보충하며 낮은 것은 높이고 미완성의 것은 완성하
며 무능한 것은 유능하게 만들려는 경향성을 말한다(이형득, 1992).

마이너스에서 플러스로의 우월에의 충동은 끝이 없고 이것은 완전을 위
한 투쟁으로 이어진다. 우리 안에 있는 진리에 대한 추구, 삶의 문제를 해
결하고자 하는 만족되지 않은 욕구는 완전을 향한 갈망을 보여준다
(Ansbacher, 1952: 103). 프로이트가 인간 행동의 동기를 긴장을 감소하고 쾌
락을 얻는 것으로 본데 반해, 아들러는 긴장의 감소를 목표로 보지 않고,
도리어 완전의 추구라는 더 많은 에너지와 노력을 요구하며 긴장을 증가시
키는 것을 인간행동의 동기로 보았다.

인간의 우월추구를 향한 보상은 두 방향으로 나누어진다. 이는 초기 어린
시절에 받았던 인상과 경험, 즉 어린이가 어린 시절에 얼마나 깊은 불안감
과 열등감을 느꼈는가와 삶의 문제를 극복하는 데 있어 주변인물이 어떠한

모델이 되어주었는가에 따라 각기 다른 보상 형태가 형성된다고 한다. 어린이가 어린 시절 열등감 때문에 억압받지 않고 생의 유용한 측면에서 성공의 가능성을 찾는 동안에는 권력을 획득하려는 소망은 실제의 성숙과 발전을 위한 노력으로 실현될 수 있다. 이렇게 새로 얻은 능력은 아동의 인성을 강하게 하고 객관적 열등성을 계속해서 극복할 수 있게 한다. 그러나 만일 잘못된 교육상황이나 부적절한 환경이 어린이의 열등감을 더욱 심화시켜서 어린이가 삶의 유용한 측면에서 정상적인 방법으로 더 이상 자신의 열등감을 극복할 수 없다고 믿게 되면, 어린이는 비뚤어진 방향의 보상을 시도하게 된다. 이 점에 대해 아들러(1966: 77)는 다음과 같이 서술한다.

> "열등감을 지나치게 억압하면 위험하다. 그렇게 되면 어린이는 자신의 미래의 삶이 실패하지 않을까 하는 불안 속에서, 단순한 보상으로 만족하지 않고 더 크고 더 이루기 어려운 보상을 획득하려고 한다. 이때 그의 권력과 우월성의 추구는 정도를 넘어 병적으로까지 치닫게 된다."

어린이는 스스로 성장할 수 있다는 가능성을 확인할 때, 즉 자신의 열등함이 학습과정의 자극제로서 작용할 수 있다고 판단될 때만 극복의 노력을 한다. 어린이가 계속해서 자신의 약함을 재인식하게 되는 어려운 삶의 상황이나 교사의 교육적 미숙함 등은 어린이로 하여금 삶에서 성취감을 느낀다거나 자신의 부족함을 극복할 수 있는 실제적 가능성을 더 이상 발견하지 못하게 한다. 이런 상황에서 어린이는 비현실적이 되고, 심리적 병리영역에 속하는 발달장애, 열등콤플렉스를 발달시키게 된다(Rattner, 1963: 26).

건강한 보상경향과 병리적 보상경향을 판별하는 기준으로 아들러는 공동체감(Gemeinschaftsgefühl)을 제시한다. 열등감의 계통발생적이고, 개체발생학적인 입장에서도 말했듯이 아들러에게 있어서 인간의 열등감의 극복과 모든 정신과 문화의 발달은 공동체감 형성과 사회적 관심 없이는 절대적으로 불가능하다. "인간의 불안은 단지 결속(Band)을 통해서만 제거될 수 있다. 이는 개인을 공동체와 묶는 것이다. 자신을 타인과 연결하여 인식하는 자만이 인생을 평안하게 살아갈 수 있다(Adler, 1966: 209)." 아들러(1973a: 79)는 자신의 열등감에 강하게 사로잡혀 열등콤플렉스에 걸린 사람이 절대적 안전과 우월성을 획득하기 위한 목표를 세우는 것을 관찰했고, 이런 현상을 우월콤플렉스라고 명명하였다. 이들은 결코 자신이 세운 목표에 도달할 수 없다. 인간은 공동체에서 함께 어울려야만 실제로 안정을 얻을 수 있기 때문에 그들의 왜곡된 보상 노력은 열등감을 더욱 강화시키는 악순환(circulus vitiosus)을 되풀이하게 된다.

아들러는 완전의 개념은 사회적 관심 또는 공동체감의 개념을 통해 완성될 수 있다는 점을 강조한다. 신경증적인 사람은 자기 향상에의 욕구가 압

❖ 열등감, 우월감 보상

〈우리 생애 최고의 해〉라는 영화가 있습니다.

제2차세계대전 중 헤럴드 러셀이라는 공수부대원이 전투에 나갔다가 포탄에 맞아 두 팔을 잃어 불구자가 됩니다. 그는 참혹한 좌절에 빠집니다.

"나는 이제 쓸모없는 하나의 고깃덩어리가 되었구나." 그런 가운데 그에게 차츰 진리의 말들이 들리기 시작했습니다. 잃은 것보다 가진 것이 더 많다고 자각하게 된 것입니다.

의사가 그에게 의수를 만들어 주었습니다. 그것으로 글을 쓰고 타이프도 치기 시작했습니다. 그의 이야기는 영화화되어 직접 불구자의 모습으로 출현하게 됩니다. 그는 정성을 다해 연기를 합니다. 그 해 그는 이 영화로 아카데미 주연상을 탑니다.

어떤 기자가 찾아와 물었습니다. "당신의 신체적인 조건이 당신을 절망케 하지 않았습니까?"

그러자 그는 결연히 대답합니다.

"아닙니다. 나의 육체적인 장애는 나에게 도리어 가장 큰 축복이 되었습니다.

여러분은 언제나 잃어버린 것을 계산할 것이 아니라 남아 있는 것을 생각하고 하나님께 감사하며 남은 것을 사용할 때 잃은 것의 열 배를 보상받습니다."

우리가 잃어버린 것에만 눈을 돌릴 때 그 곳에는 오직 절망밖에 보이지 않습니다. 불가능밖에 없습니다. 그러나 그 잃은 것을 넘어 가진 것을 세어 보면 더 많은 가능성이 언제나 기다리고 있습니다.

-향기 있는 사람, 두란노-

도적인 힘을 가지게 되고, 그 목표에 고착되지만 정상인은 자신의 현실, 타인, 협동에 대한 관심에 기초한 목표를 가지고 자신을 확신시키는 목표를 향한 투쟁을 통해 자신을 보호하려 한다. 건강한 개인은 인류복지를 위해서 자신을 준비시킬 때 자신이 보다 더 잘, 그리고 자율적으로 보호될 것이라는 것을 믿는다(Ansbacher, 1952).

4. 가상적 목적론

1) 행동의 목적성

아들러는 모든 인간 행동은 목적을 가지고 있다고 가정한다. 행동하는 본인이나 관찰자에게 행동의 목적이 드러나지 않는 경우도 많이 있지만 인간은 어떤 목적에 부합되거나 유용하기 때문에 행동하거나 행동하지 않거나한다. 그렇기 때문에 설명하기 어려운 행동들도 일단 우리가 그들의 목표나 목적을 알게 되면 이해할 수 있게 된다.

인간의 행동에 관한 이런 입장은 행동이 단지 인과관계에 의해서만 지배된다고 믿는 사람들과는 다른 입장이다. 아들러는 인간이 본능에 의해 추동되거나, 유전, 경험 혹은 환경에 의해 형성되지는 않는다고 믿었다. 대신그는 인간을 자신에게 중요하다고 지각된 목표를 향해 나아가는 존재로 그렸다. 아들러는 행동을 이해하는 데 원인(Ursache)이란 용어를 사용하는 것을 거부한다. 그는 원인론적인 설명을 하지 않고 목적론적(목적이 있는, 목표지향적인) 설명을 한다. 이에 대해 아들러는 "원인이란 용어는 사라져야 한다. (모든 행동은) 정신(Seele)의 목표지향적인 행동의 결과로 파악해야 한다. 이것은 그 자체에 잘못한 행동의 가능성을 평가하는 힘(Urteilskraft)을 지니고 있다."라고 하였다(Ansbacher & Ansbacher, 1982: 355). 인간이 어디로 가고 있으며 무엇을 향하여 노력하고 있는가 하는 것이 중요하다는 것이다.

아들러 상담자들은 과거의 원인이 인간의 현재의 행동목표에 많은 영향을 미친다는 사실을 부정하지는 않지만 그보다는 미래에 더 많은 관심을 가진다. 그들은 인간의 전 생애를 통해 주어지는 주제에 주의를 기울임으로써 일관성을 찾으려고 한다. 아들러주의자들은 인과적이라기보다 목적론적인 시각에서 충동에 의해 휘둘리는 것이라기보다 목표에 이끌리는 것으로 본다(Dinkmeyer & Sperry, 2000).

자코비(Jacoby, 1983: 31)는 아들러의 목적성(Finalität)을 '정신현상 이해의 기본원칙'이라고 했다. 아들러는 인간 행동의 목적성 이해를 '개인심리학의 성격이해와 심리치료와 분석의 기본 틀을 제시하는 중심 개념'이라고 했다(Ansbacher & Ansbacher, 1982, 재인용).

아들러에게 있어서 생의 목표는 지배적 원리이다. 그는 인간을 이해하는 데 있어서 인간이 추구하는 에너지의 원천보다는 궁극적 목표가 더욱 중요했다. 아들러는 목표에 대한 지향점이 없다면 인간은 자신이 무엇을 해야 하는가를 알지 못한다고 믿었다. 즉, 목표는 행동하는 방향을 제시하고 행동하는 궁극적인 이유를 설명해 준다. 그래서 가능성 있을 법한 원인을 과거에서 찾지 말고 미래의 목적에서 찾아야 한다. 그것은 우리의 현재 행동에 영향을 주는 것으로서 미래를 추구하는 것을 의미한다. 이것은 현재를 과거의 산물로서 간주하는 결정론과 완전히 반대된다. 프로이트가 완전한 결정론자인 반면에 아들러는 결정론을 전적으로 부인하거나 무시하지는 않았으나, 그보다는 목적론이 더 중요하다고 보았다. 사고, 감정, 혹은 다른 어떤 행동의 심리적 과정들은 모두 마음속에 일관성 있는 어떤 목표를 필요로 한다고 보았다.

아들러는 인간 이해에서 목표의 중요성을 다음과 같이 언급하였다.

"인간의 정신생활은 목표에 의해 결정된다. 인간의 사고, 감정, 의지, 꿈들이 현재에 지속적인 목표를 향하여 결정되고, 지속되고, 수정되고, 지향되지 않는다면, 어떠한 사람도 생각하고, 느끼고, 의지를 갖고 꿈꿀 수 없다.(Adler,

1927: 29; Lundin, 1989, 재인용)"

"만약 우리가 한 사람의 목표를 안다면, 심리학적인 현상들이 우리에게 말하고 싶어 하는 것, 그것이 창조된 이유, 한 사람의 타고난 성질을 만들어 낸 것, 그렇게 만들 혹은 다르게 만든 이유, 그의 성격의 특성은 어떠하고, 목표에 도달할 상태로 구성된 그의 감정과 느낌들, 논리, 도덕성을 설명하고 이해할 수 있다.(Dinkmeyer & Sperry, 2000, 재인용)"

"우리는 사람들이 사적인 목표에 있어서 얼마나 다른가를 자주 발견해왔다. 목표는 비록 개인이 깨닫지 못한다 할지라도, 신중하게 그리고 흔들림 없이 모든 심리적 표현 형태를 주도한다. 개인이 그러한 목표를 알았을 때 자신의 성격을 이해할 수 있는데, 왜냐하면 그는 생의 과제에 대해 목표가 갖는 참조체제를 알기 때문이다.(Ansbacher & Ansbacher, 1982: 196)"

"최종 목표는 성격을 통합하며 모든 행동을 이해하게 해 준다.(Adler, 1956: 94; Lundin, 1989, 재인용)"

아들러는 생의 초기에 발달되는 목표를 형성하는 과정을 강조한다. 한 개인이 선택하는 행동의 목표는 유전 혹은 환경의 산물이 아니라, 개인에 의해서 자유롭고 창의적으로 선택된 산물이며, 이 선택은 생의 초기인 4~5세 사이에 이루어진다고 보았다. 비록 그 목표가 직접 지각되지 않고 불완전하게 이해된다 할지라도, 그것은 아동의 활동 방향을 결정한다. 인간의 독특성은 궁극적으로 이러한 '창조적 힘(creative power)'에 달려 있다. 그래서 인간은 자극에 대한 반응뿐만 아니라 그 자극에 대한 창조적 결정을 하는 존재이며, 개인심리학에서는 인간을 언제나 반응자(reactor)가 아니라, 행위자(actor)로 이해한다.

사람들은 스스로 선택한 목표에 따라 자신의 생활을 평가하고 해석한다. 개인은 목표를 추구하는 데 있어, 자신의 독특한 인지능력과 감정을 사용한다. 사적 논리(private logic)는 목표를 추구하는 데 도움이 되는 개인의 인지구조를 말하는 것이며 개인을 인도해주는 일련의 '개인적 진리(personal truths)'를 의미한다. 예를 들어, '나는 이번 크리스마스 때 카드를 한 장도 받지 못했다. 그러므로 아무도 나에게 관심이 없다.'라는 진술은 개인의 사적 논리로는 이해가 되지만 소위 '일반 논리(common logic)'로는 이해되지 않는 말이다.

인지구조 외에도 사람들은 목표를 추구하는 데 감정을 사용한다. 일반적으로 눈물이 양파에 대한 반응으로 눈물샘에 의해서 만들어지는 것처럼 인간 감정이 환경적 개입에 의한 통제할 수 없는 수동적인 반응이라고 생각한다. 그러나 감정 역시 목적을 가지고 다른 사람들을 통제하고 목표를 이루는 데 사용될 수 있다. 자기가 바라는 것을 얻을 때까지 울어대는 아이는 울음을 이미 감정이 목표를 성취하는 유용한 도구라고 이해하고 있는 것이다.

> "개인심리학은 모든 심리적 현상의 이해를 목적론의 불가결(不可缺)성을 절대적으로 주장하고 있다. 원인, 권력, 본능, 충동 등은 설명의 원리로는 적용될 수 없다. 최종의 목적만이 인간의 행동을 설명할 수 있다. 경험, 외상, 성발달기제 등으로는 설명할 수 없고, 이들에 관한 전망 및 최종목표를 지향하는 전 생애를 통해서 뒤따르게 되는 이들에 대한 개인의 관점만이 인간의 행동을 설명할 수 있다.(Adler, 1930: 400; Hall & Lindzey, 1980, 재인용)"

아들러의 목적론적 관점은 올포트(Allport)와 로저스(Rogers)에게 영향을 미쳤다. 올포트는 그의 저서 『인간의 본질』(The Nature of Personality, 1950)에서, 목표추구는 성격의 본질이며 목표를 아는 것은 그 사람이 심리학적으로 움직이는 방식을 이해할 수 있게 해준다고 결론지었다. 로저스(1951)도 "행동은 인식된 분야에서 경험으로 욕구를 만족시키려 하는 유기체의 목표지향적인 시도이다."라고 말했다. 그는 이러한 동기의 관념으로부터 "동기의 모든 효과적인 구성요소들은 현재에 존재한다. 행동은 과거에 일어난 어떤 '원인'에 의한 것이 아니다. 현재의 긴장과 욕구는 오로지 유기체가 감소시키려거나 만족시키려고 노력하는 것이다."라고 지적했다(Dinkmeyer & Sperry, 2000, 재인용).

2) 행동의 가상성

아들러는 개인의 행동을 이끄는 마음속의 중심목표를 가상적 목표 (fictional finialism)라고 한다(Corey, 1998). 아들러는 '사람은 가상(fiction, 세상은 어떠해야 한다는) 속에서 생활한다'는 한스 바이힝거(Hans Vaihinger)의 관점을 그의 목적론에 결부시켰다. 바이힝거는 그의 책 『마치~인 것 같은 철학(*Philosophy of as if*)』에서 인간은 현실적으로는 전혀 실현 불가능한 '마치 …인 것 같은' 상황이 절대적으로 진실인 것처럼 행동하고, 많은 가상적인 생각에 의해서 살고 있다는 흥미로운 견해를 제시하였다. 예를 들어 '모든 사람은 동등하게 만들어졌다.' '정직이 최선의 길이다.' '목적이 수단을 정당화한다.'와 같은 허구는 현실보다도 더 효과적으로 사람들을 움직이게 한다는 것이다. 행동을 이끌어 주는 가상은 '내가 완벽할 때만이 나는 안전할 수 있다.' 혹은 '내가 중요한 인물이어야만 나를 받아들일 수 있다.' '인생은 위험한 것이고 나는 나약하다.' 혹은 '다른 사람을 신뢰할 수 없다.'는 것으로 표현될 수도 있다. 이런 가상들은 진실과는 다르더라도 인간의 삶을 지배하는 개념이 된다. 명백히 진술되고 훌륭한 것으로 믿어지는 개념도 있지만, 무슨 뜻인지 이해하기 어려워도 행동에 강력한 영향을 미치는 개념도 있다. 아들러는 그러한 것을 가상적 개념(fictive notion)[1]이라고 칭했다. 이들 허구적·가상적 개념들은 보조적 구성개념이나 가정이지 검증을 통해서 확인되어야 하는 가설은 아니다. 그 유용성이 없어지더라도 생활하는 데 불편함은 조금도 없는 것이다(Lundin, 1989).

바이힝거에 따르면 우리 모두는 일련의 허구들에 의해 살아가는데 그 허구는 현실에서 실제적 대응물을 갖지 못하는 관념으로서 사람들은 그것을 경험으로 간주하지도 않으며, 순전히 논리적인 것으로 따르지도 않는다. 사

---

1) 바이힝거와 아들러가 말하는 'fiction'은 우리말로 가상 또는 허구로 번역될 수 있다. 본서에서는 가상과 허구를 같은 뜻으로 보고 문맥에 맞게 혼용해 쓰고자 한다.

람들은 그동안 배워온 특정 가치 및 이상에 부합되는 허구를 만들어 낸다. 그럼에도 그것은 이상으로서 일상생활에서 커다란 실제적 가치를 갖는다. 이러한 허구는 활동의 기초로서 작동한다.

바이힝거는 가상을 가설과 구분했다. 가설은 검증될 수 있으며, 입증될 수 있거나 혹은 잘못된 것으로 드러나 버려질 수도 있다. 그러나 가상 또는 허구는 검증하지 않는 것으로 그것은 어떠한 현실적 타당성도 결핍되어 있기 때문에 무너지게 될 것이다. 그럼에도 허구는 인생을 더욱 유쾌하고 생동감 있게 한다. 예로 '마치 우주만물이 완전하게 순차적이고 편리한 것처럼' 행동함으로써 더욱 편하고 수용적이게 된다. 실제 경험이나 사건들이 우리의 기대에 부합되지 않을 때, 그것들이 서로 부합되도록 마음속에 있는 기대들을 변경할 수 있다. 우리는 우리의 허구에 부합되지 않는 것들을 검열하고 배제하거나 변경시킬지 모른다. 우리는 영웅에게 있는 악함을 그리고 악한에게 있는 선함을 무시하며, 행복한 결말이 사실에 비추어 터무니없다 할지라도 행복한 결말을 기대한다.

바이힝거가 아들러에게 끼친 가장 큰 영향은 주관적인 최종목적론을 발달시키는 데 철학적인 토대를 제공한 것이었다. 프로이트는 성격의 요인으로 신체적 요인과 유아기의 경험을 강조했는데, 아들러는 바이힝거에게서 프로이트의 완고한 역사적 결정론에 대한 반증을 찾았던 것이다. 결국 인간은 과거의 경험보다는 미래에 대한 기대에 의해서 행동하게 된다는 생각을 가지게 되었다. 이들 목적은 어떤 목적론적 계획의 일부로 미래에 존재하는 것이 아니라 보다 주관적 혹은 정신적으로 현재의 행동에 영향을 주는 노력이나 이상으로서 여기에 지금 존재하는 것이다. 가상적 목적은 아들러에게 있어 심리적 상징들의 주관적 요인이었다.

아들러는 허구들이 객관적인 원인으로 환원되도록 있는 것이 아니라 정신 구조이며 마음의 창조물이라고 생각했다. 앞에서도 언급했듯이 아들러는 개인의 주관적이고 창조적인 심리적 속성을 인간의 가상적 세계에서 찾아낸 것이다. 허구가 주관적인 것처럼, 최종목표도 주관적이다. 허구는 긍정적인 속성을 갖는 생각들이다. 아들러는 허구에서 그의 주관적이고 최종적인 심리학의 기초를 발견했다.

이 목적은 허구로서 현실 불가결한 이상일지 모르지만 무엇보다도 인간의 노력에 박차를 가해 줄 수 있고, 그의 행위에 대한 궁극적인 설명이 된다. 그러나 정상인은 필요하면 이러한 허구의 영향에서 벗어나서 현실을 직시할 수 있는 반면, 정신증적인 사람은 그렇게 하지 못한다고 아들러는 생각하였다.

3) 가상적 목적론

일찍이 아들러는 열등감의 중요성을 말하였고, 열등감의 개념이 모든 정신병리와 신경증, 문제행동을 이해하는 열쇠가 된다고 하였다. 개인심리학에서 열등감의 개념과 버금갈 정도로 중요한 개념이 가상적 목적론이다. 안스바허와 안스바허(Ansbacher & Ansbacher, 1982)는 아들러가 인간존재의 발달에 있어 목표추구와 열등감 중 무엇이 더 우선되고 으뜸되는 개념인지에 관해서는 명확한 대답을 하지 않고 있음을 알아차렸다. 안스바허와 안스바허(1982)는 절대적이지는 않지만, 목표추구가 더 중요해야 한다고 믿었다. 아들러는 인간 노력의 목적적인 특성을 믿었다. 그는 개인의 행동은 무엇을 가치 있게 보고 성취하고자 하는가와 관련해서 가장 잘 이해될 수 있다고 했다.

프로이트와 달리 아들러는 인간본성에 대해 낙관적이었다. 프로이트는 인류의 장래에 대해 우울한 입장을 취했다. 아들러의 낙관론은 수용적이고, 유쾌하고, 고무적인 최종목적론에 반영되어 있다. 이렇게 아들러는 최종 목표 개념에 허구 개념을 결합시켜 허구적 최종 목표 혹은 '지침이 되는 허구'가 되도록 했다. 아들러는 주관적 미래의 개념을 표현하고 있다. 미래 목표는 실제로 현재에 존재하지만 꼭 현재의 의식 속에 존재하는 것은 아니다.

가상적 목적론에 대한 주요한 내용들을 안스바허와 안스바허(1982)는 주관적 요소, 무의식적 요소, 창조적 요소로 요약하였다.

프로이트의 결정론적 입장과는 대립되는 아들러의 목표 개념은 주관적 요인을 강조한다. 목표는 현재에 경험될 수 있는 객관적인 것이 아니라, 개인이 미래에 투사하는 동기화되고 주도하는 가상적인 것이다. 아들러는 목적론에다 가상적 개념을 덧붙여서 심리적 사건의 내적 · 주관적 인과관계의 원리를 강조하였다. 그리고 그 목적은 현실적인 것이다: "아들러의 가상적 (주관적) 목적은 비록 목표가 의식되지 않는다 하더라도 현실적인 목적이다(Ansbacher & Ansbacher, 1982: 102)."

개인심리학에서 말하는 가상적 목적론에는 무의식적 개념이 들어 있다. 개인은 목표를 만들지만 대부분 자신이 만든 목표를 알지 못한다. 여기서 아들러는 최종목표가 개인에 의해 개별적으로 만들어지나 보통 이해되지는 않는다고 믿었다.

이 외에도 목표는 개인의 열등감에 대한 보상의 한 측면이 된다. 개인은 열등감을 자각하는 순간 환경에 보다 잘 적응하고 현재의 어려움을 극복하고자 하는 우월에의 욕구를 통해서 가상적인 목표를 만들어내게 된다(Adler, 1973b). 개인은 이러한 가상적인 목표를 추구해 나가면서 자신의 열등감을 극복하고 완전으로 나아가게 된다. 열등감과 보상의 차원에서 가상적인 목표는 개인이 독자적인 힘으로 일을 처리하기 위해서 고안해낸 방식으로, 개인을 보다 나은 존재로 안내하는 이 가상적인 목표는 사람들이 자신의 열등감에서 벗어나는 방법을 찾는 수단이 된다. 열등감이 클수록 극복하는 데 필요한 목표가 더 필요하다(Adler, 1973b). 목표 그 자체가 또한 하나의 보상일 수 있다.

아들러는 목표가 성격 통합의 원리가 된다고 보았다. 그것은 성격이 작용하는 데 기본적인 지배원리가 된다. 인간은 자기 스스로 계획을 세우고, 행동은 그런 목표의 맥락하에서 통합된다. 또한 목표는 개인이 현실세계를 지향하는 데 초점이 된다.

5. 공동체감

아들러의 개인심리학에서 가장 특수한 위치를 차지하는 부분이 공동체감
(Gemeinschaftsgefühl)이다.

공동체감은 개인의 완전에의 욕구가 완전한 사회로의 관심으로 대체된
것으로 인간은 사회와 결속되어 있을 때 안정감을 갖게 된다. 강한 열등의
식을 지닌 인간은 사회적 승인이 배제됨에 따라 계속해서 고립될지 모른다
는 불안 속에서 살게 된다. 아들러는 인간이 경험하는 많은 문제들은 자신
이 가치 있게 여기는 집단에 받아들여지지 않을까 하는 두려움과 관련되며
소속감을 느끼지 못할 경우 불안이 야기된다고 보고, 소속감을 느낄 때 인
간은 자신의 문제를 직면하고 다루는 데 용기를 가지고 행할 수 있다고 말
한다.

아들러의 개인심리학은 인간의 행복과 성공은 사회적 결속과 깊은 관계
가 있다는 기본적인 신념에 근거한다. 이에 대해 아들러는 다음과 같이 말
하고 있다: "문화라는 도구 없이 원시의 밀림에서 혼자 사는 인간을 상상해
보라. 그는 다른 어떤 생명체보다 생존에 부적합할 것이다. … 인간의 생존
을 위해서 가장 좋은 방법은 공동체(Gemeinschaft) 안에 있는 것이다. … 그
리고 공동체감은 모든 자연적인 약점을 보상하는 데 반드시 필요하고 또한
바른 것이다(Adler, 1963)."

단순하게 정의해 보면 공동체감이란 보다 큰 공동체, 더 나아가 인류와
자기 자신을 동일시하는 자연 발생적인 능력을 의미한다. 즉, 아들러에 의
하면 자아와 타자 간의 경계가 희미해짐을 의미하는 것이다(Ansbacher &
Ansbacher, 1956). 개인이 자기 자신의 경계를 넘어서서 움직여가는 과정 중
에 자아와 타자를 동일시하는 움직임이 생겨나는데, 이러한 정체감의 변형
을 일으키는 주요 단서가 공감이라는 것이다. 아들러는 공동체감을 동일시
와 공감을 연결 지으면서 개념화하고 있는데, 이때의 공감이란 다른 사람

의 눈으로 보고, 다른 사람의 귀로 듣고, 다른 사람의 마음으로 느끼는 것이다. 공감이란 공동체감의 핵심이다. 더 나아가 아들러는 이 개념을 사회적 집단에 대한 순응성과 소속감을 주창하는 지금-여기의 개념으로 확장하였으며, 또한 보다 일반적이고 추상적인 개념으로서 공동체감의 개념을 설명하고 있다.

아들러에 의하면(Kaplan, 1991) 신경증, 정신병, 범죄, 알코올, 문제아동, 자살 등의 모든 문제는 이들에게 사회적 관심이 부족하기 때문이라고 설명하고 있다. 아들러는 공동체감이 제대로 발달되었는지의 여부를 정신건강의 척도로 사용하고 있다. 정상 아동은 학교나 가정생활에서 별 어려움 없이 잘 지내며, 사랑과 인정을 얻고, 학업뿐 아니라 자신의 문제와 어려움에 직면하기에 충분한 힘과 용기를 가지고 있다. 그러나 정서행동 장애아는 우선 학습을 위주로 하는 학교생활에 잘 적응하지 못할 뿐만 아니라, 매일의 삶의 과제에도 적응하지 못한다. 그들은 일반적으로 교제상의 어려움과 사회적 친목과 협동심의 부족, 나아가 주변 인물과 많은 갈등을 지니고 있고, 자아관, 타인관 및 세계관이 매우 부정적이다. 이들은 모든 상황에서 무시당한다고 생각하며, 심지어 태어날 때부터 불이익을 받고 있다고 믿고, 모든 사람들에게 부당하게 무시당하고 있다고 본다(Adler, 1966). 이들의 세계관은 황량하고 비관적이고, 친구나 어른들에게 접근하기가 쉽지 않아서 항상 주변과 전투상황 비슷한 처지에 있고, 타인을 염두에 두지 않고 그들을 향해 적대감을 느낀다. 이들이 열등감을 극복하기 위해서는 공동체감을 발휘하여 다른 사람의 도움과 지지를 수용하는 것이 필요한데, 이러한 부정적인 타인관과 세계관은 공동체적 노력을 함께 발휘하지 못하게 한다. 이러한 아동은 삶의 문제를 해결하는 데 있어 새로운 것을 탐구하려는 시도를 하지 않을 것이고 이는 새로운 삶의 경험을 방해하여 삶의 문제해결과는 더욱 거리가 멀어지고, 어린이는 더 깊은 좌절과 낙담 속에 빠지게 된다.

오코넬(O'Connell, 1991)은 정신 질병은 개인으로 하여금 형제애적인 사랑을 형성하려는 움직임을 방해하는 행동에서 나오는 것이라고 하였다. 이

정의에 의하면 정신병리란 타인을 고통스럽게 하는 행동, 인지, 감정으로 특징지울 수 있다.

본질적으로 정신병리적인 증상을 드러내는 개인은 용기, 격려, 상식, 소속 감 등의 부족으로 인해 생활 과제를 충족시킬 수 없다(Dinkmeyer, Dinkmeyer, & Sperry, 1987). 사회적 관심의 표현은 개인의 심리적 건강 상태의 표현이 며, 개인의 행동이 사회적 관심의 표현으로 특징지워질 때, 집단은 유익함 을 제공받을 것이다. 이와는 달리, 사회적 관심의 표현이 적다는 것은 집단 의 정신건강의 부재를 드러내고 있는 것이다. 사회적 관심은 타인의 안녕 에 대한 개인의 헌신을 기본으로 하는 정신건강을 설명해 준다.

이와는 반대로 신경증이란 사회적 관심이나 유익한 행동에 대한 관심이 없이 오로지 자기 중심적인 우월성을 추구하고자 하는 것이라고 보고 있 다. 아들러는 신경증을 높은 열등감을 없애기 위해 개인적인 안전을 추구 하고자 노력하는 과정에서 생겨나는 '자기 고양' '개인적인 지력' '힘' '즐 거움을 얻는 것' 그리고 '개인적인 우월감' 등을 추구하는 것으로 간주하 였다. 이와 같이 신경증이 있는 사람은 자기 소유와 힘, 영향력 등을 증가 시키려고 하고 다른 사람을 깎아 내리고 속이고자 애쓰는 사람이라 할 수 있다. 따라서 모츠지어츠(Mozdzierz)와 크라우스(Krauss, 1996)가 언급하였듯 이 사회적 관심은 이타주의, 사회적 행동, 대인 상호 간의 접촉에 대한 요 구 등과 같은 구성 개념을 포함한다.

지금까지 논의했던 공동체감(Gemeinschaftsgefühl)을 미국에서는 사회적 관심(social interest)으로 번역하여 사용하였다. 우리나라에서는 공동체감이 라고 할 때, 의미 해석에 아무런 어려움이 없으나 미국에서는 아들러의 공 동체감 개념이 처음 도입될 때 그 개념을 이해하는 데 어려움이 있었던 것 같다. 그래서 공동체감을 가장 잘 표현하는 단어로 사회적 관심을 채택하 여 사용해 왔다. 오랫동안 사회적 관심(social interest)을 사용해 왔으나, 그 러한 번역이 지나치게 피상적이며 제한적이며, 문화적인 구속을 지니고 있 다고 수십년 동안 비판받아 왔다(O'Connell, 1991). 안스바허(1992)는 사회적 관심으로 공동체감을 번역하여 사용하는 것에 오류가 있음을 지적하고 이러한 혼란함을 명료화시키고자 노력하였다. 안스바허(1992)는 이 용어의 본래의 의미로서의 적절한 번역으로 공동체감이라는 용어를 사용하고자 하면서 공동체감과 사회적 관심은 다른 개념이며 전혀 유사하지 않다고 지적하였다. 아들러 자신에게 있어서도 공동체감의 개념 정의가 여러 차례 발전되면서 바뀌었다. 여기에 관해서는 다음 기회에 다루고자 한다.

아들러에 의하면, 공동체감/사회적 관심은 8가지의 수준으로 나누어지며 이러한 수준들의 변화는 자아심리학과 성인발달의 인본주의적 이론을 연결시켜 주는 교량 역할을 하고 있다고 한다(Hale, 1999). 공동체감/사회적 관심은 생활양식을 토대로 개인의 관심이 확장되는 것으로, 개인의 자아의 확장된 개념은 결국 가족, 공동사회, 모든 인류와 전세계, 온 우주, 심지어 신에게까지 이르는 전 영역을 아우르고 있다. 여기서는 제한된 공동체감/사회적 관심은 다분히 병리적이며, 개인이 자아를 넘어서서 사람, 제도, 사

❖ 마더 테레사 효과

미국 미시간대학교의 심리학 교수 스테파니 브라운박사는 볼티모어에서 5년 동안 432쌍의 장수한 부부를 상대로 조사를 실시하고 이들에게서 공통점을 발견했다. 그것은 여성의 72%와 남성의 75%가 아무런 대가없이 베풀어주는 삶을 살고 있었다는 것이다. 이 연구를 통해 브라운 박사는 다음과 같은 결론을 내렸다. "남을 위해 나누어주고 베풀어주는 삶을 사는 사람은 그렇지 않은 사람보다 오래 살 확률이 2배가 높다."

마더 테레사가 1997년 87세의 나이로 타계한 이듬해, 미국 하버드대학교의 의대 교수가 발표한 논문에 '테레사 효과(Theresa effect in Calcutta)'란 용어가 등장한다. 이 효과란 일평생 봉사와 사랑을 베푼 마더 테레사 수녀의 이름을 따 붙인 것으로 자신이 직접 봉사를 하는 경우뿐 아니라 마더 테레사와 같은 다른 사람들이 행하는 선한 일을 생각하거나 보기만 해도 신체 내에는 바이러스와 싸우는 면역물질 IGA가 증가한다는 것이다. 이것을 슈바이처 효과라 하기도 한다. 실험에서 테레사 수녀의 일대기를 담은 영상물을 보여 준 후 침과 땀 같은 타액의 항생체인 IGA를 측정하였는데 IGA가 50% 이상 일제히 증가함을 보여주었다 한다. 이 항생체는 나쁜 병균, 나쁜 세포를 물리치는 항생체이다.

상, 자연현상 등에 대한 관심을 증대시키면서, 사회 환경에 참여하게 되면
될수록, 개인은 더 건강해질 것이라는 전제가 깔려 있다.

수준 1: 어머니

어머니와 아동의 관계는 가장 초기의 사회적 관심의 표현이다. 유아는 모
든 기본적인 신체적 욕구를 제공해 주는 어머니에게 전적으로 의존해 있기
때문에, 초기에는 어머니로부터 자아를 분리해 낼 수 없다. 점차적으로 유
아는 어머니로부터 부분적인 분리감을 유발하게 되는 자아의 개념을 발달
시키게 된다(Tronick, 1989). 그럼에도 불구하고 유아의 사회적 관심은 기본
적 요구에 대해 부모에게 반응하는 것을 주로 포함하기 때문에 아직까지는
아주 작은 것에 불과하다.

수준 2: 가족

사회적 관심의 두 번째 수준은 어머니와의 관계를 넘어서서 아버지, 형
제, 조부모, 친척 등의 확장된 가족 구성원과 관계를 맺을 수 있는 능력을
포함하고 있다. 아동은 부모를 자아정체감의 확장으로서 보기 시작하면서
점점 더 부모로부터의 분리감을 증대시키게 된다. 이 수준에서 사회적 관
심의 주요 특징은 아동이 자아를 넘어선 맥락으로 확장된 가족 구성원과
관계 맺는 것을 배우게 된다는 것이다.

수준 3: 지역 공동체

아동은 학교에 가기 시작하고 친구와의 관계를 형성하게 되며 이웃이나
지역 공동체의 활동을 통해 점점 더 많은 사람들과 관계를 맺게 된다. 이들
은 공동체감을 발달시킬 수도 있고 그렇지 않을 수도 있다. 공동체감은 이
웃과의 사회적 상호작용을 통하여 점점 더 발달하게 되며, 전문가 집단, 조
직, 자원봉사, 교회집단 등의 지역사회의 이익에 봉사하게 되는 활동과 관
심을 통해 발달하게 된다. 진정한 공동체감을 발달시키는 개인은 자신이나
자신의 가족의 복지는 공동체의 건강함과 밀접하게 관련되어 있음을 이해

하게 된다. 그러나 이러한 지리적 개념을 뛰어넘는 공동체에 대한 가치와 중요성을 인식하지 못한다면 타인을 희생시키면서 자기 자신의 지역사회에 대한 가치를 과대평가하게 되는데, 이때의 공동체감이 더 넓은 수준으로 확장되지 않는다면 잠재적으로 역작용이 일어나게 된다.

수준 4: 사회

사회적 관심의 네 번째 수준은 가족, 문화, 사회 등을 포함하는 지역사회로 확장된다. 개인은 이 사회가 지리학적으로 다른 지역, 인종, 종교집단(직업, 사회경제적 집단) 등으로 구성되어 있음을 깨닫게 된다. 사회 모든 사람들의 안녕이 가장 중요한 가치로 간주되면서 진정한 민주사회란 선택받은 특정 소수가 아니라 모두에게 유익을 주는 사회임을 깨닫게 된다. 이 단계의 사회적 관심을 가진 개인은 인류 문화의 협력적인 노력이 개인의 복지에 얼마나 기여하는지를 깨닫게 된다.

수준 5: 인류

이 수준의 사회적 관심은 모든 인류 혹은 인류와의 동일시와 관련된 관심을 의미한다. 이때 개인은 어떤 인간도 모든 인류에 대한 책임감으로부터 자유로울 수 없다는 사실을 깨달으며 성, 계층, 출신국적, 교육수준 등에 관계없이 공통된 본성을 공유하고 있음을 알게 된다. 모든 인간은 사회 속에서 태어나며, 모든 인간은 기본적으로 열등한 존재이며, 모든 인간은 고통, 상실, 외로움 등에 노출되어 있으며, 모든 인간은 죽는다는 사실을 알게 되는 것이다. 따라서 이 수준에서 개인은 과거와 현재와 미래의 모든 인간 존재와 자신을 동일시할 수 있으며 동시에 국가적·종교적 기원의 경계를 극복하고 인간 개개인을 그 자체로 사랑과 존중과 기본적인 권리를 지닌 가치 있는 존재로 바라볼 수 있게 된다.

수준 6 : 지구

개인이 동물과 식물을 가리지 않고 지구상의 살아있는 대상 모두에게 관심을 갖게 되는 수준으로, 모든 생물체와 지구상의 생태 균형과 다양성에 관해 관심을 가진다. 전 지구를 살아 있는 유기체로 간주하는 것은 사회적 관심이 지구적인 수준에서 어떻게 드러나는지를 보여주는 실례이다. 살아 있는 유기체로서 모든 생명체는 존중받아야 하며 경외의 대상이 되어야 한다. 모든 개인은 이러한 자연을 지배해야 되는 대상으로서가 아니라 조화롭게 협력하며 살아갈 대상으로 바라본다.

수준 7: 우주

이 수준은 정의하기 어려운 수준으로, 이때의 사회적 관심은 모든 생명체에게 있는 우주적 질서와의 동일시가 이루어진다. 인간은 과학문명의 발달로 이미 지구가 유일한 생명체의 온상지가 아님을 알게 되고, 더 큰 우주에 대한 인식을 가지게 되면서 자신을 아주 미미한 존재로 받아들이고 우주적인 질서의 중요성을 깨닫게 된다. 이러한 우주적 질서에 대한 주의깊은 인식은 개인으로 하여금 사회적 관심과 협력을 증대시킬 수 있도록 도와준다.

수준 8: 신

사회적 관심의 마지막 수준 8은 개인이 모든 존재, 힘, 창조성 등의 원천인 신과의 동일시가 이루어지는 수준으로, 아들러는 신이 인간의 가장 최상의 목표임을 언급한 바 있다(Schuon, 1984). 인간은 종교적이며 신념을 지닌 영적인 존재로서 이 수준의 사회적 관심을 가진 개인은 특정 교리, 교의, 의식에 얽매이지 않고 인간과 신과의 관계, 선과 악의 본성, 창조의 신비 등에 대해 정직하게 이해하고자 애쓰게 된다. 이때의 개인은 인간과 신이 어떻게 관계되어 있으며, 이러한 관계가 인간의 사고와 행동을 통해 어떻게 표현되는지를 이해하고자 하며, 또한 사랑, 창조성, 민주성 등의 원리에 토대를 두고 인간 공동체의 이상을 현실화시키기 위해 헌신하게 된다.

아들러에 의하면 사회적 관심은 인간이 사회적 존재로 살아가면서 해결해야 할 삶의 과제를 해결할 수 있는 동기를 제공해 준다. 삶의 과제와 관련하여 아들러는 모든 인간은 세 개의 인연을 가지고 있고, 이와 관련하여 세 가지의 삶의 과제를 지니게 된다고 한다(Adler, 1966). 세 가지 인연이란 첫째, 약한 육체를 지닌 인간이 지구라는 환경과 관계하고 있다는 사실이고, 둘째는 자신의 약함과 불완전성, 그리고 한계성 등에 의해 다른 인간과 맺는 인연, 셋째는 인류의 생명을 지속한다는 점에서 두 이성의 만남, 즉 다른 성과의 인연을 말한다. 이 세 가지 인연은 세 가지 삶의 과제, 즉 직업, 우정(사회) 및 이성교제/ 결혼의 과제를 제시한다. 아들러는 한 사람이 성공적으로 다른 사람과 잘 지내고, 일을 하고, 그리고 이성과 만족스러운 관계를 형성하는 범위는 개인의 전반적인 성격과 성숙도를 드러내는 지표라고 생각했다.

모삭(Mosak)과 드레이커스(Dreikurs)는 아들러가 암시한 네 번째와 다섯 번째 과제를 확인했다. 네 번째 과제는 우주, 신(神)과 유사한 개념에 대한 반응으로 인간의 영적인 자기(self)를 다루는 것이다. 다섯 번째 과제는 주체로서의 자기(I)와 객체로서의 자기(me)에 성공적으로 대처하는 것과 관련된다.

❖ 티베트의 성자

썬다 싱은 1889년 인도 펀잡 지방의 람퍼에서 태어났습니다. 집안은 부유했고, 부모님은 독실한 시크교도였습니다. 썬다 싱은 이러한 시크교의 경건한 분위기 속에서 자랐습니다. 싱은 국립학교가 집에서 멀리 떨어져 있었기 때문에 가까운 영국계 미션 스쿨에 입학을 했습니다. 그는 성경 공부에 별로 관심이 없었습니다. 14세 되던 해 그의 정신적 지주였던 어머니가 돌아가시자 그는 시크교에 더욱 심취하면서 기독교를 저주하는 성향을 보이기 시작했고 학교 선생님들은 물론 선교사들에게까지 나쁜 짓을 일삼았습니다.

그러던 어느 날 어머니 없는 고통을 더 견디지 못하고 열차에 몸을 던져 자살하기로 결심하고 삼일간 자기 방에서 두문불출하며 지냈습니다. 이때 그는 하나님의 음성을 듣게 됩니다. 이후 그는 본격적으로 기독교 복음을 전파하는 데 앞장서게 되었습니다. 29세 되던 1918년부터 그의 이름은 인도 전역에 알려지기 시작했습니다. 많은 사람들이 그의 설교에 감동하기 시작하였습니다.

1929년 40세의 썬다 싱은 티베트 설교를 위하여 여행을 떠났습니다. 그러다 그는 실종되었습니다. 사람들 사이에서는 그의 실종과 관련하여 구구한 억측들이 나돌았습니다. "티베트 사람들이 그를 죽였다.", "히말라야 산맥을 넘다가 낭떠러지에서 떨어져 죽었다.", "시력이 악화되어 눈길 위에 쓰러졌다가 맹수들의 먹이가 되고 말았다." 모두가 그럴듯한 추측이었지만 그 어떤 것도 확실한 답이 되진 못했습니다. 왜냐하면 그의 최후의 순간을 본 사람은 아무도 없기 때문입니다. 그러나 확실한 것은 그가 지금은 하나님 품에 안겨 있을 것이란 사실입니다. 그는 독실한 기독교인이었지만 인도에서 당대 사람들로부터 '성자'라는 칭호를 들었다는 것은 그의 삶이 어떠하였다는 것을 힘 있게 말해주고 있습니다.

그에 관한 한 가지 일화는 너무나 잘 알려져 있습니다.

그가 네팔 지방의 한 산길을 걷고 있었습니다. 그날따라 눈보라가 심하게 몰아치고 있었습니다. 멀리서 온 여행자 한 사람을 만났습니다. 가는 방향이 같았음으로 그들은 동행자가 되었습니다. 살을 에는 추위와 거친 눈보라를 맞으며 그들은 인가를 찾기 위해 계속 발걸음을 옮겼지만 인가는 보이지 않았습니다.

그들은 한참을 걷다가 한 노인이 눈 위에 쓰러져 있는 것을 발견했습니다. 썬다 싱은 동행자에게 이렇게 제의했습니다. "우리 노인을 데리고 갑시다. 그냥 두면 죽고 말 겁니다." 그러자 동행자는 화를 내며 거절했습니다. "무슨 소리요? 우리도 죽을지 모르는 판국에 저런 노인네까지 끌고 간다면 우리는 함께 죽게 될 거요."

그러나 썬다 싱은 불쌍한 노인을 그냥 둘 수 없었습니다. 그는 노인을 업고 눈보라 속을 한걸음 한걸음씩 걷기 시작했습니다. 동행자는 혼자 잰걸음으로 먼저 달려가고 그 모습을 찾을 수 없었습니다. 노인을 등에 업은 썬다 싱은 갈수록 힘이 들었지만 끝까지 참고 한걸음 한걸음 앞으로 나아갔습니다. 그 노인은 점차 무거워졌고 그의 온 몸은 땀으로 젖어 갔습니다.

썬다 싱의 몸이 더운 기운으로 가득하게 되자 등에 업힌 노인이 차츰 의식을 회복하기 시작했습니다. 두 사람은 서로의 체온으로 조금도 춥지 않았습니다. 마침내 그들은 마을에 이르렀습니다. 마을 입구에 그들은 꽁꽁 언 채로 쓰러져 있는 한 사람을 보았습니다. 그는 놀라지 않을 수 없었습니다. 자기 혼자 살겠다고 앞서 가던 그 동행자였기 때문입니다.

−썬다 싱−

제**3**장
성격발달과 정신병리

1. 성격발달

　상담자는 인간발달에 대한 충분한 이해를 가지고 있어야 한다. 발달 중에서도 인간을 독특하고 특별한 존재이게 하는 생활양식 또는 성격발달에 대한 이해는 상담자에게 있어 기본적이며 매우 중요한 것이다. 상담자는 인간의 생애 중 그들이 성취해야 할 발달과제와 내적으로 충족시키고자 하는 특별한 발달 욕구와 행동을 알아야 내담자의 문제를 바르게 진단하고 치료해 나갈 수 있게 된다.

　인간은 개인과 환경, 즉 인간 안에서 일어나는 신체적 혹은 생물적 요인뿐만 아니라 심리적·문화적·외적 요인과의 복잡한 상호작용을 통하여 자신의 성격을 형성하면서 발달해 나간다. 인간과 환경과의 상호작용을 변증법적으로 설명하는 발달모델은 내담자의 심리를 치료하는 심리치료에도 매우 유용한 이론적 모델이다. 발달심리와 심리치료 모두 내담자를 변화시키고 성장시키는 것을 목적으로 하는 전문분야이다. 전자는 정상적이거나 건강한 자아와 인간관계형성을 주요 관심영역으로 하고, 후자는 문제가 있는 내담자를 다시 건강한 발달 궤도로 되돌아가도록 도와주는 것에 관심이 있다.

1) 성격발달에 영향을 미치는 요인들

성격발달에 영향을 미치는 요인들로는 개인의 연령뿐만 아니라 삶에서 발생했거나 발생하고 있는 생물학적 · 심리학적 · 문화적 그리고 외부적 요인들이 지적되고 있다(Dinkmeyer, Dinkmeyer, & Sperry, 1987). 공격적인 행동으로 아동상담에 의뢰된 아동의 경우 상담자는 그 아동이 공격적 행동을 계속하게 하는 심리적 · 생물학적 · 문화적 혹은 외부적인 요인 등을 함께 탐색하여 아동의 공격적 문제행동을 이해하고자 노력해야 할 것이다. 인간발달에 영향을 주는 다양한 요인은 내담자에 대한 전문적인 이해를 도와주고, 내담자의 독특한 발달적 맥락에서 내담자의 행동, 욕구, 감정을 도울 수 있게 한다.

개인의 성격을 이해할 때 고려해야 할 요인으로는 우선 유전적 요인이 있다. 일반적으로 사람들은 부모의 성격을 닮는다고 생각한다. 그러나 성격발달에 미치는 유전적 영향을 강력하게 지지할 증거는 아직까지 없다. 똑같은 유전자 구조를 가진 일란성 쌍생아들도 가끔 현저하게 다른 성격을 가지고 있는 것을 볼 수 있다. 성인 일란성 쌍둥이들이 어릴 때 겪었던 같은 사건을 회상하더라도, 전혀 다른 결론에 도달하는 것을 본다. 이것은 사람들이 어떤 자질을 가지고 태어나는가 혹은 어떤 환경에서 태어나는가 보다는 자신의 자질과 환경을 어떻게 인식하는가와 그러한 인식으로 무엇을 하는가가 더욱 중요하다는 것을 의미한다.

흔히 성격형성에 영향을 끼치는 것으로 생각되는 요인은 개인의 기질적 요인이다. 그중에서도 신체적 장애 또는 열등성은 성격형성에 많은 영향을 준다. 신체적 장애에는 형태상의 장애나 기능적인 장애가 다 포함된다. 기관열등을 지닌 아동은 그들이 자연에 의해 자신이 태어나면서부터 권리를 빼앗겼다고 느낀다. 이런 아동들 중에는 좌절하고 낙담하여 결함이 있는 것처럼 행동하는 아동이 있는 반면, 심리적으로 과잉보상하려고 해서 그러한 결함에도 불구하고 뛰어난 운동선수가 되는 경우도 있다. 모든 사람들은 그들의 유전적인 재능과 그들이 속해 있는 환경적인 상황을 어떻게 인식할 것인가에 대해 스스로 결정을 내린다.

신생아기와 유아기 때 가졌던 질병이나 다른 장애를 가진 경우도 이와 유사하다. 부모는 아동의 병이나 장애를 보상해 주어야 한다고 믿고 그렇게 반응한다. 아들러(1973a)는 아동이 백일해, 성홍열, 홍역, 뇌염과 같은 병을 앓은 후에 응석의 생활양식을 발달시키게 된다고 한다. 아동이 투병할 때 엄마의 불안, 걱정, 눈물은 병든 아이를 돕기보다는 아이들이 병들어 있는 상태가 가지는 장점을 발견하도록 유혹한다(Adler, 1973a). 또한 쉬르마이스터(Schirrmeister, 1926)도 아동이 가정에서 자신의 위치를 유지하고자 구토, 경기, 말더듬이, 질식발작 등을 사용한다고 했다.

아동기에 겪게 되는 외부적 영향도 아동의 성격형성에 막대한 영향을 미친다. 이러한 외부요인에는 지진, 폭풍 등과 같은 자연재해와 오염, 핵전쟁의 위협 등과 같이 사람이 직접적으로 통제하지 못하는 사건 등이 포함된다. 예를 들어, 납 중독은 인지적 성숙을 지연시키는 반면, 폭풍 속에서 살아남은 사람은 바람에 대한 공포를 가질 수도 있다. 또한 장기간의 가뭄이나 장마로 인한 식량부족이 발육부진의 기아를 만들 수도 있고, 굶주림의 경험이 성격형성에 영향을 미칠 수도 있다.

자신과 타인 그리고 세상을 바라보는 시각에 영향을 미치는 강력한 요인으로는 문화적 요인이 있다. 남성 지배적인 사회문화, 대도시나 소도시 등 사람들이 태어나 자란 곳의 사회·문화적 환경의 영향도 성격형성에서 무시할 수 없는 요인이다. 남성 지배적인 문화에서 태어나 자란 아동들은 남성의 중요성에 대해 과장된 생각을 가지고 자라게 된다. 한국이나 일본, 미국과 같이 경쟁이 치열한 문화 속에서 자란 아이들은 그렇지 않은 나라의 아동들보다 더욱 경쟁적인 성격을 가지게 될 수 있다. 아동이나 청소년의 알코올 사용이 자유롭고 제한되지 않은 사회에서, 아동들의 이른 알코올섭취는 아동의 인지행동 발달에 심각한 영향을 줄 수 있다. 가족치료의 대가인 리쯔(Lidz)는 성격형성에서 문화적 지표와 생물학적 지표를 연계하는 제도를 가족이라고 하여, 아동의 성격을 형성하고 발달시키는 원초적인 집단을 가족이라고 생각하였다.

성격발달에 영향을 끼치는 환경적 요인에는 여러 가지가 있으나 가족요인만큼 중요한 요인은 없을 것이다. 가족 요인 중에서도 가족의 구도 또는 형제서열과 가족의 분위기 파악이 내담자의 심리적 역동과 문제를 파악하는 데 유용한 자료를 많이 제공해 주고 있다.

이상에서 지적한 요소들은 성격형성에 막대한 영향을 끼친다. 그러나 이러한 요소들이 모든 사람에게 똑같은 영향을 미치지는 못하며, 그 영향을 받은 사람의 행동이 정반대로 나타날 수도 있다. 이 말은 성격형성에서 중요한 것은 외적 환경이 아니라 그 환경을 어떻게 해석하고 받아들이는가 하는 주관적 해석에 달려 있다는 것이다. 앞에서 예를 들었던 일란성 쌍둥이처럼 같은 비극적이고 엄청난 사건을 두 쌍둥이가 함께 기억한다고 하더라도 이 사건에 대한 개인적인 경험, 생각, 감정, 느낌, 추억, 행동 등은 서로 다를 수 있다. 알코올 중독 아버지의 두 아들이 커서 큰 아들은 아버지가 입원해 있던 정신병원의 의사가 되고, 작은 아들은 아버지와 같이 알코올 중독 환자가 되어 그 병원에 입원해 있다는 유명한 일화도 이런 맥락에서 이해할 수 있을 것이다. 이와 같이 외부 환경에 대한 개인적 해석이 성격발달에 더 중요한 요인이 된다고 할 수 있다.

2) 성격발달에 관한 개인심리학적 입장

환경적 요인은 인간의 성격발달에 많은 영향을 미친다. 앞에서도 살펴보았지만 같은 환경 속에 있더라도 환경에 대한 이해와 대처양식은 사람마다 다르다. 즉 개인의 성격은 환경에 대한 개인의 해석과 대처가 중요한 요인이 된다. 이것을 개인심리학에서는 인간의 창조적인 힘이라는 개념으로 설명한다. 개인의 환경에 대한 해석과 창조적이고 적극적인 행동이 개인의 성격을 형성한다는 것이다. 개인심리학에서는 성격의 형성을 환경과 개인 간의 상호작용이라고는 하지만 개인의 창조적인 능력에 더 많은 비중을 두고 있다.

　개인의 창조적인 힘은 유아가 세상에 태어나면서부터 성격형성에 작용한다. 유아는 태어난 직후부터 외부 자극에 계속해서 능동적으로 반응한다. 아동은 사회적 환경 속에서의 경험을 통해 자신이 무엇은 하고 무엇은 하지 않을지를 '배우게 된다.' 아동들은 자신에게 의미 있는 사람들에게 영향을 미치지 못하는 것은 대체로 하지 않는다. 이런 방식으로 각각의 새로운 상황을 통해 점점 '경험'을 축적해 나가게 된다. 그러나 경험이 실재(reality)는 아니다. 그것은 유아의 주관적인 실제의 해석이며 유아가 경험으로부터 이끌어낸 결론이다. 보통 신생아 또는 유아를 전적으로 의존적인 존재라고 생각하지만, 엄격한 의미에서 보면 이들은 결코 무력한 존재가 아니라 나름대로 자연적이고 사회적인 결과를 해석하는 존재이다. 이와 관련하여 개인심리학자들은 청각장애를 가진 부모의 자녀들이 소리내어 울지 않는, 즉 음성적 능력을 사용하지 않는 예를 자주 인용한다. 청각장애를 가진 부모의 아기들은 크게 우는 것이 자신의 목적달성에 아무런 도움이 되지 않음을 일찍 깨닫고, 단지 몸을 흔들고 눈물을 흘리고 얼굴을 찌푸리거나 빨갛게 상기시키는 것으로 자신의 의사를 표현한다(Dinkmeyer et al., 1987).

　아동은 자신의 성격을 능동적으로 창조한다. 아동이 자신의 환경을 훌륭하게 관찰은 하되, 해석하는 데 있어서는 미숙하여 잘못된 해석을 한다. 아동이 정확한 평가를 하건 하지 않건 간에 그들은 자신의 평가에 따라 위축되고 무력함을 경험하게 된다. 그와 같은 초기경험 때문에 열등감이 생기게 된다. 열등감은 본래부터 좋거나 나쁜 것은 아니다. 열등감을 보상하기 위해 열심히 노력한다면 열등감은 긍정적인 것이다. 충분히 기능하는 사람,

자기실현인, 사회적 관심이 높은 사람 등은 열등감을 잘 극복한 사람들이다. 그러나 생의 초기에 누구나 갖는 자연적인 열등성을 잘못 해석해서 열등콤플렉스나 우월콤플렉스를 지닌 성격을 형성하는 경우도 있다.

2. 생활양식

생활양식은 사람들이 왜 그런 식으로 행동하고, 사고하고, 느끼는지에 대한 이유를 설명해 준다. 그러므로 생활양식은 치료의 첫 단계에서 파악되어야 할 매우 중요한 개념이다. 치료를 한다는 것이 비뚤어지고, 잘못된 생활양식을 수정하거나 재교육하는 것이라고 할 때, 생활양식의 파악은 치료를 위해서 필수적이다. 안스바허(Ansbacher, 1956)가 진술하는 바와 같이, 이용어는 고정되고 정적이고 정지된 실체라기보다는 역동적인 상태를 의미한다. 이러한 관점에서 인격(personality), 정신(psyche), 성격(character), 자아(ego)와 같은 용어는 다소 동등시된다.

1) 생활양식의 정의

생활양식은 한 인간의 삶의 목적, 자아개념, 가치, 태도 등 그 인간의 특성을 설명하는 아들러의 독자적 원리로서 그의 이론의 핵심이 된다. 생활양식은 인생의 초기에 한 개인의 경험을 조직하고 이해하고 그것을 예언하고 통제하기 위해서 발달시켜온 개인의 인지조직도 또는 신화집(Mosak, 1989)으로써, 어릴 때 자신의 우월 또는 완전의 목표를 이루기 위해 스스로 창조한 삶의 계획이다. 아들러(1952)는 초기에는 생활양식이라는 용어대신에 생활계획(life plan)이란 용어를 사용하다가 이 용어가 많은 경우 잘못 이해되자 생활양식으로 바꾸었다고 한다. 그가 양식(style)이란 단어를 선정한 이유는 양식이란 부분보다 먼저 선험적으로 주어진 현상학적인 존재로 '전체'라는 뜻을 지니고 있기 때문이다(Hauser; H. Jacoby, 1974: 40, 재인용). 인간은 전체적인 존재로서 분리하여 이해할 수 없음은 아들러가 그의 심리학을 '개인심리학'이라고 이름붙이면서 크게 강조하였던 개념이다. 전체적인 인간의 생활을 나타내는 생활양식은 인생의 목표뿐 아니라 자아개념, 타인에 대한 태도, 세상에 대한 태도를 포함하는 개인의 인생취향으로서 한 개인의 독특성을 나타내 준다(Hjelly & Ziegler, 1983).

생활양식은 창조적인 자아의 힘, 주관적인 통각경향, 무의식, 목적지향적인 전체성, 불변성, 예견성 등 개인심리학의 주요개념들로서 그 구조를 설명할 수 있다. 아들러는 인간이 유전과 환경의 영향을 받지만 궁극적으로 생활양식은 개인의 창조물로서, 환경에 대한 개인의 독특한 해석이라는 점을 강조한다. 아들러는 어린 시절 여러 경험이 생활양식 형성에 영향을 끼치기는 하지만 이보다 중요한 것은 어린 시절의 중요한 사건이 아니라 과거 사건에 대한 지각과 해석이라고 하였다. 즉, 그는 인과론적 원인론을 거부하고 인간을 목적지향적이며 창조적인 존재임을 강조한다(Adler, 1965, 1973a, 1973b).

생활양식은 자기 스스로 창조해 내는 것이고 또한 자기 스스로 일치하는 것이다. 생애 첫 해가 지난 후에 하는 새로운 경험들은 신념으로 형성된다. 어떤 사람은 주위의 현실로부터 거의 영향을 받지 않고 해마다 같은 근본주제들로 같은 초기기억들을 나타낼 것이다. 즉 개인은 그가 무엇이 되어야 하고, 외부와 다른 사람들로부터 삶에서 기대할 수 있는 것이 무엇인지에 대해 신념 혹은 가상들을 창조한다.

모삭(Mosak)은 이 신념들을 4가지 그룹으로 분류하였다.

1. 자기 개념-나는 누구인가에 대한 확신.
2. 자기 이상(아들러의 용어)-나는 어떤 사람이어야 하며 세상에서 어떤 위치를 차지해야 한다는 확신.
3. 세계관-자기가 아닌 것(세상, 사람들, 자연 등)과 세계가 나에게 요구하는 것에 대한 확신.

4. 윤리적 확신—개인적인 '옳고 그른 것'에 대한 규범(Mosak & Dreikurs, 1973).

대부분의 사람들은 이러한 생활양식을 무의식적으로 따른다. 무의식적이라 하더라도 생활양식의 모든 표현은 목적지향적이다. 아들러는 심리치료에서 가장 중요한 질문은 '왜'가 아니라 '어디에'라고 하여, 개인의 삶의 목적을 이해하면 그 행동을 이해할 수 있다고 한다. 인간은 자신이 세운 목적을 이루기 위해 자신을 준비하기 때문이다. 그래서 아들러(1965)는 "목표에 대한 지각없이는 어떤 생각도, 느낌도, 의지도, 행동도 할 수 없다."라고 하였다. 자신이 이루고자 하는 가상의 목표를 향해 통합된 생활계획이 세워지고, 이에 따른 부분적 행동들로 생활양식이 형성된다. 생활양식은 한번 결정되면 일생에 거쳐 사고, 감정, 행동양식을 지배하게 된다. 생활양식의 지속성은 상담과 심리치료에 매우 유용한 것으로, 분석뿐 아니라 예언도 가능하게 한다. 한 개인의 생활양식을 통해 그가 추구하는 우월의 목표와 그의 독특한 방법 그리고 자신과 세계에 관한 자신의 의견을 이해한다는 것은 개인심리학의 기본원리이다.

2) 생활양식의 발달

생활양식의 형성기원은 각 개인이 지닌 열등감에 있다. 열등감은 개인심리학의 모든 병리적 문제를 해결하는 열쇠가 되는 개념이다(Adler, 1973a: 121). 인간은 누구나 열등한 존재로 태어나 그 열등성을 극복하기 위한 보상노력을 하게 된다. 생활양식이란 각 개인이 지닌 특수한 열등감에 대한 보상으로 우월을 추구하는 과정에서 형성되는 것이다. 사람들은 모두 우월이라는 목표를 이루기 위해 노력하나, 이 목표를 위해서 각자 다른 방법을 사용한다. 어떤 사람은 힘으로, 다른 사람은 지식으로, 또 다른 사람은 예술적 재주나 신체적 재능 등으로 자신의 우월의 입지를 차지하고자 한다.

그래서 엘르와 지글러(Hjelle & Ziegler, 1981)는 생활양식이 우월성 추구의 개념을 더 확장시키고 다듬은 아들러의 역동적 성격이론을 가장 잘 나타낸 개념이라고 평가한다.

생활양식은 4~5세에 그 틀이 형성되고 그 후에는 거의 변하지 않는다 (Adler, 1956). 생활양식은 개인에 의해 창조된 것이기는 하지만, 환경에서 사람들과의 관계에서 만들어진 것이고 이것이 평생 그의 삶을 이끄는 지침이 되기에 그것이 만들어진 상황을 전혀 무시할 수 없다. 생활양식은 부모와 형제자매 모두가 역할을 하는 가족 극장에서 아동이 스스로 감독의 역할을 하는 드라마 제작 과정에서 창조된다. 핵가족은 어린 아동으로 구성된 사회이고, 이 사회 내에서 지위를 찾기 위한 아동의 노력은 아동이 자신의 생활양식을 창조하는 방식에 영향을 미친다. 개인의 생활양식을 설명하는 데 있어서 상담자는 무엇이 그 아동의 드라마에서 선호되는지, 다른 역할자들이 무슨 역할을 하는지, 그리고 어떻게 '감독'이 그 드라마를 해석하는지에 대한 아이디어를 얻으려고 노력한다. 개인심리학에서 생활양식 형성에 주요한 요소로 지적하고 있는 가족분위기(Family Atmosphere), 가족구도(Family Constellation)에 관해 살펴보기로 하자.

(1) 가족분위기

개인심리학자들은 성격에 영향을 미치는 가장 강력한 환경적 요인으로 가족요인을 지적한다. 가족요인은 크게 가족분위기와 가족구도로 나눌 수 있다. 가족구도가 형제간의 서열을 중심으로 하는 가족 구성원 간의 상호작용을 분석하는 열쇠가 된다고 하면, 가족분위기는 부모에 의해 형성되는 분위기를 말한다. 아동과 최초의 인간관계를 맺는 부모는 아동에게 사회적 행동의 모델이 되고, 부모로부터 배운 사회적 역할은 아동들에게 깊이 각인되어 막대한 영향을 미친다.

듀이(Dewey, 1971)는 성장하는 아동이 반응하는 여러 가지 전형적인 가족분위기의 유형을 자세히 설명한다. 아동은 가족이 공유하고 있는 태도와 가치를 수용하는 방향으로 발달할 수도 있고 그러한 태도와 가치들을 거부하는 방향이나 혹은 그 둘 사이의 다른 어느 방향으로도 발달할 수 있다.

어떤 가족은 독서를, 어떤 가족은 음악을, 또 어떤 가족은 운동을 좋아하고 잘하는데 이것은 그 가족의 분위기에 대한 반영 또는 공유된 가족의 가치가 표현된 것이라고 할 수 있다. 부모가 운동에 가치를 두는 경우, 자녀들 모두가 운동에 관심을 가질 가능성이 매우 높다. 반면 자녀들 사이에 공유되지 않은 특성들도 나타나는데, 이는 부모 사이에서 경쟁을 하는 자녀들 간의 경쟁적 분위기를 나타내는 것이다. 예를 들어, 한 부모는 운동에 큰 가치를 두고, 다른 부모는 음악에 큰 가치를 두는 경우, 몇 명의 자녀는 운동을 열심히 할 것이고, 다른 자녀들은 음악을 열심히 할 것이다.

자녀들이 가족분위기에 어떻게 반응하는지에 대한 또 다른 예로 부모가 모두 음악가인 경우, 다섯 명의 자녀가 모두 음악에서 비상한 관심을 드러내는 경우를 볼 수 있다. 그러나 다섯 자녀 모두가 같은 분야를 선호하지 않는다. 성악을 하든지, 타악기를 하든지, 건반악기, 현악기 등의 서로 다른 악기를 선호하면서 각자의 독특하고 우위의 위치를 차지할 수 있는 분야를 발견하려는 노력을 할 것이다. 이때 음악적인 재능은 공유된 가족 가치로서의 가족의 분위기라고 할 수 있고, 형제들 간의 재능의 차이는 형제간 경쟁의 산물이다. 만일 한 부모는 음악가이고, 다른 부모는 음악가가 아니라면, 둘 혹은 세 명의 자녀는 음악가가 될 것이고, 다른 자녀들은 음악에 관심이 적을 수 있다. 우리나라의 정명훈, 정경화 음악가 가족이 대표적인 예가 될 것이다.

듀이(1971)는 다양한 가족분위기와 그 특성들을 다음과 같이 제시하고 있다.

민주적인 분위기가 가장 민주적인 것으로 부모는 합리적이고, 애정적이고 존경할 만하다. 이러한 가정에서 자란 아동들은 자기확신감, 자기신뢰감, 자발적이고 분명한 자기의식을 가지고 있다. 나머지 가족분위기는 부정적인데 아동상담에 의뢰된 아동들은 아래에 제시된 가족분위기에서 성장한 경우가 많다.

거부적인 분위기는 부모가 어떤 일의 행위자와 행위를 분리하지 못하고 지속적으로 그들의 자녀를 비난하고 거부하는 가정의 분위기이다. 이러한 부모들은 부정적인 자기 지각을 가지고 있으며 자녀를 사랑하는 데 어려움을 가진다. 이런 환경에서 자란 아동은 가족의 희생양이 되거나, 부모의 비난이나 거부에 상처를 입게 되고, 자신이 무가치하다고 믿기 쉽다.

권위주의적인 분위기에서 자란 아동은 극도로 순종하고 순응하는 자녀 또는 반대로 심하게 반항하는 행동패턴을 보인다. 순종적인 아동은 대개 예의바르고 온순하나 불안감을 가지고 있다. 이런 불안감으로 신경증적 습관, 틱, 궤양, 스트레스와 긴장을 느낀다. 반면, 반항적인 아동은 민감한 비난이나 칭찬을 헤아릴 줄 모른다. 이런 아동들은 약물, 알코올 등을 하며 거칠게 살아간다.

순교적인 분위기에서는 고통받는 것을 고귀하고 매우 가치 있게 여긴다.

일관성이 없는 분위기에서는, 아동들이 다른 사람에게 무슨 기대를 해야 하는지, 다른 사람들이 무슨 기대를 하는지 알지 못한다. 이런 가족분위기에서 아동들은 안전함과 편안함을 느끼지 못하고, 규칙이 없어 혼란감을 느낀다. 이런 아동은 세상은 질서도 없고 힘 있는 자의 독단적인 곳이라고 가정하기 쉽다.

억제적인 분위기는 사고와 감정을 표현하는 자유를 제한해서 가끔씩 과도한 공상을 자극하거나 '겉치레하는' 데에 능숙한 아이로 만들 수 있다. 이런 분위기에서는 아동이 자신의 감정을 불신하는 것을 배우며 개인의 생각이나 솔직한 감정을 표현하는 데 어려움을 갖는다. 이들 가족원들은 유머가 거의 없고, 가족간에 거의 말을 하지 않거나 감정을 드러내지 않는다.

희망이 없는 분위기는 사티어(Satir)가 사용한 '장례식'이란 용어로 묘사할 수 있다. 사티어는 "모든 사람은 아주 전염성이 높은 낙담과 경계가 없는 비관으로부터 고통받는다."라고 말한다. 이러한 장례식 분위기의 가족에서 성장한 자녀들은 유머도 없고 친구도 없고 비자발적이며 지루하고 고루한

애어른 같이 보인다. 이런 분위기 속에서 자란 아동은 자신은 결코 어떤 것도 성취할 수 없고 성공할 수 없다고 느낀다.

과보호적인 분위기는 자녀들이 자신의 행동에 스스로 책임지는 것을 배울 기회를 박탈하여, 자녀가 자기신뢰감과 확신, 용기와 책임감을 발달시키는 것을 방해한다.

동정적인 분위기에서 자란 아동은 인생은 공정치 못하고, 비극적이고 비애와 고통으로 가득하다고 느낀다. 그들은 흔히 자신은 희생자이고, 다른 사람들이 그를 불쌍히 여긴다고 생각하거나 다른 방법으로 그들을 학대할 것이라고 생각한다.

기대수준이 높은 분위기를 조성하는 부모들은 아동들에게 높은 기대를 걸고, 완벽한 목표에 따라 생활하기를 요구한다. 이런 부모는 아동이 그들 수준에 미치지 못하면 아동들을 비난하거나 모욕한다. 이런 분위기에서 자란 아동은 자신은 결코 어떤 일을 하기에도 모자란다고 느끼고 부적절감, 열등감 등을 느낀다.

유물론적인 분위기는 인간관계보다는 물질적 소유에 더 많은 가치를 부여한다. 이런 가정의 아동들은 가격으로 모든 것을 판단하는 경향이 있다. 그들은 다른 사람과의 우정적인 관계와 금전적인 투자를 요하지 않는 단순한 기쁨의 중요성을 이해하지 못한다.

비난하는 분위기는 빈번하게 비난이 오고가는 것이 특징이다. 비난을 자주 하는 부모들은 그들 자신의 가치를 의심한다. 남을 비난함으로써 다른 사람을 가치 없게 여기고 자신의 위치를 높이려고 한다. 이런 분위기에서 성장한 자녀들은 많이 낙담하고, 냉소적이고, 자기 자신이나 남을 신뢰하지 않는 비관적인 염세주의자가 되기 쉽다.

부조화된 분위기에서는 자녀들이 적군의 캠프에서 살고 있는 느낌을 갖고 자라게 한다. 오래된 감정적 문제가 있는 가정에서는 아주 무질서한 분위기나 아주 질서정연한 분위기의 두 가지 상반된 분위기 중 하나를 보인다. 무질서한 가족의 예로는, 아침에 한 사람이 일어나서부터 마지막 가족 구성원이 밤에 잠자리에 들 때까지 거의 항상 말다툼과 싸움이 계속되는 가족이다. 지나치게 질서정연한 분위기의 예는, 오랫동안 혼자 살던 수간호사가 결혼하여 유능한 새엄마가 되기 위해 가정에서도 병원 감독원처럼 행동하는 경우이다. 이때 계자녀들은 계모의 규율을 받아들이지 않고, 그녀와 어떤 종류의 관계도 형성시키지 않으려 할 것이다.

(2) 가족구도

'가족구도'는 가족의 사회심리학적인 배치를 설명한다. 각 가족 구성원의 성격 특성, 가족 구성원들 간의 감정적인 유대, 출생순서, 다양한 구성원들 간의 우세와 복종, 나이, 성, 그리고 가족의 크기가 모두 가족구도의 요인이 된다. 가족구도 내 아동의 지위는 장기간에 걸쳐서 아동의 성격발달에 큰 영향을 미친다.

상담자는 내담자의 성격 또는 생활양식을 설명하는 데 있어서 내담자가 다른 가족원들과 어떤 역학관계에 있는지, 다른 가족들이 무슨 역할을 하는지, 그리고 내담자가 그의 삶을 어떻게 해석하는지, 즉 내담자가 자신과 삶에 관해 끌어내는 결론들이 무엇인지를 알아야 한다. 내담자의 생활양식을 탐색하고자 할 때 출생순위는 그에 관한 많은 것을 예측할 수 있게 도와준다. 물론 실제상황은 사람들마다 다 다를 수 있다. 그러나 출생순위를 안다는 것은 내담자를 이해하는 데 있어 매우 중요한 보편적 법칙을 제시해 주고 있다. 상담자가 내담자의 역동성을 알기 위해 가족 내 내담자의 지위(위치)를 고려하는 것은 필수적이다. 출생순위와 가족 내 위치에 대한 해석은 어른이 되었을 때 세상과 상호작용하는 방식에 큰 영향을 미친다. 사람은 아동기에 타인과 관계하는 독특한 스타일을 배워서 익히게 되며, 성인이 되었을 때에도 그 상호작용 양식을 답습한다.

아들러(1958)는 많은 사람들이 한 가족 내 자녀들이 왜 그렇게 서로 다른지 놀라워한다는 사실을 관찰했다. 가족 내의 자녀들이 같은 환경 속에서 성장한다고 가정하는 것은 잘못된 생각이다. 비록 그들은 가족구성 전체로서는 공통점을 가지고 있지만 출생순위로 인해 각자의 심리적인 환경은 다른 형제들과 차이가 난다. 가족관계와 형제의 출생순위가 인성발달의 중요한 요인이 된다는 사실을 처음 지적한 학자가 아들러다. 그는 열등의 경험이 출생의 순위를 통해서 조건지워 나갈 수 있음을 제시하였다(Adler, 1972: 348). 아들러는 한 가정의 형제들 간의 개인적 차이를 유전적 차이나 어린 시절의 상처 등에 의해서가 아닌 형제들 간의 경쟁으로 설명한다. 태어날 때 이미 라이벌이 있느냐 없느냐에 따라 서로 다른 상황에서 태어난 어린이는 다른 형제를 제치고 부모의 사랑을 차지하는데 있어서나, 가정에서 자신의 위치와 세력을 확실히 하기 위해서 서로 경쟁하게 된다. 형제간의 권력다툼의 과정에서 겪은 실패와 성공, 기대와 실망, 가능성과 장애 등의 경험이 어린이의 생활양식을 설정하는 데 영향을 준다. 개인심리학에서는 가족역동 특히 형제간의 관계를 다루는 것을 매우 중요시한다. 개인을 어떤 유형으로 전형화하는 것은 피해야 할 일이지만 아동기에 형제간의 경쟁의 결과로 생겨난 성격 경향이 그 이후 개인의 삶을 통해서 어떻게 재현되는가를 살피는 것은 큰 도움이 될 것이다.

아들러는 형제간의 서열이 '심리적(psychological) 서열'이어야 한다고 주장한다. 예를 들어 한 가족 내의 오누이는 두 명의 외둥이로 키워질 수 있다. 마찬가지로 10년 터울이 나는 두 형제도 각각 외둥이처럼 길러질 수 있다. 생애 초기의 6년에서 8년을 지각하고 회상하면 심리적 위치를 알 수 있는데, 아들러는 이 기간 동안에 생활양식이 확립된다고 믿었다. 슐만(Shulman, 1973)은 맏이가 첫째의 지위를 내주고 중간아이의 역할을 하고, 둘째는 첫째를 압도함으로써 사실상 맏이의 역할을 할 수도 있다는 예를 들면서, 순서의 지위는 연대순보다도 '심리적인 논리'임을 강조하였다. 예를 들면, 맏이가 심한 정신지체라면 둘째 아이가 첫째를 대신하여 맏이의 역할을 할 것이다. 아이가 사산된 이후에 태어난 아동의 경우는 보통의 경우보다 더 특별한 맏이로 키워질 수 있다.

출생순서는 아동이 가족 구성원에게 얼마나 많은 영향을 주느냐와 가족들이 아동에게 어떠한 영향을 주느냐에 따라서 역동적으로 설명되어야 한다. 모든 아동이 소속감을 갖기 위해 노력한다는 것은 매우 중요한 사항이다. 출생서열에 따른 심리적 위치 이외에도 아동은 출생할 때의 가족의 상황과 환경에 따라 다른 심리 사회적 영향을 받게 된다. 페퍼(Pepper, 1971)는 어떤 두 명의 아동도 같은 가족 상황에서 태어나지는 않는다는 사실을 강조하면서, 그 이유를 다음과 같이 지적하고 있다. 1. 부모는 더 나이가 들어 경험이 많아지거나 더욱 낙담한 상황일 수도 있고, 2. 경제적으로 형편이 더 나을 상황일 수도 있고, 3. 다른 동네로 이사간 상황일 수도 있으며, 4. 이혼이나 죽음 때문에 계부모가 된 상황일 수도 있다.

아들러는 심리적인 위치에 따른 형제간 서열을 다섯 가지로 목록화하였다: 맏이, 두 형제 중 둘째, 중간, 막내, 독자. 앞에서도 언급했으나, 실제적 출생순위보다는 가족 내의 위치에 대한 개인의 해석이 더 중요하다는 것에 주목해야 한다. 형제간 서열을 일반적으로 다섯 가지로 목록화하고 있으나, 여기에서는 두 형제 중 둘째와 심리적 위치나 심리적 역동이 거의 비슷하기 때문에 함께 묶어서 설명하고, 형제관계 중 특수한 상황을 추가하여 다섯 가지로 목록화하여 각 서열에 따른 일반적인 경향을 살펴보고자 한다.

출생순위의 영향에 관해서는 안스바허와 안스바허(Ansbacher & Ansbacher, 1972), 드레이커스(Dreikurs, 1971), 아들러(Adler, 1958, 1966, 1978), 티체(Titze, 1978)의 자료를 종합하여 정리하였다.

■ 맏이

맏이는 일반적으로 많은 관심을 받으면서 부모의 기쁨이자 관심의 대상으로 인생을 시작한다. 동생이 태어나기 전까지 가정의 중심인물로 '왕'과 같이 지내다가, 동생이 태어나면서 좋았던 위치에서 쫓겨나게 된다. 이와 관련하여 맏이에게는 '폐위당한 왕', '일일천하(King for a day)'라는 별명을 붙인다. 그는 더 이상 특별나거나 특수한 위치에 있지 않게 된다. 맏이는 새로운 인물(침입자)이 그가 누리고 있던 사랑을 약탈해 갔다고 믿기 쉽다.

맏이가 받는 폐위의 쓰라린 고통의 정도와 양상은 부모의 양육태도와 동생과의 연령차, 성 등의 여러 가지 변수에 따라 다양하게 나타날 수 있다. 폐위의 경험은 열등감을 심화시킬 수 있는데, 열등감의 보상기제의 방향이 크게 둘로 나뉘는 것과 같이 폐위를 경험한 맏이의 태도도 크게 두 가지 양상을 나타낸다.

첫 번째 양상은 동생의 출현 이전에 누리던 특권을 다시 차지하고, 새로 태어난 경쟁자를 제2의 위치로 몰아내려는 시도를 하는 것이다. 부모의 도움으로 이런 노력이 잘 이루어지면 일반적으로 맏이들은 새로 등장한 사람(동생)을 수월하게 대처해 낸다. 부모가 맏이에게 가족 내에서의 자신의 위치가 안전하다고 인식할 수 있도록 동생이 태어나기 이전에 동생을 맞을 준비를 시켜주면 맏이의 상실감은 크게 줄어들 수 있다. 맏이는 일반적으로 어른들과의 관계가 좋고, 어른들의 기대와 가치에 쉽게 동의하며, 사회적 책임을 지고, 생활과제에 대처할 때 사회적으로 수용 가능한 방법을 사용한다. 이런 행동들은 부모역할을 모방하면서 배우게 된다. 이때 맏이에게는 동생을 돌보고 책임지는 일이 나이에 비해 과중하거나 부당하게 요구될 수 있는 위험이 있다.

맏이는 폐위당한 지위와 잃어버린 천국을 회복하고자 그중에서도 특별히 어머니의 관심을 되찾고자 새로운 노력을 시도한다. 엄마의 관심을 얻지 못하게 되면 예전의 누렸던 우위의 자리를 아버지를 통하여 찾으려고 한다. 둘째의 출산으로 부인의 배려와 관심이 적어지게 됨으로써 무의식적으로 소외감을 느낄 수 있는 상황에서 맏이의 아버지에게로의 전향은 매우 긍정적으로 또는 회의적으로 작용할 수 있다. 이런 노력이 성공하지 못하면 아이는 흔히 난폭하고, 비판적이고, 불순종적으로 행동한다.

맏이의 폐위 경험은 공동체 생활을 하는 데 있어서 인간에 대한 적대주의로까지 발달할 수 있다. 이런 아이들은 흔히 시기심과 공명심이 많아 강한 경쟁적 행동을 보인다. 위치회복의 노력이 실패하게 되면 권위에 대한 집착이 강해지고 권위에 높은 가치를 둔다. 흔히 과거에 집착하고 새 것에 대해서는 적의감을 표하는 보수적인 성향이 강하게 발달할 수도 있다 (Adler, 1958).

두 번째 양상은 폐위를 기억하면서 자신이 매우 작고, 약하고, 무기력하다고 생각하여 동생에 의해 정복당하는 데 대해 좌절하여 속수무책으로 있는 경우이다. 맏이의 상황은 많은 경우 불안정하다고 볼 수 있다. 첫째의 응석의 정도에 따라 폐위의 쓰라린 고통의 강도가 정해진다. 생에 대한 위축감과 쓸쓸한 감정이 그 사람의 전체 삶의 기본 정서가 되기도 한다. 이는 사회생활을 하면서 다른 사람과 협력하고 협조하는 데 방해가 될 수 있다.

■ 둘째 또는 중간아이

둘째 아이는 태어날 때부터 관심을 다른 아이(맏이)와 나누어 가지게 된다. 전형적으로 둘째 아이는 경쟁 속에 있는 것처럼 행동하고, 항상 압박을 받는 입장이라고 느끼며, 인생을 더 나이 많은 형이나 누나를 이기기 위한 훈련상태인 것처럼 여긴다. 첫째 아이와 둘째 아이의 경쟁적인 투쟁은 그들의 나머지 삶에도 영향을 미친다. 나이 어린 아동은 형의 약점을 찾는 요령을 발달시키고, 형이 실패한 것을 달성함으로써 부모로부터 칭찬을 받기 위해 노력한다. 하나가 어떤 영역에 재능이 있으면 나머지 아동은 다른 능력을 발전시킴으로써 부모에게 인정받으려 한다. 특히 두 아이가 비슷한 나이이고 성이 같을 때 더욱 그러하다. 일반적으로 둘째 아이는 보다 독립적이고 반항적이며 민감하고, 공공연히 부모에게서 자신의 위치를 확인받고 싶어 하여, 더 많이 요구하고 맏이가 추구하지 않는 것에 관심을 갖는 경향이 높다.

둘째 아이는 셋째 아이가 태어날 경우, '주위의 관심이 줄어든' 아이가 되고 만다. 종종 형제가 셋인 가정의 둘째 아이는 자신의 위치가 양쪽에서 압박을 받는다고 느낀다. 이런 상황을 사람들은 '샌드위치 상황'으로 표현한다. 그들은 자신만이 불이익을 당한다고 지각한다. 종종 맏이가 막내를 돌보아줌으로써 한편이 되면 중간은 자신의 힘든 처지를 더욱 비관하게 된

다. 둘째는 부모의 관심과 사랑을 혼자 독차지한 경험이 없기 때문에 객관
적으로 더 적은 관심을 경험해도 이것을 부족하거나 결핍으로 느끼지 않는
특징이 있다. 다른 아이가 자기보다 먼저 존재하고 있기 때문에 그의 존재
는 맏이와 비교할 때 기존의 질서를 방해한 침입자로 인식되고, 가족의 사
회체계 내에서 '사이에 낀 아이'로 중간아이는 자신의 역할과 정체성을 발
견하는 데 어려움을 갖게 된다. 중간아이가 전체 환경에서 무시되거나 간
과되는 느낌을 운쯔너(Unzner, 1990)는 자동차의 '여분의 타이어'와 같은 느
낌이라고 표현하였다.

둘째는 자신의 위치에서 아래위의 형제들에 의해 그의 권력이 약해지도
록 내버려두든지, 아니면 형제들을 희생시켜서라도 그의 지위를 올리려고
하는 두 가지 경향 중 한 가지를 나타낸다.

첫째 유형으로 둘째들은 종종 최고가 되려고 노력한다. 가족의 분위기가
자녀 간의 경쟁을 조장하는 분위기라면 형제간의 경쟁은 상당히 치열할 수
있다. 아들러는 이를 도보경주에 참여한 '달리기 선수'에 비유하여 설명한
다. 첫째의 발자국소리를 들으며 조금만 더 노력하면 따라잡아 선두를 빼
앗을 수 있다고 생각하고, 다른 한편 뒤에서 쫓아오는 셋째의 발자국 소리
를 들으며 따라 잡히지 않으려고 앞으로 더욱 매진해 나간다. 이런 상황에
있는 중간아이는 학교에서 남을 능가하려는 경향으로 가장 부지런하고 성
실한 학생이 될 수 있다. 경쟁해야 하는 형제들이 이길 수 없는 상대라고
인식하면 협력하는 방법을 취해 같은 편을 만든다. 맏이가 협동적이고 동
생을 잘 돌보고 돕는 경우 중간아이는 맏이를 통해 많은 이득을 본다. 이때
는 나이가 중요한 역할을 한다. 아들러는 둘째를 기본적으로 긍정적으로
평가한다. 사회적 관심과 공동체감이 기본 전제가 되는 협력적 행동을 상
황적으로 많이 훈련받을 수 있기 때문이다. 일반적으로 둘째는 인생에서
쉽게 길을 발견할 수 있고, 높은 정도의 협동과 자립심을 발달시킬 수 있다
고 보았다. 둘째의 경쟁 태도가 너무 강한 경우 혁명가 또는 개혁가가 될
소지가 많다.

두 번째 유형은 맏이가 매우 우수한 아이인 경우 둘째가 감히 도전하지 못하겠다고 느끼던지 다른 이유로 인해 첫째에게 도전할 생각을 단념하고 위축되거나 실의에 빠지는 경우다.

■ 막내

막내는 언제나 가족의 어린애로서 아무리 나이를 먹더라도 귀염둥이, 집안 전체의 아이로 가장 많은 관심을 받는 위치에 있다. 그들에겐 부모뿐만 아니라 함께 놀아주고 돌봐주는 든든한 손위 형제가 있다. 다른 아이들이 모두 자기보다 앞서 태어났고, 폐위 충격의 경험이 없이 자라는 특별한 상황에서 성장한 막내는 부모뿐 아니라 형제, 친척에게마저 응석을 부릴 수 있는 상황을 경험하게 됨으로써 다른 사람에게 쉽게 도움을 요청하고, 자기를 돌보게 하고, 노력 없이 누리게 되는 성취와 특권을 당연하게 여긴다. 긍정적 측면에서 보면 막내는 처음부터 사회적 맥락에서 성장할 수 있으므로 사회적 능력을 획득할 수 있는 좋은 조건하에서 산다고 볼 수 있다.

막내는 다른 모든 형제들을 이기려는 극단의 노력을 하거나, 다른 형제로부터의 원조와 돌봄을 계속 받는 아이로 남으려는 두 가지 경향 중 하나를 나타낸다.

아들러의 의견으로는 막내는 가끔씩 매우 강하게 성장하여 다른 형제자매를 전부 능가하기도 한다고 한다. 막내는 그보다 앞선 형제가 많을 경우에 다른 형제자매들과 끊임없이 비교한다. 막내는 가장 작고, 가장 약한 존재로 진지하게 받아들여지지 않는 불쾌한 상황에서 자신의 열등감이 계속 경험되는 상황을 보상하기 위해서 다른 사람을 추월하려는 강화된 우월추구를 발달시킨다(Ansbacher & Ansbacher, 1972).

그의 약점을 이용하는 막내는 '나는 어리다.' '다른 사람들은 나를 도와야 한다.' 또는 '내가 다른 사람을 능가하려고 노력하면 세상은 나를 사랑하지 그들을 사랑하지 않는다.'는 신념을 발달시킨다(Titze, 1979).

또 다른 경우는 자신의 약한 상태를 그대로 유지하면서, 버릇없고 응석을 부릴 수 있는 상황에서 얻을 수 있는 유익을 얻으려 하거나, 매우 유약하여 의기소침하게 되기도 한다. 두 경우 모두 다른 사람보다 우월해지려는 극단의 노력의 결과로 나온 유형이다. 아들러(1958)는 응석을 부릴 확률이 가장 높은 막내가 문제아가 될 가능성이 맏이에 이어 두 번째로 높다고 한다.

■ 외둥이

외둥이는 처음부터 계속해서 부모의 관심을 독차지하고, 언제나 부모의 사랑과 보호를 혼자 받기 때문에 자신의 중요성을 과장하는 경향이 있다. 외둥이들은 다른 아동과 나누어 가지거나 협동하는 것을 배우지는 못하나, 어른들을 어떻게 다루어야 하는가는 잘 터득한다. 외둥이는 '폐위의 경험'이라는 사실 한 가지를 제외하고는 맏이와 거의 같은 상황이라고 할 수 있다. 외둥이는 경쟁할 사람이 없이 자라서 경쟁자가 될 가능성은 희박하다. 그들은 결코 자신의 위치에서 쫓겨나지 않으며 경쟁자로 인해 압박을 느끼지도 않는다.

부모의 관심을 독차지하면서 누린 외둥이의 장점은 그의 정신적 · 심리적 발달에는 장애가 될 수 있다. 외둥이는 어머니의 익애를 받기 쉽고, 지나치게 의존적이기 쉽다. 어머니와 연합이 맺어지게 되면 아버지와는 경쟁관계에 있게 된다. 동시에 응석의 정도에 따라 어머니와의 강한 고착 또는 공생관계를 형성할 수 있다. 이런 상황을 아들러는 '모성 콤플렉스'라고 하였다.

외둥이에게 가장 부족하다고 지각되는 부분은 또래집단과 관계일 것이다. 다른 어린이들과는 달리, 그들은 다른 형제들과 친하게 또는 싸우면서 지낸 경험이 없기 때문에 이로 인해 또래집단을 포함한 새로운 상황에 대처해야 하는 초기의 학교 경험이 힘들 수 있다.

협동심 형성에 있어서 외둥이들은 커서도 어린 시절에 관심과 애정의 초점이 되었던 경험을 반복하려고 노력한다. 항상 무대의 중심에 있기 때문에, 사회생활에서 더 이상 관심의 중심이 되지 않으면 자신의 위치가 도전 또는 위협을 받았다고 생각하고, 그것을 불공평하다고 느낀다. 그들은 자신을 남들과 동등한 공동체인으로서 느끼려고 하지 않고, 함께 나누려는 노력도 하지 않는다. 자신의 의지대로 무엇인가가 되지 않을 때 크게 실망하고, 심지어 자신의 이기주의가 완전히 옳다고 여긴다.

외둥이가 어른이 되어서 어느 정도로 공동체에 생산적으로 관여할 수 있는가는 그들의 사회적 위치와 유동성에 달려 있다. 그들이 사회에서 높은 위치에 안정된 지위를 얻게 되면 일반적으로 협동적이고 유용한 사람이 된다. 그러나 그들의 우월의 입장이 성공하지 못하고 사회적 위치가 내려가게 되면 그들은 쉽게 불평분자, 비평가, 불만가, 가정의 폭군이 되기 쉽고, 힘과 권위의 상실을 거만함, 냉담함, 폭력이나 위세로 보상하고자 한다. 아들러는 외둥이에 대해서 매우 비관적이었다.

■ 특수상황

가족구도 중에 가장 특별한 위치는 많은 여자 형제 중의 외동아들, 많은 남자 형제 중의 외동딸인 경우다. 그 가족이 남아선호 혹은 여아선호를 가진 가족이라면 그들은 각각 특별한 방식으로 가족구도를 경험한다. 아들러에 따르면 이런 아이는 다른 형제들과의 성 차이에 의해 어려움을 경험한다. 가족 안에서 자신의 위치를 확고히 하려면 다른 형제들과 투쟁을 해야할 것이다. 또 다른 가능성은 두 가지 극단 사이에서 왔다갔다 하는 것이다. 여자들만 있는 데서 자란 남자아이는 일반적으로 아버지가 집에 있는 시간이 별로 없기 때문에 여성적 환경에서 자란다. 그런 환경에서 자기는 남들과 다르다는 느낌을 갖고 여성적 성향을 따라가는 경향이 있는가 하면, 다른 한편 이런 환경에 강하게 맞서 싸우고 자신의 다름과 자신의 우월성을 주장해야만 한다고 느껴 자신의 남성성을 강하게 돋보이려고 노력할 가능성도 크다. 그럴 경우 그 아이는 언제나 긴장상황에 있게 된다. 그의 발달은 극단으로 치달아서 제일 강하거나 아니면 가장 약한 존재가 되기 싶다(Adler, 1958).

남자 형제들 사이에서 자란 여자아이는 매우 여성적 특성, 혹은 매우 남성적 특성을 발달시킨다. 그들은 성 정체성에 있어서 불안정감과 무력감을 느끼게 된다(Adler, 1958).

장남의 특권을 인정하는 것은 동서양이 비슷하겠으나, 남아선호사상이 강한 우리나라에서는 형제서열 이외에도 성별의 차이에 따른 형제간의 관계 및 성격발달의 영향력을 살펴보는 것도 필요할 것이다.

■ 가족구도에 관련된 연구들

오랫동안 가족구도에 대한 연구가 많이 이루어졌으나, 연구자들의 방법론적 문제와 통찰의 부족으로 서로 상충되는 연구결과가 많았다. 그럼에도 불구하고 아들러 학파의 이론을 지지하는 흥미로운 연구결과들이 있다. 예를 들면, 전쟁 기간에 당선되었거나 복무했던 미국 대통령 9명 중 8명이 맏이이거나 독자였으며, 9대 대통령은 전쟁이 갑자기 발발하기 2년 전에 선출되었다고 한다. 평온한 시기에는 21명의 대통령 중 단지 8명만이 장남이거나 독자였다고 한다. 슈테바르트(Stewart)는 모든 대통령의 52%가 장남이었고 32%가 3남이었다고 보고했고, 대통령의 45%가 아들이 4명(이상)인 가정 출신이라고 한다. 그는 영국의 부통령, 낙선한 대통령 및 부통령 입후보자들 그리고 수상 64명의 출생순위를 연구하여 유사한 결과를 보고했다.

헤릴(Herrill, 1972; Lundin, 1989, 재인용)의 조사연구에 따르면 육군 장성과 해군 제독들 중에서 맏이의 비율이 전체 집단에서 상당히 높았고, 우수한 해군 비행조종사의 67%와 공군의 성공한 조종사의 80%가 맏이였다고 한다. 그리고 군대 정신병원에 가장 많이 입원한 환자가 맏이였다는 여러 연구를 발견하였다고 보고하고 있다. 리치만(Rychman, 1985; Lundin, 1989, 재인용)의 보고에서도 대학생, 대학원생, 대학교수 그리고 과학과 정부에 근무하는 사람들 중에 맏이가 많았다고 한다. 27개의 연구를 검토한 베리와 블래인(Barry & Blane, 1977; Lundin, 1989, 재인용)은 20개의 연구에서 알코올 중독자 중 가장 높은 비율을 차지한 사람이 막내였다고 하며, 막내의 응석과 의존적 성향이 알코올 중독과 관계가 있다고 결론을 내리고 있다.

3) 생활양식유형/ 성격유형

개인의 창조적 자아와 독특성을 강조하는 아들러가 성격유형론을 따로 만든 것은 아니지만, 그의 주요 개념, 사회적 관심과 활동성의 높고 낮음이 조합되면 4가지 생활양식유형 또는 성격유형이 형성된다. 아들러는 그의 생활양식유형론을 개발하기 전 몇 년 동안 자신의 생활양식유형을 히포크라테스(Hippocrates)와 갈렌(Cladius Galen)의 체액론과 연결시키는 노력을 하였으나(노안영 외 역, 2001), 어느 유형도 한 사람의 생활양식을 정확하게 묘사할 수 없음을 발견하였다. 아들러는 각 개인의 독특성을 이해하는 것이 중요하다고 생각했기 때문에, 생활양식유형론을 적극 지지하지는 않지만 생활양식유형론이 인간의 행동을 이해하는 데 도움이 된다는 점은 인정하였다(이훈구 역, 1983; 노안영 외 역, 2001; Langenfeld, 1983).

아들러의 생활양식유형은 사회적 관심과 활동성 수준에 따라서 구분되는데, 사회적 관심이 부족하고 활동수준도 낮아 자신은 물론 사회에 무익한 생활양식유형으로 지배형, 획득형, 회피형이 있고, 사회적 관심이 높고, 높은 활동수준을 보이는 사회적으로 유익한 생활양식유형이 있다(이훈구 역, 1983; Ansbacher & Ansbacher, 1972). 아들러의 생활양식 분류를 성격유형 분류로 표현하기도 한다. 아들러학파에서는 성격이론이 따로 없고, 생활양식을 성격과 동의어로 함께 사용한다(Dinkmeyer & Sperry, 2000).

유형별 특성을 간단히 살펴보면, 지배형(dominant or ruling type)의 사람들은 사회적 자각이나 관심이 부족한 반면 활동성은 높은 편이다. 이들은 타인을 배려하지 않고, 부주의하고, 공격적이다. 이 공격성은 경우에 따라서 자신에게 향하기도 하여 알코올 중독, 약물중독, 자살의 가능성도 나타낸다. 획득형(getting type)의 사람들은 타인으로부터 모든 것이 얻어지기를 바라고 의존적인 삶을 산다. 이들은 자신의 문제를 스스로 해결하려 하기보다는 남에게 의존하여 기생의 관계를 유지하는데 자신의 힘을 탕진한다. 회피형(avoiding type)의 사람들은 사회적 관심과 활동성이 모두 낮은 유형으로 삶의 문제를 아예 회피함으로써 모든 실패의 두려움에서 벗어나려고 한다. 이들은 문제에 대한 의식도 없고, 사람들과의 관계에도 관심을 두지 않는다. 이상의 세 유형은 삶의 문제를 다룰 준비가 되어 있지 않고, 타인과 협력하는 능력이 부족하고 생활양식과 실제 세계 사이에 괴리를 느껴 이로 인해 신경증 혹은 정신병 등 비정상적인 행동을 나타내기도 한다. 사회적으로 유용한 형(socially useful type)은 사회적 관심과 활동성이 모두 높은 유형으로 이 유형의 사람들은 삶의 과제에 적극적으로 대처하며, 자신의 삶의 문제를 잘 발달된 사회적 관심의 틀 안에서 타인과 협동하여 해결할 수 있는 능력을 갖추고 있고 적절한 행동을 한다(Schultz, 1990). 여기서 사회적 관심은 높고 활동성이 낮은 유형은 이론적으로 가능하나 실제로는 존재할 수 없는 유형이라고 한다. 그 이유는 사회적 관심이 높다는 것은 어느 정도의 활동성이 있음을 의미하기에 실제 존재하지 않는 유형이라고 보았다(이훈구 역, 1983; 노안영 외 역, 2001).

아들러의 생활양식유형론과 유사한 성격이론으로 호나이(Horney)의 신경증적 성격이론이 있다. 호나이는 개인의 기본적 불안을 처리하는 데 사용하는 방어적 태도를 신경증 욕구라고 칭하고 열 가지의 신경증적 욕구를 제안하였다. 이 욕구에 따라 강박적으로 나타나는 세 가지 신경증 경향성으로, 타인을 향해 움직이는 순응형 성격, 타인에 반해 움직이는 공격형 성격, 타인으로부터 멀어지는 고립형 성격을 제시하였다. 호나이의 순응형은 획득형과 유사하며, 공격형은 지배형과 비슷하며, 고립형은 회피형과 비슷하다. 노안영 등(2003)은 이러한 유사한 성격이론이 아들러가 후대의 심리학자들에게 영향을 미친 예로 볼 수 있다고 하였다.

아들러는 각 생활양식유형에 따른 네 가지 우선순위(priority)의 유형을 제시하였다: 지배하기(ruling), 획득하기(getting), 회피하기(avoiding), 그리고 사회적 유용함(socially useful). 그는 생활양식유형의 우선순위를 측정함으로써 내담자의 생활양식을 신속하게 확인할 수 있다고 생각했다. 아들러는 이변이 없는 한 각각의 우선순위들이 개인을 지속적으로 특징지어가고, 그에 따라 각 개인의 독특성이나 생활양식이 결정된다고 하였다. 아들러는 모든 개인은 너무나 복잡하기 때문에 사람을 몇 가지의 기본적인 유형으로 분류할 수 없다고 하면서 우선순위 개념은 사람을 범주화하는 데 사용되는 것이 아니라, 개인의 단기목표와 장기목표를 이해하고, 그 사람의 핵심 욕구 및 신념을 파악하고 이해하는 데 활용할 수 있다고 하였다. 즉 아들러의 생활양식유형론은 각 개인의 독특성과 특수성을 간과하는 것이 아니라 개인을 좀 더 빠르고 전문적으로 잘 이해하기 위한 도구로 사용하기 위한 것이다.

아들러 상담자들은 생활양식을 파악하는 지름길을 찾기 위해 생활양식/성격 우선순위(personality priority)를 활용한다. 케피어(Kefir, 1972)는 아들러의 우선순위 개념을 성격 우선순위 개념으로 발전시켰다. 그는 모든 사람은 성격 우선순위라고 명명한 네 가지 이론적 구조―편안함, 기쁘게 하기, 통제, 그리고 우월―중 하나로 분류될 수 있다고 했다. 성격 우선순위이론에 따르면 각각의 성격 우선순위는 개인이 소속감을 성취하기 위해 취하는 고정된 목적을 나타낸다. 거의 모든 사람이 네 가지 특징을 가치 있게 여기지만 좀 더 개인이 가치 있게 여기는 것이 있다는 것이다. 즉 모든 인간은 이미 주어진 성격 우선순위에 따라 자신의 특성을 연출하는 경향이 있다.

퓨(Pew, 1976)는 성격 우선순위이론을 생활양식과 관련하여 확장시켰다. 퓨는 성격 우선순위는 생활양식 안에 들어 있는 신념을 가장 간결하게 진술하는 것으로 각 개인이 소속감을 찾는데 있어서 가장 중요한 것이 무엇인지, 그리고 가장 절실하게 회피하려는 것이 무엇인지를 알려준다고 하였다. 즉 개인의 성격 우선순위는 목표를 향한 움직임을 나타낼 뿐 아니라 회피전략이나 위협으로부터 벗어나는 움직임을 나타내고 있다는 것이다.

케피어는 편안함추구자들은 스트레스를 피하고, 남을 기쁘게 하는 사람들은 거부를 피하고, 통제자들은 상황이나 타인에 의한 굴욕감을 갖는 것을 피하고, 우월 추구자들은 삶의 무의미감을 피한다고 주장한다. 따라서 편안한 것이 최우선인 내담자는 자신들의 상황에서 편안할 수 있는 상황을 만들어내는 방법들을 강구할 것이다. 편안함을 우선순위로 하는 내담자는 '단지 내가 편안할 수 있을 때에만 나는 진정으로 소속되어 있거나 남들에게 필요한 사람이라는 느낌이다.'와 같은 잘못된 신념에 기반을 둘 수 있다. 이런 내담자의 신념에 따라 작동하는 회피기제는 '나에게 가장 나쁜 것은 스트레스다. 그러므로 나는 어떤 대가를 치러서라도 이것은 피해야 한다.'는 것일 수 있다. 스트레스는 정상 상태이기 때문에, 사람들은 내담자의 편안함의 우선순위가 어떤 방식으로 타인에 대한 사회적 관심을 표현하고 성장하려는 용기를 꺾을 수 있는지를 볼 수 있게 된다. 상담자들은 우선순위를 밝혀냄으로써 내담자의 잘못된 신념과 목표를 평가할 수 있으며 내담자에게 좀 더 적합한 대안들을 고려할 수 있다.

1970년에 들어 이론적 개념을 실증하기 위한 노력이 여러 학자들에 의해 시도되었으나 신뢰도와 타당도가 높은 연구결과는 나오지 않았다. 1976년에 서튼(Sutton)은 케퍼어의 이론의 타당성을 측정하는 연구를 수행했다. 그는 개인의 우선순위를 측정하기 위해 우선순위 인터뷰 질문지 PQI(the Priority Questionaire Interview)를 개발하였으나 그 도구의 신뢰도가 낮기 때문에 적절한 도구로 활용되지 못하고 있다(Sutton, 1976).

브라운(Brown, 1976)은 내담자의 성격 우선순위를 밝힐 수 있는 구조화된 인터뷰 양식을 개발하여 같은 우선순위를 가진 사람들의 성격 우선순위 인터뷰 답변 내용의 유사성을 검증해 보고 개인의 어린 시절 회상이 성격 우선순위를 밝히는 데 사용할 수 있는지를 검증하려는 시도를 하였다. 그 결과 우선순위 인터뷰 반응에서는 몇 가지 유사한 사항을 관찰하였으나, 그녀의 인터뷰 기술을 사용한 개인의 성격 우선순위를 밝히는 것이 초기회상을 사용한 개인의 성격 우선사항을 밝히는 것과 일치한다는 사실은 증명하지 못했다(Brown, 1977).

랑엔펠트(Langenfeld, 1981, 1984)는 아들러의 상담이 차츰 대중화되고 상담 및 단기치료 분야에서 급성장하고 있을 때 아들러 이론을 과학적으로 평가할 필요성을 강하게 느껴 아들러, 케퍼어, 코르시니(Corsini), 브라운, 서튼, 퓨 등의 이론을 통합하여 성격 우선순위 척도를 개발하였다. 그 결과 그는 케퍼어가 제시한 성격 우선순위에 대한 이론을 실증적으로 검증하였다.

랑엔펠트의 연구에서는 케퍼어의 이론에서 언급한 네 가지의 성격 우선순위보다 한 가지 더 많은 다섯 가지 요인, 즉 기쁘게 하기, 뛰어나기, 성취하기, 회피하기, 분리하기 요인을 발견하였다. 이 연구결과는 성격 우선순위 개념을 지지할 뿐만 아니라, 성격 우선순위 이론을 수정하고 확장시켰다. 랑엔펠트가 개발한 LIPP(Langenfeld Inventory of Personality Priorities)는 아들러 상담에서 생활양식을 보다 빠르고 간편하게 분석할 목적으로 개발되어 현재 상담 및 심리치료, 심리교육 분야, 그중에서도 단기상담, 부부상담 등에 널리 이용되면서 그 유용성을 인정받고 있다(Topf, 1984; Tyndall & Lichtenberg, 1985; Britzman & Henkin, 1992; Bitter, 1993; Main & Oliver, 1988). 무엇보다도 성격 우선순위 검사는 상담자가 내담자를 좀 더 잘 이해할 수 있는 인지적 체계와 틀을 제공하고, 내담자의 생활양식의 단면을 빠르고 정확하게 밝히며, 내담자의 행동의 목적성을 이해하게 하여 내담자의 통제감과 지배감을 향상시키는 데 도움을 준다. 또한 상담자가 성격 우선순위를 통해 내담자의 성격유형을 빠르게 이해하면, 내담자는 자신이 이해받았다고 느끼게 되며 이를 통해 내담자와 상담자 사이의 라포형성에도 도움이 된다(Langenfeld, 1981).

성격 우선순위 측정에 적절하다고 평가된 LIPP가 우리나라 대학생의 성격 우선순위를 이해하는 데도 유용하게 사용될 수 있는지를 검증한 K-PPS의 타당도와 신뢰도 및 문항 양호도에 관한 연구가 있다(김난예, 김춘경, 2003).

3. 개인심리학적 관점에서 본 정신병리

아들러는 다음의 세 가지 요소들을 모든 정신병리에서 일반적인 것이라고 믿었다: 낙담(discouragement), 잘못된 지각(faulty perceptions), 그리고 생활양식 신념들(life style beliefs). 게다가 그는 사회적 관심의 미발달과 성격의 기능장애가 생활의 잘못된 방법을 야기하는 근본적인 결과라고 밝혔다. 이것은 아들러가 연구를 시작해서부터 죽을 때까지 고수한 정상 대 비정상에 관한 그의 관점을 나타낸다. 아들러는 정신병리가 다양한 신체기관의 열등으로부터 생긴다고 생각했다. 이것은 다소 생물학적이고 환원주의적(생명현상은 물리학적·화학적으로 다 설명할 수 있다는)인 입장이다. 이후 그의 관점은 역기능적인 행동은 열등감과 우월감(inferiority and superiority feelings) 사이의 충돌로 보인다는, 보다 내부적 심리적인 관점으로 바뀌었다. 그는 신경증(노이로제)의 발달에 있어서 병에 걸리기 쉽게 하는 요소로서 '신경증적 기질(neurotic disposition)'을 설명했다. 응석의 생활양식(the pampered life style)이라는 용어는 사실상 이 용어를 대신한다. 그러나 이후에, 아들러는 정신병리가 공동의 이익을 희생해 가면서까지 자기-중요성을 강조하는 쪽으로 여기는, 좀 더 사회심리학적인 관점(sociopsychological view)으로 발달시켰다.

개인심리학에서는 정상과 비정상의 차이가 명확하지 않다. 다만 양적인 관점에서 증세가 좀 더 심하거나 좀 덜하다는 것일 뿐 누구나 어느 정도의 신경증적 증세를 나타낸다고 한다. 그래서 아들러는 정상인이 가지고 있지 않은 신경증세는 하나도 없다고 한다(Ansbacher, 1972). 즉 건강한 자, 신경증자, 정신병자 간의 원칙적인 차이는 아들러학파에게는 없다(Jacoby, 1974). 상황에 따른 인간의 행동이 문제해결에 있어서 노이로제 증후를 보이거나, 특이하게 드러나지 않거나 한다. 노이로제 경향이 있다는 것은 노이로제 증후군에 걸리기 쉽다는 것으로서, 일반적으로 열등감의 그릇된 보상결과로 나타나는 좌절감, 자기집착, 이상보상 등이 그 원인이 된다.

아들러는 다양한 형태의 정신병리현상 유형을 두 가지 기본 형태로 묶어서 제시한다: 공격적인 형태(Aggression)와 위축되어 뒤로 물러나 있는 형태(Rückzug). 어떤 형태로 나타나든지 간에 개인심리학자들은 모든 병리형태를 강화된 열등감이 공동체감의 부족으로 오는 극복되지 못한 상태라고 본다(Dreikurs, 1971).

공격적인 형태로 나타나는 몇 가지 행동을 살펴보면, 우선 자신이 도달하지 못한 목표를 평가절하하든지, 자신의 업적을 높게 평가하고 자신의 우월함을 나타내기 위하여 다른 사람의 업적을 낮게 평가한다. 일반적으로 그들은 자만, 허풍, 호언장담, 거만, 과장된 자기자랑 등의 행동특성을 나타낸다. 또한 그들은 자신이 이루어야 하는 것에 대한 어려움을 강조하여 표현하는 경향이 있다. 그들이 하는 선한 행위, 즉 보호하고 충고하고 훈계하는 등의 행위도 자신을 높이고 타인을 낮추어 보기 위해서 행해진다. 만약위에서 지적한 방법으로 자신의 우월함을 나타내지 못하고 열등감을 계속 느끼게 되는 경우에는 자신의 열등이나 실패를 자신의 잘못이 아닌 타인의 잘못으로 책임을 돌리게 된다. 이 방법마저 실패로 돌아가면 타인공격에서 자신공격으로 방향을 바꿔 자아비난, 자학, 자살까지 감행하게 된다. 이들의 자학 또는 자살행동은 주변사람에 대한 복수의 일종으로 볼 수 있다. 이 외에도 직접적인 경쟁과 세력싸움, 폭력, 범죄 등의 행동을 나타내기도 하는데 이는 강화된 열등감에 대한 반응으로 나온 공격적 우월추구의 결과이다.

위축되어 뒤로 물러나는 형태의 행동은 자존감을 보호하고 권력과 가치, 명예를 유지하기 위한 소극적 행동양식을 말한다. 이러한 행동은 더 이상 체면과 명망을 잃지 않기 위하여 실패를 가져올 수 있는 위험을 내포한 어떤 상황을 회피하거나 무시하는 경우에 생긴다. 그에 수반되는 행위들로는 공동체나 사람들의 요구에 대한 방어, 두려움, 의심, 폐쇄, 소심, 낙담, 주저, 은거 등이 있다.

후퇴의 방법을 동원하는 사람은 무의식적으로 자신과 목적 사이의 거리를 두기 위하여 변명, 핑계, 복통, 불면 등의 장애물을 놓기도 하고(Adler, 1974), 후퇴행동을 합리화하기 위해서 호흡곤란, 소화불량, 피곤, 두통, 불면증 등의 소위 '신체언어' 또는 '기관언어'를 동반하기도 한다(Jacoby, 1974). 이러한 실제적이거나 조작된 연약함은 공격성, 권세, 명성을 얻기 위해 사용한 수단으로 '연약함을 통한 지배(Herrschen durch Schwäche)'로 잘 알려져 있다. 예를 들면, "나는 시험을 볼 것이다. 그러나 두통 때문에 집중해서 충분히 준비하지 못했다."라고 말하는 학생이 있다고 하자. 일반적으로 사람들은 두통을 가진 사람에게 관심을 주고 그를 이해하려 한다. 그는 자신의 병 때문에 시험을 보지 못해서 동정을 받는다. 두통이 있음에도 불구하고 합격을 하면, 그는 두 배로 그의 능력을 인정받게 된다. 설사 합격하지 못하거나 점수가 나쁘게 나오면 자신의 병에 그 원인을 돌리게 되어 자신의 열등감에 상처를 입히지 않게 된다. 물론 이런 장애의 구조들은 전적으로 무의식에서 이루어진다. 그의 고통은 실제적인 것이다. 그 학생은 자신이 불완전하고 열등하다는 암담한 비밀을 밝히기보다는 무의식적으로 고통과 아픔을 감수하는 쪽을 택한다. 이러한 후퇴의 방법이 좀 더 심각해지면 노이로제 또는 정신병으로까지 발달한다.

개인심리학의 공로는 인간의 사회적 본능에 대한 인식을 심층심리학에 끌어들여 정신발달 장애를 충분히 이해하도록 기여한 것이다. 개인심리학이 인간의 사회적 성격을 강조하고 사회현상과 이상발달의 변화와 치료에 대해 긍정적인 자세를 취한 것에는 깊은 교육적 의도가 숨겨져 있으며, 이는 실제 교육과 치료교육학 발달에 엄청난 영향을 주었다.

4. 신경증적 생활양식: 응석의 생활양식

1) 응석과 응석의 생활양식에 관한 개념

응석의 생활양식이 개인은 물론 사회의 정신병리화 현상을 유발시킬 수 있는 가장 위험한 것으로 지적한 학자는 아들러이다. 그는 이미 20세기 초에 아동의 응석부리는 태도와 이를 부추기는 부모의 과잉보호적 양육태도를 가장 위험한 아동양육태도라고 지적하였다. 이것도 모자라 그의 후기 저술에서는 신경증적 생활양식과 생활태도를 아예 응석의 생활양식으로 대치할 정도로 아동기에 있어 응석의 생활양식이 한 개인의 성격형성에 미치는 악영향을 강력하게 경고하였다. 아들러(1973a, 1974, 1976)에 의하면 응석은 심리적인 발달을 방해하는 가장 중요한 근원(Wurzel)이다. 아들러에게 있어서 응석의 생활양식은 프로이트의 오이디푸스 콤플렉스가 그의 신경증과 정신병리학에서 주요한 위치를 자치하는 것만큼이나 매우 중요한 요인이 된다.

아들러는 오이디푸스 콤플렉스를 응석받이 교육의 예술적 산물이라고 비난했다. 프로이트에 의하면 엄마의 사랑을 혼자 독차지하고자 아버지를 제거하고자 하는 아들의 소망으로 아버지에 대한 미움을 나타내는 것이라 하였으나, 아들러는 이는 성적 소망을 나타내는 것이 아니라 엄마에 의해 버릇없이 길들여져서 유약해진 어린이의 욕구에 관한 것으로 해석하고 있다. 즉, 자신의 세력과 자신의 활동범위를 제한하는 아버지와의 권력다툼이라고 보았다. 어머니에 의해 응석받이가 되고, 그래서 스스로 어머니로부터 풀려날 수 없는 아이는 자신의 아버지를 가족에서 쫓아내려고 하고 아버지에 대해 경쟁의식을 가지게 된다. 이와 같은 모자간의 공생관계는 어린이에게 요구되는 사회 접촉을 계속해서 방해하게 된다(Adler, 1972).

아들러가 응석받이들의 생활양식에서 관찰한 심리적 · 정신적으로 위험한 요인은 부모가 자녀에게 많은 사랑, 선물, 애정과 관심이 지속적으로 제공되는 데 있는 것이 아니라, 부모가 아동 주변을 맴돌면서 그들의 과제를 빼앗아 아동 삶의 모든 문제를 제거하는 데 있다. 이러한 부모는 자녀들에게서 삶의 모든 문제를 빼앗아 자신이 대신 처리해 준다. 그런 부모의 자녀는 스스로 자신의 문제와 주변 환경의 문제를 자율적으로 처리해 본 경험을 전혀 갖지 못하게 되고, 발달단계에 따르는 어려움을 해결할 수 있는 능력을 발달시키지 못하고, 그 아동은 부모에게 기생인간(Parasite)처럼 붙어서 부모와 공생적(Symbioses) 삶을 살아갈 수밖에 없게 된다는 점이 가장 큰 문제이다(Wexberg, 1974).

응석은 상황에 따른 정의이다. 3살짜리 아이의 신발 묶는 것을 도와주는 것은 극히 정상이나 6살 아이에게는 응석의 행동이 된다. 초등학교 1학년 아동의 숙제를 도와주는 것은 정상인데 6학년의 숙제를 도와주는 것은 응석이다. 즉, 아동에게서 과제해결을 빼앗아 가는 것이 응석이다. 아동은 자신의 노력으로 자신의 삶의 과제를 해결하려는 과정 중에서 열등감을 극복하고 공동체감을 형성하게 되는데, 부모에 의해 열등상황을 극복하고 발달하는 기회를 박탈당함으로써 열등감이 심화되고 공동체감의 형성에 장애가 생기게 된다.

여기서 아들러는 응석받이와 응석의 생활양식의 차이를 구별할 것을 강조한다. 그는 응석의 상황과 응석적 대응 사이에 인간의 창조적 힘을 가장 중요한 변수로 삽입하였다(Ansbacher & Ansbacher, 1972). 그가 강조하는 것은 생활양식이나 목적이 개인의 유전적 기질이나 사회적 환경 등에 영향을 받지만 궁극적으로는 개인이 창조해 낸다는 것이다. 응석의 생활양식이 반드시 부모에 의해서 생겨나는 것이 아니라 전혀 응석이 받아들여지지 않는 상황, 즉 무시당하는 아동이나 무시당한다고 느끼는 아동에게서 더 많이 발달할 수 있다는 것이다. 응석의 생활양식은 실제로 응석받이 아동보다는 응석을 부리고 싶은 아동에게서 더 많이 나타날 수 있다고 한다(Ansbacher, 1972).

2) 응석의 생활양식 형성에 영향을 주는 요인들

(1) 부모의 양육태도

부모는 아동에게 최초의 인간관계의 대상이고, 최고의 영향력을 발휘하는 인물이다. 아동은 부모가 제공하는 지적·정서적·사회적 환경에서 외부 세계에 대한 지식을 얻고 사회화의 기초를 형성하며 여러 가지 습관을 획득하면서 발달해 나간다. 응석의 생활양식을 형성하는 데 부모의 양육태도가 가지는 영향력은 막강하다. 부모의 양육태도를 크게 과잉보호적 양육태도와 무시/냉담한 양육태도 두 가지로 대별하여 고찰하고자 한다.

■ 과잉보호적 양육태도

박아청(1998)은 과잉보호의 모습을 부모가 현재의 발달단계에 맞는 아동의 보호보다 과잉 또는 편중되게 하는 모습, 어린이의 현재의 발달단계보다 이전의 보호를 계속하는 것, 즉 어린이를 그의 연령 이하의 어린이로 취급하는 퇴행적인 부모의 태도, 그리고 어린이에게 앞으로 해야 할 보호를 미리 앞서서 보호하는 것이라고 정리해 말하고 있다. 김정희(1966)는 부모의 과잉보호가 아동의 인성발달에 지장을 초래하는 점을 지적하면서, 부모가 아동의 지적 측면의 발달을 촉진시키려고 과보호하는 대신에 다른 측면에서는 보상적으로 보다 퇴행적인 과잉보호가 이루어져서, 실제 학교에서의 우등생이 사회장면이나 대인관계에서 부적응을 일으키는 것이 모두 과잉보호의 결과라고 보고 있다.

과잉보호를 하는 부모들은 아동에게 질식할 정도까지 많은 사랑과 세심한 보호와 지나친 배려를 한다. 흔히 과잉보호아를 온실의 열대기후에서 자란 아이로 익애를 받고 있는 아이로 표현하기도 한다. 과잉보호를 하는 부모들의 태도를 벡스베르크(Wexberg, 1974)는 다음과 같이 정리하고 있다.

"과잉보호하는 부모들은 아이에게 애정을 소나기 같이 퍼붓고, 아이에게 무언가 슬픔이 있게 되면 끊임없이 동정하며, 아이의 눈만 보아도 그의 모든 소원을 읽어내고, 아이에게 아니라고 말하지 못하며, 아이의 말을 잘 듣고, 아이들이 부모를 지배하도록 하고 그들의 기분에 맞추려고 노력하며, 비록 그들이 부모를 휘두르려는 목적을 가졌음이 분명함에도 불구하고 그들의 기분과 뜻에 맞추어 준다."

모든 물질적 소망이나 권력요구 등을 다 충족시켜주고, 기대 이상의 도움을 받는 환경에서 자란 아이는 자기중심적이고 이기적이 되기 쉽다. 그들은 자신들이 넘치게 받고 있는 애정과 관심에 만족함을 느끼지 못하고 일정한 도를 넘어 지나친 권력 추구로 이어지게 되어(Adler, 1973a), 결국 부모를 자신에게 복종시키고 자신의 권력의 한계를 계속해서 넓혀 나간다.

오랫동안 어른의 보호를 받으며 자란 아동은 특별히 의존적인 상태에 머무르게 된다. 어린이의 모든 방해거리는 미리 제거되거나 해결되어 있고, 그가 해야 할 모든 일은 누군가가 대신 해 주는 보호와 감시를 받는 환경에서 자란 응석받이는 자신의 요구가 즉시 충족되기를 원한다. 성장해서도 그들은 세상이 자신의 욕구를 즉각적으로 만족시켜 주리라는 소망에 젖어 있다. 따라서 그들은 비교적 소극적이고, 자신의 문제를 해결하는 적절한 방법을 알지 못하며, 협동이나 타인에 대한 배려라는 측면을 알지도 배우지도 못하였기 때문에 가정 밖의 사회생활에서 점차 고립되며, 많은 좌절과 어려움을 경험하게 된다. 또한 그들은 사회적 관심이 결여된 자기중심적인 우월성을 추구하며, 이는 자연스럽게 신경증으로 발달될 수 있다.

아들러는 과잉보호하는 부모들의 여러 가지 모습 중에서 가장 문제가 되는 것은 부모가 자녀들에게 많은 사랑, 선물, 애정과 관심을 지속적으로 많이 제공하는 것이 아니라, 부모가 아동 주위를 맴돌면서 그들의 과제를 빼앗아 가는 것이라고 지적하였다.

부모의 과잉보호적 태도를 이해하기 위해서는 부모들의 양육태도 이면에 숨어 있는 부모의 심리를 탐색해 보는 작업이 필요하다.

부모가 과잉보호를 하게 되는 주요한 원인으로는 부모의 교육적 무지, 불안, 미성숙, 자녀교육의 자신감 부족 등을 생각할 수 있다. 그밖에도 불행한 부부관계로 인한 배우자에 대한 실망, 자녀에 대한 죄책감으로 인한 과잉보상, 아이를 잃을지도 모른다는 불안감 등이 원인이 된다.

개인심리학에서는 과잉보호의 결정적 요소를 부모, 특히 어머니의 감정적 태도라고 한다. 자신의 불안감과 불안정감으로 인해 어머니는 아이를 과잉보호하게 되고, 자녀에게 더 이상 자유로운 활동공간을 주지 않는다. 이러한 어머니는 자신의 공허함을 채우기 위해 자녀와 항상 같이 있고 싶어 하고, 자녀를 자신의 분신이나 소유물로 생각하여, 그들을 자기 생각대로 독점하려고 한다. 그들에게 있어 자녀의 심리적 이탈을 허용하기란 매우 힘든 일이다. 이런 부모의 과잉보호는 자기만족을 위한 태도일 뿐이다.

과잉보호하는 부모들의 또 다른 원인은 자기 자신에 대한 신뢰와 존중감이 부족한 경우이다. 이런 경우 부모는 자녀들을 과잉보호하게 된다. 그들은 자녀를 신뢰하고 존중하지 못하며, 보호한다는 명목하에 지나치게 간섭을 한다. 그들은 자녀들이 스스로 해낼 수 있다는 믿음이 부족한 까닭에 자녀들의 문제를 사사건건 도와주거나 해결해 주는 것이다. 이런 부모들은 조그마한 고난도 자신들이 도와주거나 대신 해주지 않으면 마음을 놓지 못한다. 이런 부모는 걱정도 많다. 자녀가 조금만 다쳐도 지나치게 걱정을 하고, 아무 일이 없을 때에도 자녀에게 어려움이 닥치지 않을까 노심초사하며 지낸다. 그와 같은 부모 밑에서 자라난 자녀들은 스스로 '미숙하고 적응능력이 부족하고 자신감이 없다'고 믿게 된다.

이와 같이 부모의 과잉보호로 심약해진 아동의 구체적인 모습을 정범모(1997: 334)는 다음과 같이 설명하고 있다.

"근래 우리에겐 '욕구불만' '좌절' '스트레스'는 으레 나쁜 것, 피해야 하는 것, 아이들에게도 그런 상황을 맛보지 않게 해야 하는 것이라는 통념이 유행하고 있다. 거기에 한국 부모들에게 특유한 아이들을 '기죽지 않게' 기른다는 철학이 가세해서, 공부하라는 성화 이외에는 아무 어려움도 겪게 하지 않

고 멋대로 자라나게 방임하는 풍조가 짙다. 이것은 크나큰 잘못이고 환상이
다. 아이들은 적절한 어려움, 뜻있는 아픔, 보람 있는 슬픔을 직시하고 이겨내
는 경험이 필요하다. 그것이 인간적인 성장의 필수적인 면모이다."

■ 냉담, 무시, 방임적 태도

아들러에 의하면 무시되고 버려진 어린이는 신경증적 열등감(neurotogene
Minderwertigkeitsgefühl)을 지닌 응석의 생활양식을 형성할 수 있다고 한다.
자신의 생의 문제를 해결하기 위한 능력이 필요한 어린아이가 충분한 도움
과 지지를 얻지 못하면, 그는 무능함과 부적절함으로 인해 이러한 학습과
정을 이루지 못한다. 누구나 어릴 때는 주변의 도움 없이는 세상의 요구를
충분히 해결할 수 없다. 방치된 아이들은 근본적으로 자기가 필요하지 않
다고 느끼고 있기 때문에 열등콤플렉스에 빠질 수 있다. 그들은 자신의 능
력을 인정받고 애정을 얻거나 남으로부터 존경을 받을 수 있다는 자신감을
잃고 세상을 살아간다. 냉대는 아동에게 충분한 관심과 주의를 기울이지
않고 이 세상이 차갑고 비호의적인 장소라는 생각을 들게 한다. 냉대를 받
은 사람은 사랑과 서로 돕는 미덕이 무엇인지 알지 못하여 인생을 적의를
가진 사람으로 둘러싸인 것으로 해석하여 의심, 고독, 고집과 분노심을 가
지고 열등감을 나타낸다. 아들러(1974)는 무시되고, 사랑받지 못하고, 바라
지 않았던 어린이의 정신적 상황을 '원수의 나라(Feindes land)'에서 느끼는
느낌과 거기에서 행해야 하는 태도로 표현한다. 이와 관련하여 아들러
(1973a)는 초기 아동기의 어머니와의 접촉의 중요성을 매우 강조한다. 이것
이 결핍된 어린이는 타인에게 베푸는 것보다 타인에게 기대도록 훈련을 받
게 되고, 무시된 아이들은 자신의 능력을 과소평가하고 사회를 냉혹하게
보며, 유익한 행위를 통해 애정과 존경을 얻을 수 있다는 생각을 하지 못한
다. 스스로 세상을 극복하는 데에 힘을 쓰지 못하고 부모의 애정을 구하고
부모에게 가치 있는 존재로 인정을 받는 데 삶의 에너지를 소모하게 되어
이들이 세상을 살면서 획득해야 하는 환경을 연구하고, 분석해보는 모든

시도와 연습은 제한을 받게 된다. 이로 인해 그들은 자신의 삶에서 기본이 되는 상호소통의 능력과 인간과의 관계를 맺는 것을 회피하게 되고, 협력의 생활에 대해 무지하고 고립되고 외로운 생활을 하거나 자기의 길을 찾는 능력 등을 부인하게 된다. 이러한 성격의 발달과정과 열등감이 어우러져 응석의 생활양식을 형성하게 된다.

(2) 가족관계

가족의 모든 아이들이 다 같이 응석의 위험에 놓여 있지는 않다. 이는 아동이 가족 중에서 자신의 위치를 어떻게 보고 있는가에 따라 달라진다. 형제서열 중에서 좀 더 응석의 생활양식을 많이 발달시킬 수 있는 위치는 외동아이, 맏이, 막내아이의 경우를 들 수 있다(Adler, 1973a, 1974, 1979; Wexberg, 1974). 형제서열 이외에도 딸 많은 집안의 남자 아이, 아들 많은 집안의 딸 아이들이 응석의 생활양식을 지닐 위험이 많다고 한다.

형제관계 이외에도 가족관계에서 특히 조부모가 응석의 생활양식 형성에 영향을 준다. 조부모들은 대체로 손자녀를 좋아한다. 그들은 교육의 책임을 더 이상 지지 않고 있기 때문에, 부모보다는 덜 엄격하고 덜 규제적이게 된다. 그들은 손자녀들에게 자신들이 어렸을 때 가지고 싶어 했던 것을 은밀하게 주고 싶어 하여, 부모들의 자녀교육 방침과 충돌할 때도 있다. 그래서 부모와 조부모 사이의 어려움이 있게 된다. 그러나 여기서 흥미로운 것은 만일 부모가 자녀를 응석으로 버릇없이 키우게 되면 조부모가 이에 대항하고, 부모가 자녀를 버릇없게 하지 않으면 조부모가 자녀의 버릇을 버려놓는다는 사실이다(Adler, 1974).

(3) 기관열등

기관열등이란 형태상의 장애나 기능적인 장애를 다 포함한다. 기관열등을 지닌 아동들은 한편으로는 자신의 열등함을 보상하고자 노력하고, 다른 한편으로는 안전감을 유지하고자 응석의 생활양식을 개발한다.

신생아기와 유아기에 질환을 가지거나 장애를 지닌 경우, 부모는 아동의 병이나 장애에 보상을 해주어야 한다고 믿고 그렇게 반응한다. 병을 앓는 상황에서 아동은 공동체에 어떤 기여를 하지 않고도 많은 관심과 보호, 사랑을 받게 되면서 공동체감의 정상발달을 방해받게 된다. 아들러(1973a)는 아동이 백일해, 성홍열, 홍역, 뇌염과 같은 병을 앓은 후에 응석의 생활양식을 발달시키게 된다고 한다. 아동이 투병할 때 엄마의 불안, 걱정, 눈물은 병든 아이를 돕기보다는 아이들이 병들어 있는 것의 장점을 발견하도록 유혹한다(Adler, 1973a). 그 밖에도 쉬르마이스터(1926)에 따르면, 아동은 가정에서 자신의 위치를 유지하고자 구토, 경기, 말더듬이, 질식발작 등을 사용한다.

3) 응석받이의 성격 특성과 생활태도

(1) 응석받이의 성격 특성

■ 일반적 성격 특성

개인심리학적 관점에서 볼 때 응석받이들이 추구하는 세상은 매우 비현실적인 세상이다. 열대기후로 맞추어진 온실에서 어린 시절을 보냈든 냉랭하고 무시된 환경에서 어린 시절을 보냈든, 그들은 생활의 유익한 측면에서의 기여를 배우지 못하였고 공동체에 어떠한 기여도 할 줄 모른다. 부모는 사회적 관심이 형성되는 것을 방해하여 아동이 모든 것을 다른 사람에게 기대하고, 어떤 것도 주지 않도록 하였다. 버릇없이 길러진 사람들은 인생에서 언제나 자신이 불리하고 손해를 본다는 느낌을 갖는다. 왜냐하면 인생에서 더 쉽고 편안한 상황은 없기 때문이다.

공동체감이 크게 결핍된 응석받이들은 타인과 함께 생활하는 데 엄청나게 큰 어려움을 겪게 된다. 응석받이는 자신의 생활양식을 오랫동안 갈고 닦아서 모든 것을 다른 사람으로부터 기대하고 모친과의 밀착된 연합을 제

외하고는 자신의 환경을 위험하고 적대적인 것으로 느낀다. 그들은 공동체
감의 해결을 요구하는 과제 앞에서 회피하는 경향을 보이고, 만일 모든 것
이 빨리 자신의 뜻대로 되지 않을 경우에 매우 혼란스러워하고 크게 좌절
한다.

아들러(1973a)는 응석받이에게서 현저하게 발달되는 성격 특징을 다음과
같이 묘사하고 있다: "응석받이는 자기애가 되기 쉽고 이기적이고 질투가
많고 인색하다. 그들은 발달 정도가 개인마다 차이가 있겠지만, 과잉 예민
하고 인내심이 없어 참지 못하고 감정이 쉽게 폭발하는 경향이 있고 충동
적이고 탐욕스러운 면이 있다. 일반적으로 뒤로 물러나거나 과잉 조심하는
경향을 보이기도 한다."

응석받이들은 생활에 안전감을 얻기 위하여, 다른 측면의 자신의 열등 상
황을 극복하기 위해 두 가지 양상을 보인다. 한 가지는 공격적 우월추구의
경향을 보이는 응석 행동이고, 다른 한 가지는 후퇴의 방법을 동원하는 응
석의 행동이다.

공격성향의 응석의 생활양식은 다양한 형태로 나타나는데, 우세하고 폭
력적인 형태 혹은 매우 허약한 형태로 나타난다. 그들의 응석이 더 이상 받
아들여지지 않으면, 그들은 허영의 성격을 나타내 끊임없이 다른 사람을
욕하고 마지막엔 부모까지도 욕하고 폭력을 행사한다. 모친의 치맛자락에
꼭 붙어서 모친을 한 순간도 자신의 주변에서 달아나지 못하게 하는 그들
의 행동은 어느 순간 전제주의의 정치가가 될 수도 있다고 한다. 지나 카우
스(Gina Kaus, 1926)는 종합하여 말하길: "애정의 치마폭 뒤에 고삐 풀린 독
재자가 있다. 모친의 곁에 있고자 하는 그들의 끊임없는 욕구는 모친의 매
걸음을 다 지배하다가는 다시 의존적이 되곤 한다. 아동이 자신이 지배하
고 명령할 수 있을 때 한해서 주변에 가장 가까이 있는 사람과 교제를 가
지는 것은 그의 많은 애정에도 불구하고, 대부분 자신의 의지가 받아들여
지지 않을 경우 분노하게 되고 '당신이 나를 사랑한다면 해주었을 텐데' 하
면서 스스로 자기 자신에게 논박한다."

응석받이는 놀이의 방해자로 취급받기도 한다. 그들이 더 이상 관심의 대상이 되지 않을 경우 자신이 목적했던 것에 강제적으로라도 주의를 줄 때까지 그들은 다른 아이의 놀이를 방해한다.

회피의 수단을 사용하는 응석받이들은 주로 '연약함을 통한 지배'라고 하는 수단을 많이 사용한다. 응석받이는 용기, 안전감, 자존감을 발달시킬 기회를 갖지 못했기 때문에 그들은 삶의 과제에 당면해서는 부족하다는 것을 느낀다. 이 불안전감은 아동이 자신의 약함을 무기로 사용하는 데서 두드러지게 된다. "이런 아이는 유약하고, 잘 울고, 엄살이 심하고, 민감하고 허영적으로 양육된다.(Schirmeister, 1926)" 아들러(1974)는 동생이 태어난 후 야뇨 중세를 보이는 아이의 경우도 동생에게 빼앗긴 부모의 관심과 사랑을 다시 자신에게 돌리려는 목적으로 응석을 부린다고 하였다.

야뇨증 또는 다른 허약함의 증세들은 아동이 자신의 약함을 이용해 부모를 지배하고자 하는 노력의 일종이다. 벡스베르크(1974)는 "응석받이는 다른 사람의 도움을 받기 위해 그들의 약함이나 비자율적인 측면을 강조한다. 그는 모든 것을 받아야 한다고 요구하고, 생활이 그들에게 성취를 요구할 때는 좌절해 버린다." 다른 사람들이 항상 자신을 위해 모든 것을 해주는 것은 아동으로부터 독립심과 자발심을 빼앗고 부모나 주위 사람이 자신에게 생존 수단을 줄 것이라는 생각을 유도하고, 자신감을 부족하게 만들어 인생의 어려운 고비에 부딪혔을 경우 해결할 능력을 키우지 못하여 열등감에 빠지게 만들고 강한 열등콤플렉스를 심화시키게 한다. 그 결과 응석받이는 크게 좌절하여 생활문제에 처해서는 머뭇거리면서 실제 문제를 해결하는 데 있어서는 불안과 공포증상을 보인다.

응석받이는 다른 사람을 믿지 못하고 인간관계를 단지 다른 사람을 이용하려는 것으로 본다. 약한 사람은 언제나 강한 사람에게서 지배당하고 이용당한다고 생각한다. 그는 다른 사람이 자신을 도와줄 거라는 것을 진실로 믿지 못하고 의심하는데, 이는 그 자신이 다른 사람의 행복에 어떤 관심도 없기 때문이다. 또한 그들은 그들 자신의 업적을 이룰 용기가 부족하다.

그래서 응석받이는 자신의 삶의 책임을 자신의 부모, 가족 그리고 다른 사회적 기관들에게 떠 넘기기를 좋아한다.

■ 병리적 성격 특성

개인심리학에서는 정상과 신경증적 증세의 차이가 명확하지 않다. 다만 양적인 관점에서 증세가 좀 더 심하거나 덜하다는 것일 뿐 누구나 어느 정도의 신경증적 증세는 나타난다고 한다. 그래서 아들러는 정상인이 가지고 있지 않은 신경증세는 하나도 없다고 한다(Ansbacher, 1972). 건강한 자, 신경증자, 정신병자 사이의 원칙적인 차이는 아들러학파에게는 없다(Jacoby, 1974).

아들러는 공동체감이 결핍된 응석받이의 행동은 성인이 되어 노이로제로 재배치된다고 하며, 노이로제 생활양식은 근본적으로 응석의 생활양식이라고 한다. 아들러(1972)는 "노이로제 환자는 어릴 때 다른 사람에게 의지하여 성공의 가능성을 기대했던 어린이라고 한다. 그들은 몇 년 동안 모든 것을 다른 사람의 도움으로 쉽게 이룰 수 있는 방법으로 생활을 풍부히 하려고 하거나, 모든 것을 다른 사람에게 기대한다. 그들은 기여하지 않고, 다른 사람에게 의지하고 그의 행동에 대한 책임을 스스로 지지 않고 다른 사람에게 떠넘기면서 도리어 다른 사람과 다른 요인에게 화를 낸다." 그들은 삶의 문제를 극복하고 해결할 훈련을 받지 못했다. 신경증적 발달 특징 중 하나는 인간 공동생활의 논리로부터의 회피이다. 아들러는 또 다른 저서에서 "내가 사례를 깊이 연구하면 할수록 응석의 사실이 분명하지 않은 노이로제는 없다는 것을 보다 분명히 알 수 있게 된다."라고 하였다(Adler, 1930).

벡스베르크(1974)에 의하면 응석받이들은 청소년과 성인 시절에도 그들의 어릴적 응석의 생활양식을 계속 유지하려 한다. 이들의 행동에는 어린 시절의 낙원으로 돌아가고 싶은 소원이 내포되어 있다. 노이로제 증후군에서 이런 환상을 볼 수 있다. 응석받이 어른은 마치 자신이 아기인 것처럼 행동한다. 그들은 어릴 적 상황으로 돌아가서 그 시절에 고착되어 그때 낙원에서 느꼈던 좋은 감정을 느끼고 싶어 한다(Adler, 1974).

아들러는 범죄자들도 많은 경우 응석의 생활양식을 지니고 있음을 발견했다. 범죄자는 "나는 나의 어린 시절에 불공정하게 취급받았어. 그래서 지금 나는 내가 원하는 것을 받을 수 있어야 한다."라는 잘못된 논리를 펴며, 자신의 범죄적 행동들을 합리화한다. 이러한 응석의 요구를 충족시키는 잘못된 논리 또는 개인의 사적 논리를 펴며 잘못된 방법을 사용하는 사람들은 범죄자 외에도 약물중독, 알코올 중독, 과식증자, 신경증 환자나, 정신병자들에게서 발견할 수 있다.

아들러(1973a)는 정신병리 현상을 인격형성의 실패로 설명하는데, 실패란 공동체의 발달이 방해받았기 때문이라고 하면서 노이로제, 자살, 범법, 성도착증, 정신병 등의 문제를 지닌 자들에게는 언제나 사회적 기여(Beitragsleistung)가 결핍되어 있음을 발견한다. 아들러(1932b)는 "많은 범죄자가 응석받이 아이였고 노이로제 환자도 거의 예외가 되지 않으며 또한 많은 경우 알코올 중독과 자살자의 경우도 그들이 응석받이였음을 발견한 것은 우연이 아니었다." 그는 또 다른 저서(1973a)에서 "우리는 응석받이를 범죄자, 자살자, 노이로제 환자, 중독자 등 항상 여러 다른 환자들에게서 발견한다."라고 말하면서 신경증적, 정신병적 생활양식을 아예 응석의 생활양식으로 바꾸어 말하였다.

심리적 이상의 복잡한 원인을 모두 응석받이 교육환경으로만 설명할 수는 없다. 그러나 응석이 심리적 이상을 이해하는 데 매우 중요한 요소임에는 틀림없다.

(2) 생활과제에 임하는 태도

■ 사랑 또는 결혼의 과제

어린 시절에 내적 안정감을 어느 정도 갖춘 사람은 자기 삶의 중심을 더이상 자기 자신에게서가 아니라 공동체 안에서 찾을 수 있는 능력을 가지고 있다. 이러한 사람은 부부과제를 올바르게 해결할 수 있다. 그러나 공동체감을 발달시키지 못한 응석받이는 이성친구나 결혼파트너를 선택하는 데서부터 문제에 봉착한다. 그들에게는 다른 사람과의 협동 작업이나 다른 사람에 대한 배려의 가능성이 배제되어 있다. 배우자의 중요성이 그들의 인생계획에서는 완전히 배제되어 있다. 응석받이는 사랑을 받기만 하지 줄 줄 모른다. 배우자도 그들에게는 사랑의 대상으로서의 동등한 파트너가 아니라 그를 지지하고 보호해주는 다른 어머니와 누이, 아니면 하인의 역할을 해줄 사람으로 인식된다(Dreikurs, 1932).

어린 시절 응석받이였던 사람이 용기를 내 이성 파트너를 선택하게 된다 하더라도 그들은 불행해하는 경우가 많다(Orgler, 1974). 배우자가 자기 자신보다 다른 것에 열중하면 응석받이는 시기와 질투를 느낀다. 응석받이는 어려서부터 소유하고 받는 데 익숙해져 있고 배우자에 대해서도 이런 태도를 지속한다. 라자루스펠트(Lazarusfeld, 1931)는 시기심이 많은 전형적인 남편의 글을 예로 제시한다: "나는 아내를 매우 사랑한다. 내가 믿기로는 나보다 더 아내를 사랑한다. 아무 이유도 없이 심지어 내 딸에 대해서까지 나는 심한 질투를 느낀다. 나는 내 아내가 나를 너무 사랑해서 모든 것을 포기하고 아내가 우리의 사랑을 위해서만 살기를 바란다."

응석받이는 동반자 관계에서 쉽게 무시당한다고 느낀다. 무시당한 느낌으로 불쾌함을 드러내고 다른 사람을 비난하면서 결국은 부부폭력으로까지 가게 된다. 이에 대해 배우자는 자신을 희생자로 느끼고 자신이 감옥에 갇혔다고 느끼면서 남편에게 저항한다. 부인이 응석의 생활양식을 지닌 경우, 부인은 병이나 약함을 무기로 남자를 지배한다. 이것을 아들러는 여성이 사용하는 '연약함을 무기로 사용한 폭력의 한 형태'라고 한다.

남자들이 자주 사용하는 형태는 자기 부인과 자녀들에게 큰 소리를 지르거나 분노를 폭발함으로써 식구를 겁주고 혼동으로 몰아 놓아서 자신의 뜻대로 가족들을 좌지우지하려는 행동이다. 이런 성격 형태도 응석에서 유래되었다고 한다. 또 다른 예는 술로 지배하는 남편이다. 부인이나 가족들이 이것들에 익숙해져서 더 이상 이 방법들로 그들을 지배할 수 없다고 느끼게 되면 알코올 중독이나 폭력은 사라지고 그들은 자살을 시도하여 더 심한 충격과 상처를 주게 된다(Adler, 1971).

아들러는 응석의 생활양식을 지닌 자는 부부관계의 성생활에 있어서도 많은 문제를 지니게 됨을 지적하였다. 공동체감을 충분하게 획득하지 못한 사람들은 교활한 수단으로 노이로제 범주에서나 성적도착증으로 이런 문제를 해결하려고 애쓰게 된다(Wexberg, 1974). 아들러(1930)는 성도착(Perversionen), 동성연애, 대물성 성적도착증(Fetischismus), 관음증(Voyeurismus), 학대음란증(Sadismus), 피학대 음란증(Masochismus), 정상적 성 역할 수행에 대한 저항 등을 자신의 낮아진 자존감을 고양시키는 수단(Kunstgriff)으로 사용한다고 보았다. 이성을 가까이 하려할 때 불완전한 사람이라는 두려움으로 응석의 생활양식을 가진 자는 자위, 조루, 성불능, 성도착 등의 성문제를 나타내기도 한다.

■ 직업의 과제

아들러는 직업문제를 해결하는 최고의 수단을 협동이라고 제시한다. 협동작업을 개발하였기에 인류문명과 문화의 발전이 있을 수 있었다. 그러나 항상 다른 사람의 보조를 원하고 자신의 기여 없이 다른 사람의 덕으로 살려고 하는 응석의 생활양식을 가진 자들은 직장에서도 어려움을 겪게 된다. 그들은 직업선택을 계속 미루거나, 직장을 자주 바꾸는 경향이 있다.

응석받이는 자기가 겪을 수 있는 실패를 미리부터 겁을 먹고 거부하곤 한다. 어린 시절 응석 상황은 실패 상황에 대한 면죄부라고 할 수 있다. 그가 바라는 것은 직업이 아니라 쉽게 우월을 증명하는 것이다. 그들은 자신에게 문제가 제시되는 것 자체가 불공평하다고 느끼기 때문에 문제에 직면하지 않으려고 한다. 그들은 삶을 불공평하고 어려운 것이며 삶 자체가 처벌이라고 생각한다. 자신의 지배에 복종하지 않는 직장이 마음에 들 리가 없다. 그래서 그들은 직장에서도 불만이 많고 만족하지 못한다. 그들은 다른 사람에 의해 지지받거나 도움받기를 원한다. 어린 시절 경험했던 지지와 쉽게 처리됐던 경험은 자기 자신의 능력을 신뢰하는 데 방해가 된다. 엄마가 모든 것을 대신해 주던 것에 익숙해 있었기 때문에 자신이 자율적으로 일을 처리할 수 있다고 믿지 못한다(Adler, 1958).

📖 우정과 공동체에서의 과제

아들러는 이웃사랑을 가장 중요한 과제로 제시한다. 그는 응석받이가 이웃사랑의 요구에 대해 "왜 나의 이웃을 사랑해야 합니까? 내 이웃이 나를 사랑합니까?"라고 반문한 데 대해 놀라움을 표하면서, 이것이 전형적인 응석받이들의 이웃에 대한 태도라고 말한다. 이 말에서 아들러는 응석받이들이 협동의 능력이 부족하고, 공동체에 어떤 기여를 하기보다는 공동체를 자신을 위해 이용하려는 특성을 보았다.

협동의 능력을 응석받이 성인에게는 기대하기 어렵다. 엄마에게만 붙어 있어 교제를 한다거나 다른 사람들과 관계맺는 훈련을 받지 못한 그들은 우정의 문제를 제대로 잘 풀 수 없다. 응석아동은 많은 경우 같은 응석아동과만 교제를 한다(Ansbacher, 1972). 그 결과 보다 넓은 공동체에서의 관계맺음에 어려움을 겪게 된다.

자율성과 책임감, 공동체감이 강조되는 학교는 응석받이에게는 낯설고 버거운 곳이다. 모친에의 무의식적 기생태도, 공동체감 부족, 비자율성, 협동심 부족, 자기 자신의 업무능력에 대한 낮은 신뢰도, 친구와 교사에 대한 불안의 특성을 지닌 응석받이에게는 학교라는 공동체는 긴장과 불안을 유발하는 곳이다. 카우스(Kaus, 1926)는 응석받이 아동이 지닌 증후군을 다음과 같이 쓰고 있다. "응석받이의 학교불안은 크다. 엄마 옆에 있고 싶어 하는 것이 불가능하여, 그들은 극단의 수줍어하는 행동과 불안감으로 학교생활에 실패한다."

개인심리학자들은 학교에서 게으르거나 느린 학생의 태도에 과잉된 권력욕구가 숨겨져 있다고 본다. 게으른 학생은 어려서부터 모든 것이 다른 사람의 노력에서부터 나오도록 자신을 훈련하였다. 개인심리학적 교사인 시몬(Simon, 1931)은 보충수업이 필요한 학생, 소위 둔하고 게으른 학생은 사회적으로 낮은 계층에서 오는 것이 아니라, 응석받이 교육환경에서 오는 경우가 더 많다고 한다. 아들러(1973b)는 아이 중 50~60%가 응석받이 교육으로 비자율적이 되었고, 학습부적응 문제아의 원인도 응석의 생활양식에 근거한다고 하였다.

5. 그림동화에 나타난 자매의 생활양식 비교: 「홀레 할머니」를 중심으로

1) 동화의 치료적 기능

심리학자, 특히 심층심리학자들에게 동화가 매력적인 이유는 심리치료의 중요한 영역인 인간의 미지의 세계인 무의식의 역동을 탐구할 수 있는 길이 동화 속에 들어 있기 때문이다. 전래동화는 오랜 세월 동안 전해져 내려오면서 인간의 삶에 꼭 필요한 것들이 사람들의 무의식에 의해서 걸러지고 정선되어서, 쓸모없는 것들은 모두 제거되어 이야기의 혼만이 남은 원형(김희경, 1996)으로 구성되어 있다.

동화가 심리학자들에게 주는 또 다른 매력은 동화에는 인간의 발달과정에서 직면하게 되는 인간 내면의 갈등과 문제들, 문제해결의 실마리, 문제해결 전략 등이 상징적인 언어를 통해 아름답고 간결한 문체로 이해하기 쉽게 제시되어 있다. 동화의 해석을 통해서 인간의 정신세계, 특히 무의식 세계의 이해뿐 아니라 인간 발달과정을 이해하기 위한 귀중한 자료를 발견할 수 있을 것이다.

동화의 주요 테마는 인간발달과 성숙의 과정이다. 동화는 임신에서부터 성숙까지의 인간발달에 대한 전기라고 볼 수 있다(Schwartz, 1994). 동화는 주인공의 출생과 아동기가 언급되기는 하나, 대부분 젊음이 한창 때인 청소년기를 중심으로 이야기가 전개되고 결혼연령인 성인 초기 결혼으로 끝을 맺는다. 이야기의 내용으로는 주인공이 어떤 가정에서 성장하였는가, 주인공은 어떤 재능을 가졌는가, 어떤 방식으로 교육받고 훈련받았는가, 성숙하고 결혼하기 위해 주인공은 어떻게 다양한 투쟁을 하였는가 등이 일반적으로 다루어지고 있다. 동화의 핵심은 마술도 아니고 초자연적인 것도 아닌 한 인간이 성장하는 삶의 이야기라고 할 수 있다.

동화에서 가장 선호되는 이야기는 남자 주인공인 경우에는 천한 태생에서 왕족 지위로의 상승 또는 왕의 아들이 반대되는 지위의 낮은 계층의 소녀를 아내로 맞는 것이고, 여자 주인공의 경우는 왕비가 되거나 그 땅에서 가장 높은 지위를 얻게 된다는 이야기이다. 이는 한 인간의 성장, 발달, 성숙의 과정을 상징적으로 표현한 것으로 볼 수 있다. 그래서 동화의 해석은 인간 이해를 위해 중요한 작업이 될 수 있다.

어린이는 성장해 가면서 성장단계에서 자신이 해결해야만 하는 사랑, 질투, 미움, 모험 같은 여러 가지 심리학적 문제에 부딪히게 되는데, 동화는 의식적 혹은 무의식적으로 이러한 문제를 다루고 있다. 몇 가지 예를 살펴보면, 거의 모든 동화에서는 죽음, 인간의 한계, 부모의 죽음 등의 인간의 기본적인 문제를 제시한다. 많은 동화가 친모의 죽음이나 아버지의 부재로 시작된다. 이것은 현실에서 아동들이 만약 부모가 죽으면 어떻게 하나 하는 불안을 반영한 것으로 볼 수 있다. 또 어린이들 마음에는 언제나 부모와 이별하지 않을까 하는 분리불안이 있다. 그로 인해 실제로 혼자이고 쓸쓸하다는 감정과 심각하게 불안을 느낄 때가 많다. 사랑을 받고 싶다는 욕망이나 자신을 아무런 가치가 없는 인간으로 보지 않을까 하는 두려움이나 공포는 아동이 현실적으로 느끼는 근본적인 문제가 된다. 일반적으로 부모나 어른들은 아이들의 걱정과 근심을 쓸데없는 것으로 무시하거나 조롱하는데, 동화는 아동이 지니고 있으나 말로는 표현하기 어려운 불안이나 갈등, 걱정, 근심 등의 많은 심리적 괴물(문제)을 중요한 것으로 취급하고 정면으로 부딪쳐 간다. 그뿐 아니라 심리 내면에 있는 막연하고 아리송한 문제들을 어린이가 이해하고 파악할 수 있도록 쉽게 진행시키고 있으며 또한 그 문제를 주인공 자신의 꾀나 지혜로움으로 또는 그를 돕는 자연 또는 마술의 힘을 통해 해결할 수 있다는 매우 창의적인 문제해결 기제를 제시하고 있다.

동화는 다른 문학과는 달리 어린아이들에게 자기가 누구이고, 무엇을 해야 되는지를 알게 하고, 또한 자신의 인격을 발달시키기 위해서는 어떤 경험을 해야 되는지를 교시해 주고 있다. 인간은 어떤 어려움과 곤란에 처하더라도 결국은 승리, 성공하고 행복한 생활을 할 수 있게 된다는 것이 동화의 결론이다. 이러한 동화의 결론은 어린이로 하여금 주인공과 같이 여러 가지 시련을 견디어내고 내면적인 투쟁과 외면적인 투쟁에서 승리하여야 한다는 신념을 심어준다. 가장 약한 자로 등장한 주인공의 성공은 아동에게 희망을 준다. 주인공이 문제를 해결해 나가는 과정을 함께 경험함으로써 건전한 자아개념과 문제해결 능력을 키워 나갈 수 있게 된다는 사실은 아동의 성격형성에 긍정적인 도움이 된다. 동화는 꿈이 그대로 실현되는 것 같은 환상의 세계로 아동을 인도할 뿐만 아니라 느끼는 것, 생각하는 것, 그리고 행동하는 것, 요컨대 인간이 살아가는 데 필요로 하는 기본을 솔직하게 제시해주므로 아이들은 동화를 통해서 성장의 의미를 알게 된다.

2) 동화 「홀레 할머니」에 나오는 상징적 의미 해석

동화는 상징적 언어로 쓰여 있다. 융(Jung)은 상징을 '일상생활에서 익숙한 것일 수 있지만 그러면서도 그 통상적인 의미 외에 함축된 특별한 뜻을 갖고 있는 말, 이름, 혹은 심지어 그림들'로 규정하였다. 또한 그는 "상징은 무언가 막연하고 숨겨진 그리고 우리가 모르는 어떤 뜻을 내포하고 있다."라고 하였다(Fontana, 1993). 즉, 상징은 말로는 완전히 표현할 수 없는 어떤 심오하고 깊은 의미와 뜻을 지니고 있는 표현이라고 할 수 있다. 상징은 직접적이거나 명확하지 않기 때문에 해석이 필요하다. 해석을 통한 상징적 의미의 통찰은 새로운 자기 내면세계의 통찰로 이어지고 이는 그 사람의 문제에 대한 통찰과 문제해결에 창조적 힘으로 작용하게 된다. 그래서 심리치료나 상담에서는 꿈이나 동화를 통해 제시되는 상징적 의미를 해석하는 작업이 필요하다.

동화의 해석에 대해서 레네 후이게(Rene Huyghe, 1980; 심상욱, 1998, 재인용)는 "프로이트가 레오나르도 다빈치를 정신분석한 방법을 연구하면서 만난 것은 다빈치가 아니라 프로이트 바로 자신이었다."라고 했고, 리쾨르는 '해석자의 해석은 그 해석자 자신에 대한 해석'이라고 했다. 해석은 주관적인 것이다. 동일한 동화를 두 사람이 해석하면 두 가지의 서로 다른 이야기가 될 수 있다. 그 이유는 동화를 통하여 해석자 자신의 모습을 투사하기 때문이다. 동화 해석자의 심리학적 배경에 따라 같은 동화에서도 서로 다른 결론들이 제시될 수 있다. 이러한 현상은 동화의 비유어가 일반적이어서 심리학적으로 아주 다양한 방법으로 해석될 수 있기 때문이다. 서로 상반되는 해석일지라도 그 해석으로 드러나는 동화의 세계는 인간 내면세계의 보화를 캐낼 수 있는 귀한 작업이 될 것이고, 동화는 더욱 새로운 의미로 확장되고 새로이 탄생될 수 있을 것이다.

여기에 제시된 「홀레 할머니」(Frau Holle)는 독일의 그림(Grimm) 형제(1980)가 수집한 동화집에 실린 동화이고, 본 저서에서는 김열규(1998)가 번역한 한국판 그림형제 동화전집에 실린 동화를 기초로 하였다. 그러나 번역이 내용 전달을 위해 의역한 것이어서 실제 그림 형제 동화에 상징적 의미를 지니고 있는 단어를 오역하거나 제거한 부분들이 많았다. 상징적 의미 해석상 중요한 부분을 삭제하거나 오역한 부분은 원본을 중심으로 수정·보충하였고, 경우에 따라서는 원문을 그대로 제시하였다.

(1) 과부와 두 딸

한 과부(witwe)에게 딸이 둘 있었습니다. 그중(davon) 하나는 아름답고 부지런하고 다른 하나는 못생긴데다 게을렀습니다. 그러나 그 과부는 못생기고 게으른 친딸(rechte Tochter)만 예뻐했기 때문에 아름답고 부지런한 딸은 신데렐라처럼 재를 뒤집어쓴 채 혼자서 집안일을 도맡아 해야 했습니다(must). 그 불쌍한 소녀(das Mädchen)는 매일 우물 옆에 있는 큰길에 앉아(must) 손가락에 피가 나도록 실을 잣고 또 자아야 했습니다(must spinnen).

그러던 어느 날 실타래(die spule)가 피에 흠뻑 젖자 소녀는 그걸 닦으려고 우물 위로 몸을 숙이다가 그만 그것을 놓치고 말았습니다. 그 바람에 실타래는 우물 속에 가라앉고 말았습니다. 소녀는 울면서 계모(stiefmutter)에게 달려가 사실대로 이야기했습니다. 그러자 계모는 소녀를 무섭게 꾸짖으면서 말했습니다.

"실타래를 빠뜨렸으면 그걸 다시 건져 오는 게 네 몸에 이로울 거다."

소녀는 우물가로 되돌아오긴 했지만 실타래를 어떻게 꺼내야 할지 막막하기만 했습니다. 아무리 해도 좋은 생각이 떠오르지 않자 마음이 다급해진 소녀는 그것을 건지기 위해 우물 속으로 뛰어들었습니다. 그 순간 그녀는 정신을 잃고 말았습니다.

거의 모든 동화는 무엇인가 결핍된 상태에서 시작된다. 자녀가 없는 부부, 아내가 없는 남편, 남편이 없는 아내, 아버지나 어머니의 죽음 등으로 가족 구성원이 결핍된 상황에서 동화는 시작된다. 홀레 할머니도 '과부'라는 단어로 아내에게는 남편이요, 딸들에게는 아버지가 결핍된 가족분위기를 제시하고 있다. 가족 구성원의 결핍은 구조적인 결핍 상태뿐 아니라, 심리적 결핍의 문제를 나타내고 있다.

아내가 남편을 잃게 된다는 것은 함께 대화하고 문제를 상의하고 지지받을 동반자의 상실과 함께 사랑을 나눌 대상의 상실 그리고 자녀 양육에 있어서 책임을 함께 나눌 상대의 상실을 의미한다. 그래서 그는 심리적으로 외롭고, 고독하고, 과중한 심리적 부담을 느끼게 된다.

이런 과부에게 두 딸이 있었다. 일반적으로 전래동화에서는 인물이 유형화되어 있고, 인물의 대립현상이 두드러진다. 흥부와 놀부, 콩쥐와 팥쥐, 말하는 남생이 등의 많은 동화에 나오는 등장인물은 한 쪽은 어질고 착하나,

다른 쪽은 욕심 많고 나쁜 인물로 등장한다. 선과 악, 힘과 지혜, 미와 추 등이 대립되어 등장한다. 동화에는 양면 가치적 성격을 지닌 인물이 등장 하지 않는다. 인간의 복잡한 특성을 그대로 묘사한다면 아동은 동화를 이 해할 수 없을 것이다. 실제 좋은 점과 나쁜 점을 다 지니고 있는 인물은 동 화에선 찾아보기 힘들다. 그 이유는 만사를 단순하게 보는 어린이에게 적 합한 표현 방법을 선택했기 때문이다.

「홀레 할머니」에 등장하는 두 딸도 한 인간의 두 측면을 제시한다고 볼 수 있다. 딸을 대하는 어머니의 태도도 두 측면으로 나타난다. 양극단의 성 격을 나란히 제시함으로써 아동은 양자의 다른 점을 쉽게 인식할 수 있게 된다. 이 동화에서는 이런 해석의 가능성을 '그중에서(davon)'라는 말에서 찾을 수 있다. 그중에서(davon)란 전체 중에서 한 부분을 말할 때 사용하는 단어이다. 두 딸의 대립되는 특성을 살펴보면 첫째 딸은 아직 나이는 어리 지만 집안일을 거들고 책임지는 역할을 한다. 그래서 부지런하고 아름답다 고 한다. 둘째 딸은 정서적으로 어머니와 밀착되어 있다. 어머니 품에서 아 직 어머니에게 의존하고 있어 게으르고 못생겼다고 표현한다. 아름답거나 못생겼다는 표현은 심리적·정서적 상태의 표현이지 실제로 외모를 평가한 것은 아니다. 두 딸의 서로 다른 모습은 자라는 아이들이 보이는 상이한 측 면, 아이가 살아가면서 경험하는 두 세계의 모습이라고 볼 수 있다(Kuerthy, 1985).

과부와 두 딸의 관계를 나타내는 용어가 두 가지 있다. 하나는 친딸 (rechte Tochter)이고 다른 하나는 계모(stiefmutter)라는 표현이다. 친딸이라는 말은 자신이 낳은 딸이라는 의미보다는 감정적으로 좀 더 가깝게 길들여져 있다는 의미로 해석될 수 있다. 우리말에서는 이들 단어들 간의 해석에 별 다른 차이가 없으나, 자신이 낳은 딸은 'richtige' 또는 'eigene'라는 용어가 쓰일 수 있다. 계모를 나타내는 'stiefmutter' 용어는 'stief'와 'mutter'가 합 성된 단어인데 'stief'는 'steif', 즉 뻣뻣하다, 독하다, 형식적이다라는 뜻으 로, 엄하고 냉랭하고 형식적인 어머니와의 정서적 상태를 상징적으로 표현한 것이다. 자녀를 키우면서 엄하게 꾸짖고 징계를 하게 되면, 혼이 나는 아이는 아마 '이 엄마는 우리 엄마가 아니고 계모인가 보다. 또는 나는 어디서 주워온 아이인가 보다.'라는 생각을 흔히 한다. 그러다가도 어머니가 잘해주고 사랑해주면 언제 그랬던가 싶게 다시 엄마에게 달라붙어 애교를 부린다. 이와 같이 동일한 어머니이지만 상황에 따라 얼굴이 바뀌는 두 얼굴의 어머니를 아이들은 순간마다 서로 다른 어머니로 인식할 것이다.

첫째 딸은 일을 해야만 했다. 여기서는 '해야만 한다(must)'라는 단어가 짧은 두 문장에 3번이나 나온다. '해야만 한다'는 단어는 매우 주관적인 측면이 있다. 신데렐라와 연관시켜 생각하면 어머니가 일을 시킨 것으로 연상할 수도 있으나, 여기서는 어머니가 일을 시켰다는 표현은 없다. 이 소녀가 해야 할 일은 무엇인가? 실 잣는 일이었다. 실 잣는 일! 동화에서는 실 잣는 과제가 자주 등장한다. 그리스 운명의 여신(Moiren), 독일 운명의 여신(Nornen)도 실을 자았고, 룸펠스틸헨(Rumpelstilchen)의 주인공도 짚으로 금을 잣는 일을 하였고, 잠자는 숲 속의 공주도 물레질을 하려다 바늘에 손가락이 찔린다. 이렇듯 동화에서는 실 잣는 일이 자주 나온다. 실 잣는 작업은 어려운 일인 경우도 있고 당연히 해야 할 일, 호기심으로 해 보고 싶은 작업으로도 등장한다. 그렇다면 동화와 신화에 자주 등장하는 실 잣는 일은 무엇을 뜻하는가? 많은 경우 물레질은 시간의 경과, 삶의 길이를 상징하는데, 실을 잣는 일은 삶의 실, 운명의 실을 창조하는 삶의 상징적 표현이다(Ackroyd, 1993). 삶의 첫 단계에서 딸은 어머니의 책임과 보호, 인도 아래서 실을 자아야만 했다. 자신의 삶, 자신의 운명을 자신이 지어나가야만 한다. 여기서 해야만 한다는 의미가 강조된다.

또 흥미롭게 살펴볼 수 있는 표현은 우물 옆 큰길에서 실을 잣고 또 자았다는 것이다. 우리말 번역에는 아무래도 큰길에서 실을 잣는다는 표현이 이상했는지, 길가 옆 우물가에서 실을 잣는다고 논리적 오역을 시도하였는데, 동화에서는 의도적(?)이고 실제적으로 우물 옆 큰길가에서 실을 잣고 있었다. 무엇을 말하고자 큰길가에서 실을 자았다고 했는가? 먼지가 타고 더러워지기 때문에 큰길가에 앉아서 실을 잣는다는 것은 현실적이지 않다. 그러나 동화의 주인공은 큰길가에 앉아서 실을 자았다. 큰길과 실을 잣는 일이 어떤 관련이 있는가? 큰길을 자신의 길, 생의 거리로 해석한다면 의미는 분명해진다. 자신의 길에서 자신의 운명을 부지런히 살아가는 모습을 큰길가에서 실을 잣고 또 잣는 모습으로 표현했다고 볼 수 있다.

소녀의 삶에 전환기가 찾아왔다. 소녀의 손가락에서 피가 나와 실패에 피가 흠뻑 젖게 되었다. 피는 생명의 상징으로, 동화에서 여주인공과 관련되어 나타나는 피는 월경의 피로 해석된다. 청소년기의 소녀가 신체적으로 성숙하였음을 알리는 가장 뚜렷한 신호가 초경이다. 초경 시의 출혈은 소녀의 심리 깊숙이 작용한다. 새로운 삶의 단계에 들어선 것이다. 이런 변화에 대부분의 소녀는 당황하고 놀라게 된다. 첫째 딸도 피에 젖은 실타래를 보고 놀라고, 실타래를 닦으려다가 실타래를 놓치게 된다. 실타래를 잃어버리는 모습에서 청소년기의 방황, 고민, 내면의 갈등으로 삶의 고삐를 놓치는 청소년들의 모습을 볼 수 있다.

놀라고 당황한 소녀는 계모에게 달려간다. 여기서도 딸에게 어머니는 계모의 모습으로 자기 자신의 실수와 과오는 자신이 수습하고 처리해야 한다고 모질게 대한다. 신체적 변화로 시작되는 청소년들에게 이 시기는 불안의 시기이고 위기의 시기이다. '나에게 무슨 일이 일어난 것일까?' '앞으로 어떤 변화가 있을까?' '여성의 역할을 수락해야 할 것인지, 거부할 수도 있는지?' '내가 성장하는가?'라는 질문 등으로 혼란스러워하면서 내면세계로 몰입하게 된다. 이 시기에 소녀를 도와주는 것은 부모라 할지라도 매우 어렵다. 문제해결은 혼자의 몫이 될 수밖에 없다.

이제 거의 모든 동화에서 다루어지는 추방, 방랑, 떠남의 주제가 등장한다. 원가족과의 분리와 독립은 아동에게 있어 중요한 발달과제이기에 많은 동화에서 이 과제를 다루고 있다. 청소년들에게 있어 어머니로부터의 내적인 독립은 그야말로 자신의 진정한 자기 실현을 위한 가장 중요한 첫걸음이다. 떠남과 이별의 불안과 공포를 극복하고 성숙을 이루기 위해서 용기가 필요하다.

소녀는 자신의 운명, 삶을 계속하기 위해서 실타래를 찾아야만 했다. 깊은 우물 속에 들어간 실타래를 찾기 위해 소녀는 우물 속에 뛰어들었다. 우물은 어떤 곳일까? 융은 우물을 영혼의 깊은 곳, 정서의 깊은 무의식적 원천, 또는 행복이나 지혜의 깊은 무의식적 원천을 상징한다고 하였다. 무의식의 깊은 내면에서 삶을 계속하기 위한 힘을 발견해야 한다(Ackroyd, 1993).

(2) 첫째 딸의 발달과정

얼마 후 눈을 뜨고 의식을 되찾은 소녀는 자신이 아름다운 풀밭 위에 누워 있다는 것을 알았습니다. 소녀는 그 풀밭을 가로질러 걷기 시작했습니다. 그리고 얼마 가지 않아 빵(Brot)이 가득 들어찬 오븐(Back ofen)을 발견했습니다. 그런데 그 빵들이 소녀에게 소리쳤습니다.

"우릴 꺼내 주세요! 우릴 꺼내 주지 않으면 우리는 다 타버리고 말 거예요. 우리는 충분히 익었어요!"

소녀는 오븐에 다가가 기다란 나무 주걱으로 빵을 모두 꺼냈습니다. 그리고 나서 소녀는 계속 걸어가 사과(Äpfel)가 주렁주렁 열린 사과나무 앞에 이르렀습니다. 그때 사과나무가 소리쳤습니다.

"날 흔들어 줘요! 날 흔들어 줘요! 내 사과는 모두 익을 만큼 익었어요."

소녀가 그 나무를 흔들어 그 나무에 열린 사과를 모두 떨어뜨렸습니다. 소녀는 그 사과들을 모두 주워 한 무더기로 쌓아 놓은 뒤 다시 걸어갔습니다. 마침내 소녀는 어느 조그만 오두막집 앞에 이르렀는데 그 집안에서는 늙은 여자 하나가 창밖을 내다보고 있었습니다.

그 할머니는 대문짝만한 이를 드러내 놓고 있었으

므로 소녀는 그만 겁을 집어먹고 도망을 치려 했습니다. 그러자 할머니가 소녀에게 소리쳤습니다.

"왜 날 두려워하지? 나랑 같이 살자. 만일 네가 집안일을 잘 해낸다면 너한테 좋은 일이 생길 게다. 너는 내 이불을 깃털이 날릴 정도로 잘 털어서 깔끔하게 정돈해 주기만 하면 돼. 그러면 그 깃털은 눈이 되어 지상에 내리게 될 거야. 난 홀레 할머니(Frau Holle)(옛날 헤센 지방 사람들은 눈이 내릴 때마다 '홀레 할머니다', '이부자리를 털고 있다'고 말하곤 했다. ─옮긴이)거든."

할머니가 아주 다정하게 말을 건넸으므로 소녀는 용기를 내 그렇게 하겠다고 했습니다. 소녀는 그 할머니가 만족해할 정도로 이불을 잘 털었습니다. 할머니도 소녀에게 매일 굽거나 삶은 고기를 주곤 했습니다. 그러나 홀레 할머니와 꽤 오랫동안 지내게 되자 소녀는 점차 우울증에 빠져들기 시작했습니다. 소녀는 처음에는 무엇 때문에 그렇게 우울한지를 알지 못했으나 결국 자신이 집을 그리워하고 있기 때문이라는 것을 깨닫게 되었습니다.

우물에 뛰어든 소녀는 의식을 다시 되찾고 자기 자신에게 돌아왔다. 의식을 회복한 후에 만난 세상은 매우 아름다웠다. 이 아름다운 세상을 동화에서는 빛, 들판, 꽃들로 장식하고 있다. 어두운 터널 맨 끝에 나타나는 빛은 희망, 사후의 삶, 또는 삶의 의미를 상징한다. 들판은 사회의 관습들이나 지나치게 발달된 초자아로부터 나온, 스스로 만들어낸 신경증적인 금기들을 던져버리는 것일 수 있는 공간이다. 들판은 다산력을 지닌 공간으로 개인의 성장 가능성 또는 새로운 삶의 가능성을 상징한다. 꽃은 융이 말한 자기, 즉 진정한 자기를 상징할 수 있으며, 정신의 기본적인 질서와 아름다움을 상징한다. 꿈이나 동화에 나타난 꽃은 자연의 아름다움과 평온함을 생각나게 한다. 소녀는 빛나고 아름다운 꽃으로 장식된 들판에 머물러 있을 수 없었다. 소녀는 그 풀밭을 가로질러 걷기 시작한다. 어디로 걷는 것일까? 목적지는 없다. 그러나 소녀는 진정한 자기를 찾기 위한 자기 삶의 타래를 찾기 위해 떠나야 했다.

일반적으로 여행은 과거의 속박으로부터 벗어나는 것, 부정적인 태도들을 던져버리는 것에 대한 상징이다. 어떤 나라에 처음으로 들어가는 것은 새로운 가치관과 새로운 생활양식을 가진 새로운 사람이 되는 것, 새롭고 독립적인 정체성에 도달하는 것을 상징한다.

이 낯선 세계를 여행하면서 소녀는 세 가지 삶의 과제를 만나게 된다.

첫 번째 과제는 오븐에 들어 있는 빵을 꺼내 주는 것이다. 빵은 일반적으로 몸을 상징한다. 성서에서도 예수님께서 최후의 만찬에서 빵을 들어 축사하시며 "저희에게 주시며 가라사대 이것은 너희를 위하여 주는 내 몸이라. 너희가 이를 행하여 나를 기념하라."(눅 22:19)라고 하셨을 때 빵을 몸으로 은유하여 사용하였다. 인간발달 상태를 '안 익었다' '덜 익었다' '다 익었다'라는 표현은 고대 이집트 시대에서부터 지금까지 모든 문화에서 공동으로 사용하고 있다.

오븐은 어머니의 자궁(Mutterleibe)의 상징이고, 오븐에서 빵을 꺼내는 것은 어머니로부터의 분리를 의미한다. 동화나 꿈에서 한 덩어리의 빵을 굽거나 케이크를 만드는 것은 임신을 상징한다. 임신과 관련된 단어들, 가령 출생과 육아는 은유적으로 빵을 굽는 모습으로 표현될 수 있다. 꿈에서 빵을 굽는 것은 개인발달에서의 새로운 국면, 새로운 생각, 삶에 대한 새로운 전망, 또는 자신과 삶에 대한 새로운 태도의 시작을 나타낼 수 있다. 이는 위에서 말한 부모-자녀의 분리관계와 같은 맥락에서 이해할 수 있는 사춘기의 주요한 과제이다.

두 번째 만난 과제는 사과나무에 달린 익을 만큼 익은 사과를 따는 것이다. 사과는 구약성경의 원죄이야기에서 나오는 대표적인 여성성의 상징이다. 일반적으로 과일은 원기나 새로운 삶, 즉 새로운 종류의 성취를 제공하는 어떤 것을 상징한다. 사과는 여성의 생식기를 상징하기도 하는데, 그 열매들을 먹는 것은 성적 쾌감을 상징한다. 사과를 따는 것은 성 역할에 따른 기쁨과 고통을 수용할 것을 의미한다고 해석할 수 있다.

세 번째 과제는 홀레 할머니의 등장과 함께 제시된다. 남성이 주인공인 동화에서는 지혜의 노인의 형상이 나타나고, 여성이 주인공인 동화에서는 지혜노파의 형상이 흔히 나타난다. 노인과 노파의 형상은 집단 무의식 속에 있는 지혜와 능력을 나타낸다. 홀레 할머니는 융이 말한 대모의 형상이라고 할 수 있는데, 대모는 대지, 어머니/위대한 여신, 어머니 교회, 여사제나 여예언자, 여교사 등의 다양한 모습으로 나타날 수 있다. 이러한 형상이 하는 모든 말을 주의하여 들어야 한다. 그의 말은 주인공의 성격과 삶이 변화되어 진정한 자기와 조화를 이루게 될 방향을 제시하기 때문이다.

융은 이러한 형상들을 '마성 인격'이라고 불렀다. 이 마성은 외경스럽고 신비로운 능력인데, 신들뿐 아니라 자연현상과 비범한 인간의 기술, 천재성, 거룩성, 정신력, 정신능력, 그리고 비범한 진실 등과 관련된 능력이다. 대모는 강하고 악하고 험악스럽고 혐오스러운 부정적인 모습과 부드럽고 선량하고 온화한 모습을 함께 지니고 있다. 이들은 인간의 운명과 같이 온화함과 엄격함의 양면적인 면을 지니고 있다(Ackroyd, 1993).

홀레 할머니가 제시한 과제는 이불을 터는 것이다. 이불은 잠자리, 침대를 연상케 하는 상징이다. 이불을 털면 지상에서 눈이 내린다. 눈은 새롭고 깨끗한 출발을 상징한다. 추운 겨울 삭막하고 얼어붙은 지상에 눈이 내리면 아이들이 즐거워 나와 뛰놀고, 삭막하고 딱딱했던 마음은 깨끗하고 포근하고 부드러워진다. 여기서 말하는 이불 터는 일은 여성의 일, 집안일, 출산과 분만, 자녀양육 등의 전통적인 여성의 일을 상징하는 것으로 해석할 수 있다.

(3) 첫째 딸의 상급과 변화

집에 있는 것보다는 홀레 할머니와 지내는 편이 훨씬 더 나았지만 그래도 소녀는 집으로 돌아가고 싶었습니다. 소녀는 홀레 할머니에게 말했습니다.
"집으로 돌아가고 싶어 죽을 지경이에요. 여기가 집보다 훨씬 더 좋은 줄 잘 알지만 그래도 식구들에게로 돌아가고 싶어요."
그러자 홀레 할머니는 말했습니다.
"네가 집으로 돌아가고 싶다니 기쁘구나. 네가 그동안 날 위해 충실히 일해

주었으니 널 다시 그곳으로 보내주마.”

할머니는 소녀의 손을 잡고 대문가로 데리고 갔습니다. 대문이 열리고 소녀가 바로 대문 아래 섰을 때 굉장히 많은 금이 쏟아져 내렸습니다. 그 금(Gold)은 모두 소녀의 몸에 달라붙어 소녀의 몸은 금으로 빈틈없이 덮이게 되었습니다. 홀레 할머니가 말했습니다.

“넌 아주 부지런하게 일해 왔으니 난 네가 그걸 가지고 갔으면 한다.”

그러면서 할머니는 우물물 속에 빠트렸던 실타래도 되돌려 주었습니다.

대문이 닫히는 순간 소녀는 자신이 어느새 지상에 되돌아와 있다는 것을 알았습니다. 그 곳은 집에서 그리 멀지 않았습니다. 소녀가 집 마당으로 들어가자 우물 위에 걸터앉아 있던 수탉(der Hahn)이 소리 쳤습니다.

“꼬끼요오오! 황금 옷을 입은 아가씨(unsere goldene Jungfrau)가 다시 왔다.”

소녀는 어머니(mutter)에게로 갔습니다. 소녀가 엄청난 금으로 덮여 있었으므로 어머니와 여동생(schwester)은 그녀를 반갑게 맞아 들였습니다. 그들은 소녀에게 어떤 일들이 일어났었는지에 대해 자세히 들었습니다.

청소년기의 방황을 끝내고 소녀는 ‘이곳이 더 좋은 줄 알지만 그래도 식구들에게 돌아가고 싶다.’고 하며 제자리로 돌아가기를 원한다. 홀레 할머니는 소녀의 그러한 반응을 기뻐하고 즐겁게 반긴다. 이 시기는 블로스(Blos, 1979; 송명자, 1995, 재인용)가 말하는 청년기 중기의 방황이 끝나고 청년기 후기에 내면세계의 통합이 달성되는 시기라고 볼 수 있다. 내면세계의 균형을 찾아 다시 안정을 찾고 현실 세계에 적응하는 시기가 온 것이다.

홀레 할머니는 소녀를 잡고 대문가로 데리고 간다. 문지방은 새로운 생활방식이나 마음상태나 가치관을 발견하고 그 안으로 들어갈 예정이라는 것을 상징한다. 문은 외적인 환경들이나 자신 안에서 삶의 새로운 국면 혹은 새로운 발전이 시작되는 것을 나타낸다. 소녀는 내면의 감금시기를 끝내고 그녀가 준비한 새로운 인생을 맞을 문턱에 와 있다.

문을 통과하여 새로운 세상에 나가기 전에 소녀는 지금까지 삶의 과정을 거치면서 수행한 일에 대한 대가를 받게 된다. 동화의 결말에 상급이나 보상으로 자주 등장하는 물건이 금 또는 금은보화이다. 금이란 영적·심령의 질로 이해된다. 이것은 새로운 삶, 즉 자기 갱신, 정신의 새로운 발전을 나타낼 수 있다. 귀중품으로서의 금은 의식적인 자아와는 구별되는 진정한 자기를 상징하거나, 정신 속에 있는 어떤 능력을 상징한다(Ackroyd, 1993).

주인공은 내적 인격을 소홀히 하지 않고 성심성의를 다해 내면의 인격을 갈고 닦은 결과 빛나고 복된 삶을 보장받는 상급을 받게 된 것이다. 금을 뒤집어 쓴 소녀의 미래는 빛나는 인생을 의미한다. 소녀는 아름답고 사랑스럽고 빛나는 미래에 대한 확고한 보장을 받은 것이다. 무의식의 세계의 탐험을 끝내고 금상을 받은 소녀는 찾기를 원했던 실타래를 되돌려 받는다. 홀레 할머니는 소녀가 아주 부지런히 일을 해 왔기 때문에 실타래를 되돌려 준다고 한다.

자기 삶의 실타래를 돌려받고 세상에 돌아온 소녀를 제일 먼저 반긴 대상은 수탉이다. 여성성으로만 일관하던 동화에서 처음 남성성이 등장한다. 수탉은 다산력의 상징이다(Kuerthy, 1985). 특히 여성의 세계에 등장하는 수탉은 지금까지 사용되지 않은 정신의 부분을 이제는 자신의 의식적인 삶에서 적극적인 역할을 하도록 해야 할 때라는 것을 상징할 때 쓰인다. 특히 여성의 꿈에 나타나는 수탉은 강력한 성적 상징으로 해석된다.

남성의 상징은 소녀의 새로운 탄생을 축하하며 소리친다. 황금 옷을 입은 아가씨가 돌아왔노라고! 우물에 들어갔던 소녀는 이제 더 이상 소녀나 아이가 아니고, 아가씨가 되었다. 그 전까지 중성적 표현인 소녀(das Maedchen)가 여성성인 처녀(die Jungfrau)로 명칭이 바뀐 것은 재탄생, 새로운 이름, 새로운 정체감을 획득한 것을 의미한다.

첫째 딸의 변화는 여기서 그치지 않는다. 관계의 변화가 부수적으로 따라왔다. 지금까지 계모로 칭해지던 사람이 여기서는 어머니(mutter)로 칭해지고 있다. 어머니와 여동생은 변화된 소녀를 반갑게 맞아들여 함께 이야기한다.

모든 동화의 결말에서 얻게 되는 주인공들의 승리와 아름다운 삶은 발달적 측면의 성취와 성숙뿐 아니라, 인간 간의 사랑, 인간과 사물의 사랑 등 아름답고 조화로운 관계의 회복에서 오는 심리적인 체험을 포함하고 있다.

(4) 둘째 딸의 발달과정

계모는 소녀가 그렇게 많은 금을 얻게 된 이유를 알자 자기의 못생기고 게으른 딸도 그런 행운을 얻게 하고 싶었습니다. 딸(sie)은 우물가에 앉아 물레를 돌려야 했습니다. 계모의 친딸은 가시나무에 자기 손가락들을 눌러 억지로 피를 내서 실타래를 피투성이로 만들었습니다. 그리고 그녀는 그 실타래를 우물 속에 빠뜨린 뒤 우물 속으로 뛰어들었습니다. 그녀도 언니처럼 아름다운 풀밭에 도착했고 그녀 역시 언니가 걸어갔던 길을 따라 걸었습니다. 이윽고 오븐 앞에 이르자 빵들이 다시 소리쳤습니다.

"우릴 꺼내 주세요! 우릴 꺼내 주지 않으면 우리는 다 타버리고 말 거예요. 우리는 충분히 익었어요!"

그러나 게으른 그 소녀는 손을 더럽히기 싫다면서 그냥 지나갔습니다. 소녀는 더 걸어갔고 이내 사과나무 앞에 이르렀을 때 사과나무가 소리쳤습니다.

"날 흔들어 줘요! 날 흔들어 줘요! 내 사과들은 모두 익을 만큼 익었어요."

그러나 게으른 소녀는 그렇게 하지 않았습니다.

"너 농담하는 거지? 잘못했다간 사과에 맞아 내 머리가 깨지고 말 거야."

게으른 소녀는 계속 걸어가 이윽고 홀레 할머니의 오두막집 앞에 이르렀습니다. 소녀는 그 할머니의 이가 대문짝만하다는 이야기를 이미 들었으므로 할머니를 보고도 무서워하지 않았습니다. 소녀는 할머니에게 청해서 그날로부터 그 집에서 일하게 되었습니다. 첫날, 그 게으른 소녀는 금에 관한 생각이 계속 어른거렸기 때문에 열심히 일하려고 애썼고 홀레 할머니가 지시하는 대

로 착실히 따랐습니다. 그러나 둘째 날부터 소녀는 빈둥거리기 시작했고 셋째 날에 가서는 더 게으름을 피웠습니다. 소녀는 아침 해가 밝아오는 데도 침대에서 일어나려 하지 않았고 이부자리를 깃털이 날릴 정도로 열심히 털지도 않았습니다. 홀레 할머니는 그만 지겨워서 그 소녀를 내보내 버렸습니다. 그 게으른 소녀는 일이 그렇게 된 것을 큰 다행으로 여기면서 이제 자신의 몸 위로 금이 쏟아져 내리려니 하고 기대했습니다. 홀레 할머니는 그 소녀를 대문 앞으로 데리고 갔습니다. 그러나 그 소녀가 대문간에 섰을 때 금 대신에 큰솥에서 시커먼 기름(pech)이 쏟아져 내렸습니다.

"이게 네가 일한 데 대한 보상이다."

홀레 할머니는 그렇게 말하면서 대문을 닫아 버렸습니다. 그 게으른 소녀는 시커먼 기름을 뒤집어쓴 채 집으로 돌아왔습니다. 마침 우물 위에 걸터앉아 있던 수탉이 소녀를 보고는 소리쳤습니다.

"꼬끼요오오오! 더러운 아가씨가 다시 왔다."

그 시커먼 기름은 그녀에게 딱 달라붙어 있어 죽을 때까지 벗겨지지 않고 남아있었습니다.

둘째 딸에게도 첫째 딸과 똑같은 과정이 전개된다. 그러나 처음 어머니와의 관계부터 둘째 딸은 과정마다에서 첫째 딸과는 다른 관계와 태도를 보인다. 동화에서도 같은 딸인데, 첫째는 소녀(das Maedchen-es)로 둘째는 딸(die Tochter-sie)로 표현한다. 어머니와 소녀의 관계, 어머니와 딸의 관계는 심리적 거리감을 나타낸다. 어머니와 심리적으로 밀착되어 있던 둘째는 운명의 실을 잣는 과제를 수행하지 않았다. 어머니의 그늘 아래서 사랑과 보호를 받으며 자란 둘째는 스스로 자신의 운명을 개척하기 위한 힘을 키우지 못한 의존적이며 게으른 소녀였다.

둘째 딸은 자신에게 주어지는 과업을 다 회피한다. 어려서부터 어머니와의 친밀한 관계 속에서 어떤 과제도 수행하지 않고 응석으로 자란 소녀는 자신에게 주어진 과제를 자기 힘으로 수행할 엄두를 내지 못하고 그것이 자신이 감당해내야 할 과제인 줄도 모르고 있다. 지금까지 자신의 삶의 과제를 누군가 대신 해 주었던 것처럼, 자신이 지금 처한 자신만의 무의식 세계의 일도 누군가 해 줄 것으로 기대한 것일까? 자기 내면세계의 작업은 어느 누구도 해 줄 수 없음을 이 동화는 분명히 하고 있다.

그녀는 작업결과 시커먼 기름(pech)을 선물로 받는다. 시커먼 기름은 아스팔트 재료인 시커멓고 끈적거리는 콜타르를 말한다. 시커멓고 더러운 기름을 뒤집어 쓴 것보다 더 끔찍한 사실은 시커먼 기름이 떨어지지 않고 죽을 때까지 계속해서 붙어 있게 된다는 것이다. 응석받이의 비극의 그림자는 그녀의 나머지 인생에도 드리워진다는 의미일 것이다.

여기서 놓치지 말아야 할 것이 있다. 금을 상으로 받은 첫째 딸은 실타래를 돌려받는다. 그러나 둘째딸은 실타래를 돌려받지 못한다. 자신의 삶을 주체적으로 이끌어 오지 않았던 소녀는 앞으로도 자신의 삶을 자신이 주도적으로 이끌어갈 수 없음을 나타낸다. 애초부터 응석으로 의존적이었던 소녀는 실타래를 가지고 실을 잣지도 않았다.

이 소녀는 어머니와 언니를 만나지 않은 채 동화는 끝이 난다. 동화의 결말이 주어진 과제를 성공적으로 완수한 사람들은 결말에서 잃었던 짝이나 가족 그리고 형제를 만난다. 그러나 자신의 내면의 작업을 완수하지 못한 주인공은 인간관계의 회복을 이루지 못하고 있다.

(5) 동화에 나타난 자매의 생활양식 비교

홀레 할머니에 나오는 주인공은 짧은 아동기를 거쳐 청년기의 발달과정을 거치고 있다. 많은 동화가 아동의 발달과정에서 직면하게 되는 심리적 상태와 과제 등을 은유적이고 상징적인 방법으로 표현하고 있는데, 홀레 할머니에서는 여성의 청년기의 문제와 대처에 대해 깊이 생각할 수 있는 주제를 다루고 있다.

여기 등장하는 두 주인공은 아동기 때부터 대비되는 역을 담당한다. 그들이 직면하는 과제는 동일하지만 직면하는 방식과 대처하는 방법은 서로 상이하다. 그 결과 청년기가 끝나는 시점에서 그 둘이 받는 상급도 극적인 차이가 난다.

일반적으로 청소년기는 정체감을 획득해야 하는 중요한 시기이다. 홀레 할머니에서도 주인공들의 변화와 성숙의 과정을 청년기의 정체성 위기와 관련시켜 볼 수 있다.

청년기에 들어서는 소녀들은 신체적 변화를 시작으로 심리적·정신적 변화를 경험하면서 정체감 위기를 겪게 된다. 나는 누구인가? 삶이란 대체 무엇인가? 어떻게 살아야 하나? 등의 질문으로 자아상은 물론 삶에 대해 의문을 가진다. 에릭슨(Erikson)은 청소년기를 정체감 위기의 시기라고 했다. 그는 정체성의 위기는 '나는 누구인가' 라는 의문에서 시작하여 의문에 대한 답을 추구해 가는 과정이라고 하였다. 이런 의문에 직면하여 의문에 답을 찾기 위해서 이 시기의 청소년들은 자신의 내면을 새로이 정립하려는 욕구를 지니게 된다. 신체적 변화로 원욕의 욕구가 강화되고 초자아도 강화되면서 자아에 혼란이 오면서 자아상태 간에 균형을 잃게 된다. 자아상태 간의 새로운 균형을 찾기 위해서 자기만의 세계에 몰입하는 시기가 또한 청년기이다.

청년기의 내면세계의 여정을 동화에서는 깊은 우물 속의 여정으로 그려 내고 있다. 그 여정은 정체성 위기를 경험하는 청년들이 새로운 정체성 확립을 위해 정체성 탐색과정에서 경험하게 되는 이야기들이다.

정체성 위기를 극복하기 위해서 자신의 내면세계를 탐색해가면서 겪게 되는 문제와 극복해야 될 과제가 있다. 자신의 실타래를 잃어버리고 당황한 소녀는 먼저 어머니에게 쫓아간다. 어머니도 도움을 주지 않고 도리어 '너의 일은 네가 해야 한다.' 고 말한다. 누구도 도와줄 수 없는 과제에 직면하기 위해서 소녀는 우물 속으로 뛰어 든다.

부모로부터 독립하는 것은 청년기의 중요한 과제이다. 블로스(1979; 송명자, 1995, 재인용)는 청년기 발달기제를 '2차 개체화과정'이라 부른다. '심리적 이유'라고도 하는데 청년의 자아가 부모로부터 이탈해 가는 과정을 뜻한다. 블로스는 청년기 2차 개체화는 부모에 대한 오이디푸스적 집착으로부터 벗어나는 것을 의미하므로 개인의 성적 정체성의 확립에 도움이 된다고 생각한다(송명자, 1995).

용기를 내어 우물 속에 뛰어든 소녀들에게 세 가지 과제가 제시되었다. 이는 청소년들의 직업 정체성, 성 정체성, 부모와의 분리를 통한 독립과 자율성의 획득을 상징하는 과제였다. 청년기의 청소년들은 성인기를 대비하기 위해 많은 영역에서 자신의 가능성을 탐색해 볼 필요가 있다. 이는 후에 직업 정체성을 탐색하고 자기 능력을 발휘하는 데 있어 필수적인 과정이다.

청소년에게는 직업 정체성 탐색을 위한 과제뿐 아니라, 성 정체성을 탐색하기 위한 과제도 주어진다. 청년기 동안에 동성 및 이성과의 만남을 통해 자신의 성 역할 특성을 확인하고, 성 역할 구분에 대한 태도를 결정하며, 자신의 성 역할에 동일시하고, 성 역할에 확신을 갖게 됨으로써 성 정체성을 확립하게 된다. 성 정체성 역시 성인기에 자신이 속한 문화권의 요구에 적합한 성 역할을 가정이나 사회에서 수행할 수 있게 하는 기초가 된다. 어머니와의 분리와 독립을 위한 과제는 빵을 꺼내달라는 과제로, 성 정체감 확립을 위한 과제로는 사과를 따달라는 요구로, 직업 정체감을 탐색하는 과정에서 만난 과제로는 홀레 할머니의 집안일을 돕고 이불을 터는 과제로 아름답고 흥미롭게 전개되어 있다.

같은 과제가 주어졌지만 두 소녀가 과제에 임하는 자세와 태도는 매우 달랐다. 다 익은 빵을 꺼내 달라는 요구에 둘째 딸은 응하지 않았다. 동화 초기부터 어머니와 긴밀한 관계에 있던 둘째 딸은 분리를 받아들일 수 없었다. 아들러(1973, 1976, 1983)는 인간 발달성장에 있어서 부모와 분리되는 일의 중요성을 매우 강조하였다. 사실 심층심리학에서는 청소년기의 발달과제도 그 이전에 아동기에 이미 형성된 성격이나 생활양식의 틀을 벗어나지 못하고 있음을 강조한다. 벡스베르크(1969)에 의하면 응석받이들은 청소년과 성인 시절에서도 그들의 어릴 적 응석의 생활양식을 계속 유지한다고 한다. 그들은 스스로 자신의 과제를 완수할 용기가 부족하고, 타인의 도움과 관심을 받지 않으면 살아갈 소망마저 없다고 생각한다. 그래서 응석받이는 자신의 삶의 책임을 다른 사람에게 떠넘기기를 좋아한다. 개인심리학자들은 어릴 적 응석의 생활양식은 성인이 된 후에는 노이로제 증세로 전환된다고 주장한다. 이에 관해 아들러(1983)는 "노이로제 환자는 어릴 때 다른 사람에게 의지하여 성공의 가능성을 기대했던 어린이다."라고 했다.

응석의 생활양식을 지닌 둘째 딸은 청년기에 주어지는 분리의 과제, 직업 정체성 탐색의 과제, 성 정체성 탐색의 과제 모두를 등한시한다. 에릭슨도 직업 정체성을 성취하는 것은 이미 아동기 때의 근면성의 자아 정체성의 구조가 형성되어 있어야 그 구조 속에 새로운 직업 정체성이 재통합되어 완성될 수 있다고 한다. 이 정체성 획득은 지속적인 노력으로 주어진 과업을 완성하고 성취해야만 얻을 수 있다. 일을 미루고 완수해내지 못한 청소년들은 과업 마비에 빠져들게 된다. 성 정체성 획득에도 둘째 딸은 실패한다. 그녀는 여성으로서 성에 적합한 행위양식을 습득하지 못하여 성 역할 정체감의 혼돈에 빠지게 된다. 이는 마르시아(Marcia)가 말하는 정체감 혼란에 빠진 상태로 볼 수 있다. 둘째는 의존적 생활태도로 어머니와의 분리를 이루지 못하고 자기만의 독립적이고 자율적인 삶을 획득하지 못하여 결국 자신의 실타래를 돌려받지 못하게 된다. 동화에서 시커먼 기름, 몸에서 떨어지지 않는 더러운 기름을 보상으로 받은 것은 청소년기에 정체성 위기를 성공적으로 극복하지 못한 결과에 따른 평생에 걸친 어려움과 고난을 상징적으로 표현한 것으로 볼 수 있다.

자신에게 주어진 과제를 잘 성취한 첫째 딸에게는 금가루가 머리끝부터 발끝까지 입혀진다. 정체감 위기를 성공적으로 극복한 결과 받은 상이다. 성공적인 갈등해결 과정을 통해 긍정적, 내적 인격과 높은 자아존중감이 형성된 것으로 해석할 수 있다.

동화 「홀레 할머니」는 주인공들이 어린이에서 젊은 소녀로, 소녀에서 젊은 여성으로 변화하는 과정에서 일어나는 일들을 아름답고 평온한 톤으로 그려내고 있다. 하나의 동화로 청소년들의 모든 고민과 문제를 다 말할 수는 없다. 그러나 이 동화는 부모와의 독립을 통한 자율성의 성취, 사회적 역할 정체감, 직업 정체감, 성 정체감을 확립해야 하는 청소년기의 중요한 과제가 있다는 사실과 청소년기에는 인간 내면 깊숙한 곳의 작업이 필요함을 일깨워주고 있다. 또한 이 동화는 청소년기의 과제수행도 아동기의 근면성과 공동체감, 부모와의 분리의 기초가 있어야 가능하다는 사실과 청소년기의 성취한 자아 정체감은 평생에 걸쳐 자신의 인생을 빛나게 할 수도 있고 더럽고 힘들게 할 수도 있는 중요한 사항임을 극적이면서도 명확하게 전달해 주고 있다.

동화는 모든 해석에 대해 열려 있다. 동화는 구연자의 구연 방법에 의해서도 전혀 다른 내용으로 전달될 수 있다. 더구나 인간심리에 대해 다른 견해를 가진 해석자에 의해서 매우 다양한 해석이 시도될 수 있다. 동화 내용에서 무엇을 얼마만큼 끄집어 내올 수 있는지는 해석자의 주관적인 관점에 의해 결정된다. 동화 속에는 인간발달을 이해하기 위한 많은 지혜와 지식의 잠재적 보물이 있다. 청소년기의 발달과 성숙을 이해하기 위해 「홀레 할머니」를 분석해 보았다. 앞으로 좀 더 체계적이고 분석적인 동화 해석을 통해 동화에 간직되어 있는 인간발달과 성숙의 보화를 캐내는 작업이 활발히 이루어져야 할 것이다.

제2부

아들러 상담실제

제4장 아들러 상담목표와 과정

1. 상담목표

개인심리학에서는 내담자를 병든 존재나 치료받아야 할 존재로 보지 않기 때문에 증상 제거보다는 사회에서 다른 사람과 상호 작용할 수 있는 사람, 다른 말로 하면 높은 공동체감을 가진 사람이 되도록 재교육하는 데 가장 큰 목표를 두고 있다. 이에 관해 케피어(Kefir, 1981: 403)는 상담자의 역할을 다음과 같이 말한다.

상담자의 역할은 내담자의 대인관계를 향상시키도록 훈련시키는 것뿐만 아니라 개인의 사회적 관심을 증대시키고, 열등감을 극복하도록 돕고, 목표를 수정하게 하는 것이다. 따라서 치료과정은 본질적으로 개인화로 나아가는 가시적 변화가 나타나게 하는 교육이다.

모삭(Mosak, 1989)과 드레이커스(Dreikurs, 1967)는 열등감 감소시키기, 생의 목표 수정하기, 사회적 관심 기르기, 잘못된 동기 바꾸기, 타인과 동등한 감정 갖도록 돕기, 사회적으로 기여하도록 돕기 등의 치료목표를 설정하고 있다. 이를 세 가지로 정리하면 열등감의 극복, 공동체감 향상, 생활양식 수정 등으로 종합해 볼 수 있다.

1) 열등감의 극복

프리드만(Friedmann)은 "특수교육 또는 심리치료의 도움이 필요한 내담자란 그들의 열등의식의 극복과 과잉보상(Überkompensation)을 타인의 도움 없이는 스스로 이루어낼 수 없는 이들이다."라고 하며, 개인심리학적 치료란 열등감에 대한 교정 이외의 다른 것이 아니라고 말한다(Bleidick, 1959: 171). 즉, 개인심리학적 상담 및 심리치료의 기본개념은 힘을 북돋우는 격려이다. 알러스(Allers, 1936: 223)는 '모든 특수교육 및 상담의 의미는 낙담한 사람에게 자신감, 자아감을 되찾아 주고 그를 격려하는 것'이라고 한다.

격려는 불안을 제거하고 내담자에게 자신감과 공동체 연합을 촉진시켜, 현실 극복의 새로운 가능성과 긍정적 미래관을 발달시킬 수 있는 가능성을 제시한다. 격려의 목적은 내담자로 하여금, 용기와 책임감, 그리고 부지런함을 실현할 수 있도록 돕는 것이다. 개인심리학에 있어서 가장 곤란한 일은 내담자가 어느 한계점에 부딪힐 때가 아니라, 그 내담자가 자신의 한계점을 스스로 제한시켜 버릴 때이다(Adler, 1981a: 23-24). 내담자가 어떤 이유에서든지 스스로 발전의 제한성을 고려하지 않고, 부여받은 능력과 무능력 모두를 용기와 훈련을 통해서 개인과 공동체의 발전을 위해 가치 있고 유용하게 활용되도록 돕는 것이 개인심리학적 상담의 목적이다.

2) 공동체감의 향상

공동체감의 부족은 모든 정신병리현상의 근본 원인으로써 공동체감을 일깨워 협동능력을 키워주는 것이 무엇보다도 심리상담의 주된 목적이 된다. 일찍이 아들러(Adler, 1973c: 221)는 '학문적 성숙이 아닌 사회적 성숙이 삶의 새로운 형태와 발달의 관점을 예리하게 하는 데 중요하게 고려되어야 함'을 강조하였고, 이외에도 쿤켈(Kunkel, 1976), 스필(Spiel, 1979), 드레이커스(Dreikurs, 1967; 1969) 등의 많은 아들러학파에서는 공동체 능력을 향상시키기 위한 지각훈련, 지각교정에 관해 다양한 방안을 연구, 제시하였다.

3) 생활양식 수정

잘못된 생활양식과 관련하여 내담자가 수정하거나 극복해야 할 과제는 우선 자신의 선택적 통각(tendenziöse Apperzeption) 성향을 파악한 후 개인의 권력추구에 의거한 잘못된 목표를 발견하여, 거기서부터 유래된 생활양식을 변화 또는 재구조화시키도록 하는 것이다. 이때 사용하는 심층심리적 기법은 어린 시절 기억의 분석, 꿈 분석, 병력의 분석적 작업을 통해 내담자가 지닌 갈등을 작업하게 된다(Vernooij, 1987).

이와 같은 재구조화를 위한 작업을 통해서 내담자는 추구할 목표를 명료화해야 하고, 목표설정에 따른 잘못된 수단의 선택이 무의식적으로 행해지는 것을 의식화하여 갈등극복을 위한 객관성 없는 잘못된 수단의 작용에 대해 인식하여야 한다. 또한 높아진 자기인식과 확대된 실제 경험의 기초 위에서 인간관계형성과 환경과의 만남에 대한 새로운 시각을 발달시키고 구체적인 환경 속에서 이를 확인해 봐야 한다. 결국 이러한 작업과정을 통해 생활양식의 잘못 인식된 부분을 고치는 것이다. 자기 자신에 대한 성찰과 다른 사람과의 관계 및 자신의 인생과제를 재인식하고 자신에 대한 용기와 미래의 긍정적 측면의 발달에 신뢰를 가진다면 자신의 어려움을 스스로 극복해 나갈 수 있게 된다.

2. 상담과정

아들러 상담과정은 네 단계로 구성되어 있다: (1) 관계구축 (2) 분석과 사정 (3) 통찰 그리고 (4) 재방향 설정. 아들러학파의 상담은 각 상담단계에 상응하는 네 가지 주요목표를 제시하고 있다.

- 내담자가 상담자에게 이해받고, 받아들여진다고 느끼도록 내담자와 공감적 관계를 형성한다.
- 내담자가 생활양식을 결정하는 동기나 목표는 물론 내담자의 신념과 정서를 이해하도록 돕는다.
- 내담자가 잘못된 목표와 자기 패배적 행동을 자각하도록 돕는다.
- 내담자가 문제행동이나 문제 상황에 대해서 대안책들을 고려해서 변화를 실행하도록 돕는다.

이 장에서는 아들러식 네 단계 상담과정을 간단히 설명하고, 자세한 각 단계별 설명은 7장부터 11장에 걸쳐 상세히 설명하고자 한다.

1) 관계형성하기

아들러학파에서는 상담자와 내담자가 서로 합의한 목표를 향해 적극적인 파트너로서 일하는 평등하고 상호 협력적인 관계를 추구한다. 아들러학파의 관계에 있어서 특징적인 것은 관계의 평등주의적 특성에 있다. 아들러학파의 상담자들은 다른 사람을 돕고자 그들의 지식이나 경험을 사용하는 활동과 자발적인 선택을 할 수 있는 개인이 지닌 역량과 힘을 존중한다. 상담자에게는 효과적인 도움을 주는 관계를 형성하기 위해 필요한 조건을 제공해 줄 책임이 있다. 내담자는 '상담받는' 소극적인 수용자가 아니라 협력적인 관계에서 적극적으로 개입해야 하는 당사자이다. 내담자와 상담자의 관계는 계약할 때 분명히 설명되어야 한다. 계약할 때 상담자는 상담과정의 목표와 상담과정에서 상담자와 내담자 모두가 동등한 파트너로서 맡아야 하는 책임 등을 자세히 열거한다. 평등과 책임을 강조하는 것은 '치료받기 위해 상담실에 간다'는 일반적인 생각과는 반대의 것이다. 아들러 상담의 내담자는 그들이 그들 자신의 행동을 책임져야 한다는 사실을 인식해야 한다.

관계의 목표가 명백하기 때문에 상담자와 내담자 모두가 상담과정을 평가할 수 있다. 상호 협력하여 목표를 정하는 것은 그들의 삶을 스스로 결정하는 내담자의 능력을 존중해 준다는 것을 의미하며, 또한 내담자를 돕는 상담자의 역할을 분명히 해준다.

상담과정을 통해서 상담자는 내담자가 그들의 유용한 가치를 자각하여 이를 받아들이고 활용하도록 돕는다. 상담자의 가장 강력한 무기는 격려이다. 격려받은 내담자는 신념, 감정, 목표, 그리고 행동을 변화시킬 수 있는 자신의 강점과 개인적인 힘을 자각할 수 있게 된다.

이와 같은 긍정적 접근은 내담자의 장애보다 유용함(자질)을 강조한다. 이로 인해 내담자는 그들이 직면하여 극복해야 하는 장벽과 장애물을 덜 위협적으로 인식하게 되며 그들이 지닌 나쁜 관계, 실수, 또는 실패를 배우고 성장하기 위한 기회로 이해하게 된다.

상담에서 비밀보장과 사생활보장은 필수적인 요소이다. 치료는 내담자가 자발적으로 과정에 참여할 때 더욱 효과적이다. 상담자가 관리나 보호감독을 맡고 있다고 느끼는 내담자들은 더 성가신 결과를 피하기 위해서만 협조에 동의할 것이다. 그런 상황일지라도 내담자가 협력하기 전까지는 상담이 부드럽게 진행되지 않을 것이다.

상호 존중을 유지하고, 관계를 형성하기 위해 분명하고 간단한 목표를 설정하고, 내담자가 낙담해 있고 목표를 지향하고 있다고 이해하라는 아들러 상담의 기본개념은 좋은 지침을 제공한다. 상담에서 가장 기본적인 것은 상담자와 내담자 간의 치료적 동맹을 형성하는 것이다.

상담 초기에, 상담자는 내담자들이 도움을 구하는 이유에 대해서 질문한

다. 가장 많이 쓰는 질문은 "만약 이러한 문제가 없었다면, 당신의 인생은
어떻게 달라졌겠습니까?"이다. 이러한 질문의 다른 형태로 "당신은 지금 무
엇을 하고 있습니까?" 혹은 "만약 문제가 없다면, 당신이 지금 할 수 없었
던 것 중 무엇을 할 수 있겠습니까?"라고 물어볼 수도 있다. 이러한 질문은
내담자가 '자신이 가진 문제'로 인해서 어떤 기본적인 생활과제를 회피하
고 있는지를 파악하려는 의도에서 시도된다.

　1단계에서 주로 사용하는 상담기술은 다른 상담과 마찬가지로 내담자와
의 상호 신뢰와 존경을 가지도록 하는 것이다. 이를 위해 아들러 상담에서
는 내담자와 상담자 간의 평등한 관계 수립을 강조한다. 내담자와의 치료
적 관계는 무엇보다 내담자에게 관심을 가지는 행동과 주의 깊은 경청이
다. 내담자들은 그들 자신이 변화의 힘을 가지고 있다고 믿는 상담자의 믿
음을 알아차리게 된다. 이러한 믿음은 내담자로 하여금 그들이 종종 '할 수
없는' 것이라고 보았던 것이 사실은 '하지 않았던' 것이라는 사실을 깨닫
게 된다. 또한 아들러 상담의 기본개념에서 강조했던 인간행동의 목적성
이해는 상담 초기부터 나타난다. 아들러 상담자들은 상담하는 것을 '목적
을 가지고 대화나누는 것'으로 이해한다. 그래서 상담초기에 상담의 목적
에 대해 내담자와 논의하고, 함께 목적에 관한 합의를 하여 목적을 일치시
킨다. 상담자는 이를 통해 내담자가 상담을 하러 온 이유, 상담으로부터 기
대하는 바를 명확히 하고 그에 따른 계약을 세운다.

　아들러학파는 깊이 있는 상담을 추구하기 전에 의학적인 평가를 한다.
"당신의 인생에서 무엇이 달라졌겠습니까", 혹은 "당신이 지금은 할 수 없
었던 것 중 무엇을 할 수 있겠습니까?"라고 질문했을 때, 어떤 사람들은
"지금의 두통을 제외하곤 아무것도 가지지 못할 거예요." 혹은 "이러한 요
통이 없어질 거예요."라고 단순히 말한다. 이렇게 진술하는 사람들에게는
심리상담보다는 신체적 질병을 치료하는 것이 더 적절할 것이다. 많은 경
우, 내담자들은 내과의사나 본인조차도 신체적인 문제로 인식되지 않았던
문제를 어떻게 상담자가 알고 있는지 의아해한다.

상담의 효과성은 감정이입적인 이해와 같은, 감정적이고 상호적인 차원에서 기능하는 상담자의 수준과 관련되어 있다. 상담자는 공감을 통해 내담자의 자아관과 세계관, 타인관을 이해하고, 내담자의 정서·믿음·동기 등을 이해하게 된다. 아들러 상담에서는 언어적 의사소통뿐 아니라, 비언어적 의사소통의 요소들, 얼굴표정, 신체 자세, 목소리 톤, 그리고 호흡의 템포 등을 매우 중요하게 다룬다. 상담자는 언어로는 감출 수 있지만, 몸과 행동으로는 감출 수 없는 마음의 움직임을 읽어낼 수 있어야 한다. 아들러 상담자들은 언어적 메시지와 비언어적 메시지들에 포함된 숨겨진 행위의 목적과 동기를 해석할 때 가설로 전달한다.

2) 심리학적 탐색: 신념, 감정, 동기, 목표 이해하기

심리학적 탐색단계에서는 생활양식을 이해하는 것과 생활양식이 생의 과업에서 개인의 기능에 영향을 미치는 방식을 이해하는 것이 중요한 목표이다. 아들러 상담에서 생활양식은 기본개념이다. 생활양식은 자기 자신과 타인에 관한 신념, 지각, 그리고 감정에 의거해 세워진 개인의 구성개념이다. 상담자는 내담자의 신념, 지각, 감정을 확인하기 위해 노력하며 그의 이야기를 주의 깊게 듣는다. 이는 반영적 경청 방법으로, 언어적 의사소통과 비언어적 의사소통 모두를 이해하기 위한 적극적인 시도이다. 상담자는 신념과 목표를 알기 위해 내담자의 동기도 관찰한다.

이로써 전체적 통합(A holistic synthesis)이 이루어지게 되는데, 모든 것들은 생활을 좀 더 편하도록 만들기 위해서 그것이 어떻게 생활양식에 적용되며, 그 사람의 역동성을 좀 더 많이 이해하기 위해서 어떻게 그것을 사용할 수 있는가 하는 관점에서 이해된다(Dreikurs, 1967).

상담자는 최근의 상황과 내담자가 사회관계, 업무책임 그리고 성 역할과 자기 자신에 대한 느낌에 접근하는 방식을 드러냄으로써 상담을 시작하게 된다. 이때 상담자가 물을 수 있는 몇 가지 질문들이 있다.

사회적 관계   당신의 사회생활은 어떻습니까? 당신은 아주 절친한 친구가 있나요? 당신은 안면 있는 사람들을 많이 알고 있나요 아니면 고독한가요? 당신은 당신의 친구 수에 만족하십니까? 당신은 다른 사람들과의 관계에서 만족을 찾습니까? 당신은 소속된 느낌이나 수용되는 느낌을 가지고 있습니까?

일   직장에서 당신의 일은 어떻습니까? 당신은 하는 일을 즐깁니까? 당신은 성공적인가요? 당신은 일중독증자인가요? 당신의 일에 과도하게 결부되어 있나요? 당신의 직장 동료(혹은 학생들)는 당신을 어떻게 생각하나요? 당신은 당신보다 지위가 높은 사람에게 어떻게 대하나요? 하시는 일은 보상받거나 실현되는 과업인가요, 아니면 허드렛일인가요?

성 생활   당신은 남성으로서 혹은 여성으로서 만족하나요? 당신은 당신 자신을 매우 남성적인 혹은 여성스러운 존재로 봅니까? 당신은 타인과 관계를 잘 이루어가고 있습니까? 당신은 여성 혹은 남성과의 관계에서 어떤 특별한 관심이 있나요?

자기에 대한 느낌   당신은 어느 정도 자기만족과 자기수용이 됩니까? 당신은 즐거움을 위해서 무엇을 합니까? 어떻게 당신 자신을 즐기십니까? 당신은 자신을 억압하십니까? 당신은 자신에 대한 좋은 느낌을 갖고 있나요? 당신은 자신을 좋아하십니까?

때때로 상담자는 이렇게 물을 수 있다   당신의 목적은 무엇입니까? 당신이 이해하고 있는 당신 생활의 의미와 목적은 무엇입니까?

모든 진술은 진술의 앞뒤 맥락과의 관계에서 이해되어야 한다. 즉, 내담자 유형과 관련된 측면에서 이해되어야 한다. 내담자가 '나는 최선을 다했다. 그러나 다른 사람들은 흔히 만족하지 않는다. 아직 나는 그들을 기쁘게 하기 위해 계속 노력하고 있다.'고 말할 때, 상담자는 낙담의 감정뿐만 아니라 다른 사람을 기쁘게 하는 것의 중요성과 목적에 대한 신념도 다루어야 한다. 내담자가 다른 사람을 기쁘게 하기 위해서 희생자, 심지어 순교자가 되려고 하고 있는가? '오직 당신을 위해 무언가를 한다.'는 목표는 아마도 내담자가 자기 주변의 다른 사람들이 자신에게 은혜를 입고 있다고 느끼게 만들기 위한 것일 수도 있다. 이런 경우에는 '당신이 만족할 수 없는 것인가 아니면 만족하고 싶지 않은 것인가?'라고 묻는 것이 적절하다.

2단계에서 주로 쓰이는 상담기법은 내담자의 우선순위와 생활양식 범주에 나타난 주제에 관한 것이다. 아들러 상담자들은 내담자가 최우선적인 우선순위를 정하는 것은 매우 유용한 임상적인 방법이라고 믿는다. 목적을 가르치기 위해서, 아들러는 최우선적인 우선사항 4가지 타입을 제시한다: 지배, 획득, 회피, 그리고 사회적으로 유용함. 아들러는 각각의 우선사항들이 도전받지 않는다면 개인을 지속적으로 특징지어가게 되며 이에 따라 그 사람의 독특성이나 생활양식이 결정된다고 지적했다.

최우선적인 우선사항은 다음의 질문들에 대한 대답에 기초해서 진단되는데, '내가 가장 중요하게 추구하는 것은 무엇인가?' 그리고 '내가 기어코 피해야 하는 것은 무엇인가?' 많은 유형의 우선사항들이 있다.

내담자의 우선순위들은 그들에게 그들의 일상생활에 대해 자세히 설명하라고 요구함으로써 정해질 수 있다: 그들이 행하는 것, 그들이 행할 때에 느껴지는 것. 상담자는 이러한 설명으로부터 추론하게 된다. 우선순위를 결정하는 두 번째 기술은 그들에게 네 가지 우선사항 중에서 가장 중요한 것이 무엇인지 정해보라고 직접적으로 요구하는 것이다. 당신은 단순히 각각의 우선사항을 설명할 수 있고 그러고 나서 물을 수 있다. "이 네 가지 설명 중에서 어느 것이 가장 당신을 잘 설명하고 있나요?" "통제감을 갖는 것이 나에게는 가장 중요합니다." "나에게는 타인을 즐겁게 하는 것이 가장 중요합니다." 등등. 네 가지 우선사항을 설명한다.

상담자는 내담자가 자신의 삶을 다루는데 왜 특정의 우선순위를 적용하는지를 물을 수 있다. 두 가지 기본적인 질문은 "당신은 당신의 최우선적인

우선사항을 어떻게 활용하는가?" 그리고 "당신이 선택한 우선사항을 활용
할 때 치러야 할 대가는 무엇인가?"이다.

상담자와 내담자에 의해서 최우선적인 사항과 주제가 정해지고 이해된
이후 대안적인 행동과 태도가 고려될 수 있다. 목적은 내담자로 하여금 그
들이 타인에게 야기하고 있는 느낌을 이해시키는 것이고 그 우선사항을 유
지하기 위해서 그들이 치르는 대가가 무엇인지를 알게 하는 것이다. 목적
은 내담자로 하여금 '단지 이럴 때만'(단지 내가 즐거울 때만, 내가 존재한다
거나, 단지 내가 힘이 있을 때만 나는 내 자리를 찾을 수 있다는 등)이라고 하는
불합리한 생각으로부터 이끌어내서, 극단적으로 가지 않아도 그들은 존재
감과 자신들의 위치를 찾을 수 있다는 사실을 깨닫게 하는 것이다.

생활양식에 관한 탐색을 위해 주로 쓰는 기법은 가족구도 사정, 초기 어
린 시절에 관한 회상, 꿈 분석, 기초적인 실수에 관한 분석 등의 방법인데,
이것에 관해서는 5장에서 자세히 다루기로 한다.

3) 생활양식의 명료화와 잘못된 목표와 자기 패배적 행동 통찰하기

대부분의 사람들은 그들이 뭔가 잘못되어 있다고 생각하고 상담을 받으
러 온다. 상담은 개인이 자신들의 잘못된 생각을 자각하고 왜 자신이 그런
방식으로 행동하는지를 이해하도록 돕기 위한 것이다. 다시 말해, 상담의
목표는 내담자가 그들의 행동목표를 스스로 이해하고, 무의식적인 목표가
어떻게 그들이 세운 목적을 이루도록 하는지를 이해하도록 하는 것이다.
개인심리학은 개인의 행동이 항상 목표를 향해 움직이는 것이라고 여긴다.
목표는 동기자극제이다. 목표는 행동의 최종 원인이 된다. 목표는 의도의
마지막 지향점이다. 목표 그 자체는 종종 무의식적이거나 최대한 불분명하
게 해석된다. 상담은 내담자가 자신의 목표를 이해한 후 이를 바꾸도록 돕
는 것이다(Shulman, 1985).

내담자에게 동기를 부여하고 행동하게 하는 데는 지각이 가장 중요하다.

사람들은 자신이 사물을 어떻게 보느냐에 기초해 행동하며 다른 사람의 지각에 기초해서 행동하지 않는다. 상담자가 내담자의 말을 적극적으로 듣고 전체적 통합의 원리를 적용함으로써 내담자의 생활양식을 이해하게 되면, 상담자는 내담자의 생활양식에 영향을 주는 그의 기본신념과 인식을 자각함으로써 내담자도 상담자와 같은 이해에 도달하도록 도와야 한다. 내담자에게 생활양식을 이해시키고 그것이 어떻게 해서 그렇게 된 것인지를 분명히 보여주는 것이 치료적 상담관계이다. 내담자의 생활양식을 진정으로 이해하는 것이 공감의 최고 형태라고 할 수 있다. 자신이 이해받고 있으며 받아들여진다고 느낄 때, 내담자는 자신들의 문제가 되는 행동과 잘못된 전제에 직면할 수 있고, 그것들을 바꾸려는 시도를 할 수가 있다.

상담자는 내담자와 공감하고 그를 수용하지만 또한 직면하기도 한다. 숨겨진 목적과 목표에 대한 통찰은 우리가 다른 사람과 어떻게 상호 작용하는지 자각하도록 돕기 위해 고안된 해석과 기술들을 통해서는 물론이고 직면과 용기를 통해서 서로 가능하다. 내담자가 좀 더 효율적으로 행동하지 못하는 데 대한 통찰은 내담자가 겉으로 드러난 모순을 해결할 수 있도록 도움을 준다. 이로써 내담자는 그들의 잘못된 목적을 버리고 효율적인 행동양식을 추구하게 된다.

생활양식은 생활 전체를 통해 기반이 되는 정신적인 움직임에 대한 기본적인 전제와 가정이다. 생활양식은 삼단논법의 용어로 표현될 수 있다. '나는 _____입니다.; 세상은 _____입니다.; 그러므로 _____.' 우리는 전제들을 믿고, 느끼고, 의도하고, 행동한다. 그리고 우리는 자신의 관점을 정당화시키기 위해서 심리적으로 움직인다. 우리의 생활양식은 우리의 믿음, 신념, 태도로부터 형성된다.

상담과정에서 드러나게 되는 잘못된 믿음이란 무엇인가?; '삶은 공평하지 않다.' '사람들은 나쁘다.' '나는 옳아야만 한다.' '나는 기뻐야만 한다.' '나는 최고일 때만 가치 있다.' '승리가 전부이다.' 등과 같은 그릇된 신념을 가지고 삶의 문제에 직면하여 어려움을 겪고 있음을 볼 수 있다.

4) 재교육 · 재정향

　　아들러학파 상담의 마지막 단계는 재방향 설정을 향해 진행된다. 이것은 통찰을 행동으로 변화시키는, 행동을 지향(action-oriented)하는 상담과정이다. 행동을 유발하기 위한 다양한 능동적(적극적)인 기술들이 사용된다. 믿음이 이해되고 목표와 의도가 인식되며 믿음과 목적을 동반하는 감정이 받아들여지고 명확해지며 또렷이 설명된다.

　　재방향 설정단계에서 상담자와 내담자는 대안이 되는 태도, 신념 그리고 행동을 고려하는 공동의 작업을 하게 된다. 이 접근은 내담자로 하여금 삶에 대한 도전에서 그들의 접근이 더 효율적일 수 있도록 재방향 설정과 재동기화하는 것이다. 상담자는 대안책들에 대한 단순한 지식의 개발을 넘어서야 한다. 위험에 대한 도전과 변화를 만들어가는 것이 개발되어야 한다. 이것은 종종 과거 경험에 초점을 맞추기보다는 즉각적인 인간관계적인 상황에 초점을 맞춤으로써 성취된다. 상담관계에서 그들이 변화시킬 수 있는 방법을 이해함으로써, 내담자들은 다른 관계 속에서 실험해보려는 동기를 불러일으킨다.

　　방향 재설정 단계를 성공시키는 데 효율적인 요인은 여기서도 다른 단계에서와 마찬가지로 격려이다. 격려는 내담자의 변화를 자극하는 최고의 요소이다. 격려는 사람이 그의 관심에 따라 행동할 수 있도록 해주는 자존감과 자신감을 일으킨다. 앞서 지적했듯이, 낙담은 기능을 상실하게 하는 기본적 요소 중의 하나이다. 격려는 자신감과 용기를 증가시킬 뿐 아니라 변화를 촉진시킨다. 내담자가 격려를 통해 용기를 얻게 되면 더 긍정적인 방향으로 행동하고 다른 사람의 격려와 지지에 좀 더 개방적으로 변모하게 된다. 내담자가 다른 사람을 격려하는 것을 배우게 되면 그들은 다시 그들 자신을 격려하게 되며, 이로써 자신감 있는 행동이 더 큰 자신감을 자극하는 순환과정을 강화하게 한다. 변화를 촉진하는 또 다른 요소는 확고한 목표이다. 상담자가 특정한 목표와 목적을 명확히 진술해 주면 내담자는 더욱 변화에 참여하게 되고 변화를 실행하고자 노력하게 된다.

4단계에서는 한 사람의 행동과 관계들이 실제로 그 사람의 의도와 신념과 어떤 관련이 있는지를 보고자 한다. 상담자는 내담자에게 어떻게 그들이 자신의 고유한 목적과 의도를 선택하는지 그리고 그것들이 그들의 행동, 느낌, 그리고 생활과제에 어떤 영향을 미치는지를 반영한다. 아들러식 상담과정에서 상담자와 내담자는 목적을 배열하고, 가능한 대안들과 결과들을 고려하고, 이러한 대안들이 내담자를 어떻게 도와서 목적을 성취하게 하는가를 평가하고, 그러고 나서 행동의 과정을 취함으로써 재방향 설정을 한다. 상담자는 내담자로 하여금 자기 패배적이고 잘못된 인식이 자신이 효과적인 결정을 내리는 것을 어떻게 방해하는지를 생각해 보도록 돕는다.

아들러 상담은 행동수정 체계가 아니라 동기수정 체계이다. 즉 상담의 초점은 태도, 신념, 인식, 목적의 변화에 두고 있다. 이러한 요인들이 변화된 후에야 행동이 바뀔 것으로 본다. 변화에 초점을 맞추는 것은 내담자로 하여금 그들의 자기 패배적인 잘못된 신념, 잘못된 인간관계에 대한 생각들, 삶의 요구에 대한 잘못된 생각들, 그리고 잘못된 목적과 목표들을 깨닫도록 돕는 것을 포함한다. 상담자가 이러한 요소들 간의 상관관계를 알게 될 때, 내담자들은 변화의 위치에 있게 되고 긍정적인 방향으로 움직이게 된다.

3. 상담자의 기본 자질

상담자는 인간적 자질과 전문적 자질을 갖추어야 한다. 상담자는 원만한 성품에 소신이 있고, 인간문제에 대해 민감해야 하며, 모호한 것에 대한 인내심, 감수성, 이해력과 내담자와의 의사소통능력이 필요하다. 모호성에 대한 인내심이란 내담자의 감정 및 생각과 문제양상이 분명하지 않더라도 드러날 때까지 기다리는 태도이다. 상담자의 인격적 특성에 대해 브래머 (Brammer, 1988)는 다음과 같이 설명하였다.

첫째, 상담자는 자신의 가치관과 의식에 대해 자각하고 있어야 하며, 이것이 상담과 내담자에 미치는 영향에 대해서도 자각하고 있어야 한다.

둘째, 상담자는 자신의 욕구와 감정을 잘 인식함으로써 역(逆)전이가 일어날 수 있는 상황에 대비하며 자신의 정서적 문제들도 잘 처리할 수 있어야 한다. 비록 상담자에게 문제가 있다 하더라도 자신의 문제를 잘 해결하면서 에너지를 재충전할 준비와 조건을 갖추고 있어야 한다.

셋째, 내담자에게 모델이 된다는 것을 의식하여 개인적으로 만족스러운 사생활을 영위하고 있어야 한다.

넷째, 상담자는 인간과 인간의 긍정적인 변화에 관심과 흥미를 느껴야 한다.

인간적 자질을 완벽하게 갖춘 자만이 상담을 할 수 있다고 한다면 아마도 상담을 할 수 있는 사람은 없을 것이다. 앞서 브래머가 제시한 조건들을 완벽하게 구비하지는 못하더라도 상담자는 인간적 자질을 갖추려고 끊임없이 노력하는 자세와 자신의 문제를 해결하고 의식을 개발하려는 노력을 게을리하지 않는 자세를 가져야 한다.

인간적 자질도 매우 중요하지만 전문상담자가 되기 위해서는 전문적 자질도 갖추어야 한다. 상담자의 전문적 자질은 상담이론에 대한 폭넓은 지식, 실습경험과 훈련, 자격을 갖춘 감독자(supervisor)의 지도감독을 받으면서 수행한 상담 경험에 의해 이루어진다. 이와 같이 상담자가 전문적 자질을 갖추기 위해서는 일련의 과정이 필요하다. 우선 상담자는 인간행동에 영향을 주는 요인에 대한 자신의 개인적 신념을 검토하고, 자신의 신념체계에 적합한 이론과 실제를 위해 주요 상담이론을 폭넓게 탐구하여 자신의 개인적 신념과 일치하는 이론을 완전히 이해해야 한다. 상담이론은 인지적 지도의 역할을 하기 때문에 상담자가 내담자 자신과 그들의 동기, 그리고 그들이 어떻게 변하는가를 이해하는 데 도움을 준다. 그러므로 상담자는 인간의 변화 과정과 인성에 대한 자신의 신념을 반영하는 인지적 구조로 조직된 일관된 이론을 개발할 필요가 있다. 그 후 개인적 이론을 완성시키기 위해 다른 상담이론에서 선택한 요소를 통합해야 한다. 마지막으로 통합된 이론을 실제 상담 장면에서 꾸준히 적용해봄으로써 그 이론을 자신의 것으로 견고화시켜야 한다.

이 밖에도 아들러 상담자가 지녀야 할 중요한 인격적 자질과, 전문적 자질에 대해 모삭은 다음과 같은 점을 제시하고 있다.

첫째, 상담자들은 자신의 신념을 인식하고 있어야 한다. 그래서 '나는 누구인가', '내가 믿는 것은 무엇인가' 그리고 가장 중요한 것으로 '나의 신념이 내 상담에 어떻게 영향을 미치게 되는가? 에 관한 질문에 답할 수 있어야 한다. 내담자뿐만 아니라, 상담자들도 잘못된 신념을 가질 수 있다. 그렇기 때문에 상담자들은 자신의 잘못된 신념을 인식하고 그것이 상담과정에 미칠 수 있는 영향을 자각하고 있어야 한다.

둘째, 상담자들은 다른 사람의 감정에 귀 기울이고, 그 감정을 표현하는 기술을 가지고 있어야 한다. 여기서 상담자는 내담자의 감정뿐 아니라 자신의 감정도 자각해야 한다.

셋째, 상담자는 역할모델로서의 역할을 자각해야 한다. 상담자는 자신이 의도하건 그렇지 않건 간에 내담자의 모델이 된다. 내담자들은 그들의 상담관계에 매우 민감하면 상담자들이 그들의 인간적인 관계를 효과적으로 다룰 수 있을 것이라고 기대한다. 그래서 그들은 그의 직업 생활을 방해하지 않는다. 개인생활이 매우 혼란스럽고 격렬한 상담원이라면 그의 직업적인 능력도 덜 믿음직스럽다. 만약 상담자가 자녀와의 관계나 결혼관계, 친구관계가 만족스럽지 못하다면 그가 다른 사람을 도울 수 있을지가 의문이다. 이것은 상담자는 아무 문제도 없어야 한다는 것을 말하는 것은 아니다. 그렇지만 그들의 삶의 방식이 내담자들에게 커다란 영향을 끼친다는 것을 명심해야 한다.

넷째, 상담자는 높은 윤리적 기준을 가져야 한다. 상담자는 반드시 진실되고 내담자의 복지에 관심을 가져야 한다. 그들은 비밀스러운 정보를 폭로해서는 안 된다. 비록 궁극적인 목적(allegiance)이 사회를 향한다 할지라도 상담자들은 기본적으로 내담자에게 책임이 있다. 회기에서 논의한 것은 그것이 내담자 혹은 타인에게 분명히 위험하다는 것이 명확할 때를 제외하고는 내담자의 동의가 있어야만 다른 사람들과 공유할 수 있다. 상담자들은 신뢰할 수 있고 믿음직스러워야 한다. 즉, 그들은 윤리적인 행동을 기본으로 강력한 관계를 가질 수 있다. 학교에서 일하는 상담자들은 학생, 교사 그리고 조정당국에 대한 윤리를 명백히 알 필요가 있다.

다섯째, 내담자의 발달에 핵심적인 조건을 인식하고, 내담자들이 좀 더 생활에 만족하게 하고 상담을 하러온 목적을 성취하도록 도와야 한다. 유능한 아들러식 상담자는 내담자의 감정과 사적논리, 신념과 정서를 이해할 수 있는 공감능력, 내담자의 복지에 참된 관심을 갖고 돌봐주는 능력, 진실성과 개방성, 내담자에 대한 긍정적 관심과 존중의 조건을 갖추어야 한다.

제5장 아들러 상담기법

1. 격려기법

격려(encouragement)라는 말 속에는 용기(courage)의 의미가 들어 있다. 격려란 용기를 북돋워 주는 것이다. 삶의 문제를 해결하기 위한 용기는 삶의 가장 큰 강점 중의 하나이다.

심리치료에서 격려의 중요성을 강조한 아들러는 "치료의 모든 단계에서, 우리는 결코 격려의 길에서 벗어나면 안 된다."(Ansbacher & Ansbacher, 1956: 342)라고 하였다. 내담자에게 관심을 보이고, 희망을 가르쳐 주고, 거기에 문제의 해답이 있음을 보여주고, 긍정적인 것을 강조하는 것이 격려기법이다(Mosak & Shulman, 1974). 격려는 내담자가 자신의 열등감을 극복하고, 자신의 가치를 깨닫도록 돕는 데 중점을 둔다. 상담자는 내담자를 격려함으로써 내담자가 자신의 능력과 유용성을 소유하고 있다는 것을 깨닫도록 돕는다. 한 개인의 신념을 변화시키기 위해서는 그가 가진 강점과 장점을 인식하게 하여 용감하게 자신의 삶의 문제에 다가갈 수 있도록 도와

주는 것이 필요하다.

격려란 다른 사람에게 영감을 주거나 돕기 위한 것으로, 특히 확신을 가지고 해결책을 찾으려는 작업을 할 수 있는 것, 그리고 그들이 어떤 곤경에 처해도 대처할 수 있도록 돕는 것이다. 일관되게 격려를 해 주면 내담자들은 그들의 결점을 받아들이고, 그들이 할 수 있는 능력을 발휘하여 최선을 다해 노력하게 되며, 때때로 시도한 것이 실패할지라도 크게 좌절하지 않고 또다시 시도할 수 있는 용기를 갖게 된다.

격려에서 중요한 요인은 용기를 갖고 삶에 직면하되 그 용기가 개인적 이익을 위한 것이 아닌 공공의 유익을 위해서 나아갈 수 있는 용기의 방향성의 문제이다. 사적인 이익보다 더 큰 공동 선을 위해 행동할 때 인간은 매 순간 적극적인 삶의 참여자로서 충만하게 살 수 있게 된다.

삶의 문제를 해결하려고 할 때, 그 문제가 개인의 통제 내에 있는지, 통제 밖에 있는지 구분해 볼 수 있다. 생활환경(life circumstances)에는 개인의 통제를 벗어난 요소들이 많다. 개인의 삶의 태도, 기대, 자기 신념들은 개인의 통제 내에 있다. 격려란 통제 불가능한 요소들의 영향을 최소화하고, 그들 자신의 삶의 경험들을 풍성하게 할 수 있는 통제 가능한 요소들의 이용을 최대화하기 위해 개인들을 돕는 것이다. 통제 불가능한 요소에는 생물학적 가족, 학교체계, 이웃, 경제적 환경, 재능, 장애, 부모로부터 받은 유전자에 의해 형성된 신체적 특징들이 포함된다. 반면에 통제 가능한 요소들로는 환경적 상황에 대한 태도, 자기나 타인에 대한 지식, 자신의 태도나 기대를 지지해 주는 행동, 그리고 자기 신념들이 있다.

격려는 아들러학파 상담중재의 가장 기초적이면서 중요한 요소이다.

격려를 하는 사람이 주의해야 할 점을 아담스(Adams, 1982)는 다음과 같이 제안하고 있다.

1. (구체적인 행동으로 증명할 수는 없으나) 상대방을 존중하라.
2. 상대방이 자신에게 믿음을 가질 수 있도록 믿음을 보여주어라.
3. 그 사람의 능력이 만족할 만하게 충분히 기능할 것이라는 기대를 가

져라.

4. 노력을 가치 있는 것으로 인식하라.

5. 자유를 주고 개인의 발달을 촉진하기 위해서 집단(가족, 학급친구, 동료)을 통한 작업을 하거나 집단과 함께 작업하라.

6. 각 사람들이 그 집단에 속해 있다는 인식을 경험하도록 도와주어라.

7. 성공을 보증하는 경험과 지식의 순서적이고 단계적인 대처를 위해 다른 사람들에 의해 필요한 기술과 태도를 개발하도록 도와주어라.

8. 상대방의 발달을 촉진하기 위해서 개인의 흥미와 강점을 이용하라.

9. 상대방이 어떤 노력이나 필요한 행동 없이도 다른 사람들에게 격려를 제공하라.

빈스와그너(Binswagner; Carlson, 1997, 재인용)는 격려를 주는 행동에 대한 몇 가지 예를 아래와 같이 소개한다.

1. 한 가지 일을 행할 수 있도록 돕되 혼자서 할 수 있도록 도와라.

2. 취미, 휴가, 또는 자신이 공유하길 바라는 사건들에 대해서 기술하는 것을 경청하라.

3. 바쁘게 돌아다니며 어려운 과제를 완성하는 동안 끈기 있게 기다려라.

4. 더 많은 휴가 시간을 가지고자 또 다른 과제를 완성하거나 해라.

5. 당신에게 가치가 있는 친구, 책, 기록들을 공유하라.

6. 부탁하지 않아도 친절하게 대하라.

7. 쉽게 간과될 수도 있을 때, 감사와 사의를 표하는 혹은 기억하는 편지를 보내라.

8. 다른 사람에게 행하거나 직업 혹은 주어질 수 있는 직업상의 자신의 능력이나 기여점들에 감사하도록 돕기 위하여 또 다른 것들을 중재하라.

크리스탄(Cristan; Carlson, 1997, 재인용)은 격려가 아래의 행동들과 더 관련되어 있음을 지적하였다.

1. 어떻게 하는가보다는 무엇을 하는가와 더 관련되어 있다.

2. 과거나 미래보다는 현재와 더 관련되어 있다.

3. 행위자보다는 행위와 더 관련되어 있다.

4. 결과보다는 노력과 더 관련되어 있다.

5. 외적인 동기(예, 보상이나 처벌)보다는 내적인 동기(예를 들어, 만족, 즐거움, 혹은 도전)와 더 관련되어 있다.

6. 무엇을 배우지 않았느냐보다 무엇을 배웠느냐와 더 관련되어 있다.

7. 무엇을 정확히 하지 않았느냐보다 무엇을 정확히 했느냐와 더 관련되어 있다.

2. 초기기억

아들러는 초기기억(초기 6개월부터 8세까지 선별된 기억들)이 한 개인이 자기 자신과 다른 사람, 삶을 어떻게 지각하는지와 삶에서 무엇을 갈구하는지, 삶에서 무엇이 일어날 것이라고 예견하는지에 대한 간략한 틀을 제시해 준다고 믿었다. 사람들은 그들의 과거 사건들을 선택적으로 기억하고 있기 때문에 선택적으로 회상할 수 있는 인간관계와 상황은 대개 그들에게 중요한 것들이다. 아동의 초기기억은 그의 생활양식, 잘못된 신념, 사회적 상호작용, 행동목표에 관해 가치 있는 단서를 준다.

사람이 자신의 무수한 경험들 중에서 기억하기로 선택한 4세, 5세, 또는 6세 때의 삶의 순간인 초기기억은 개인적인 생활양식의 원형이거나 혹은 왜 자신의 삶의 계획이 본인에게 특별한 형태로 정성들여 만들어지는지에 관한 유용한 암시이다. 초기기억에서 사람들은 기억되는 사건들과 사건에 대한 자신의 감정, 사건 자체에 대한 자신의 초기의 태도, 다른 사람과 자신과의 관계, 그리고 자신의 삶의 관점을 드러낸다. 초기기억과 가족 형태와 꿈과 같은 진단적인 수단을 통해서 상담자들은 개인의 생활양식의 밑그림을 구성할 수 있다.

　초기기억은 개인의 행동에 대한 지침을 반영해준다. 사건은 기억한 것처럼 실제로 일어났을 수도, 그것에 대한 설명이나 가정이 덧붙여졌을 수도, 결코 일어나지 않았던 일일 수도 있다. 어느 경우라도 결과는 같다. 초기기억은 세계와 그 자신에 대한 주관적 견해와 복잡한 세상에 대처하기 위해 스스로 선택했던 행동의 경로를 반영한다. 이런 식으로 이해되는 초기기억은 심리치료에서 가장 큰 도움이 된다. 소위 말하는 내담자의 무의식에서 헤매거나 귀중한 자료를 가져다 줄 자유연상에 기대하는 대신에 상담자는 초기기억으로 생활양식을 이해하기 위해 중요한 자료에 초점을 두면서 내담자를 적극적인 방식으로 인도할 수 있다. 그런 자료에는 꿈과 그의 삶에 있어서 타인과 상담자와 내담자의 관계에 대한 관찰 또한 포함된다. 그러나 초기기억은 특별히 중요한 문제, 그 자신에 대한 내담자의 실수의 본질, 그의 포부, 그를 둘러싼 세계에 빨리 초점을 두게 한다.

　치료관계와 분위기를 형성하는 첫 단계는 내담자가 호소하고 있는 문제와 무엇이 그로 하여금 치료를 받으러 오게 되었는지를 묻는다. 동시에 내담자의 얼굴, 모습, 그가 말하고 사고하며 관계하는 방식을 관찰한다. 다음 단계로 상담자는 초기기억에 관심을 보이면서 내담자로 하여금 "가능한 한 돌이켜 보아 당신의 어린 시절 중에서 가장 초기기억을 생각하고 말해 보세요."라고 요구한다. 아들러 상담에서는 초기기억과 보고를 구별한다. 어린아이였을 때 "나는 행복한 어린 시절을 보냈어요." 또는 "나의 부모님은 나를 거부했고 늘 외로웠어요."와 같은 진술은 보편화된 개인의 삶의 보고이다. 아들러 상담에서는 이러한 보고를 원하지 않는다. 초기기억은 생생하고 구체적인 사건과 그 사건과 관련된 정서들이 함께 기술되어야 한다. 아들러의 말을 인용하면 다음과 같다.

　사람들은 개인이 만난 셀 수 없는 수많은 인상들 중에서 자신의 상황에서 느끼는 것들만 기억하고자 한다. 이처럼 기억들은 '나의 삶의 이야기'를 나타낸다. 그에게 위안을 주거나 경고를 주기 위해 반복되는 이야기 … 우울한 사람이 좋았던 순간과 성공의 순간을 기억한다면 우울한 채로 있을 수 없게 된다. 그는 스스로에게 말한다. "내 모든 삶은 불행이었다." 그리고 그의 불행한 운명의 입장을 해석할 수 있는 사건들만 선택해서 기억한다. 기억들은 생활양식을 거스르지 않는다. 개인의 우월에 대한 목표가 "다른 사람들은 항상 나를 창피하게 한다."라고 느낄 것을 요구한다면 그는 창피를 해석할 수 있는 사건을 선택해서 기억할 것이다. … 초기기억은 삶에 대한 개인의 기본적 견해, 태도에 대한 만족스러운 결정체를 보여줄 것이다.

초기기억들은 현재 나타나는 행동에 대한 이유나 원인이 아니고, 현재 행동을 결정하지 않는다. 초기기억은 힌트이고, 허구를 이해하도록 돕는다. 목표를 향해 움직이도록 하고 어떤 장애를 극복해야 할지를 알려준다.

초기기억을 모으면 상담자는 내담자의 투쟁, 태도, 희망, 행동을 이해할 수 있게 된다. 그것은 내담자가 중요한 것을 얻는 방식과 노력의 방향에 대한 단서를 상담자에게 제공한다. 초기기억은 내담자가 없애기를 원하는 위험과 내담자가 품고 있는 가치를 나타낸다. 초기기억에 의해 조명되는 기본적 오류는 내담자의 자기, 타인, 세계에 대한 기본적 신념을 말한다. 내담자는 행동을 지배하는 이 생각들을 자각할 수도 있고 자각하지 못할 수도 있다.

기본적 오류는 소속과 의미의 욕구를 충족시키기 위해 아이가 발달시키는 최초의 생각이기에 근본적이다. 기본적 오류는 아이가 세계에서 어떤 입장을 세우고자 투쟁하는 동안 아이의 견해로부터 도출된 부적절한 결론이다. 상담목표 중의 하나는 기본적 오류를 확인하고 내담자로 하여금 이를 자각하게 하는 데 있다. 상담자에게는 초기에 잘못 발달된 신념을 발견하게 하고 이 생각들이 어떻게 잘못되었는지, 그것들이 사회적·인격적 기능을 효율적으로 발휘하는 데 어떻게 방해가 되는지 내담자로 하여금 보게 할 책임이 있다.

때때로 잘못된 신념에 대해 내담자에게 단순히 이야기하고 자각하게 하는 것은 내담자의 자기 지각에 변화를 가져오기에 충분하다. 그러나 어떤 때에는 잘못된 신념과 개인적 논리가 내담자가 삶과 자기를 바라보는 방식에 깊이 배어 있어서 그것들에 대해 이야기하는 것만으로는 변화를 가져올 수 없다. 이런 일이 상담자에게 일어날 때, 변화를 도모하기 위해서는 내담자의 기본신념을 재확인하는 독창적인 방법을 도입해야 한다. 초기기억은 내담자가 그 자신의 생활양식에 대한 통찰을 얻는 데 사용된다. 초기기억을 해석함으로써 상담자는 내담자의 현재 태도와 의도를 있는 그대로 반영해줄 수 있다. 초기기억이 내담자의 잘못된 신념과 개인적 논리를 축약해서 보여줄 수 있기 때문에 직극적인 해석과 초기기억의 심상은 내담자의 잘못된 신념을 재구성하도록 하는 훌륭한 도구일 수 있다. 내담자가 부정적인 신념을 긍정적인 신념으로 대치할 수 있도록 한다.

사례 1

이 사례는 수년 동안 두통으로 치료를 받았던 30세 된 이혼녀 M의 사례이다(Papanek, 1997). M은 아동서적에 삽화를 넣고 출판하는 매우 재능 있는 프리랜서 작가이다. M은 두통이 매우 심해서 때때로 일을 할 수 없었다.

M은 2회기 때 다음과 같이 말했다. M의 아버지는 집보다는 회사에서 시간의 대부분을 보내는 매우 바쁜 일반외과 의사였다. 엄마는 매우 홀대됨을 느꼈고 아버지가 없는 것에 대해 화가 났다. 그리고 M이 열 살이었을 때, 엄마와 그의 동생은 아버지가 사무실에서 외도를 했다고 의심을 했다. 아이들에 대한 아버지의 태만이 중요한 요인이었다. 아이들이 아플 때조차 그는 "별로 심각하지 않아."라고 말하면서 병원에서 집으로 오지 않았다. 그러나 M이 6세 때, 갑자기 위통이 일어나 엄마는 아버지를 불렀다. 그리고 그는 집에 와서 맹장염을 의심했다. 그는 당황해서 M을 병원으로 데려갔다. 다행히 맹장염이 아니어서 수술을 받지 않았다. M은 아버지가 당황하는 것과 자신을 돌보는 것을 보고 만족했다. 상담자가 M에게 기억의 느낌을 설명하라고 했을 때 M은 '아름다운' 것이라고 말했다. M이 구토를 했고, 위통이 있는 등의 심각한 병의 증상을 가지고 있었는데도 그 기억을 아

름답게 기억한 것은 매우 인상적이었다. M의 아버지의 돌봄과 관심은 그것을 아름다운 기억으로 만들었다.

2회기에서 상담자는 M이 "이제는 알았다."라고 말했던 것이 매우 인상적이었다. 아마도 M은 아픈 것이 관심을 얻는 유일한 방법이라고 느꼈던 것 같다. M은 다음 회기에서 자신의 두통이 매우 크게 줄어들었다고 보고했다. 그리고 M은 지금 상담자와 M의 이전 상담자 사이에 차이를 이해하겠다고 했다. 몇 년 동안 M이 다른 상담자와 함께 작업하는 동안, 그들은 항상 M의 두통을 억압된 분노라고 설명했고 M이 두통을 앓는 순간 M은 화가 났다는 것을 알아야 했다. 그것은 효력이 없었다. 왜냐하면 M이 실제 화났다고 믿는 대상을 발견하기 힘들었기 때문이다. 그러나 아들러 상담자의 해석, 즉 M이 누군가가 자신에게 좋은 관심과 주의를 보여주기를 원한다는 상담자의 해석은 단 한 번에 문제를 제거하는 것처럼 보였다. 그것은 유일하게 진실한 설명으로 M에게 놀랄 만한 것은 아니지만 M은 자신에게 좋은 누군가를 실제로 원한다는 것과 실망이 두통을 가져온다는 해석은 훨씬 수용하기가 쉬웠다. M은 매우 기분이 좋았다. 왜냐하면 보통 한 주에 세 번 정도 두통이 있었는데, 이번 주 동안에는 한 번의 두통도 없었고 지금은 훨씬 좋아져서 일을 잘 할 수 있었다.

물론 M의 생활양식이 변했다는 것은 아니다. 그러나 초기기억 경험은 M으로 하여금 일반적으로 다른 사람에게 의존하는 것이 매우 안전한 태도가 아니라는 것을 느끼게 하였고 M이 남자와 여자친구와 가졌던 다른 문제를 해결할 수 있는 희망을 주었다. 비록 M은 아이처럼 타인에게 의존했지만 지금은 M의 여자친구, 남자친구들과 함께 M의 관계에서 좀 더 솔직하기 위해 자기를 신뢰할 수 있었고, 타인이 M에게 관심과 주의를 가져주기를 바라지 않았다.

사례 2

또 하나의 사례를 살펴보자(Papanek, 1997). 이 사례는 아들러식 접근을 사용하지 않는 상담연구소에서 아들러식 방법을 소개하기 위해 개최된 워크숍에서 나온 사례이다. 수강대상자들은 심리학자, 정신과의사 그리고 소위 교육분석을 받는 사회사업가들이었다. 기억을 이야기했던 사람은 심리학자였다. 그의 초기기억은 그의 엄마가 아픈 것이었다. 의사와 그의 아버지는 엄마와 함께 방에 있었다. 방문이 닫혔고 심리학자 그 사람을 포함해서 아이들은 방 안에서 일어나는 일을 알 수 없어서 걱정하며 밖에서 기다려야만 했다. 그는 기억을 말하다가 갑자기 외쳤다. "나는 나의 모든 삶에서 중요한 일이 일어날 때마다 어두운 곳에 있으면서 그때처럼 배제되는 느낌을 갖지 않기를 원한다. 내가 의학을 공부하는 이유도 내가 배제되는 것이 아니라 무엇이 일어나는지를 알기 위한 것이다." 이런 기억은 정통 프로이트 분석을 몇 년간 받으면서는 결코 일어나지 않았던 기억이었으며 적어도 부분적으로나마 직업을 선택하는 데 동기가 되었던 흥미로운 통찰을 주었다. 이를 통해 그는 그가 배제된다는 것 때문에 얼마나 화가 나고 분개했는지를 자각하고 그의 야심적인 태도도 알게 되었다.

3. 꿈 분석

아들러 이론에 따르면 꿈은 성격의 단일성을 보여주고, 문제를 해결하고 다음날 깨어 있는 삶을 위해 정서를 생산하는 미래를 보는 경험이기도 하다. 꿈은 미래 상황에 대한 의미 있는 연습이다. 아들러는 꿈속에 보편적인 상징이 있다고 생각하지 않는다(Slavik, 1997).

꿈의 내용은 문화적으로 이용할 수 있는 상징에 바탕을 두고 있지만 사적이고 특이한 용도로 전환이 가능한 꿈꾸는 자의 사적 논리를 반영하고 있다. 꿈은 단기적이고, 해결에 초점을 둔 치료에 유익하게 쓸 수 있다. 꿈은 현재 생활의 여러 가지 문제에 관한 내담자의 사고를 요약해 준다. 꿈은 상징, 은유, 단순화를 통해서 문제에 대한 상식적인 해결에 도움을 주거나 아니면 방해할 수도 있는 개인의 사고방식을 내포하고 있다. 내담자의 상상과 사고를 이해한다면 내담자의 사고방식을 이용해서 내담자의 행동에 도움을 줄 수 있는 해결책을 발견할 수 있게 된다.

꿈 분석에 대한 아들러식 방법은 직접적이고 실제적이다. 실제로 드레이커스(Dreikurs, 1973)는 "세부적인 꿈 소재가 어디에서 오는지를 발견하기 위하여 지나친 노력과 너무 많은 시간을 낭비하지 않으면서도 일반적인 꿈의 방향을 아는 것은 대체로 충분하고 만족스럽다."라고 말한다. 아들러 치료에서는 본질적으로 꿈을 통해 꿈꾸는 사람의 행동을 해석한다. 상담자는 종종 문제의 요점을 빨리 찾을 수 있고 꿈의 메시지를 추출해 내거나 변화를 촉진하기 위해 꿈 언어 자체를 활용함으로써 행동변화를 촉진할 수 있다.

꿈은 개인의 사고처럼 개인의 논리나 자신, 타인, 세계에 대해 사고하는 논리적이고 특유한 방식과 일치한다. 그러나 꿈속에서는 개인이 지금-여기를 어떻게 지각하고 자신과 타인과 세계에 대해 우리가 갖는 기대를 어떻게 지각하는가가 보다 명백하게 드러난다. 사회의 요구는 우리에게 그다지 절박하게 존재하는 것은 아니다. 우리의 꿈속 사고에서는 우리 주변에 있는 상황을 아주 정직하게 다루도록 자극받는 일은 없다.

꿈은 피부로 느껴지는 사회적 요구나 구속에 의해 속박되는 것에 대한 해결책과 그날의 마무리되지 못한 문제들에 대한 해결책을 제공해주고 우리의 일상의 대처방식과 활동양식과 일치한다. 꿈은 개인에게 새로운 것을 요구하지 않고 문제의 해결책을 창출한다. 이런 의미에서 볼 때, 꿈은 자기기만 행위이다. 아들러의 솔직한 진술에서, 꿈은 '문제에 대한 쉬운 해결책에 도달하려는 시도'이고 꿈들은 개인의 용기에 대한 좌절을 드러낸다.

사고와 꿈을 통해 전형적으로 사용된 몇 가지의 기제가 있다(Slavik, 1997). 이와 같은 기제의 사용은 상징의 사용만큼 특이하다. 첫째 개인은 어떤 그림, 사건, 일어난 일을 선택한다. 왜냐하면 상징은 그 자체가 보다 선호하는 대처양식에 대해 정당성을 부여하기 때문이다. 둘째, 꿈은 은유적이고 우화적이며 유추적이다. 꿈은 그것이 만약 … 너무 정확해서 상식적인 의미로 사용될 수 있다면 개인을 동기화하고 정서를 야기하는 데 사용될 수 없을 것이다. 꿈은 "만약 … 하다면 어떻게 할 것인가?"의 형태로 문제에 대한 해결을 제시한다. 아마도 우리는 꿈에서 신비의 정도는 꿈꾸는 자가 일반 상식으로 문제를 해결하기 원하지 않는 정도를 반영한다고 말할 수 있다. 셋째, 꿈은 단순화이다. 우리는 꿈에서 문제를 줄이고 요약하고 은유로 표현할 수 있다. 그리고 그것을 마치 원래 문제와 같은 것으로 취급할 수 있다. 우리가 문제를 단순화시키는 방식은 우리가 문제를 다루는 일상적 방식에 좌우된다.

아들러식 상담자는 상징의 선택, 사용된 은유, 단순화, 성격유형의 요소, 꿈 활용과 제시, 주제 자체의 선택, 주제와 관련된 꿈의 메시지는 삶의 도전에 대처하는 일관되고 응집성 있는 생활양식과 관련이 있다고 여긴다.

꿈을 통해 개인의 특유한 논리를 드러내는 방법에는 여러 가지가 있다. 꿈에는 내용과 과정이 있는데, 이는 삶에서 개인이 무엇을 하는지를 보여준다. 꿈에서 보여주는 태도나 패턴은 삶을 깨우치는 것들이다. 또한 개인이 삶을 깨우치는 데 있어서 자신의 목표를 입증하기 위한 구실로서 또는 개인이 삶에 태도를 어떻게 정당화하고자 하는지를 나타내는 자신의 목표에 자료로서 꿈을 사용한다. 꿈과 관련된 개인의 생활양식은 모든 비언어적 의사소통처럼 삶에 있어서 개인의 태도와 방향을 드러낸다. 단기치료에서 상담자는 주로 꿈의 내용과 과정에 관심을 두고 내담자의 태도에 대한 가설을 확인하는 데 흔히들 내담자의 꿈을 활용한다.

꿈이 관련될 때, 상담자는 내담자가 말한 그대로 또는 쓴 것대로 묘사한다. 상담자는 꿈이 부끄럽게 혹은 공격적으로 혐오감을 가지고, 혹은 기쁨으로, 장난스럽게 전해지는 대로 세부적으로 관찰한다. 내담자의 전형적인 행동의 예로, 표상(관념)의 뉘앙스가 중요하다. 상담자는 꿈이 길고 복잡하고 혼란스럽고 극적인지 아니면 짧고 지시적인지에 주목한다. 상담자는 꿈의 내용과 과정이 꿈꾸는 자의 표상(관념)과 일치하는 방법을 공식화한다. 상담자는 잠자기 전에 꿈꾸는 자의 마음에 있었던 것이 무엇인지를 물으며, 꿈이 해결할 수 있는 문제가 무엇인지를 묻는다.

꿈의 내용에서 상담자는 내담자의 자기 표상과 위치를 주목하고 묻기를 "내담자가 꿈속에 있는지 아니면 외부 관찰자인가?" 상담자는 내담자의 활동을 타인에게 주목하고 타인이 어떻게 내담자에게 행동하는지에 주목한다. 관찰하는 중요한 태도는 내담자가 행동하는지 또는 내담자가 타인과 함께 행동하는지 또는 타인과 어긋나게 행동하는지이다. 상담자는 타인의 표상, 행동의 맥락과 다른 비인격적 이미지, 예컨대 집, 빌딩, 차, 동물과 같은 이미지에 주목한다. 상담자는 꿈에서 의미나 패턴을 찾기 위해 꿈꾸는 자에 대해 이미 아는 것은 무엇이든지 활용한다. 상담자는 특이하고 상징적인 활용으로 대상의 표상을 관찰한다. 상담자는 꿈에서 일어난 감정과 꿈꾸는 자가 깨어난 후 느낀 감정에 대해 질문을 한다.

'메시지'를 얻기 위한 해석적 기법들이 많이 있다. 보니메(Bonime, 1982)와 바이스(Weiss, 1986)에 의한 작업은 기법과 관련하여 특별히 유용하다. 일반적으로 우리는 가장 분명한 것처럼 보이는 것부터 시작해서 확인과 수정을 위해 해석을 제공하고 남은 것을 위해 시간을 들일 수 있다. 어떤 해석이라도 내담자가 수용할 수 있어야 한다는 것이 중요하다. 꿈 해석은 협동적인 과정이고 해석이 내담자와 일치하지 않는다면 그것은 옳지 않은 것이다. 아들러의 꿈 작업에 관해서는 국내에는 아직 소개된 자료가 없다. 아들러학파에서도 초기기억에 관한 연구에 의한 꿈 분석 연구는 미약하다. 아들러의 꿈 작업에 관해서는 앞으로 보다 많은 연구가 필요하다.

4. 질문기법

면담에서 질문은 전통적으로 진단적 또는 치료적 목적으로 사용되어 왔다. 진단적 면담은 증상과 초기생활을 결정한 요소에 대한 자료를 도출해내는 반면, 치료적 면담은 한 번이나 그 이상의 접수 면접과 회기평가 후에 이루어지며 통찰과 변화에 초점을 둔다. 오늘날 시간 제한적이고 비용을 절감하는 치료적 경향 때문에 진단적 면담과 치료적 면담은 점점 줄어들고 '개입적 면담'이 등장하였다. 개입적 면담은 1987년에, 칼 톰(Karl Tomm)이 내담자로부터 정보뿐만 아니라 내담자가 정보를 어떻게 처리하는지를 설명하기 위해 제안한 것이다(Speny, 1997). 다른 말로 하면 상담자의 질문 의도는 질문에 대해 구체적으로 대답하고자 하는 내용 이외에도 질문에 대한 개인의 인지과정에 영향을 주고자 하는 것이다. 이것은 치료적 변화를 촉진시킬 것이다.

아들러는 1932년 '치료의 기술'이라는 논문에서 진단적 면담 전략을 논하였고, 1933년 논문에서 개입적 면담 전략과 유사해 보이는 진단적 치료 질문을 포함한 면담 스케줄에 대해 상술했다. 이것은 임상가 또는 심리상담자로서 아들러의 천재성, 즉 현재의 '재발견'—명백한 인식이나 인용 없이—을 반영한다. 아들러는 경험 있는 임상가는 약 30분 내에 개인의 생활양식에 대한 상당한 통찰력을 얻을 수 있다고 믿었다(Sperry, 1997). 여기서는 Sperry(1997)가 제안한 개입적 면담에서 활용되는 세 가지 질문유형 전략을 소개하겠다.

1) 순환질문

순환질문(Circular Questions)은 개인의 대인관계와 가족관계를 묘사하는데 매우 중요하다. 순환질문은 A가 B에 영향을 주고 그 다음으로 B가 A에 영향을 준다는 식으로 일방적 인과성보다는 순환성에 기초한다. 순환질문은 개인과 연관되는 패턴을 이끌어내고 체계적 치료접근의 주요 기둥이다. 그것은 비교와 차이에 대한 질문이고 생활사를 구조화하기 위한 초석을 형성한다. 순환질문의 예는 다음과 같다: "당신 말고 당신 아내의 우울에 대해 누가 더 많이 걱정을 하는가요?" "당신이나 당신 딸 중에 누가 더 걱정을 많이 하는가요?" "당신의 아내가 우울할 때, 당신은 어떻게 반응하는가요?" "당신은 그녀의 반응에 어떻게 반응하는가요?" "당신의 딸이 이것에 어떻게 반응하는가요?" 당신은 당신의 딸의 반응에 어떻게 반응하는가요?"

아들러는 1933년 그의 면담 스케줄에서 이와 비슷한 질문 유형을 제안했다. 그 일련의 질문 중 하나는 다음과 같다: "형제자매가 몇 명이나 되나요?" "당신에 대한 그들의 태도는 어떠한가요?" "그들은 얼마나 잘 지내는가요?" "그들은 어떤 질병이 있나요?" 또 다른 질문은 다음과 같다: "현재 당신 주변에는 어떤 사람들이 있나요?" "그들은 성급한가요, 화를 잘 내나요 또는 애정적인가요?"

2) 반사질문

반사질문(Reflexive Questions)은 순환적 가정에 기반을 두고 있으며 간접적으로 또는 일반적인 방식으로 가족이나 내담자에게 영향을 주고자 한다. 이런 질문은 내담자가 새로운 견해나 맥락을 발견하도록 도움을 준다. 이 질문은 개인이나 가족 구성원들의 문제해결 자원을 촉진시키고 동원하기 위한 것이다. 그런 질문들은 개인이나 가족 구성원들로 하여금 현재의 지각 또는 행동의 의미에 대해 생각하도록 하고 대안을 고려하도록 한다. 반사질문의 예는 다음과 같다: "만약 당신이 그녀의 우울에 대해 걱정하고 있다는 사실을 그녀와 나눈다면, 그녀가 무엇이라고 생각할까요? 그녀가 어떤 것에 대해 화가 났지만 거기에 대해 당신이 신경 쓰는 것이 두렵다고 가정합시다. 당신은 어떻게 그녀가 당신에게 말하는 것이 안전하다고 확신시킬 수 있나요? 만약 그녀의 우울이 기적적으로 깨끗이 나았다면 당신의 삶이 어떻게 달라질 것 같은가요?"

마지막 질문은 회상하는 '질문'이다: 만약 내가 마술 지팡이나 마법의 약이 있어서 당신의 증상을 즉각적으로 제거해 준다면 당신의 삶이 어떻게 달라질 것 같은가요? 우리나라에 잘 알려진 해결중심 가족치료의 창시자인 김인수(Insoo Berg)와 스티브 드 세이저(Steve De Shazer)는 1984년에 '기적 질문'을 소개했다. 이 기적질문은 기본적으로 신경증에 관한 1929년 판에서 아들러가 발표한 아들러의 질문을 재진술한 것이다. 면담 스케줄에서 아들러는 또한 반사적 질문을 제안한다: "당신이 가장 관심 있는 직업은 어떤 직업인가요?" 그리고 "당신이 그것을 선택하지 않았다면 왜인가요?"

3) 전략질문

전략질문(Strategic Questions)은 전략적 치료접근의 주요부분이다. 이 질문의 목적은 치료적 범위에서 개인의 행동을 변화시키는 것이다. 전략질문은 개인, 부부, 가족들에게 내면적으로나, 외현적으로 영향을 미치는 가장 강력한 방식이다. 전략질문의 예는 다음과 같다: "당신은 걱정에 대해 딸에게 이야기하지 말고 아내에게 이야기하는 게 어때요?" "만약 다음 주 동안 당신이 정오까지 침대에 누워있기보다 매일 아침 식사를 만든다면 어떤 일이 일어날까요?" "왜 당신은 그녀를 깨우려고 더 노력하지 않지요?" "그녀가 과도하게 약물을 했을지도 모른다는 당신의 공포에 맞서거나 매일 아침 일찍 일어날 것이라고 확신하는 것 중 어느 것이 더 편한가요?"

증상 처방하기와 같은 역설의 사용은 전략적 질문을 반영한다. 예컨대, 개인이 적당한 시간에 잠을 청할 수 없는 것을 호소할 때, 임상가는 가능한 한 오랫동안 깨어 있도록 내담자에게 요구함으로써 증상을 처방할 수 있다. 내담자는 지시를 신뢰하면서 따르거나 당황해하면서 상담자에게 화를 내고 그것에 순응하는 것을 거절할 것이다. 어느 경우를 선택하든 내담자는 잠이 들고 문제는 해결된다.

아들러가 개인을 면담하고 질문에 대한 독특한 전략들을 제안한 지 50년이 지난 후, '개입적 면담'은 독특하게 새로운 방법으로 인기를 얻게 되었다. 이와 같은 '재발견', 즉 아들러의 독특한 공헌은 아들러와 개인심리학의 실제적 공헌이 많이 감추어져 있음을 다시 한 번 느끼게 하는 부분이다. 개인심리학을 연구할수록 현재 사용되고 있는 많은 심리치료의 이론과 기법이 아들러의 영향을 받았음을 절감하게 된다.

5. 직면기법

직면의 목적은 고찰을 위한 새로운 통로를 열고 자각을 증대시키기 위해 '내담자로 하여금 자신이 방금 말한 것이나 행동한 것에 대해 주의를 집중하도록 유도하거나 강요하는 것'이라고 데베로익스(Devereux)는 말한다. 볼베르크(Wolberg)는 내담자에게 모순점을 지적하고 왜 그렇게 행동했는가를 질문한다. 그리고 나서 그 직면에 대한 내담자의 반응을 관찰한다. 루에슈 (Ruesch) 또한 내담자가 '사실을 직면하도록 하는 데' 직면기법을 사용하는데 직면이 공격적 요소를 지니고 있으며 충격을 유발하도록 만들어져 있으며 보통 의도와 효과, 말과 행동 간의 불일치를 증명해 준다고 설명하고 있다. 슐만(Shulman, 1973)은 직면은 즉각적인 반응이 요구된다는 느낌을 불러일으키도록 고안된 질문과 도전의 결합체라고 한다. 넬슨-존스(Nelson-Jones, 1990)는 직면하는 것은 내담자의 지각을 확장시키고 탐색하는 것을 돕는 데 이용된다고 하였다.

아들러식 심리치료에서는 수많은 직면기법이 사용되어 왔다. 아들러의 이론이 치료사가 지시적이 되어야 한다고 주장하는 것은 아니나, 내담자가 그의 잘못된 목표와 믿음, 그것들과 관련된 기분과 행동들을 인식하고 고치는 것을 도와주는 것이 치료의 목적이라고 분명히 밝히고 있다. 아들러식 심리치료에서는 직면기법을 선호한다. 왜냐하면 직면기법은 마치 거울인 양 내담자 앞에 그의 잘못된 목표들을 내세우는 데 아주 효과적이기 때문이다.

상담자가 내담자에게 직면시키는 내용들을 슐만(1997)은 11가지의 범주로 제시하고 있다.

1. 내담자의 주관적 기분 상태와 감정을 직면시킨다.

내담아동이 "제가 많이 아픈가요, 선생님!" 하고 물었을 때 아동이 자신의 감정과 직면할 수 있도록 이렇게 반응한다. "증세가 어느 정도인지 확실하지는 않지만 한 가지는 분명한데, 너는 지금 화가 많이 나 있는 것 같아." "너의 표정을 보니 너는 내가 말하는 것을 믿지 못하는 것 같구나." "아빠에 대해 말하는 내용을 보니 아빠에게 많이 실망했구나."

2. 내담자의 이야기 속에 숨겨진 이유에 직면시킨다.

'숨겨진 이유'는 자신이 한 행동이 즉각적으로 본인에게 받아들여지도록 만드는 개인적인 정당화와 합리화를 잘 보여준다. 따라서 "너무 피곤해서 그렇게 행동했을 뿐입니다." "잠을 거의 못 잤기 때문에 학교에 갔다 하더라도 제대로 공부를 하지 못했을 거예요." "내가 너무 소심해서."라는 것은 모두 개인적 자기 정당화의 예이다. 이런 이야기 뒤에는 책임회피 등의 숨겨진 이유가 있다.

3. 내담자의 사적 논리(the private logic)에 직면시킨다.

긴장으로 고통받는 아동이 만약 "저는 왜 이렇게 긴장을 하죠?" 혹은 "어떻게 하면 이렇게 긴장하지 않을 수 있나요?" "느긋해질 수가 없어요. 소심한 타입이라서요." 등의 이야기를 한다면 상담자는 해석과 함께 직면으로 반영해 줄 수 있다. "네가 세상을 나쁘게(적대적이고 위험하며 위협적인 것으로) 보고 있기 때문에 너는 항상 주의를 기울이고(경계하고 행동을 취할 준비가 되어 있으며 유사시를 대비해 두고) 있는 것 같아. 네가 그렇게 위험에 둘러싸여 있다고 느끼는데 어떻게 긴장이 풀리기를 기대할 수 있겠니?"

4. 내담자의 드러나지 않은 사적 목적(the private goal)에 직면시킨다.

사고를 쳐서 엄마가 항상 옆에 있어야 하는 아동에게 상담자는 "엄마가 너와 계속 시간을 보낼 수 있게 하니, 네가 왕자라도 된 것처럼 느껴지지 않니?" "엄마가 네 일로 야단법석을 떠는 게 좋지 않니?" 등의 반응으로 아동의 행동 뒤에 숨겨진 목적에 직면시킬 수 있다.

5. 내담자의 좌우명(mottos)에 직면시킨다.

사람들은 자신의 좌우명에 따라 행동하기도 한다. 예컨대 "어느 누구에게도 실수를 들켜서는 안 된다. 나는 반드시 정확해야 한다." 또는 "나는 항상 최고여야 한다." 등의 좌우명을 가지고 있는 아동을 발견하면 그것에 직면시킨다.

6. 내담자의 즉각적 행동(immediate behavior)에 직면시킨다.

"너는 방금 뭘 했니?"라는 질문으로 직면시킨다. "내가 부모님에 대해 이야기하라고 했을 때 너는 말하기를 멈추었어. 왜 그랬니?" "네 얼굴이 방금 빨개졌는데, 무슨 생각을 했니?" 또는 "네가 이야기할 때 다리를 흔드는 것을 보았어. 그것은 무슨 의미일까?" 이것은 그가 무엇을 하고 있는지를 그의 행동을 예로 드는 거울기법의 일부분이다.

7. 내담자에 대한 타인의 반응을 책임지도록 직면시킨다.

내담아동이 "왜 사람들은 나를 모질게 다루죠? 나는 단지 좋은 사람이 되려고 노력할 뿐인데…"라고 말하면, 상담자는 "네가 원하기 때문이라고 생각해. 혹시 너는 다른 사람이 너를 모질게 대하면 네가 좋은 사람이 된다고 생각하고 있지는 않니? 그렇다면 다른 사람이 모질게 군 것은 너의 책임이 되는 거지."라고 말하면서 내담아동의 책임에 직면시킬 수 있다.

8. 내담자의 자기 패배적 행동(self-defeating behavior)을 직면시킨다.

반복적인 자기 패배적 행동 패턴에 초점을 두는 진술을 직면하는 것은 특별히 유용하다. "너는 상담시간 대부분을 너의 엄마에 대한 불평으로 다 보내고 있구나. 남은 시간도 엄마에 대한 불평으로 보내겠니, 아니면 상담을 하겠니?" "이번 상담은 내내 엄마에 대해 불평하다가 보냈구나. 언제 너에 관한 이야기를 시작할 건지 궁금하구나?" "네 계획을 듣고 보니 또다시 희생자가 되기로 작정하고 있는 것 같구나. 아직도 그 역할을 계속하고 싶어 하는 것 같은데 그렇지 않니?" "방금 네 자신을 깎아 내리는 말을 또 했어. 계속해 보렴. 5분 후면 정말로 우울해질 거야. 네가 원하는 것이 그것이니?"

9. 내담자에게 대안을 제시하면서 직면시킨다.

직면은 또한 대안을 제시하는 극적인 방법이 된다. "너는 다음 주에 시험이 있다고 했어. 지금 시험에 대해 걱정을 하고 있는 것 같은데 넌 선택을 할 수 있어. 공부해서 시험에 통과하려고 노력할 수도 있고, 게으름부리거나 신경 쓰지 않고 지낼 수도 있어. 어느 쪽을 선택할 거니?"라고 말하면서 대안을 가지고 내담자를 직면할 수 있다. 또는 "너는 이 장난감을 혼자 차지하고 다른 친구들이 이걸 가지고 놀지 못하게 할 수도 있고 다른 친구들과 이 장난감을 가지고 함께 즐겁게 놀 수도 있어. 어느 쪽을 선택할래?"

10. 내담자에게 변화에 대한 책임(responsibility for change)을 알려주는 데 직면기법을 사용할 수 있다.

상담자는 변화에 대한 책임이 내담자에게 있음을 알려 주어야 한다. 상담자는 내담아동에게 "너는 변하기를 원하니? 아니면 잠시 동안 변화에 대해 단지 말하기만을 원하니?"라고 물을 수 있다. 중요한 것은 내담자로 하여금 변화의 책임은 그의 몫임을 명확하게 보도록 돕는 데 있다.

11. 내담자를 시간적 요소(time factor)에 직면시킨다.

내담자는 자신이 변하기 위해서 무언가를 할 것이라고 말한다. 그러나 생각과 느낌뿐 행동으로까지 이어지지 않을 때 상담자는 시간적 요소를 고려한 직면기법을 사용할 수 있다. "좋아, 이해했구나. 변화하기로 결심도 했구나. 이제 어떻게 할래? 얼마나 더 기다리다가 그 행동을 바꿀 거니? 6개월? 1년?" 이것은 그가 변화를 위한 첫걸음을 할 때까지 결코 아무것도 변하지 않을 것이라는 것을 내담자가 인식하도록 돕기 위해 고안된 반어적 질문이다.

아들러식 상담자들이 사용하는 직면기법은 즉각적인 도전 분위기를 만들어낸다. 이것은 직접적으로 초점화하는 예이다. 이것은 각성시키는 방법이지만 중요한 치료 주제와 연결해서 초점화시키는 방법이다. 위에서 제시한 11가지 범주는 다음과 같이 3가지 주요 주제로 나눌 수 있다.

첫째는 통찰의 주제이다. 어떤 것을 자각시키기 위해 내담자를 직면시키는 것이다. 처음 여섯 가지 범주가 여기에 속할 것이다.

둘째는 내담자가 그의 책임으로부터 벗어난 곳을 인식하도록 돕기 위한 주제이다. 아들러식 상담자가 말하는 삶의 과제에 하이데거의 존재라는 개념을 적용해 볼 수 있을 것이다. 하이데거가 말하는 삶의 과제는 삶을 의미 있게 하는 것이다. 아들러식 상담자는 내담자가 자신의 삶에 자기 나름대로의 사적 의미를 부여하면 그것은 잘못된 의미라고 생각한다. 왜 잘못인가? 잘못된 것들은 '일반상식'에 어긋나기 때문에 자연히 내담자를 곤경에 빠트린다. 임상가였던 아들러는 처음부터 개인이 삶에 부여할 수 있는 의미에 관심을 가졌다. 이는 신경증적이지도 않고 정신병적이지도 않으며 약탈적이거나 범죄적 의미가 아니라 윤리적 · 도덕적 · 인도주의를 존중하는 의미인 것이다. 아들러식 상담자는 오늘날까지 우리가 삶에 부여할 수 있는 정신적으로 가장 건강한 의미를 주는 것이 사회적 관심이라고 생각한다. 의미야말로 인생을 가장 만족스럽게 성취하도록 하는 것이다. 일곱 번째에서 열 번째까지의 직면 범주가 여기에 속할 것이다.

아들러식 상담자를 위한 셋째 주제는 내담자를 변화시키는 힘이 어디에 있는지 그리고 변화의 순간은 내담자에 의해 결정되는 것을 인식시키는 것이다. 열한 번째 범주가 여기 속하는데 이전에 랍비 힐렐(Hillel)이 사용한 "만약 당신이 지금 그것을 하려 하지 않는다면 그러면 언제 할 것인가요?"라는 직면이다.

직면기법은 내담자가 어떤 문제에 관하여 즉각적인 반응을 보이고 즉각적인 변화나 고찰을 하도록 자극하는 데 사용된다. 적절한 시기에 사용되면, 치료사의 기술적 장비에 효과적인 첨가물이 될 것이다. 직면기법은 치료사에 의해 행해지는 적극적인 움직임으로 내담자의 주의를 지시하고 안내한다. 아들러식 직면기법은 내담자가 자신이 변화할 수 있다는 능력뿐 아니라 자신의 개인적 논리, 목적, 행위, 그리고 이 모든 것들에 대한 책임을 즉각적이고 보다 집중적으로 깨닫게 되는 것을 도와주는 데 목적이 있다.

6. '마치 ~인 것처럼' 기법

아들러는 '마치 ~인 것처럼(as if)' 기법을 개발했다. 그것은 한스 바이힝 거(Hans Vaihinger)의 '마치 ~인 것처럼' 철학에서 나왔다(Ansbacher & Ansbacher, 1956; Watzlawick, 1987). 이는 내담자가 미래의 사건, 신념 또는 바라는 행동을 예견하고 가장하거나 행동하는 인지적·행동적 또는 인지행 동적 개입으로 정의될 수 있다. 개입은 '마치 ~인 것처럼' 진술 또는 행동 양식의 형태를 취한다. '마치 ~인 것처럼' 기법은 미래 목표를 앞당기는 데 기반을 두고 있다. 그것은 관념적이거나 가상적이고 개개인의 독특한 생 활양식에 달려 있다. 노르비와 할(Norby & Hall, 1974)은 가상적인 목표들의 힘/끌어당김에 대해서 논의했다. "인간은 과거 경험에 의해 좌우되기보다는 미래에 의한 기대에 좌우된다." 이러한 미래의 기대들은 순수하게 허구적일 것이다. 그것은 현실화될 가능성이 없는 이상이다. 그러나 이러한 미래 기 대는 인간의 행동에 깊은 영향을 미칠 것이다. 가상적 목표들은 미래 행동 과 연관 있는 신념이나 경험들이다(Ansbacher & Ansbacher, 1956; Dinkmeyer, Dinkmeyer, & Sperry, 1987). 지표가 되는 가상들은 개인이 자신의 가상이나 신념에 따라 행동하려는 경향이 있다는 점에서 자기충족적인 예언들이 된 다. 아들러는 지표가 되는 가상은 '마치 ~인 것처럼' 진술문이나 양식에 의해 언어적으로 표현된다고 주장했다(Ansbacher & Ansbacher, 1956). 더욱이 지표가 되는 가상은 주관적이고 미래적인 사적 논리(private Logic)이다. 이 것은 의식과 무의식 수준 사이에서 만들어진다. 가상은 사적 논리와 생활 양식에 의해 뒷받침된다. 행동은 증상이나 행동의 목적이 변화함으로써 개 선될 것이다.

'마치 ~인 것처럼' 기법의 대표적인 질문은 '당신에게 이 문제가 없었 다면 당신의 삶이 어떻게 달라졌을까?'라는 것이다. 아들러학파 상담자는 개인의 치료목표를 분명히 한 다음, 내담자가 마치 목표를 이룬 것처럼 행동해 볼 것을 제안한다. 이것은 내담자가 '만약 내가 …… 할 수 있을 때만'이라고 구실을 붙이는 것으로 활용되는 행동을 방향지우는 절차이다.

기본적 개입은 '마치 ～인 것처럼' 형태로 생각하거나 행동하도록 내담자를 돕는 것으로 구성되어 있다. 이 기법은 다음과 같은 다섯 가지 목표를 위해 사용된다.

1. 내담자의 현재 신념과 문제 인식을 변화시키기 위해
2. 통찰력을 제공하기 위해
3. 내담자가 새로운 행동과 신념을 시작할 때 재정향(reorientation)을 용이하게 하거나 실제 행동을 변화시키기 위해
4. 자존심, 자신감, 개념, 적성 등의 변화에 용기를 북돋워 주기 위해
5. 문제가 있는 행동의 목적과 목표를 새로운 방향으로 돌리기 위해

'마치 ～인 것 같은' 기법은 역할 연기(role playing), 심상(imagery), 공상/백일몽(fantasy/daydreaming), 내파(implosin), 은유(metapor), 역설적 처방(paradoxical prescription), 재구성(reframe), 비전략적 과제 할당(nonstrategic task assigment) 등 다양한 형태나 방법들로 변형되어 다양하게 활용되고 있다.

7. 역설기법

아들러는 서구에서 역설적 개입을 심리치료에 사용한 첫 번째 사람으로 알려져 있다(Mozdzierz, Macchitelli, & Lisiecki, 1976). 모츠지어츠 등(Mozdzierz et al., 1976)은 역설적 개입에 대해 다음과 같이 묘사하고 있다: "그것은 그럴듯해 보이는 자기모순들과 심지어는 가끔 불합리하기도 한 치료적 개입들로 이루어져 있다. 이러한 불합리한 치료적 개입들은 매우 도전적일지라도 항상 구조상으로는 합리적이며, 또한 공감, 격려, 유머의 특징들을 담고

있고 또한 사회적 흥미를 증가시켜 주면서 증상적 행동에 맞서게 하기보다 오히려 연합하게 해 준다." 역설적 처방은 내담자를 치료적 속박에 매이게 하는 것으로 여겨지며, 아들러는 종종 내담자가 상담자의 영향력에 저항하는 것을 완화하는 수단으로서 '증상처방하기'를 활용하였다(Ansbacher & Ansbacher, 1978). 상담자가 하는 말의 내용은 내담자로 하여금 문제시되는 행동을 계속하게 하도록 권하는 반면에, 비언어적 메시지는 내담자로 하여금 '정상적인' 방식으로 행동하도록 자극을 주며, 또한 내담자에 대한 공감뿐만 아니라 관심을 반영하고 있다(Haley, 1976; Weeks & L'Abate, 1982).

아들러학파 이외에도 여러 상담 및 심리치료사들이 많이 사용하는 역설기법은 개인이 기능을 통제하고 그렇지 않으면 그 기능들에 의해 받아들여진다는 것을 보여주기 위해 선택적으로 사용된다. 예를 들어 어떤 내담자가 이성과 이야기할 때 긴장해서 어찌할 바를 모르겠다고 말하면, 상담자는 다음 기회에 그 내담자는 가능한 한 더 많은 긴장을 가져보라고 제시할 수 있다. 또 다른 예로는 내담자가 산수숙제를 하지 않는다면, 내담자에게 이것이 권위에 도전하는 좋은 방법이라고 가르쳐 주면서 다른 어떤 숙제도 하지 말라고 격려할 수 있을 것이다. 만약 한 개인이 두 손톱을 물어뜯는다면, 당신은 나머지 더 많은 손톱을 물어뜯도록 격려한다. 역설적인 의도는 내담자로 하여금 그들 상황에 대한 현실과 그들의 행동 결과를 수용해야 한다는 것을 역설적으로 알게 만든다. 역설 절차는 개인이 자신의 문제를 과장된 시각으로 볼 경우에는, 자신의 행동을 바꾸기를 선택할 것이라는 확신을 가지고 있다. 또한 이 기술은 그 증상들이 너무나 어리석어서 내담자로 하여금 결국에는 그 행동을 포기하도록 만들 수 있다.

때때로 이 기법은 면접의 범주에서 사용된다. 한 예로 내담자는 다양한 역할을 통해 그 행동을 예행연습할 수 있다. 물론 예상과 반대로 특정한 일을 하도록 하면 본인은 그것을 할 수 없게 되는 것을 볼 수 있다. 대다수의 내담자는 새로운 곤경사태에 처해 있는 자신의 모습을 보고 미소 짓는다.

아들러와 드레이커스는 증상을 유지하기 위해서 사람들은 그것에 대항하여 싸워야 한다고 가르쳤다. 이 역설은 종종 효과적인데 왜냐하면 내담자가 원조를 요청하러 올 때 상담자는 그에게 되돌아가서 그가 행해오던 행동을 하라고 말하기 때문이다. 더 이상 싸우지 않음으로 인해 내담자는 선택에서 자유로울 수 있다.

개인심리치료적 관점에서 모츠지어츠 등(Mozdzierz et al., 1976)은 치료적 역설의 다섯 가지 주요 원리를 제시하고 있다(West, Main, & Zarski, 1997):

1. 역설적 기법은 내담자의 반사회적 증상 행동을 협력적 행동으로 변화시키는 데 사용된다.
2. 역설적 기법은 치료시의 세력 다툼을 예방하거나 제거하는 데 사용하며, 또한 상담자를 얕보거나 반대하려는 내담자의 시도를 봉쇄하기 위해 사용된다.
3. 내담자는 종종 외부 통제나 영향력을 방어하려 들며, 역설적 기법은 내담자가 무조건적인 방식으로 치료에 협력하도록 상담자에게 도움을 제공한다.
4. 역설적 기법은 증상에서 벗어나게 하기보다 오히려 증상이 있는 쪽으로, 오히려 이전보다 더 강력하게 내담자가 원래의 증상을 경험하게 하는 지점까지 내담자를 움직이게 한다.
5. 역설 역시 유머의 맥락 속에 있다: 즉, 내담자는 증상에 대한 호소를 유머러스한 방식으로, 더 나아가 분리된 방식으로 보게 된다. 이러한 새로운 관점에 의해 증상이 지닌 힘은 줄어든다.

아들러학파가 아닌 학자들로 역설적 개입을 연구해 온 연구자들로는 베이트슨(Bateson), 잭슨(Jackson), 할리와 위크랜트(Haley & Weakland, 1956), 듄랩(Dunlap, 1928, 1939, 1942), 프랭클(Frankl, 1960, 1975), 에릭슨(Erickson, 1967), 할리(Haley, 1963, 1976), 제이콥슨과 마골린(Jacobson & Margolin, 1979), 랜크톤과 랜크톤(Lankton & Lankton, 1983), 라슨킨과 클라인(Raskin & Klein, 1976), 뉴턴(Newton, 1968a, 1968b), 로지(Rossi, 1980), 바츨라빅, 위크랜

트와 피슈(Watzlawick, Weakland & Fisch, 1974), 웨스트와 자르스키(West & Zarski, 1983a, 1983b) 등이 있다. 역설기법의 대표적인 학자인 할리의 작업을 안스바허와 안스바허(Ansbacher & Ansbacher, 1978)는 "…… 아들러 이론을 매우 유창하게 섞어놓은……" 것이라고 지적하고 있다.

8. 스프에 침 뱉기 기법

아들러는 이 기술을 '깨끗한 양심에 먹칠하기'라고도 언급했다. 이것은 한 사람의 자기파괴적 행동 뒤에 감춰진 제안이나 목적을 표출할 때 발생하는 것을 묘사하는 명확한 표현이다. 상담자가 본인의 관찰이 정확하다고 생각할 때, '~수도 있다.'라고 내담자의 숨겨진 의도를 제시해 주면, 내담자는 지금까지의 행동을 계속할 수는 있겠지만 더 이상 예전처럼 편하게 할수는 없을 것이다. 내담자는 더 이상 감춰진 의미에 무지할 수 없게 된다.

이 기법은 개인을 이전의 행동으로부터 분리시키려고 할 때 아주 효과적으로 사용할 수 있다. 아동들은 성인이나 다른 아이들이 잘못된 행동을 유용하게만 이용하지 않으면, 그러한 행동들의 목적을 재빨리 이해하고 같은 행동을 반복하지 않는다. 이 기술은 또한 성인의 경우에도 '봉사하는 훌륭한 엄마' '대단한 선생님'이나 '진짜 사나이'와 같은 이미지의 경우 상당히 효과적으로 사용할 수 있다.

9. 단추누르기 기법

이 기법은 아들러 개인심리학의 창조적 자아개념에서 비롯된 것이다. 아들러식 상담자는 자신들이 선택한 사고에 의해 자신의 감정을 창조해낼 수 있음을 내담자들이 알기를 원한다(Mosak, 1979). 단추누르기 기법에서 내담자는 눈을 감고 자신의 인생에서 아주 행복했던 사건을 상상하라는 요청을 받는다(예, 졸업, 결혼식). 그들은 그때 좋은 감정을 다시 경험하라는 요청을 받는다. 그런 다음에 내담자는 굴욕과 실패와 같은 불쾌한 사건을 상상하고 그때 기분을 다시 느껴보라는 요청을 받는다. 그러고 나서 그들은 행복한 사건을 다시 상상하고 행복감을 다시 경험하도록 한다.

아들러학파에서는 일반적으로 네 가지 중지기법을 사용한다. 아들러(1964)는 내담자의 자기몰입을 중단시키고 내담자의 사회적 관심을 가동시키려는 시도로서 '내담자의 눈동자를 바깥으로 돌리기'라고 부르는 탁월한 기법을 제안했다. 볼프(Wolf, 1931)는 우울과 유머는 양립할 수 없다는 것을 인식하고, 과제를 부과하는데(Mosak, 1984), 그것은 내담자가 다른 사람을 웃게 만드는 데 성공할 때까지 사람들에게 농담을 하게 하는 '숙제'이다. 아들러학파의 다른 집단에서는 우울에 관한 그들의 이론을 프로이트학파에서 말하는 '억압된 적개심' 또는 '안으로 향한 분노'에 기초를 두고, 내담자들이 분노를 개방적으로 바깥으로 표현하도록 격려한다. 이들 모든 기술은 선택적으로 효과적이다. 모저(Mosser)는 이런 여러 가지 방법을 적용해 보고 나서 아들러의 단추누르기 기법을 발전시켰다.

그는 이 기법을 우울증 내담자에게 많이 적용하였다. 그는 내담자의 특정 우울, 특히 그것에 관한 내담자의 견해에 관해 먼저 약간 언급한 뒤에 다음의 지시문을 제시한다(Mosak, 1997).

이것은 세 부분으로 된 실험입니다. 눈을 감아 주십시오. 세 부분 모두를 마칠 때까지 눈을 감아 주십시오. 먼저, 당신의 기억 속을 더듬어 매우 즐거운 기억을 떠올리시기 바랍니다. 성공, 아름다운 일몰, 사랑받았던 기억. 마치 그것을 TV화면으로 보고 있는 것처럼 당신의 눈앞에 전개시키십시오. 처음부터 끝까지 그것을 바라보면서 그 사건이 생겼을 때 느꼈던 감정을 느껴보십시오. 시작해 보세요! 얼마나 그것이 멋졌던가를 기억해 보세요! 다 끝나면 손가락을 들어 신호해 주십시오. 그러면 우리는 다음 부분으로 진행해 갈 것입니다.

내담자가 'TV 극장'이 끝났다는 것을 신호하면, 두 번째 부분으로 나아
간다.

　이제 기억 속을 다시 더듬어 보시기 바랍니다. 그리고 끔찍한 사건을 떠올
려 보시기 바랍니다. 당신은 실패했고, 상처 입었거나 혹은 아팠습니다. 삶은
당신을 압박했고, 누군가가 죽었고, 또는 굴욕감을 느꼈습니다. 마치 TV를
보듯 처음에서 끝까지 바라보시고 그 사건이 일어났을 때 당신이 느꼈던 감정
을 느껴보십시오. 시작해 보세요! 그 일이 얼마나 끔찍했었는지를 기억해 보
세요! 그것이 끝나면 손가락을 올려서 신호해 주십시오. 그러면 우리는 다음
부분으로 진행해 갈 것입니다.

손가락 신호가 주어지면, 상담자는 마지막 지시문을 제시한다.

　이제 당신의 기억 속으로 들어가 다른 즐거웠던 기억을 떠올리시기 바랍니
다. 만약 다른 즐거웠던 기억을 떠올릴 수 없다면, 처음에 떠올렸던 즐거운 기
억으로 돌아가십시오. TV 화면을 처음부터 끝까지 바라보시고 그 사건이 일
어났을 때의 감정을 느끼십시오. 시작해 보세요! 얼마나 그것이 멋졌던가를
기억해 보세요! 끝나면 눈을 뜨세요.

실험이 끝나면, 상담자는 내담자가 경험한 것을 함께 토론한다. 그들은
보통 그들의 감정이 그들의 이미지에 뒤따르는 것으로 결론 내린다. "내가
좋은 기억을 떠올렸을 때, 나는 유쾌하다고 느꼈어요. 나쁜 기억을 떠올렸
을 때는 불쾌하다고 느꼈어요." 과제를 부과하기 위한 출발점으로 상담자
는 내담자에게 다음과 같이 말한다.

　사람이 느끼는 것은 무엇을 생각하는가에 달려 있습니다. 만약 당신이 즐거
운 생각을 한다면 당신은 즐거운 감정을 느낄 것입니다. 만약 당신이 불쾌한
생각을 한다면, 당신은 불쾌한 감정을 느낄 것입니다. 우울을 느끼는 사람의
문제는 그들이 오로지 불쾌한 생각만을 하고 있다는 것입니다. [여기서 상담자

는 내담자의 지겨운 이야기 속의 불쾌한 생각을 언급할 수 있다.] 당신의 기분이 나쁜 것은 당연합니다. 그러나 우리가 발견한 한 가지 사실은 당신은 우울의 희생자가 아니라는 것입니다. 당신은 우울을 오게 할 수도 있고 가게 할 수도 있습니다. 당신이 무엇을 생각할 것인지를 결정하는 것으로 당신은 그것을 켜고 끄고 다시 켠다[1]는 것을 우리는 알았습니다. 당신은 무기력하지 않습니다. 당신은 절망스럽지 않습니다. 당신의 우울을 제거하는 데 영원한 시간이 걸려야 하는 것이 아닙니다. 당신은 언제라도 당신이 원할 때 그것을 바꿀 수 있습니다. 그러므로 나는 두 개의 누름단추를 드리려고 합니다. 행복단추와 우울단추입니다. 만약 당신이 행복단추를 누르면 당신은 행복한 생각을 하고 행복한 감정을 느낄 것입니다. 만약 우울단추를 누른다면 불쾌한 생각과 불쾌한 감정을 느낄 것입니다. 그러나 만약 당신이 다음 주에 왔을 때 여전히 우울하다면, 나는 당신에게 선택할 수 있는 행복단추가 있는데 왜 계속 우울을 느낄 것을 선택했는지를 설명해달라고 요청할 것입니다. 우리는 당신이 우울함에 무엇을 투자하는지를 찾게 될 것입니다.

이 진술로 상담자는 내담자의 '자기에 대한 몰이해'를 파헤친다(Raimy, 1975). 내담자는 희생자이거나 무기력하거나 절망적이거나 혹은 통제가 결여된 것이 아니다. 이러한 가르침이 과제를 통해 동시에 고무된다. 그것은 내담자에게 희망을 주고 우울을 제거하는 데 '긴 시간' 또는 '영원한' 시간이 걸린다는 비관적인 생각을 제거해 준다. 만약 내담자가 유쾌한 감정을 느낀 후에 부정적 사고가 되돌아온다고 말한다면, "대부분의 학습은 연습이 필요합니다. 그러므로 당신은 그것이 저절로 될 때까지 더욱 연습해야 할 것입니다."라는 말로 격려할 수 있다.

---

1) 우리는 내담자에게 그 감정이 켜질 수도 있고 꺼질 수도 있다는 관념을 강화하고 또한 '내담자의 입에 좋은 맛을 남겨두기' 위해서 두 번째의 즐거운 기억을 생각하도록 요청한다.

제3부

개인심리학적 아동상담

제6장
아동상담 개관

1. 아동상담 시설 및 환경구성

아동상담을 시작하기 전에 준비해야 하는 것은 상담소 시설과 비품 마련이다. 아동상담실의 내부 시설과 비품, 기구 마련은 물론 실내디자인에 이르는 물리적 환경은 치료적 효과를 고려하여 준비해야 한다. 상담실의 물리적 환경이 잘 준비되면 될수록 아동은 상담에 더 수월하게 참여하게 된다. 상담자는 성공적인 상담을 위해 환경에 대한 기본사항을 잘 고려하여 상담실을 준비해야 한다.

1) 상담실의 물리적 구성

상담실을 마련할 때 가장 중점을 두어야 할 것은 안전함과 사생활 보호이다. 이때 편안함과 편리함도 고려해야 한다. 안전함은 아동과의 상담에서 가장 중요한 특성이다. 일상생활에서 안전감을 경험하지 못한 내담아동을 위해서 무엇보다 필요한 것이다. 만약 아동이 상담소에서 안전감을 느끼지 못하면 상담은 불가능하다. 어떤 공간을 상담실로 배치하느냐는 안정성 보장에 있어서 중요하다. 일반적으로 상담소는 독자적인 건물을 사용하기보다는 대형 건물이나 학교 건물 내에 있다. 이는 안전감을 보장하는 면도 있지만, 다른 한편 사생활과 비밀보장을 손상시킬 수 있다. 상담소 방문이 많은 사람들에게 노출되는 것은 안전감을 해칠 수 있다. 또한 상담실 내부에 화장실이나 수도 시설이 없는 것도 사생활 보호를 저해할 수 있다.

상담 시설에서 상담실의 크기도 중요하다. 개인 아동상담에 필요한 공간 크기는 $11\sim14m^2$(3~4평) 정도가 가장 좋고, 집단상담을 위해서는 $23\sim28m^2$(7~8평)이 적당하다고 한다(Brems, 1993). 너무 커다란 방은 너무 작은 방만큼이나 관리하기가 어렵다. 특히 집단상담의 경우 아동들이 감정을 발산할 수 있는 개인적 공간이 필요하기는 하지만, 너무 큰 공간에서는 아이들이 이곳저곳 돌아다니기 때문에 피하는 것이 좋다. 너무 커다란 방과 너무 작은 방 중에서 선택해야 한다면 차라리 작은 방이 수용하기가 더 쉽고, 분위기가 대체적으로 따뜻하며, 자기노출에 도움이 된다. 그러나 아동들의 행동을 너무 제한하는 좁은 방은 아동을 방해할 수 있기 때문에 활동에 적당한 공간이어야 한다.

상담실의 창문도 고려해야 할 대상이다. 창문은 협소한 공간을 넓게 보이게 하는 효과는 있지만, 주의산만을 초래할 수도 있다. 창문이 없는 방은 주의산만을 최소화시킬 수 있으나, 닫혀져 있어서 답답하고 위협을 줄 수도 있다. 이 문제는 필요에 따라 내리거나 올릴 수 있는 블라인드를 창문에 설치하면 해결할 수 있다. 블라인드는 주의산만을 차단할 뿐 아니라 사생활과 비밀유지에 편리하다. 특히 상담소가 1층에 있거나, 밖이 어두울 때 더욱 그렇다. 밖이 어두워지면 방에서의 활동이 눈에 띄기 쉽다. 이때 블라인드를 유용하게 사용할 수 있다.

상담실뿐 아니라, 대기실에 대한 배려도 있어야 한다. 대기실은 아동을 환영하는 분위기로 만들어야 하고, 아동에게 적당한 크기의 가구와 아동

활동 도구들, 그리고 아동용 책과 잡지가 구비되어 있어야 한다. 아동을 위해 상담자는 특별한 치료적 가치를 지닌 그림책을 구비해 둘 수 있다. 대기실의 아동들이 상담실에 있는 아동들의 치료를 방해하지 않도록 방음도 잘 되어 있어야 한다. 몇몇의 상담자들은 TV나 라디오를 허락하는데, 이는 이 소리가 상담실로부터 새어나오는 소리들을 차단해주기 때문이다(Coppolillo, 1987). 어떤 이들은 단호하게 TV를 금지품목으로 잡는다. 상담자의 개인적 결정에 따라 시설을 마련할 수 있다.

대기실은 아동들뿐 아니라, 아동을 기다리는 부모들이 사용한다는 것을 명심해야 한다. 사생활은 아동들은 물론이고, 기다리는 부모들을 위해서도 보장되어야 한다. 상담하는 동안 대부분의 부모 또는 보호자는 대기실에서 기다린다. 대기실이 상담실에 너무 가까우면 아동치료에 방해가 되거나 부모들의 걱정을 초래할 수 있다. 방음이 잘 안 되어서 상담실에서 하는 이야기가 대기실까지 들린다면 사생활 보호가 되지 않기 때문에 아동이 상담에 임하는 데 문제가 생길 수 있다. 또한 대기실을 유리문으로 하여 대기 아동들을 개방시키는 것도 안전감을 낮추게 된다.

상담소 내에 최적의 위치에 상담실이 배치되면 거기서 사용될 비품과 가구, 장비들에 관해서 신경을 써야 한다. 상담실은 아동들이 안전하고 환영받는다는 느낌이 들도록 장비가 갖추어지고 배치되어야 한다. 가구들은 단순하면서도 조화를 이루어야 한다. 장난감과 비품들에 대한 대체적인 윤곽은 둘 다 똑같이 깨끗하면서도 간단한 것이 좋다. 방에는 아동과 상담자를 위해 최소한 2개 이상의 의자와 아동용 테이블이 필요하다. 만약에 아동집단을 방안에서 지도한다면 집단원 수만큼의 여분의 의자가 필요하다. 방의 벽을 따라 3~5단짜리 치료도구 정리장을 비치하면 장난감 보관에 유용하다. 정리장 중 몇 개는 상담자가 손쉽게 사용할 수 있게 문이 없는 정리장이 좋다. 선반은 낮게 다는 것이 안전하다. 높게 달린 선반들은 아직 거기까지 손이 닿지 않는 아동들이 기어오르려 해서 위험하기 때문에 피해야 한다. 정리장과 선반들은 모든 연령대의 아동들이 접근할 수 있어야 한다.

아동에게 비품 선택 권한을 주기 위해서 아동은 모든 비품에 자유롭게 접근할 수 있어야 한다. 간단해 보이는 것이지만, 자유로운 접근을 가능하게 하는 것은 자율성과 창조성을 아동에게 제공할 수 있고 아동을 믿고 맡긴다는 의미를 전달할 수도 있다.

아동상담실의 바닥은 안전하고 쉽게 청소가 가능한 것이 좋다. 세균방지 카펫이나 부드러운 비닐장판이 좋다. 상담영역에 따라 카펫과 비닐장판을 함께 사용하는 것도 좋다. 딱딱한 타일은 사고를 일으킬 수 있고, 싸늘한 느낌을 주기 때문에 피하는 것이 좋다. 벽은 청소가 가능한 소재가 좋고, 색상은 마음을 밝게 해 주는 밝은 색이 좋다.

상담실에 싱크대가 설치되어 있으면 여러모로 유용하다. 특히 미술활동이나 모래놀이를 하고 나서 필요하다. 손이 더러워질까봐 미술활동이나 모래놀이를 망설이는 아동들이 있다. 수도 시설이 없는 상담실에는 깨끗한 물을 담은 플라스틱 물통을 사용함으로써 이 문제를 처리할 수 있다. 이때 물통에는 안전한 뚜껑이 있어야 한다.

2) 치료도구

아동상담에서는 아동과의 관계를 촉진시키고, 아동의 생각과 감정을 표현하도록 격려하고, 상담자가 아동의 세계에 대해 통찰을 얻게 하고, 아동에게 현실 검증의 기회를 제공하고, 아동이 수용할 수 없는 생각과 감정을 표현하는 것을 받아들일 수 있는 방법을 제공하기 위해서 치료도구를 사용한다. 치료도구는 랜드레스(Landreth, 1991)가 지적한 대로 '장난감과 재료들은 수집된 것이 아니라 선택된 것'이어야 한다. 이 말은 의사가 환자를 진단한 후에 약을 처방하고 주사약을 주입하듯이 상담자는 의미 있는 치료적 목적에 따라 치료도구, 즉 장난감을 선택해야 한다는 것이다.

상담실 도구 선택에 대해 정형화된 지침은 아직 없지만(Ginott, 1960), 몇몇 아동상담사는 임상적으로 중요하고 필요한 치료도구 항목과 지침을 제시하고 있다. 우선 기노트(Ginott, 1960)는 장난감은 여러 목적 중 한 가지에 대해 선택된다는 점에 착안했다. 특히 그는 상담실에는 치료적 관계를 촉진시킬 수 있는 장난감, 카타르시스를 고려한 장난감, 통찰력의 발달을 촉진해 줄 장난감, 방어를 염두에 둔 도구들과 특히 승화를 위한 장난감들이 필요하다고 제안하였다. 랜드레스(1991)는 장난감이 정서적이며 창조적인 표현과 놀이를 조장해 줄 수 있어야 하고, 탐구심을 자극하고, 비언어적 방식을 통해 아동들을 흥미롭게 해 주며, 비구조화된 활동을 고려하고, 깨지거나 위험하지 않은 것으로 선택되어야 한다고 제안하였다. 콥포일로(Coppolillo, 1987)는 "장난감은 아동을 현혹하고 부추기는 것이 아니라 다만 아동이 표현하기 쉽도록 매개물을 제공해 주기 위함이다."라는 것을 강조하고, 최소한 장난감의 그런 특성이 유지될 수 있어야 한다고 제안하였다. 최후의 선택은 상담자의 개별적 결정에 따르게 될 것이다. 또한 중요한 것은 상담실의 장남감은 오락을 목적으로 하는 것이 아니라 치료과정에 대한 표현을 촉진시켜야만 한다는 점이다. 이상의 여러 의견들을 수렴하여 합의된 치료도구 선택의 일반 지침을 다음과 같이 정리해 볼 수 있다(Ginott, 1961; Landreth, 1987, 1991).

1. 장난감이나 치료도구들은 견고하고, 반복 사용으로 인해 쉽게 손상되지 않아야 한다.
2. 장난감이나 치료도구들은 성공의 기회를 제공해야 하고, 아동들이 자아존중감과 자기 확신을 갖도록 이끌어 주어야 한다.
3. 장난감이나 치료도구들은 아동에게 흥미를 유발할 수 있는 것이어야 한다.
4. 장난감이나 치료도구들은 말을 요구하지 않고, 탐색하고 표현하도록 촉진시킬 수 있는 것이어야 한다.
5. 장난감이나 치료도구들은 폭넓은 정서 표현이 가능한 것이어야 한다.
6. 장난감이나 치료도구들은 상담자가 아동과 긍정적인 관계를 형성할 기회를 허락해야 한다.

7. 장난감이나 치료도구들은 아동에게 현실생활과 공상 모두를 탐색할 기회를 제공해야 한다.

치료도구는 장난감 수가 중요한 것이 아니라, 치료적 효과를 낼 수 있는 장난감을 선택하는 것이 중요한데, 장난감 선택 시 기본적으로 가족/양육 장난감, 무서운 장난감, 공격적 장난감, 표현하는 장난감, 가장/환상적 장난감 종류는 모두 포함되어야 한다(Landreth, 1987, 1991; Kottman, 1995). 각 영역별 장난감에 대해서 간단히 살펴보기로 한다.

(1) 가족/양육 장난감

가족/양육 장남감은 상담자와 관계를 형성하고, 가족 관계에 대한 이해와 감정을 탐색하고, 놀이방 밖에서 사건을 재창조하기 위해서 사용한다. 여기에 속한 장난감으로는 아기 인형, 요람, 동물 가족들, 사람 인형, 아기 옷, 주방용품, 전화기, 차 트럭, 비행기 같은 운송수단 장난감과 모래 등이 있다.

아동들이 집에서 일어난 상황을 실연시키는 데 필요한 장난감은 인형집과 부엌 세트다. 아동들은 가족의 문제를 이러한 장난감을 통해 실연한다. 집에 어려움이 있다는 사실을 부정하는 아이들조차도 구부릴 수 있는 가족 인형을 가지고 다양한 가족 구성원 사이에서 실제로 일어난 것을 상담사에게 보여주곤 한다.

생활이 곤란한 처지에 있다고 느끼거나 견딜 수 없는 상황으로부터 도망갈 수 없어 답답해하는 아동들은 상징적으로 운반수단 장난감을 사용하곤 한다. 전화기는 아동들의 의사소통 수단으로 사용된다. 자신의 속마음을 드러내길 두려워하던 아동들도 전화기를 사용하여 자신의 비밀을 이야기할 때도 있다. 때때로 아동들은 생활 속에서 다른 사람(즉, 부재중인 사람)과 의사소통하는 수단으로서 전화기를 사용한다. 플라스틱 장난감 대신에 실제 전화기를 사용한다면, 이러한 작업이 훨씬 더 쉽게 일어날 것이다. 인형의 경우는 옷을 찢지 않고 쉽게 옷을 벗기고 입힐 수 있고, 손과 발, 몸을 구부릴 수 있는 인형이 좋다. 성학대받은 많은 아동들은 인형 옷을 벗겼다 입혔다 하면서 시간을 보낸다.

(2) 무서운 인형들

무서운 인형은 현실과 공상 모두의 두려움을 다루기 위해 사용된다. 여기에 속한 장난감 종류로는 뱀, 쥐, 플라스틱 괴물, 공룡, 벌레, 용, 상어, 악어, 늑대, 곰 등과 같은 '무서운' 장난감이 있다. 아동들은 이러한 장난감을 가지고, 그들이 두려워하는 것과 악몽을 실연할 수 있다. 그들은 그들을 위협하는 실제나 상상의 것들로부터 그들 자신과 다른 사람을 보호할 수 있다. 그들은 무서운 것들이 그들을 위협하기 전에 두려움들을 공격하고 패배시킬 수 있다. 빈번히 성학대를 받았던 아동들은 다양한 두려움과 공상을 실연하기 위해서 뱀을 사용한다. 가장 좋은 뱀 장난감은 비틀 수 있고, 잡아 늘일 수 있으며, 주름을 잡을 수 있고, 다르게도 쉽게 조작할 수 있는 유연한 고무로 만든 뱀이다. 이런 유연한 타입의 뱀은 아동들이 조정할 수 있고, 그들에게 무슨 일이 일어났는지를 자유롭게 겉으로 표출할 수 있게 해준다.

(3) 공격적인 장난감

공격적인 장난감은 필수적인 치료도구로서, 분노와 두려움을 표현하고 그들의 공격성을 상징적으로 행동화하는 것을 배우며 힘과 통제의 문제를 탐색하기 위해 아동들이 그러한 감정을 언제, 어떻게 노출을 통제하는지를 배우도록 한다. 공격적인 장난감은 공격성을 증가시키고 적개심을 불러일으킬 것이라는 의견도 있으나 실제 그런 경우는 거의 없다.

공격적인 장난감으로는 권총집이 있는 권총, 고무로 만든 칼, 총이나 다른 시끄러운 소리를 내는 무기, 화살총, 수갑, 장난감 군인과 같은 것들이 포함된다. 아동들은 권총과 고무 칼을 가지고 위험에서 자기 자신을 방어하고, 그들을 위협하는 사람들과 그들의 적을 쳐부수는 공상을 할 수 있다. 아동들은 모든 공격적인 종류의 놀이, 구출 시나리오, 방어적인 공상들, 위험한 상황에서 도망가는 상상을 하는데 펀치백과 군인 장난감을 사용한다. 그들은 이런 장난감들을 소음을 일으키는 무기로 사용할 수 있고, 그들이 특별히 듣고 싶지 않은 것을 상담사가 이야기할 때 어떠한 말도 듣지 않으려고 그것을 사용할 수 있다. 화살, 권총알, 다트화살 등이 소유물이나 사람들을 다치게 해서는 안 된다. 상담사는 이런 사실을 아동에게 상기시켜야 하고, 위험하지 않은 더 적절한 목표물을 찾아 그것을 맞히라고 재지시할 필요가 있다. 아동들은 그들 자신의 무기력함과 부적절한 감정을 표현하기 위해서, 또는 자신의 권력과 통제적인 감정을 실행하기 위해서 수갑을 사용하길 바란다. 후자인 경우 아동은 상담사에게 수갑을 채우려 하는데, 상담사는 수갑을 차도 편안하다면 수갑 사용을 허락해야 한다. 수갑은 열쇠 없이도 안전하게 풀 수 있는 것으로 사용해야 한다. 보통 수갑 열쇠는 쉽게 없어져서 관리하기가 어렵다.

(4) 표현하는 장난감

표현하는 장난감은 아동이 그들의 감정을 표현하고, 가족의 역동을 탐색하고 자신이 속한 집단(주로 학교와 가정)에서의 상호작용을 조사하고, 새로운 기술을 실행하고, 자아존중감을 높이는데 사용된다. 이 범주에 속하는 장난감들은 크레용, 종이, 가위, 파이프 크리너, 플레이도우(Play-Doh)나 점토놀이, 연필, 매직펜류, 테이프, 풀, 핑거페인트, 수채물감, 템 페라화법 페인트와 같은 미술재료가 될 것이다.

(5) 가장/환상 장난감

가장/환상 장난감은 다른 역할을 탐색하고, 감정을 표현하고, 새로운 행동 또는 타인의 행동을 모방해 보고, 현실에서 그들이 관찰한 상황을 실행해 보기 위해 사용된다. 여기에는 마스크, 모자, 지갑, 굽이 높은 구두, 마

술지팡이, 전화기, 보석 등의 장난감이 포함된다. 이 범주에는 퍼핏(puppet)
이 또한 포함될 수 있다. 아동들은 다른 인물의 퍼핏을 사용하여 학교와 집
에서의 상황을 나타내는 시나리오를 재연할 수 있다. 그들은 또한 다른 시
나리오들을 이야기하기 위해서 퍼핏을 사용할 수 있다. 직접 자신을 표현
하길 두려워하는 아동들은 퍼핏을 사용하여 그들의 사고와 감정을 좀 더
쉽게 말로 표현할 수 있게 된다.

장난감은 벽에 부착된 개방 선반에 놓는 것이 좋다. 이것은 아동들이 고
의적으로나 우발적으로 선반을 어지럽히는 것을 방지할 것이다. 장난감을
배열하는 가장 좋은 방법은 범주별로 묶어서 정리하는 것이다. 현실생활
장난감끼리, 공격적 장난감끼리, 창의적/표현적인 장난감끼리 함께 정리한
다. 이런 배열은 장난감이 놓인 위치가 예측 가능하고 조직화되어 있기 때
문에 아동들이 어떤 특정한 장난감을 쉽게 찾을 수 있게 하고 아동들에게
안전성과 일관성을 제공한다(Landreth, 1983, 1991).

상담이 종료될 쯤 장난감을 치우도록 하여, 아동이 사용하던 장난감은 제
자리에 놓아두도록 한다. 이는 장난감들을 사용하는 아동들에게 안전성과
계속성(일관성)의 의미를 제공할 것이다(Landreth, 1982, 1991). 일부 상담사들
은 상담사가 놀이영역을 깨끗이 청소하고 장난감을 치울 책임이 있다고 이
야기한다(Axline, 1969; Landreth, 1991). 또 다른 상담사들은 아동들이 놀이세
트를 치우는 것을 상담사가 돕고, 장난감이 있었던 곳에 다시 갖다 놓도록
제안한다(Kottman & Warlick, 1990, 1991). 이것은 상담사의 철학적 신념과 이
론적인 오리엔테이션에 따라 달라질 수 있다.

2. 아동상담의 다양한 기법

상담실에 오는 아동들은 대부분 자발적으로 상담을 받으러 오는 성인들
과 달리 부모나 교사의 권유나 압력에 의해 오기 때문에 상담을 일종의 처

벌로 생각하여 상담을 두려워하거나 거부하곤 한다. 그러므로 상담을 하기 위하여 상담사는 아동이 이해받고 수용되고 있다고 느끼고 안정감을 찾고 상담이 자신에게 도움이 된다고 느낄 수 있도록 해주는 것이 중요하다. 그러기 위하여 상담사는 아동들이 거부감 없이 즐겁고 기쁘게 상담에 참여할 수 있도록 그들에게 맞는 상담 전략들을 개발해야 한다.

아동상담에서 겪는 또 다른 어려움은 아동들이 자신의 문제를 언어로 표현하는 것이 어렵다는 점이다. 이것은 아동의 언어적 표현의 제한에 따른 원인일 수도 있고, 다른 경우는 아동이 그들의 어려움을 표현하고자 시도했을 때 어른들에 의해 그들의 생각이나, 느낌, 행동이 무시당했거나, 조롱이나 억압당했던 경험이 아동들로 하여금 자신의 느낌, 행동, 사고를 무시하게 만들었기 때문일 수도 있다. 이러한 사건이 해결되지 못하면 아동은 정서적 혼란을 경험하게 된다. 이러한 경험은 상담사로 하여금 아동의 사적세계를 이해하기 어렵게 한다.

아동상담의 경우 많은 이론이나 방법들은 어른들의 시각에서 아동을 이해하고자 하였기 때문에 자칫 어른의 시각으로 아동의 내면세계를 이해하고자 함에 따른 문제점도 있을 수 있다. 아동이 지니게 되는 모든 문제들을 아동의 관점이나 발달과정에 맞춰 이해하도록 노력하는 것이 중요하다.

아동상담에서는 아동이 즐겨 사용하는 놀이, 미술, 음악, 게임 등의 다양한 매체들을 사용하여 아동의 내면세계를 탐색한다. 아동상담사들은 아동이 제시하는 행동에서 민감하게 정보를 수집하기 위해 그들이 사용하는 '새로운 언어'(Gondor, 1994)를 배우고 '제3의 귀를 가지고 경청하는 기술'(Landreth, 1991)을 습득하고 '눈으로 듣는 능력'(Landgarten, 1981)을 개발하는 노력을 해야 한다.

1) 놀이치료

아동상담에서 사용되는 가장 일반적인 기법 중 하나가 놀이치료이다. 놀이는 아동의 성장과 성숙을 촉진하는 아동기의 중요 활동이기 때문에 아동상담을 목적으로 놀이의 사용은 이미 널리 입증되어 지지되어 왔다(Landreth, 1991; O'Conner, 1991; Schaefer, 1993). 아동상담에서 놀이는 자신을 표현하는 가장 자연스러운 수단이면서 의사소통 수단이고, 어떤 결과나 목적을 위해서 행하는 것이 아니라 놀이과정 자체를 아동들이 즐기기 때문에 더욱 중요하다. 놀이는 아동의 일(occupation)로서 설명되어 왔고(Erikson, 1950), 장난감은 아동의 도구로서 사용되어 왔다. 놀이는 '자기 표현을 위한 가장 자연스러운 수단'이고(Axline, 1947: 16), 아동과 성인 사이뿐 아니라 아동들 간에 뛰어난 의사소통 수단이다. 아동은 놀이에서 말없이 의사소통한다. 그것은 개인적이고, 장난감 또는 단순한 사물들이 아동의 성장을 촉진하고, 중요한 생활 상황을 행하도록 돕는 목적으로 사용된다(O'Conner, 1991). 놀이는 비수단적이다. 이 말은 결과나 규정된 목적을 위해서 놀이를 하는 것이 아니라, 놀이과정이 중요하다는 것이다. 사실 그런 목표가 아동들에 의해 규정되는 것처럼 보일 때조차도, 아동은 자유롭게 놀면서 어떤 목적을 추구하지 않는다. 놀이가 비수단적임에도 불구하고, 놀이는 무의식적으로 목적적이다(Landreth, 1991). 놀이 상황에서 명백한 목적과 목표가 없을 때, 이 목적이 관찰되거나 이해되지 않더라도, 놀이는 아동에게 목적을 제공한다.

　아동상담에 놀이가 사용될 수 있는 이유에는 몇 가지가 있다. 첫째, 놀이는 상담사와 아동 간의 관계를 촉진시켜 주는 데 효과적으로 사용될 수 있다. 놀이를 통해 상호작용이 쉽게 시작될 수 있고, 아동으로 하여금 상담 상황을 친숙하게 느끼도록 할 수 있으며, 안정된 느낌을 경험할 수도 있다. 둘째, 아동은 놀이를 하면서 의식적 · 무의식적으로 자기노출(self-disclosure)을 하게 된다. 놀이에서 아동은 자신의 감정, 갈등, 문제, 관계의 어려움이 직접적 또는 상징적으로 재연되는데, 이는 다른 매개체를 통해 표현되지 못하는 다양한 정보를 상담사에게 제공해 준다. 그러므로 놀이를 통한 상담은 매우 어리거나 언어가 부족한 아동에게까지 가능하다. 셋째, 놀이를 통해 나타나는 감정과 갈등은 자연스럽고 자유롭게 표현되므로 아동으로 하여금 정화(catharsis)를 경험하게 함으로써 치료적인 효과를 지닌다. 넷째, 놀이는 현존하는 문제를 해결하기 위해 상담사와 아동이 서로 타협하도록 도와준다. 상담사로 하여금 아동의 문제해결에 개입하고 지시하기 쉬운 활동장소를 제공해 줄 뿐만 아니라 해석하고 내면화시켜주는 기회가 되기도 한다. 다섯째, 놀이 시 아동은 실패로 인해 상처를 받거나 나쁜 상황에 처할 필요 없이 안정된 장소에서 새로운 행동을 시도해 볼 수 있다. 따라서 상담사는 놀이과정에서 아동으로 하여금 생활문제에 더 잘 대처하게 하는 새로운 문제해결 전략을 발달시키는 모델의 역할을 함으로써 도움을 줄 수 있다.

2) 미술치료

어린 연령의 아동들은 자신의 생각, 감정, 상상을 마음껏 표현할 수 있는 미술활동을 좋아한다. 미술은 '목적 있는 상징의 구성'(Kramer, 1979), '아동의 자기표현의 자발적 방법'(Rambert, 1964), '받아들일 수 없는 행동을 승화시켜 받아들일 수 있는 행동으로 재전환하는 것'(Rubin, 1984), '무질서에서 벗어나 질서를 잡는 방법'(Rubin, 1978)이며, 아동이 어떤 결과의 두려움이나 환경으로부터의 보복 없이 대인관계를 창조하고, 상징적으로 소망을 이루고, 자극을 통제하고, 감정과 욕구를 표현하기 위해 사용될 수 있다 (Rubin, 1987).

아동상담사는 미술기법을 평가(assessment), 정화(catharsis), 성장(growth)을 위한 중재전략으로 사용한다. 미술은 자기노출의 수단이므로 상담사는 아동이 지니고 있는 대인관계나 개인의 내적 문제를 개념화하고 진단하는 평가도구로 사용할 수 있다. 미술은 상담사로 하여금 창작의 과정과 작품결과를 통해 내담자가 정상적으로 알거나 깨달을 수 없는 갈등, 욕구, 감정을 인식할 수 있고, 아동이 말로 표현하지 못한 문제에 대한 정보를 제공해 주며, 미술작품을 통해 상담의 진보를 파악하고, 상담의 종결을 결정하기도 한다. 미술기법을 이용한 다양한 평가도구들, 예를 들면, 과제화법, 상상화 그리기, 집-나무-사람검사(HTP), 인물화검사(DAP), 가족화(DAF), 동적가족화(KFD), 학교생활화(KSD), 풍경구성법, 협동화법, 난화 게임법 등은 상담 과정에서 아동으로부터 추가적인 정보를 얻기 위한 것이다.

상담사는 미술기법을 사용하여 아동이 자신의 감정과 욕구를 표현할 수 있도록 격려함으로써 아동이 가지고 있는 부정적인 감정을 사회적으로 수용되는 방법으로 해소하면서 정화를 경험하게 해 준다. 예를 들어, 화가 나는 사건을 회상하며 점토를 세게 두드리거나 폭발하는 화산을 만들 수 있고, 자신을 괴롭히는 사람을 그린 후 그 위에 줄을 그으면서 자신의 분노를 해소시킬 수 있다.

아동은 다양한 매체를 선택하고, 자기 주도적으로 자유롭고 창의적인 작품을 만들어보면서 성장한다. 이런 경험은 아동의 자신감을 고양시키고, 개인적인 만족감, 가치감, 성취감을 느끼게 한다. 미술활동은 아동의 정신과 감각을 사용함으로써 아동의 인지능력을 활성화시키는 기능도 한다.

미술활동을 통해 상담 목표를 달성하려면 상담사는 아동의 행동과 창작품이 무엇을 나타내는지 이해해야만 한다. 이를 위해 상담사는 미술의 세가지 차원, 즉 과정, 형태, 내용을 해석할 수 있는 능력이 있어야 한다. 또한 아동으로 하여금 자신의 작품이 평가 대상이 아니고, 자유로운 상황에서 자기 주도적으로 미술활동이 이루어질 수 있다는 것을 분명히 인식할 수 있도록 해 주어야 한다.

3) 음악치료

음악이 '치료'의 도구로 사용된 것은 인류 문명의 시작과 그 시기를 같이 한다고 해도 과언이 아니다. '음악치료의 아버지'로 알려진 개스턴(Gaston, 1968)은 음악은 인간행동의 한 형태로서 아주 독특하고 강력한 영향을 미치

며, 장애자나 환자들로 하여금 바람직한 행동을 획득하게 하며, 그 전의 잘
못된 행동을 변화시키는 데도 도움을 준다고 하였다. 때로 음악 자체가 행
동변화를 야기하기도 하지만 대부분은 상담자가 직 · 간접적으로 이끌어가
는 역할을 함으로써 이루어진다.

음악의 치료적 기능을 살펴보면, 음악은 신체적 활동을 야기하고, 사람에
게 상징성과 만족감을 주고, 환경과 접촉하게 하며, 커뮤니케이션의 기능을
가지고 있다. 또한 감정을 표출시켜 주며, 기억을 자극시키고, 내 · 외적 동
기가 되며, 개인을 그룹으로 통합시키며, 사람에게 즐거움을 주기도 한다.

음악치료의 방법으로는 집단연주와 즉흥연주, 창작, 작곡, 노래만들기,
음악감상과 인식 · 상상 · 말하기 유도, 배경음악을 사용한 다른 활동들, 리
듬활용 등이 있다. 이를 통한 일반적 기대 효과는 다른 사람들과의 관계개
선과 사회성의 향상, 언어구사 능력의 향상, 음악치료 그룹을 통한 개인의
책임감과 질서확립, 기분전환과 집중력 강화, 음악감상을 통한 긴장이완,
즉흥연주를 통한 자기표현, 자신감 강화, 치료사와의 관계형성으로 타인에
대한 상호 신뢰감 증진, 노래부르기와 악기연주를 통한 신체기관의 기능회
복, 적극적인 역할을 위한 동기부여, 말로 표현하기 힘든 정서의 창조적 승
화와 배출 등이 있다.

음악치료를 함에 있어서 상담사는 어느 정도 기본적인 음악적 능력을 갖
추어야 한다. 상담사가 노래를 잘 하고 악기를 잘 연주한다면 이상적이지
만 최소한 음악에 대한 관심이 있어야 한다. 구메어(Gumaer, 1997)는 최소
한 음악 상담사로서 갖추어야 하는 세 가지 태도를 제시하였다. 첫째, 음악
에 가치를 둘 것, 둘째, 음악의 기능적인 목적 사용을 이해할 것, 셋째, 음
악의 질, 맛, 또는 아름다움에 비추어 어느 한 유형의 음악이 다른 모든 종
류의 음악보다 더 좋다거나 더 나쁘다고 보지 않아야 한다. 그 외에도 상담
사는 높낮이가 익숙한 노래를 따라 부를 수 있고, 높낮이에 맞지 않게 노래
하거나 연주하는 것을 인식하는 능력, 간단한 음악 리듬에 맞춰 노래하고
손뼉치고 춤추며 걸을 수 있고, 리듬에 맞지 않게 움직이는 것을 인식하는

능력, 다른 사람의 음악적, 재능, 기호, 음악적 환경 등을 파악할 수 있는 능력을 갖추어야 한다.

4) 독서치료

고대 그리스의 도시인 테베(Thebes)의 도서관에는 '영혼을 치료하는 장소'라는 말이 새겨져 있는데, 이는 책이 의사소통이나 교육, 치료 등을 통하여 생활을 질적으로 더욱 풍부하게 해준다고 생각한 데서 비롯된 것이다. 그 이후로 책은 많은 사람들에게 활자화된 단어로부터 영감과 안식을 위한 침묵의 상담사(silent counselors)로서의 역할을 해오고 있다(Riordan & Wilson, 1989). 이렇듯 독서치료는 그 역사가 길지만, 활성화된 것은 그리 오래되지 않았다. 근대에 와서 심리상담자와 심리분석학자들은 책을 환자의 가장 깊은 부분의 감정에 접근할 수 있는 치료수단으로 보고 독서치료를 이용하였다.

독서치료는 아동상담에 있어서 다양한 기능을 수행한다. 첫째, 아동의 억압된 마음을 표현해주고, 아동이 지닌 문제나 그 해결방향까지 제시해주는 중요한 치료매체이다. 문학작품에는 작중인물의 여러 가지 갈등이 표출되어 있고, 문제해결의 과정이 있으며, 갈등을 겪으면서 경험하는 희로애락 등 그들의 다양한 감정이 표현되어 있다. 아동은 자신의 사고와 감정을 정확히 표현할 언어능력이 부족하고, 심리적 충격이 심한 경우에 자신의 문제를 표현하는 데 어려움이 있으므로 상담자는 문학작품을 통해 아동의 내면세계에 자연스럽게 우회하여 접근할 수 있고, 아동의 내면세계에도 다가갈 수 있다. 특히 아동은 자기가 읽은 문학작품과 자신을 강하게 동일시하기 때문에 아동의 가치관과 태도는 각 성장 단계에서 독서에 의해 영향을 받고, 심지어는 변하기까지 한다. 둘째, 책은 자기의 상황을 잊어버리고 다른 곳으로 생각을 유도하는 기능이 있다. 잊어버리는 기능은 아동에게 안도감을 주고, 긴장을 완화시키며 즐겁게 만든다. 다른 곳으로 유도하는 기능은 교화하고 감동시키고 동요시키며 태도의 변화를 일으킨다. 이로써 아동은 자신의 고통을 잊어버리고 남의 고통에 관심을 갖게 되며 다른 사람을 생각하여 자신의 문제에서 벗어나 보다 객관적으로 문제를 볼 수 있게 된다. 이 외에도 독서치료는 감동을 통해 인격을 조정하고 변화시키며, 자신의 특성과 행동양식을 인식시켜 새로운 체험을 할 수 있도록 유도해준다. 또한 대리만족의 기회를 제공해 주며, 사회적응력을 길러준다(Kleber, 1982).

책읽기 자체만으로도 심리치료가 될 수 있다고 보는 사람들이 있다. 그러나 책을 읽는 것만으로 나타나는 치료적 효과를 넘어서, 독서를 통해서 나오는 감동과 힘이 인격을 바꾸고 내담자의 내면세계의 문제를 치료하기 위해서는 치료사의 치료적 처치가 함께 수반되어야 한다. 치료사는 아동문제와 관련하여 적절한 유형의 도서를 선정하여 적절한 시기에 읽게 하는 기술, 책에서의 경험과 관련하여 아동과 상담자 사이에 상호작용하게 하는 기술, 아동과 상담자 간의 상호작용을 자극하기 위한 치료활동을 할 수 있는 기술들을 갖추어야 한다(Gumaer, 1997).

일반적으로 독서치료는 책만 사용한다고 생각하지만 상담사는 책을 기본으로 하고, 상담의 효과를 극대화시키기 위해 영화, 슬라이드, 일기, 시, 잡지, 역할극, 게임 등의 다양한 매체를 함께 사용한다.

5) 치료적 은유이야기

어린 아동들에게는 은유적으로 생각하고 행동하는 것이 자연스럽다. 우리가 은유라고 번역해 쓰고 있는 영어의 'metaphor'(메타포)는 원래의 뜻이 '옮김' 또는 '자리바꿈'이었던 고대 희랍어 'metaphora'(메타포라)에 어원을 두고 있다. 은유는 문학의 대표적인 표현기법인 비유의 한 종류이다. 은유는 하나의 사물을 설명하기 위해 다른 사물을 끌어들이는 방법으로, 두 사물을 결합하는 양식이다. 이 두 사물 간에는 서로 공통적인 요소, 즉 공유소(共有素)를 지니고 있어야 한다. 공유소가 클수록 두 사물의 결합은 설득력이 강하게 된다.

은유는 문학에서뿐 아니라, 사람들이 그들 자신, 그들의 가치, 그리고 그들의 세계에서 새롭고 창조적인 관점을 즐기기 위해 사용될 수 있는 효과적인 도구(Goodman, 1985)라고 하여 외국에서는 상담과 심리치료, 치료교육 장면에서 많이 사용하고 있다. 특히 아동을 대상으로 하여 아동 내면에 아직 인식되지 않거나 활용되지 않고 있는 아동의 자원을 발견하고 접근하는 데 사용되고 있다. 상담자는 아동이 그들의 감정 표현하기, 충돌에 대처하기, 타인과 상호작용하기, 그리고 어려운 상황에서 처신하기 등의 새로운 방법을 획득하도록 돕기 위해 은유를 사용할 수 있다(Mills & Crowley, 1986; Lankton & Lankton, 1989). 은유의 사용은 아동 자신과 상담자 간의 개인적인 접촉의 다리를 창조하는 것을 돕는다. 이것은 아동이 의사소통에서 더 편안함을 느낄 수 있게 한다. 타워스 등(Towers et al., 1987)은 은유가 상담과정에서 내담자에게 흥미를 불러일으키고, 진실한 사람으로서 상담자에 대한 내담자의 관점을 증가시킨다는 것을 발견하였다. 은유는 특별한 대인관계적인 이슈를 설명하고, 해결을 제안하고, 내담자에게 스스로 인식하게 돕고, 그들의 상황을 뚜렷하게 하고, 문제를 재구조화하는 데에 사용될 수 있다(Barker, 1985).

치료적으로 이용할 수 있는 효과적인 은유는 상담자의 은유에 의해서 창조된 세계에서 아동, 상담자, 이야기 사이에서 공감적 관계가 창조되고, 그것이 아이들이 묘사한 인물과 사건과 동일시의 느낌을 발달시키는 것을 가능하게 해야 한다. 이러한 동일시의 느낌은 은유에 있어서 전환(transformational)의 힘을 포함한다(Gordon, 1978). 만약, 그가 '현실'의 삶 속으로 이야기의 일부분을 가져온다면 그 자신과 이야기 속의 사건 사이에 개인적인 연결의 다리를 만들어야만 한다. 효과적인 치료적 은유는 아동의 문제를 정확하게 나타냄으로써 그가 더 이상 외롭게 느끼지 않도록 촉진되고, 부끄럽다거나 수치스럽게 느끼지 않고 치료에 저항하지 않게 된다.

일단 아동과 이야기 사이에 동일시가 확립되면 자신의 문제에 대한 아동의 고립감('나와 같은 문제를 가진 사람은 아무도 없어.')은 공유된 경험('그들도 나와 같은 문제를 가지고 있어.')으로 대체된다. 게다가 아동의 문제와 은유적 문제 사이의 연결은 완전하게 의식되지 않은 채 유지된다. 실제로 이것이 치료적 은유의 매력이자 가치이다.

아들러 아동상담자들은 치료적 은유이야기 기법을 생활양식 탐색이나 삶의 목표 조사 등에 자주 활용한다.

제 7 장
아동과 평등한 관계형성

 아들러식 아동상담자가 첫 번째로 해야 할 일은 아동과 평등관계를 만드는 것이다. 상담은 서로가 함께 협력해서 이루어나가야 하는 것임을 아동에게 알려주어야 한다. 치료적 관계는 상호 신뢰와 존중으로부터 발전된다. 초기 몇 번의 회기 동안 아동상담자의 주요 작업은 아동과 그들의 능력에 대한 신뢰와 존경을 서로 전달하는 것이다. 상담자는 일관성 있고, 관용적이며, 아동을 존중함으로써 아동의 신뢰와 존경을 받아야 한다.

 평등한 관계는 동일하고 상호 협력적이기 때문에 아동과 상담자는 치료 회기에서 책임과 영향력을 나누어야 한다. 아동과 상담자 모두 상담실에서 무언가를 시작할 수 있는 권리를 가진다. 상담자는 아동에게 억지로 어떤 것을 말하게 한다든가 시켜서는 안 된다. 아동은 스스로 선택을 하고, 상담자가 원하지 않을 때라도 아동의 결정을 존중해 주어야 한다.

 상담자의 질문에 아동이 대답을 하지 않을 때, 아동에게 대답을 강요하지 않음으로써 아동을 존중하는 상담자의 마음을 보여줄 수 있다. 상담자가 무엇을 말했느냐보다는 무엇을 하느냐가 더 중요하다. 상담자는 될 수 있는 대로 아동의 행동을 통제하지 않는다. 다만 아동이 자기 자신이나 다른 아이들, 상담자를 해치거나 상담실 안의 물건을 파손하는 것은 제재를 가해야 한다. 그 외에는 아동들이 스스로 상담실 안에서 무슨 일을 할 것인지를 결정할 수 있게 한다.

아동상담자는 아동이 첫 회기에 들어오기 전부터 상담을 그만둘 때까지 아동과 관계를 형성하는 데 몰두한다. 평등관계의 기초는 인간이면 누구나 가져야 하는 인간의 존엄성과 그들의 영향력을 가져야 한다는 믿음에 있다. 관계 형성은 상담의 첫 번째 단계에서만 이루어지는 것이 아니라 치료과정을 통해 계속 이루어져야 한다.

1. 아동과 상담 시작하기

1) 아동의 흥미 끌기

아들러 상담의 첫 회기 목표 중 하나는 내담아동에 대한 믿음과 존중감을 계속 전하는 것이다. 상담자는 처음부터 아동에게 이런 생각을 계속 전달한다. 코트만(Kottman)은 이런 마음을 아동에게 전달하는 방법으로 상담을 처음 시작할 때에 부모에게는 머리로 인사하는 정도로 간단히 예를 표하고, 아동에게 곧장 걸어가서 아동의 눈높이에 맞춰 무릎을 꿇고 앉거나 낮은 의자나 바닥에 앉아서 인사를 한다고 한다. 이런 행동을 통해 아동에 대한 존중과 아동이 소중하다는 사실이 전달되길 원한다.

아동을 만나면 그들의 이름을 부른다. 상담자는 자신을 소개하고 아동을 만나서 기쁘다고 말하고, 함께 좋은 시간을 가질 것이라고 아동에게 말해 준다. 상담자를 소개할 때 외국처럼 이름을 부르도록 하는 것은 우리나라 상담에서 어색하고 "안녕, 은석. 나는 김 선생이야. 오늘 너를 만나니 매우 기쁘구나. 우리는 여기서 재미있는 시간을 가질 거야."라고 소개하는 것이 좋다.

아동은 잘 알지도 못하는 사람을 만나자마자 그를 따라 낯선 상담실에 들어가야 한다는 사실이 불안하고 겁이나 화가 날 수도 있다. 이런 것을 처리하기 위한 최선의 방법은 그들이 가진 공포와 관계가 없는 것에 그들의 주의를 돌리는 것이다(Landreth, 1985). 이때 상담자는 상상력과 창의력을 발휘해야 한다. 상담자는 대기실에서 몇 개의 장난감이나 책에 대해 설명할 수도 있고, 인형의 이상한 귀걸이에 대해 지적하거나, 아동에게 작은 인형이나 신기한 묘기를 보여줄 수도 있다.

2) 상담실에 들어가기

상담은 대기실에서 아동을 만나는 때부터 시작이다. 상담자는 대기실에서 부모님과 잠시 인사를 나눈 뒤 아동에게 "지금은 상담실에 가야 하는 시간이다. 엄마는 우리가 돌아올 때까지 대기실에서 우리를 기다릴 거야."라고 말한다. 아동이 상담실에 가는 것을 원하는지, 또는 아동이 상담실에 들어갈 준비가 되어 있는지 물어 볼 필요는 없다. 아동은 상담실에 들어가야 하기 때문이다. 부모님이 그들이 돌아올 때까지 대기실에서 기다릴 것이라고 말함으로써 아동을 안심시켜 준다.

상담실에 억지로 오는 아동들이 많은데 아동이 상담자를 긍정적이고 친절하고 재미있는 사람이라고 생각하고, 상담실을 흥미 있는 장소로 생각한다면 상담에 대한 거부감은 줄어들 것이다. 그러나 어떤 아동은 다른 아동보다 더 불안해하고 수줍어 하여 상담실에 들어오는 것에 크게 저항한다. 이런 경우는 부모님이 처음 10분 동안 상담실에 같이 들어와 있다가 다시나가서 대기실에서 기다리는 방법을 사용할 수 있다. 만약 이런 방법이 아동을 안심시키지 못한다면 상담자는 상담실에 부모를 더 머물게 하고 간단히 관찰하거나, 부모가 그들을 떠나지 않았음을 아동에게 알리기 위해 문을 열고 상담실 밖에 부모가 앉아 있는 모습을 아동이 볼 수 있게 할 수도 있다.

아동이 우는데도 억지로 상담실에 끌고 가는 것은 상담에 도움이 안 된다. 상담실에 가는 것을 정말로 거부하는 아동이 있다면 상담실에 아동을 강제로 들어가게 하는 것보다는 차라리 아동상담을 하지 않고 부모와 함께 상담을 하는 편이 낫다. 상담실에 강제로 아동을 들어오게 하는 것은 아동과의 평등관계를 위한 상호존중을 위반하는 것이 된다.

상담실에 가면, "여긴 우리의 놀이방이다. 여기에선 네가 원하는 것을 많이 할 수 있다."라고 말한다. 상담자는 아동에게 아동이 원하는 모든 것을 할 수 있다고 말하지 않는다. 왜냐하면 그들 자신이나 다른 아동, 그리고 상담자를 해치는 것과 상담실 안에 있는 물건들을 부수는 것과 같은 것은 상담실 안에서 할 수 없기 때문이다.

상담 초기부터 "집에 갈래."하면서 떼를 쓰는 아동이 있다. 이런 아동을 다루는 방법은 상담자에 따라 다르다. 가드너(Gardner, 1973)는 아동이 자신의 권리를 충분히 요구할 수 있으므로 조기 종결을 허락하라고 주장한다. 이와 달리 기노트(Ginott, 1989)는 만약 조기 종결이 필요하게 되면 상담실 문을 막고 행동으로 저지하는 범위 내에서 엄격히 거절하라고 주장한다. 스피겔(Spiegel, 1989)은 상담자가 왜 아동이 떠나기를 원하는지를 알아낸 다음에 아동의 요청을 받아 줄 것인지 거절한 것인지를 결정해야 된다고 제안한다. 만약 상담자가 제시간에 종결하는 것에 대해 확고하다면, 이러한 태도는 그 제한이 아동과의 상호작용을 확장시키든지 축소시키든지 상관없이 지속되어야 한다.

종종 회기의 한 시점에 도달하여 떠나겠다고 요구하는 아동들은 그들에 대한 불안을 자극한 것이다. 아이들은 그 자극으로부터 자신이 벗어나기 위해서 이러한 상황을 피하고 싶어 한다. 상담자는 아동이 자신의 감정을 말하도록 돕고 어려운 상황을 회피하기보다는 건설적이고 적합한 방법으로 다룰 수 있는 모델이 될 수 있다. 만약 아동이 극도로 불안해하고 불안의 이유와 연계시킬 수 없다면, 어떤 안정감을 충전하고 되찾기 위해서 대기실에 있는 부모를 만나도록 허용할 수 있다. 그러나 그러한 대면은 매우 구조화되어야 하며, 단시간으로 가끔씩 이루어져야 한다.

3) 상담에 관해 바른 인식시키기

아동들은 상담을 받으러 오는 것에 대해서 어떤 생각을 하고 있을까? 많은 아동들은 상담을 받는 것에 대해 부정적인 생각을 가지고 있다. 그렇기 때문에 상담관계형성에 협조적이거나 적극적이지 않다. 가장 큰 이유는 그들의 부모님으로부터 받는 메시지에 기인하고 때로는 어떤 사건과의 상호작용에 대한 그들 자신의 해석이나 개인적 논리, 그들 자신과 다른 사람과의 세계에 대한 잘못된 신념에서 기인한다.

아동상담을 시작하는 것에 대해 아이들에게 어떻게 말해야 하는지에 대해 부모에게 제안해 주어도 때때로 부모들은 아동상담을 하는 이유를 아이들에게 부정적으로 말한다. 어떤 부모는 아이들에게 그들이 나쁘고 문제가 있기 때문에 상담선생님에게 가서 고쳐야 한다고 말한다. 또 어떤 부모는 아이들에게 그들이 가족 문제의 원인이고 가족에게 잘하게 하기 위해서 또는 아동을 벌주기 위해서 상담을 받아야 한다고 말한다. 다른 부모는 아동상담에 대한 동기와 희망에 대해 어떠한 것도 말하지 않는다. 상담자를 부모와 같은 사람이라고 아이에게 말하는 부모도 있다.

많은 경우에, 상담실에 왜 왔는지에 대해 아이에게 적절하게 설명해 주는 부모에게조차도 아이들은 부정적인 것을 마음에 간직할 수 있다.

나타난 문제에 대한 아동의 이해를 증가시키기 위해, 첫 회기 동안에 왜 아동이 치료를 받으러 왔는지에 관해 물어볼 수 있다. 상담실에서 무엇을 할 것인지, 그들의 생각에 대해 묻거나 그들의 부모님이 상담실에 오는 것에 대해 그들에게 무엇이라고 말했는지를 물어볼 수 있다. 상담자는 아이의 선생님이 그들에게 이야기한 것에 대해 물어볼 수도 있다. 이런 유형의 질문은 아동이 상담에 의뢰된 이유와 상담과정에 대한 이해 그리고 앞으로 맺게 될 관계에 이해를 넓힐 수 있다. 나타난 문제에 대한 아동의 주관적 해석에 대한 이해와 회기 때에 어떤 일이 생길 것인가에 대한 그들의 신념을 표현하도록 돕는다.

아동의 관점을 이해하기 위해서는 아동의 말이나 행동에 대해 재진술과 반영을 사용할 수 있다. 아동의 진술에 대한 내용을 반영해서 만약 그 상황에 대해 아동들의 지각을 이해한다면 그것을 할 수 있다. 어떤 일이 생겼고, 생기고 있고, 생길 것인가에 대한 아동의 감정을 반영한다. 감정에 대한 반영과 내용의 재진술은 아동의 위치와 지각에 대한 존중과 아동의 시각에서 사물을 보는 것을 가능하게 한다.

아동이 상담자의 말에 대한 반응을 숨김없이 받을 수도 그렇지 않을 수도 있고, 인정할 수도 인정하지 않을 수도 있다. 반영된 재인지를 찾기 위해서는 드러나지 않는 비언어적 반응이 중요하다(Dreikurs, Grunwald, & Pepper, 1982). 반영된 재인지는 어떤 사람이 느끼거나 생각하는 방식에 대한 것을 내보이는 것에 대한 상호작용이나 내용에 대해 의도적으로 말하지 않은 반응을 보인다. 미소 짓고 주춤하고 끄덕이고 흔들림과 어깨 으쓱거림이나 신체언어의 다른 형태는 상황에 대한 정서적·인지적 반응을 암시한다.

상담자는 아동에게 상담과정과 상담자로서의 자신의 역할에 대한 정보를 준다. 아동상담자에 대한 자신이 가진 확신을 나타내기 위해 상담자는 상담과정의 기술과 자신이 경험한 내용을 포함한 아주 간략한 설명과 상담과정이 그들 스스로에 대해서 좋은 점을 느끼게 돕고 다른 사람들과 더 잘 어울리게 하기 위한 목적을 가진다는 사실을 아동에게 알려준다. 예를 들어, "상담실에서 아이들은 장난감을 가지고 놀 수 있고 그들 생활에서 생긴 일에 대해 이야기할 수도 있다. 나는 상담실에서 많은 다른 아동들과 함께 지낸다. 얼마 동안 상담실에서 나와 함께 있은 후, 아이들은 항상 그들 자신을 더 좋아하게 된다."라고 말한다.

때때로 첫 회기 동안, 아동과 함께 지내기를 원한다는 평등관계의 본질에 대해 아동에게 설명한다. 상담관계를 묘사하는 진술의 예는 다음과 같다.

- "우리의 상담실이야. 우리는 함께 놀면서 지낼 거야."
- "여기에서 우리는 네가 하고 싶은 것을 많이 할 수 있어."
- "때에 따라 너는 혼자서 놀 수 있고 함께 놀 수도 있어. 그리고 어떨 땐 함께 얘기할 수도 있고 조용히 있을 수도 있어. 이런 모든 것들은 함께 결정할 거야."

상담자는 아동이 문제를 어떻게 인식하는지에 대해 아동에게 알려줄 수 있다. 또한 그들의 부모와 무엇을 얘기했는지에 대해 간략히 아동에게 전해줄 수 있다. 예를 들어, 2학년 소년을 둔 어머니가 자신의 아들이 공공연히 수음을 하고 이런 행동으로 다른 아이들을 괴롭힌다고 보고한다면 상담자는 다음과 같이 말할 수 있다: "너의 엄마는 네가 가끔 성기를 만지고 학교에서 다른 친구들을 이것으로 괴롭힌다고 말한다." 또 집과 학교에서 공격 성향을 표출해 왔던 5학년 소년에게는 "아빠는 가끔 네가 아빠에게나 선생님에게 공격적이라고 말하시더라."라고 말할 수 있다.

아동이 사용하는 비슷한 어휘 수준에서 간단하게 아동이 이해할 수 있게 말을 해야 한다. 또한 상담자는 '나쁘다' '좋다' '곤란하다' '문제가 있다'와 같은 판단적인 말은 사용하지 말아야 한다. 상담자는 부모나 교사가 지각하고 있는 현재 문제들을 어떤 부정적 시각에서 받아들이지 말아야 한다. 이런 과정에서 상담자는 아동이 부모로부터 들었던 것이 무엇인지를 알게 한다. 그래서 그들은 비밀을 갖는 관계를 맺지 않아야 한다.

아동문제에 관한 지금과 이전의 사실을 알고 나면 상담자는 아동이 어떻게 반응하는지를 기다려야 한다. 아동들은 다양하게 반응하는데, 어떤 아동은 부모의 의견에 동의한다. 어떤 아동은 그들의 지각으로부터 다양한 사실들을 명확히 한다. 어떤 아동은 상담자가 말한 것을 무시한다. 아동이 부모의 지각을 이해하거나 인정할 필요는 없다. 반응할 때마다 아동과 아동의 생활방식에 대한 중요한 정보를 줄 수 있다.

처음 몇 회기 동안 상담자가 모으는 정보는 치료의 목표를 설정하는 데 중요한 단서를 제공한다. 많은 경우에 아동은 그들의 부모에 의해 상담을 받으러 온다. 아동은 치료를 위한 어떤 목표를 가지지 않는다. 그러나 저항하는 아동조차도 그들이 변화되기를 원하는 생활이 있다. 상담자는 그들의 집이나 학교생활에서 그들이 변화되기를 원하는 것이 있는지 아동에게 물어볼 수 있다. 의식적이든 무의식적이든 목표를 정할 때, 상담자는 아동과 함께 치료적 목표를 정해야 한다. 아동이 원하는 변화가 있을 때, 상담자는 그런 변화를 도우려고 애쓴다.

처음 몇 회기에서, 상담과정 동안 아동이 변하기를 원하는 어떤 행동이나 태도를 발견한다면 그것을 아동에게 물어볼 수 있다. 많은 경우에 자신의 문제에 대해서 많은 생각을 하는 아동은 무슨 일이 생겼는지에 대해 상담자가 이해하고, 상담실에서 그들이 그런 문제를 다룰 때 기꺼이 도와줄 것이라는 확신을 갖기를 원한다.

4) 상담과정 설명하기

첫 회기 동안은 성인 내담자와 마찬가지로 아들러식 아동상담자는 상담과정에 대해서 아동에게 얘기한다. 얼마나 자주 상담하러 올 것인지, 얼마나 오래 상담실에 머물 것인지(일 회기시간), 그들은 언제·몇 시에 올 것인지, 얼마나 오래 아동들이 상담을 할 것인지(상담기간)에 대해 아동이 아는 것은 중요하다. 아동상담자는 상담실과 거기에서 무엇을 할 것인지에 대해서 아동이 궁금한 점을 질문하도록 한다.

(1) 부모와 교사의 상담

상담자가 내담아동의 부모나 교사와 상담을 할 것인지에 대해 아동과 의논할 수 있다. 상담자가 아동에게 이것을 설명하는 방법은 부모와 아동의 성숙 수준에 따라 달라질 수 있다. 예를 들어, 상담자가 "나는 매주 1시간 30분 동안 너를 만나고, 20분 동안은 너의 엄마나 아빠를 만날 거야. 내가 너를 먼저 만날 건지, 너의 부모님을 먼저 만날 건지에 대해서는 네가 결정할 수 있어." 또는 "나는 너의 가족이 더 잘 지낼 수 있는 방법에 대해 부모님과 얘기할 거야."와 같이 말함으로써 부모상담에 대해 설명할 수도 있다. "나는 너를 위해 학교에서 어떤 것을 하는 것이 좋은지에 대해 선생님과 얘기할 수도 있어."라고 말함으로써 교사상담에 대해 설명할 수도 있다.

(2) 비밀 유지

상담자는 아동이 상담 회기의 내용에 대해서 비밀이 유지된다는 사실을 아동에게 확실히 알려주어야 한다. 비밀보장은 내담자의 문제를 보호하고, 신뢰와 라포 발달을 촉진시키는 것으로 알려져 왔다. 비밀보장이 없다면 내담자는 치료를 시작하는 것을 주저하고 불완전하게 치료를 종결하고 치료적으로 적절하고 필요한 모든 정보를 노출하지 못하게 된다(DeKraii & Sales, 1991). 아동에 대한 비밀보장은 어려운 주제이다. 모든 상담자가 다른 기관과 부모와 관련이 없는 사람에게 비밀을 보장하는 것은 어느 경우에나 엄격히 지켜져야 하겠지만, 부모에게 공개하는 것에 대해서는 의견이 분분하다. 일반적으로, 부모에게 정보를 공개하는 것은 아동에게 무엇이 최선인가에 대한 상담자의 판단에 기초한다.

상담과정에 대한 정보는 부모에게 그들의 아동을 이해하고 반응하는 것에 대한 더 많은 도움을 준다. 상담실에서의 아동행동에 근거해서, 부모님과 함께 행동의 목표나 상담의 주제를 얘기할 수 있다. 그것을 통해 부모들이 아동의 태도, 감정, 생각, 행동에 대한 이해를 향상시킬 수도 있다. 상담실에서의 아동과 상담자와의 관계에 근거해서 상담자는 아동의 행동과 반응을 변화시킬 수 있는 방법을 부모에게 제안하여 부모가 아동과 함께 상호작용하는 데 있어서 더 적합한 방법을 가르칠 수 있다.

법적으로 정보에 대한 부모의 권리는 존중되어야 하므로 동의서를 제시한 부모는 기록과 정보를 이용할 수 있다. 그러나 대부분의 상담자는 아동의 합의하에 정보를 부모에게 제공한다. 때때로 아이들이 학대의 희생자이거나 그들이 자신이나 다른 이에게 잠재적 위험성이 있으면 아동의 비밀을 깨뜨릴 필요가 있다. "만약 내가 어떤 사람이 너를 해치거나 네가 너 자신이나 다른 사람을 해칠 수 있다고 생각되면 나는 너의 부모님에게 그것을 알릴 것이다. 나는 네가 안전하다는 확신을 가지려고 노력하길 바란다. 이런 말을 하기 전에는 항상 너에게 먼저 말할 것이다."와 같은 비밀유지에 관한 사항을 아동에게 알려주어야 한다.

비밀보장의 제한점과 한계점을 부모와 아동에게 동의서를 받을 때 분명히 알려 주어야 한다. 부모와 아동들은 아동이 제공하는 정보를 부모에게 공개하는 것에 관해 상담자의 규칙에 대해 알아야 하고 역으로도 마찬가지이다. 아동, 특히 나이든 아동에게 부모와 마주앉아 공개방침을 알려주는 것에 대해서는 가끔 비판적인 의견이 있다. 많은 아동들이 세부사항을 공개하는 것보다 상담의 진행 또는 진보사항을 보고하는 방침에 더 편안해 한다. 법적 요구에 적절한 한계 내에서 어떤 정보를 부모에게 말할 수 있고 없는지에 대해서 아동과 협의하는 것이 가능하다. 부모에게 공개하는 방법과는 관계없이 상담자에 대한 윤리적 지침은 부모에게 진행과정을 알리는 것이고, 사실상 부모는 보호자로서 알 권리가 있다(Lampe & Johnson, 1988). 부모에게 공개하는 방침을 미리 잘 알려주는 것은 아동과의 치료적인 라포와 신뢰감 형성을 촉진시킨다. 더욱이 아동은 부모에게 상담에 대해서 모두 이야기하지 않아도 된다는 사실을 알 필요가 있다. 때때로 부모는 자녀에 대해 캐내려고 많은 질문을 한다. 상담자는 이것이 부적절하며, 회기에 대해서 언제, 무엇을 공개할지는 아동의 선택이라는 것을 부모에게 말해주는 것이 좋다(Dodds, 1985).

(3) 명함카드 주기

아동과의 첫 회기가 끝날 때, 명함카드를 그들에게 주고 만약 그들이 상담자와 얘기하기를 원한다면 언제라도 전화할 수 있다고 말한다. 이런 행동은 그들이 주요한 내담자이고 상담자와의 관계가 중요하고 특별하다는 것을 알게 하기 위한 또 다른 방법이다. 요즘은 컴퓨터로 아동들이 좋아하는 그림과 형태를 넣어서 간단한 명함을 쉽게 만들 수 있다. 성인용 명함보다는 아동이 좋아하는 그림이 들어간 명함을 마련하였다가 주는 것도 좋은 방법이다.

2. 아동과 적극적인 상호작용하기

1) 행동 추적하기

관계를 형성하는 데 사용하는 주요 기술 중 하나는 행동 추적하기다. 행동을 추적할 때 상담자는 아동이 특정 순간에 무엇을 하는가를 말해 준다.

추적하기의 목적은 아동이 하고 있는 것이 중요하고, 주목할 만한 것임을 아동에게 알게 하는 것이다. 이 기술은 아동들을 특별하고, 소중하다고 느끼게 하기 때문에 아동과의 관계형성을 촉진시킨다. 아동의 행동을 관찰하여 추적하기 기술을 사용한 예를 살펴보자.

#1. 아 동 : 인형을 잡는다.
    상담자 : 그것을 잡았구나.

#2. 아 동 : 그림을 그린다.
    상담자 : 너는 무언가를 그리려고 하는구나.

행동추적을 할 때는 상담실 안에서의 특징적인 행동과 물건을 제한하는 것이 중요하다. 상담자는 대상이나 행위에 이름붙이기를 피함으로써 아동의 창의성과 선택의 자유를 촉진시킬 수 있다. 양배추처럼 보이는 대상물을 양배추라고 부르지 않음으로써 상담자는 아동에게 양배추를 괴물의 머리라고 말할 기회를 줄 수 있다. 아동이 걸상을 뛰어넘는 행동을 언급하지 않음으로써 상담자는 아동에게 매력적인 양탄자가 깔려 있는 방 주위를 날수 있는 기회를 준다. 장난감에 이름을 붙이지 않거나 아동의 행동을 정확히 지적하지 않음으로써, 상담자는 아동에 의한 창의력과 개별적인 해석이 가능하도록 용기를 줄 수 있다(Landreth, 1991).

> #3. 아   동 : 붕붕, 붕붕. (바닥에서 블록을 밀고 있다.)
>   상담자 : 자동차를 가지고 재미있게 놀고 있네.
>   아   동 : 이건 차가 아니고, 배예요.
>
> #4. 아   동 : (공룡 손인형을 손에 끼웠다.)
>   상담자 : 이제 너는 공룡이구나.
>
> #5. 아   동 : (크레용으로 강아지 그림을 그린다.) 이건 내 고양이에요. (다리를 그리고 각 다리 끝에 여러 개의 점을 찍는다.)
>   상담자 : 고양이의 발톱을 그리고 있구나.
>   아   동 : 아뇨.
>
> #6. 아   동 : (권총을 집어서 그것을 보고 있다.)
>   상담자 : 네가 총을 집고 그것을 살피고 있구나.
>
> #7. 아   동 : (인형집으로 가서 앉아 인형 가구를 정리정돈하기 시작한다.)
>   상담자 : 단지 네가 놓아두길 원하는 대로 그것들을 정리하고 있구나.
>
> #8. 아   동 : (모자를 쓰고 거울로 가서 거울을 보고 외모를 꾸미고 있다.)
>   상담자 : 너는 모자를 쓴 너의 모습이 어떻게 보이는지 보고 싶어 하는구나.

랜드레스(Landreth, 1991)가 제시한 몇 가지 사례이다. #3에서 아동은 블록을 자동차라고 말하지 않았다. 상담자가 자신의 가정을 투사한 것이다. 이때 상담자는 블록에 이름 붙이는 것을 피하고, '나는 너와 한편이다.' 라는 것을 전달하기 위해서는 "큰 소리가 나네." 라고 말할 수 있다.

#4에서 아동은 손인형을 공룡이라고 하지 않았다. 상담자는 공룡이라고

지칭함으로써 아동의 창의성을 제한하였다. 그 대신 아동이 상담을 주도해 나가고, 인형에 이름을 붙일 수 있게 "그걸 손에 끼웠구나."라고 반응할 수 있다.

#5에서는 아동이 그리고 있는 것이 발톱인지 뭔지 알 수가 없다. 이는 상담자가 주도하는 것이다. 아동은 발가락을 그렸으나 발톱은 그리지 않았다. 상담자의 반응으로 아동은 자신이 무엇인가 잘못했다고 느끼게 된다. 이때 상담자는 "네 고양이에게 무언가 그려 넣고 있구나."라고 반응함으로써 아동이 무언가 하고 있다는 것을 인식하고 있음과 관심을 전달하며, 아동으로 하여금 자신이 그리고 있는 것이 무엇인지 확인하게 하는 방법을 취하는 것이 좋을 것이다.

#6 상담자와의 상호작용에서는 권총이 어떤 아동에게는 권총이 되지만, 다른 아동에게 권총은 발사장치, 레이저, 망원경 등 아동이 원하는 다른 것이 될 수도 있다. 또한 #7 아동은 거울에서 외모를 꾸미는 것일 수 있고, 괴물을 두려워하고 있는 것일 수도 있다. 다른 사람이 되려고 시도할 수도 있고, 또는 무한한 다른 가능한 것들이 되려고 시도하고 있는 것일 수도 있다.

일부 아동들은 자기 결정을 하는 데 있어 다른 사람의 허용(permission)을 필요로 하지 않는다. 그러나 상담자가 특별한 언어로 이름을 붙이거나 사용할 때, 많은 아동들이 억눌리거나 또는 다그침을 받는다고 느낀다. 기본적인 동기가 타인(특별히 권위적인 인물)을 기쁘게 하는 것인 아동들은 승인을 받기 위해서 상담자를 쳐다볼 것이고 그들이 하고 있는 것이나 장난감의 정체에 대한 그들 자신의 의견을 무시하고 주장하지 않을 것이다. 그들은 상담자를 불쾌하게 할까 봐 또는 상담자가 그들을 싫어할까 봐 두려워한다. 주요한 동기가 통제인 아동들은 그들이 상담자와 권력싸움을 하려는 시도를 할 것이다. 상담자는 장난감이나 행동에 이름 붙이는 것은 쓸데없이 언쟁을 불러일으키며 논쟁을 하게 하는 기회가 된다는 사실을 알고 있어야 한다. 모호한 언어를 사용하거나 이름을 붙이지 않음으로써, 상담자는 이러한 덫(traps)을 피할 수 있다(Landreth, 1991).

아동과의 관계형성을 위해 처음 몇 회기 동안 아동의 행동을 추적하는 것이 도움이 된다. 그러나 아동이 행동할 때마다 추적을 한다면, 거북하고 인위적인 것처럼 보이기 때문에 항상 추적하기를 사용해서는 안 된다.

2) 내용 재진술하기

아동과의 관계를 형성하기 위한 또 다른 방법은 아동이 한 말의 내용을 재진술하는 것이다. 상담자의 재진술은 아동이 사용한 단어와 억양을 단순히 앵무새처럼 되뇌이는 것이 아니라, 아동이 이해할 수 있는 어휘의 문맥 안에서 상담자 자신의 단어와 음조를 사용해서 말하는 것이다. 내용의 재진술은 아동의 이야기 안에서 명백한 메시지에 대해 반응하는 것이다. 얘기 중에서 말하지 않은 비밀스러운 메시지를 인정해야 한다. 이 기술의 목적은 아동이 말하는 것이 중요하다는 것을 아동에게 알게 함으로써 아동과 관계를 형성시키는 것이다. 다음은 내용 재진술하기(restating content)의 예이다.

#1. 아　동 : (아기 인형을 집으면서) 나는 이 아기의 엄마야. 나는 이 아기를 잘 돌봐주려고 해.
　　상담자 : 너는 엄마가 되려고 하는구나. 그 아기를 돌봐주려고 하는구나.

#2. 아　동 : (큰 고무 인형을 두드리면서) 나는 이것을 세게 칠 거예요. 그는 나를 때릴 수 없어. 내가 더 힘이 세고 강하기 때문에.
　　상담자 : 너는 그를 막 때리려고 하는구나. 네가 매우 힘이 세고 강력하기 때문에, 그는 너를 때릴 수 없을 거야.

#3. 아　동 : (망치와 못을 가지고 통나무 쪽으로 간다. 아동은 상담자를 보고 허락을 청하는 듯이 말한다.) 나는 통나무에 이 못을 박을 거예요.
　　상담자 : 너는 통나무에 못 박는 것을 허락받기 원하는 것처럼 보이는구나.

상담자가 아동의 메시지 내용을 다시 언급할 때, 아동의 언어와 같은 수준의 단어로 말하는 것이 중요하다. 그러나 정확하게 아동이 사용한 단어를 그대로 사용할 필요는 없다. #3에서 상담자는 아동이 말한 내용과 말하지 않은 내용 둘 다를 진술했다. 상담자는 단순히 아동의 단어를 앵무새처럼 그대로 따라하기보다는 바꾸어 말하려고 시도해야 한다. 상담자가 아동의 말을 그대로 따라하면 아동들은 "선생님은 왜 항상 내가 이야기했던 것을 똑같이 따라하는데요?"라고 물어본다. 내용을 재진술하는 상담자는 아동에게 집중하고 있다는 것과 언어적인 것과 비언어적인 것 둘 다에서 의사소통을 하려고 애쓰면서 듣는다는 것을 아동에게 알려줄 수 있다. 많은 사람들이 아동의 말이나 비언어적인 면에는 관심을 두지 않는다. 상담자가 진정으로 아동에게 귀 기울이고, 그들에게 들었던 것을 말해 줌으로써 아동들은 상담자가 그들이 만나는 많은 다른 어른들과는 다르다는 것을 느끼게 된다.

대부분의 상담자들은 초기 상담 단계에서 아동과의 관계 형성을 위해서 추적하기와 내용 재진술하기를 자주 사용한다. 그러나 관계가 형성된 후에는 이 두 전략은 덜 유용하다. 이는 이 기법들이 더 깊은 관계를 형성하는 것과 아동의 통찰력을 얻게 하는 데는 도움이 되지 않기 때문이다. 상담이 진행되어 감에 따라 상담자는 추적하기와 재진술 반응의 횟수를 줄이고 다른 종류의 반응기술을 증가시켜야 한다.

3) 감정 반영하기

감정의 반영은 상담기술에서 가장 중요한 것 중의 하나이다. 아동상담에 놀이, 미술, 음악, 문학 등의 매체를 활용하는 이유 중 하나는 발달상 아동이 아직 자신의 감정을 분명하게 말로 표현할 수 없는 것에 근거한다. 내담자의 감정표현을 지도하고 그들의 감정을 반영하는 것이 아동상담자의 책임이다. 아동은 끊임없이 언어적이고 비언어적인 방법으로 감정을 표현한다. 그러나 그들은 종종 그들 자신의 감정에 대한 인식이 부족하고 그들의 감정을 설명하거나 이해하기 위한 능력이 제한되어 있다. 상담은 아동들이 그들의 감정을 이해하고 표현하는 것을 도와주는 것이다.

상담자는 정확하게 정서를 반영하기 위해서 아동이 전달하는 내용에서 반영할 요소를 잘 인식해야 한다. 앞서 언급했듯이 자세, 근접, 몸짓, 얼굴표정은 아동의 신체언어에서 중요한 요소이다. 또한 장난감의 선택과 장난감을 가지고 노는 순서는 그들 생활에서 무슨 일이 일어났는지에 대해 많은 것을 상담자에게 말해 줄 수 있다.

일단 상담자가 정서를 표현하는 아동의 독특한 방법을 이해하면, 감정의 반영은 간단한 기법이다. 감정 반영의 예는 다음과 같다.

"네가 가방을 두드리는 것을 보니, 화가 난 것 같다."
"너는 아주 행복한 것 같구나. 오늘 동물원에서 재미있는 일이 있었나보다."
"네 강아지가 죽어서 정말 슬프겠구나."
"오빠가 너에게 그 말을 할 때 너는 정말 화가 심하게 났겠다. 오빠를 치고 싶지는 않았니?"

아동의 감정을 반영할 때, 상담자는 간단하고 명백한 진술을 해야 한다. 그들이 그런 특별한 감정을 왜 느꼈는지에 대해 상세히 분석해서 아동에게 들려주거나 그들이 그런 감정을 가졌다고 아동에게 납득시키려고 애쓸 필요는 없다. 아동이 어떻게 느꼈는지에 대해 묻는 것이 항상 도움이 되지는 않는다. 그들은 자기 인식이나 감정의 수준에 맞는 어휘를 사용하지 못하기 때문에 이런 질문에 대해 대답을 잘 하지 못한다.

감정 반영하기는 상담의 관계를 깊게 하고, 감정표현과 자기의식을 증가시키고, 자기 이해와 감정적인 어휘를 증가시킬 기회를 마련해 준다. 몇 가지 감정반영의 예를 살펴보자.

#1. 아 동 : (그가 그린 그림을 찢으면서) 나는 이 그림이 싫어, 내가 그리려고

한 대로 그려지지 않았어.

상담자 : 너는 그 그림을 그렸던 방법이 마음에 들지 않는구나. 그래서 너
　　　　는 그것을 찢어 없애버리고 싶구나.

#2. 아　동 : 학교 선생님이 우리 교실에 여전히 있나요? 내가 어떻게 교실로
　　　　다시 돌아갈 수 있겠어요?

상담자 : 어떻게 다시 교실로 되돌아갈 수 있을지, 그 방법에 대해 걱정하
　　　　고 있구나.

아　동 : 예, 맞아요. 교실로 돌아갈 때 나와 함께 가실 수 있나요?

상담자 : 너는 학교에 가는 것을 두려워하는구나.

#3. 아　동 : (부모 인형이 서로에게 고함치는 동안, 아동이 인형을 어떤 가구 뒤로 움
　　　　직이면)

상담자 : 저는요. 엄마, 아빠가 저 인형들처럼 서로에게 고함칠 때가 겁
　　　　나요.

　상담자는 감정을 반영할 때, 명확히 겉으로 드러나는 감정과 명확하게 겉
으로 드러나지 않는 내면 깊이 숨어 있는 감정, 이 두 가지 모두를 알 필요
가 있다. #1 상호작용에서 상담자는 간단하게 아동이 표현했던 명확한 감정
을 반영했다. #2 상호작용에서는 상담자가 표면적인 감정과 약간 덜 명확하
고 난해한 감정을 반영하였다. 만약 아동이 #3 상호작용에서처럼 인물이나
장난감에 의해 거리를 두고 감정을 표현한다면, 상담자는 인물이나 장난감
으로써 표현된 감정을 반영해야 한다. 아동이 이러한 감정을 인정할 준비
가 되면, 아동들은 그렇게 할 것이다. 그때까지 상담자는 아동들이 감정의
소유자임을 인정하고 감정을 자연스럽게 표현할 수 있도록 도와야 한다.

#4. (7세 남자 아동이 두 번째 놀이치료 시간에 놀이치료실에 들어와 방을 둘러보고)

아　동 : 이 방이 정말 나를 위한 것이에요?

상담자 : 이 방이 너를 위한 방이라는 사실을 믿기 어려워하는구나.

#5. 아　동 : 오늘이 내 생일이에요…… 그렇지만 엄마는 내가 남동생을 괴롭

한다고 생일케이크를 안 사준다고 했어요. (아이는 매우 슬퍼보였
고, 눈에서는 눈물이 흐르기 시작했으며, 고개를 바닥으로 떨어뜨렸다.)

상담자 : 생일인데, 정말 슬픈 일이 있었구나. 생일케이크도 없이. 그래서
너는 울고 있구나.

상담자는 짧으면서도 아동의 감정에 호소하여 아동을 이해하고 있음을
보여주고 있다. 분명히 드러난 감정을 상담자가 언어로 표현하지 않으면
아동으로 하여금 그러한 감정이나 표현은 수용될 수 없는 것이라고 느끼게
만든다(Landreth, 1991).

효과적인 감정의 반영에서는 아동이 이해할 수 있는 어휘를 사용하는 것
이 중요하다. 대부분의 유치원생과 1학년 학생들은 네 가지 주요한 감정들
을 인식한다. 슬픔, 화냄, 무서움, 기쁨. 감정 반영과 관련하여, 적어도 저학
년 아동들에게서 포착하기 어려운 감정들은 이러한 4개 감정들 중에 한 가
지로 해석할 필요가 있다. 2, 3학년 아동들이 훨씬 더 많은 감정 어휘를 가
지지만, 그들은 여전히 훨씬 더 미묘한 감정들을 인식하지 못한다. 그들은
좌절, 실망, 질투와 같은 단어를 이해는 한다. 그렇지만 이러한 단어들을
생활에서 사용하지 못할 것이다. 이것은 아동들이 이해하기는 하지만, 대화
에서는 사용하지 못하는 감정 단어들을 상담자가 아동이 감정을 나타내는
데 사용하게 함으로써 어휘를 확장시킬 수 있는 기회가 된다. 대부분의 4,
5, 6학년 아동에게는 그들의 발달상의 수준에 맞게, 상담자는 더 세련된 언
어를 사용하기 바랄 것이고 놀이상담에서는 활동적인 상담과 토론을 같이
사용하는 것이 좋다.

4) 역할놀이

치료적 관계 형성에 도움을 주고 아동과 적극적으로 상호작용하는 데 도
움이 되는 기술에는 역할놀이(role play)가 있다. 랜드레스(1982)는 가능하면

'속삭이기 기법(whisper technique)'을 사용하여 역할놀이를 이끌 것을 제안한다. 역할놀이에서 상담자들은 세 가지 목소리, 즉 자신의 보통 목소리(regular voice), 역할 목소리(character voice), 속삭임 목소리(whisper voice)를 이용한다. 상담자가 감정을 반영하고 해석하며 아동에게 일어나는 것에 대한 치료적 평가를 하는 데는 보통 목소리를 이용하는 것이 가장 좋다. 상담자는 아동이 역할놀이를 위해 창조한 역할에서 어떤 것을 말하는 데 역할목소리를 이용할 수 있다. 상담자는 아동에게 역할놀이의 방향이나 다음에무엇을 하고 말할 것인지를 묻기 위해 속삭이는 목소리를 이용한다.

다음은 아동과의 역할놀이에서 속삭임 기법을 이용하는 예이다.

아 동 : 엄마가 미쳐서 아이를 때리는 놀이를 해요.

상담자 : (보통 목소리로) 너는 아이들이 매 맞는 놀이를 하기를 원하는구나. 너는 어떤 역할을 하기 원하고 싶니?

아 동 : 선생님은 엄마하세요. 나는 아이고, 나에게 아이가 있어야 해요.

상담자 : (속삭이는 목소리로) 나는 지금 무엇을 해야 하니?

아 동 : 선생님은 '너는 문제가 많아!'라고 말하세요.

상담자 : (속삭이는 목소리로) 나는 어떻게 봐야 하니?

아 동 : 선생님은 비열하게 보면서 그것을 말하세요. 그리고 몽둥이를 가지세요.

상담자 : (비열한 목소리로) 나는 너와 아기를 때릴 거야. 나는 몽둥이를 가지고 있어.

아 동 : (상담자에게서 멀리 도망가고 아기를 데리고 간다.) 오오오!

상담자 : (보통 목소리로) 네가 너 자신과 아기를 상처 입는 것에서부터 보호하는 것은 중요한 일이구나. (속삭이는 목소리로) 지금은 무얼 해야 하니?

아 동 : 선생님은 나를 방으로 몰아내서 나와 아기를 잡으려고 하세요.

상담자 : (속삭이는 목소리로) 나는 어떤 말을 해야 하니?

아 동 : 선생님은 비명을 지르세요.

상담자 : (아이를 방으로 몰아낸다. 역할목소리) 아아아!

아 동 : 엄마는 우리를 잡을 수 없어.

상담자 : (보통 목소리로) 너는 너 자신과 아기를 보호하는 방법을 아는구나.

아 동 : 예, 엄마는 우리를 다치게 할 수 없어요.

상담자 : (일상적인 목소리로) 너는 네가 안전을 지키는 방법을 안다는 것에 자
부심을 가지고 있는 것 같구나. (속삭이는 목소리로) 나는 지금 무엇을
해야 하니?

아 동 : 선생님은 '나는 이 아이들을 잡을 수 없어. 그들은 나에게서 멀리 도
망갔어.' 라고 말하세요.

상담자 : (역할 목소리로) 나는 그 아이와 아기를 잡을 수 없어. 그들은 내게서
멀리 도망갔어. 그 아이는 그들을 보호하는 방법을 알고 있어.

이 예에서 아동은 긍정적이고 기운에 찬 말로 역할놀이를 마쳤다. 그는
그 자신과 다른 사람을 보호할 수 있다고 믿는다. 상담자는 역할놀이 과정
중에 "아이는 그들을 보호하는 방법을 알아."와 같은 격려의 말을 사용하
여 그의 감정의 강함과 그 자신을 보호하는 능력을 확인시켜 주었다. 다른
아동들은 그들의 공상에서 그런 긍정적 결심을 하지 않을 수도 있다. 아동
상담을 받으러 오는 대부분의 아동은 건강한 자아개념 또는 그들 자신의
능력에 대한 확신을 가지고 있지 않다. 아동이 긍정적 혹은 부정적 결론으
로 상담을 마무리하는 것에 상관없이 다른 사람과 함께 하는 역할놀이는
그들 자신과 다른 사람에 대해 보다 나은 이해를 가지게 된다. 아동은 역할
놀이를 통해 그들 자신의 선택과 오류적 행동을 탐색할 수 있다.

5) 투사적 기법

상담자는 아동에게서 부가적인 자료를 얻기 위해 다양한 투사적인 기법
을 사용한다. 투사적인 기법은 주로 무의식적인 자료를 얻는 데 이용한다.
보편적으로 사용하는 투사적 기법에는 세 가지 소망, 사람이 무인도에 갔
을 때, 아이가 선택한 동물, 아이가 선택한 나이, 좋아하는 색과 숫자 등을
묻는 질문방법이 있다. 상담자는 아동에게 자신이 원하는 세 가지 소망을

묻는다. 예를 들어 교도소에 있는 아버지를 방문하는 동안 아버지에 의해 성적 학대를 당해 면접에 온 7세 소녀는 '나는 아버지가 더 작은 방에 있었으면 좋겠다.'고 소원을 말했다. 소녀는 그의 아버지가 더 작은 방에 간다면 그녀가 아버지를 방문하는 동안 그곳에 앉을 수 없게 된다고 말했다. 그녀의 소망에서 아버지가 방문 중에 소녀를 강제로 성폭행했음이 드러났다.

아동에게 무인도에 간다면 누구랑 가고 싶은지를 묻는 방법이 있다. 이때 아동은 한 번에 한 사람만 초대하게 되고 상담자는 두 번의 기회를 준다. 아동이 부모를 선택하는지, 형제를 선택하는지, 아니면 모든 가족을 제외시키는지 등을 보면서 가족과 아동의 중요한 역동을 파악할 수 있게 된다.

아이에게 되고 싶은 동물이 무엇인지를 묻는 질문도 유용한 정보를 제공한다. 예를 들어 가족 구성원이 5명(성인 2명, 아이 3명)일 때, 아동의 선택을 통해 가족에서 아이들의 역동과 영향을 살펴볼 수 있게 된다. 제일 어린 소녀는 곰은 부드럽고 껴안을 수 있고 항상 음식이 충분하므로 곰을 원했고, 더 나이 많은 오빠는 말은 빨리 달릴 수 있고 위험한 상황에서 도망갈 수 있으므로 말을 원했다. 가장 나이 많은 아동은 거북이는 껍질이 있어서 위험으로부터 보호할 수 있으므로 거북이를 원했다. 이 세 명의 아이들은 친부모의 만성적인 부부싸움 속에서 커왔다. 아이들의 대답은 어린 소녀의 영양실조(음식이 충분치 않은), 가장 나이 많은 아동의 신체적 학대(해로움으로부터 보호받는 껍질), 중간아이의 가족에서 벗어나고 싶은(빨리 달리고 도망가고 싶은) 마음을 표현하고 있다.

아동이 되고 싶은 나이도 흥미로운 질문이다. 예를 들어 8세 된 소년이 80세가 되고 싶다면 그 아이의 삶이 앞으로 나아가는 것보다 어두운 면이 있는 것을 드러낸 것이다. 가족 맥락에서 이해하면, 이 아동이 싸우고 갈등하는 가족 속에서 우울과 때때로 자살 생각을 드러내는 것이다

좋아하는 색과 숫자는 정서와 개인의 중요한 특성에 관한 정보를 준다. 좋아하는 농담, 꿈, 환상, 공상, 이와 유사한 것들이 아동에 대한 더 많은 정보를 얻게 한다.

6) 질문하기

상담과정에서 이루어지는 질문은 상담자가 아동에게 하는 질문과 아동이 상담자에게 하는 질문으로 크게 나누어 볼 수 있다.

(1) 아동에게 질문하기

질문은 상담자가 아동과 관계를 형성하고 아동의 전망을 이해하기 시작할 때 필요한 정보를 얻는 데 가장 효과적인 최선의 방법이다. 상담자가 하는 질문은 호기심에서 하는 것이 아니라, 아동의 문제와 관련된 것으로 자연스럽게 아동과 함께 대화하는 중에 놀이를 하면서 이끌어내야 한다. 질문이 경찰이 심문하는 것 같은 심각한 것으로 아동을 압도하지 않게 하는 것도 중요하다. 상담자의 자연적 호기심을 통제하기 위해 코트만(1995)은 한 회기에 4개 혹은 5개의 질문으로 질문의 수를 제한하기도 한다.

질문의 유형으로는 개방식 질문과 폐쇄식 질문이 있다. 일반적으로 개방식 질문이 폐쇄식 질문보다 더 많은 정보를 모은다. 개방식 질문은 '예' 혹은 '아니요'라는 대답보다 더 많은 내용을 이야기하도록 하기 때문이다. 상담자들은 무엇을, 어떻게, 언제, 어디서의 질문으로 시작하고 아동에게 이유를 묻는 질문은 피해야 한다. 이유를 묻는 질문은 흔히 어른들이 아동에게 사용하는 질문 유형이다. 대부분 아동들은 이 유형의 질문에 대답을 하지 못한다. 심지어 그들이 대답을 한다고 해도 그 대답은 관계발달 혹은 어른이 아동들의 동기를 이해하는 데 별로 도움이 안 된다. 이유를 묻는 질문은 과거형이다. 아들러식 상담자는 과거가 아닌 현재와 미래에 집중하기에 특히나 더 삼가야 한다.

아동이 질문에 대답하지 않을 때가 있다. 일반적으로는 아동이 묻는 말에 대답하지 않으면 대답을 강요하거나 대답하지 않기 때문에 아동을 처벌할 수도 있다. 아들러식 아동상담에서는 아동이 상담자의 질문에 대답하는 것을 자신이 선택할 수 있다. 아동은 질문에 대답하지 않을 수 있다. 이것은 아동의 권리이다. 평등적 관계에서는 대화에 참여할 것인지 아닌지는 대화 당사자가 선택할 수 있다. 상담자는 질문에 대답하지 않는 아동의 결정을 받아들여야 한다. 아동은 질문에 아무 말도 하지 않아도 된다. 이때에는 단순히 아동의 행동을 해석하려고 하지 말고, 아동이 대답하지 않는 것을 허락하는 방법을 택할 수 있다. "너는 질문에 대답하지 않으려고 결심했구나!"와 같은 해석을 할 수 있다. 이러한 반응은 아동의 권리에 대한 존중과 믿음을 전달한다. 또한 아동이 질문에 대답하지 않는 경우는 질문을 상담자와 함께 탐색할 준비가 아직 되지 않아서 그럴 수도 있고, 아동이 상담자가 대답을 강요할 힘을 가지고 있지 않다는 것을 보여주기 위해서 그럴 수도 있다. 또한 어른을 무시하는 것이 자신의 권리를 지키는 가장 믿을 만한 방법이라는 것을 가족에게 배웠기 때문에 대답하지 않는 것을 선택할 수도 있다. 상담자는 아동의 무응답의 의도를 가정해 볼 수 있다.

상담자가 질문에서 얻는 반응의 유형에 상관없이 상담자는 항상 질문에 대한 아동의 얼굴표정, 신체언어 그리고 놀이행동, 비언어적 반응을 지켜봐야 한다. 아동이 질문을 무시하거나 간단하게 비협조적으로 대답을 할 때조차 그들의 반응에 대한 어떤 것을 질문으로 교류해야만 한다. 아동이 얼굴을 찡그리거나 움찔하거나 하면, 아동의 민감한 영역을 건드렸다고 추측해 볼 수 있다. 만약 아동이 허둥대거나 현재의 활동에 있어서의 행동의 속도나 단계를 빨리한다면 이것 또한 질문과 관련하여 더 많은 탐색이 필요하다는 사실을 암시하는 것일 수 있다. 만약, 질문했을 때 아동이 최소의 심리적 반응을 보이고, 하고 있었던 놀이를 계속한다면, 질문과 관련해 숨겨진 의미가 없다고 볼 수 있다.

■ 아들러식 아동상담 질문방법

아들러식 상담의 거의 모든 질문은 두 가지 범주로 나눌 수 있다. 하나는 현재의 문제와 관련된 질문 혹은 아동의 생활에서 나타나는 사건들과 관련된 질문이고, 다른 하나는 아동의 생활양식의 탐색과 관련된 질문이다. 아동에게 그들의 문제 상황을 현재 어떻게 다루고 있는지에 대하여 질문한다. 이런 질문을 하는 의도는 아동이 그들의 삶에 포함되고 관련되어 있다는 것을 알도록 하기 위한 것이다. 아동이 감시당하고 비판당한다고 느끼지 않도록 하기 위해 항상 무비판적이고 지지적인 방법으로 질문해야 한다. 이런 유형의 질문에는 일반적인 '~와 함께 하는 게 어떠니?' 식의 질문이 있다.

#1. 내담아동이 선생님에게 말대꾸하는 버릇을 가지고 있고, 그 상황을 다루는 다른 방법에 대해서 이야기해왔다면, "너의 선생님과 함께 행동하는 게 어떠니?"라고 물을 수 있다.

#2. 내담아동이 버스에서 놀림을 받은 경험이 있다면, "최근에 다른 아이와 함께 버스에 있을 때 무슨 일이 있었니?"라고 물을 수 있다.

#3. 내담아동이 양자택일하는 데 어려움을 느낀다는 기록이 있다면, 아마 "최근에 양자택일하는 데 대해 무슨 생각을 했니?"라고 물을 수 있다.

#4. 내담아동의 문제가 공공장소에서의 수음이고, 상담할 때 그가 수음할 수 있는 비밀장소에 대해서 이야기했다면, "만약 네가 너의 은밀한 부분에 손대기를 원한다면, 아무도 너를 볼 수 없는 집에 다른 장소는 어디 있니?"라고 말할 수도 있다.

#5. 내담아동의 문제가 부적절한 감정표현이고, 적절한 감정표현의 방법을 알려줄 필요가 있다면, "문제를 가지지 않고 너의 분노에 대하여 엄마에게 어떻게 말할 수 있겠니?"라고 물을 수 있다.

#6. 내담아동의 문제가 학업능력 수행 부진이고, 맞춤법에 문제가 있어 어려움이 있다면, "너의 맞춤법 시험이 이번 주에는 어떠했니?"라고 물을 수 있다.

이런 유형의 질문은 아동의 나이, 인지능력, 문제에 대한 개방성과 그것이 그들의 삶에 어떻게 영향을 주었는지를 고려하여 시도해야 한다.

(2) 아동의 질문에 대답하기

아이들은 종종 상담자에게 질문을 한다. 아들러식 상담자들은 아동이 항상 그들이 물은 각각의 질문에서 문제를 제기하고 있다고 믿는다. 그들이 상담자와 접촉하기를 원할 수도 있고, 상담에 저항할 수도 있고, 상담자의 반응에 대해 폭발할 수도 있고, 수많은 다른 목표를 가질 수도 있다. 아동의 질문에 어떻게 대답할지를 결정하기 전에, 상담자는 먼저 그 질문의 의도를 고려할 필요가 있다.

오코너(O'Conner, 1991)는 실제적 질문, 개인적 질문, 관계적 질문의 세 가지 주요한 질문형태를 언급했다. 여기에다 랜드레스(1991)는 상담진행 과정과 관련된 질문 형태를 덧붙여 설명한다. 아동이 사용하는 질문의 유형을 살펴보기로 하자.

■ 실제적 질문

실제적 질문은 사실에 입각한 것과 일반상식에 대한 물음이다. 다음과 같은 질문이 포함된다.

- 화장실에 가도 돼요?
- 오늘이 금요일이에요, 토요일이에요?
- 우리는 여기서 몇 분 더 있을 수 있나요?
- 이 병은 어떻게 열어요?
- 나는 다음 주에 와야 하나요? 혹은 다음 주에는 안 와도 돼요?
- 엄마는 아직 대기실에 있나요?

때때로 아동은 단지 어떤 실제적 정보를 알기 위해 질문한다. 이런 경우라면 상세하게 대답하거나 해석할 필요가 없다. 단지 아동의 질문에 실제적인 정보를 주면 된다. 그러나 많은 경우에 분명히 간단한 질문에서도 아동들의 기초적인 메시지를 읽을 수 있다.

아동의 질문을 통해 아동이 가지고 있는 의도를 읽을 수 있다. 예를 들어 내담아동이 "화장실에 가도 돼요?"라고 물으면, 그 방을 떠나는 것에 관한 상담실의 규칙을 알기를 원하기 때문에 질문했을 수 있다. 그때는 "너는 상담 시간이 끝나기 전에 상담실을 나갔다 와도 되는지 걱정하는구나."와 같은 내용을 가지고 이런 호기심을 반영해 줄 수 있다. 근본적 질문에 답하든지 아동이 묻는 기본적 질문에 답하든지 간에 이런 추측은 아동의 반응에 의존한다. 다른 아이의 경우는 상담실에 있는 것이 행복하지 않아서 그런 질문을 할 수도 있다. 또 다른 경우에는 상담자의 해석이나 반응의 어떤 면에 저항하는 형태로 화장실에 가고 싶어 할 수도 있다. 또한 이런 질문은 상담과정에서 떠나거나 도망가고 싶은 욕구에 의해 제기될 수도 있다. 이럴 경우에는 떠나고 싶은 아동의 욕구나 불행과 저항에 대한 그의 감정을 반영해 줄 수도 있다. 질문에 포함된 그들 의도에 대한 상담자의 해석에 아동이 보이는 반응에 따라 상담자는 아동에게 행동을 취한다. 만약 그가 어떤 다른 의도를 가지고 있지 않고 지금 화장실에 가기를 원한다면 그의 요청을 승낙한다.

▨ 개인적 질문

상담에서 아동은 가끔 개인적인 질문을 한다. 예를 들면 다음과 같다.

- 선생님은 결혼했나요?
- 선생님의 아들과 딸은 어때요?
- 선생님은 몇 살이에요?
- 선생님은 어디에 사세요?

개인적인 질문을 하는 것은 아동에게 상담자와의 관계의 어떤 형태나 아동의 불안이 점점 낮아지는 것을 돕는다. 상담자가 정중한 방식으로 대답을 하면 아동의 호기심과 욕구를 만족시킬 수 있고, 상담관계에서 가질 수 있는 아동의 불안을 낮출 수 있다. 오코너(1991)는 이러한 질문이 회기를 통제하기 위한 시도가 될 수 있다고 제안한다. 만약 상담자가 계속적으로 개인적 질문을 하는 아동의 의도에 그런 요인이 있다고 믿는다면, 때로는 직접적으로 그들의 질문을 다루는 대신에 상황을 통제하기 위한 그들의 욕구를 반영해 줄 수도 있다.

📗 관계적 질문

관계적 질문의 예는 다음과 같다.

- 선생님은 나를 좋아하나요?
- 선생님은 나처럼 다른 아이들과 함께 놀이를 할 건가요?
- 이곳에 오는 다른 아이들보다 나를 더 좋아하나요?
- 선생님이 할 수만 있다면, 선생님은 나를 선택할 건가요?
- 선생님은 내가 더 자주 오기를 바라나요?

이런 질문들은 거의 항상 확연히 드러난 의미와 숨겨진 메시지를 가지고 있다. 아동은 관계의 강도를 결정하기 위해서 이런 질문을 사용하고, 또한 상담자에게 자신을 더 많이 부각시킴으로써 자신을 보호하기 위한 목적을 가지고 관계적 질문을 한다. 이런 형태의 질문에 대한 가장 중요한 반응은 이런 질문을 하는 아동의 의도에 대해 추측하도록 하고, 그것을 동기화시키는 감정을 반영하는 것이다. 아동이 "선생님은 나를 좋아하나요?"라고 물었을 때 "때때로 너는 다른 사람이 너에게 신경을 안 쓴다고 생각하는 것 같구나. 그리고 너는 내가 너를 돌봐주어야 한다는 사실을 나에게 말하고 싶구나."와 같이 반응할 수 있다. 때로는 관계 질문에 대한 대답에서 아동을 확신시키는 것이 중요한 것처럼 보인다. 그러나 대부분의 경우 직접적으로 이런 형태의 질문에 대답하지 않는 것이 좋다. 그것은 아동의 불안과 무가치한 느낌을 키우는 경향이 있다.

📗 진행과정 질문

랜드레스(1991)는 아동상담에서 아동들이 흔히 하는 질문을 제시하였다. 그중 몇 개는 아동상담의 진행과정과 연관된 것처럼 보인다. 예를 들면:

- 이것은 무엇입니까?(상담실의 어떤 물건을 지적하며)
- 내가 지금 무엇을 해야 할지 선생님은 아세요?
- 다음에 무엇을 할까요?
- 다트 총을 가지고 유리를 칠 수 있나요?
- 왜 선생님은 재미있다고 말하나요?
- 선생님은 나를 위해 이것을 할 건가요?
- 이 장난감을 가지고 어떻게 놀아야 해요?
- 선생님은 내가 그림 그릴 것에 대해 무슨 생각을 하나요?

아동들은 도움을 청하여 상담자를 기쁘게 해 주기 위해 애쓰며 그들이 할 일을 결정해 주는 질문을 하는 경우가 많다. 그들의 질문은 안전감을 유지하기 위한 전략이 될 수 있다. 그들은 위험을 얻는 데에 다소 두려워할 수 있고, 상담자에게 새로운 행동을 하거나 선택을 하기 위해 그들을 위한 욕구를 무시하기를 원한다. 상담자는 그들이 진정으로 무엇을 가지고 있고, 어떤 것을 할 것인지에 대해 추측하는 게임을 만들려고 노력할 것이다. 이 것은 상담자가 결코 이길 수 없거나 상담관계가 아닌 추측된 게임의 어떤 종류를 끊임없이 하기를 원하는 아동은 쉽게 거기에 쓰이는 힘을 개발할 수 있다. 의존이나 게임놀이의 가능성을 피하기 위해서 또 아동의 성장을 격려하기 위해 이런 형태의 질문에 답하지 않는 것이 좋다. 과정에 대한 질문에 답하는 것 대신에 아동에게 책임을 주는 것과 조절하는 것에 대해 진술하는 편이 좋다(Landreth, 1991). 예를 들어, 만약 아동이 "이건 뭐예요?"라고 물으면 "이것이 무어라고 답하기를 원하니? 여기에서 너는 이것이 무엇인지 결정할 수 있어." 또는 "너는 내가 무엇을 할 것인지 그리고 내가 추측한 것에 대해 알고 싶어 하는구나. 그러나 너만이 네가 무엇을 할 건지를 아는 유일한 사람이라고 생각해."라고 답할 수 있다.

■ 생각할 시간갖기

아동이 어떤 종류의 질문을 하든지 상담자는 대답하기 전에 생각할 시간을 가져야만 한다. 상담자가 질문에 대한 대답을 하든 하지 않든 간에 중요한 것은 아동의 질문에 숨어 있는 아동의 의도를 아는 것이다. 촉발된 질문은 감정을 반영하는 것이 적절할지도 모른다. 상담자는 질문의 의도에 대한 더 깊은 단계의 해석을 하려고 할 수도 있다. 대답은 "아동이 어떻게 느끼고, 생각하는지?"에 대한 상담자의 직관적 감각에서 나온다. 아동 질문에 어떠한 반응을 보이더라도 상담자의 궁극적 목적은 아동과의 관계형성을 계속하는 것과 아동의 자기이해와 자존심을 키우도록 돕는 것이다.

3. 제한하기

상담자는 상담회기 중 아동의 행동을 제한할 필요가 있다(Muro & Dinkmeyer, 1979). 기노트(1961)와 모스타카스(Moustakas, 1959)와 빅슬러(Bixler, 1982)는 제한이 아동상담 관계에서 필수적이라고 했다. 기노트(1961)가 제한을 중요시 여기는 이유는 제한이 상담자가 아동에게 감정이입적 태도와 수용의 태도를 지속시키게 하며, 그리고 제한들은 상담실에서 아동과 상담자가 신체적 안정성을 갖게 하고, 자기통제를 강화시키고, 사회적 책임을 갖게 하기 때문이다. 모스타카스(1959)는 모든 관계가 필연적으로 어떤 제한들을 포함하며, 제한이 관계의 경계선들과 규칙들을 정의하고, 관계의 경계선과 규칙이 현실과 연관됨을 강조했다. 빅슬러(1982)는 '제한이 치료'라고 주장했다. 대다수의 상담자가 제한이 필요하다고 생각하는 것은 다음과 같다.

1. 자기 자신, 다른 친구, 상담자에게 신체적 공격
2. 놀이세팅이나 놀이도구의 파괴
3. 놀이세팅에서 장난감이나 놀이도구를 가져감
4. 회기가 끝난 이후에도 머물러 있는 경우

다른 제한들은 논쟁의 여지가 있다. 모스타카스(1959)는 만약 아동이 계속적으로 규칙을 어기려고 한다면 상담실을 떠나야 한다고 제안한 데 반해, 기노트(1982)는 아동이 상담실을 떠나서는 결코 안 된다고 제안한다. 아동에게 제한을 제시하는 방법도 상담자가 이미 긴 제한목록을 아동에게 제시하기보다는 필요할 때 제한을 알려주는 것이 좋다.

아들러식 상담자인 코트만과 존슨(Kothman & Johnson, 1993)은 제한에 대해서 다음과 같은 네 단계 제한방법을 제시하고 있다.

1. 비판적이지 않은 방법으로 제한을 말한다. 주로 상담자들은 수동적인 목소리를 사용한다. 하지만 경우에 따라서는 마치 "상담실에서 사람에게 화살을 쏘는 것은 규칙에 어긋나는 것이다."라는 중립적이고 사실적인 방식으로 상담실 규칙을 이야기할 필요가 있다.

2. 아동의 감정과 행동의 목적을 반영한다. 예를 들어서, 상담자가 신체적으로 위협당한다면 어떻게 행동할 것인지를 보기 위해서 아동이 상담자를 테스트하고 있다고 생각되면 상담자는 "만약 네가 화살총으로 나를 쏠 것이라고 할 때, 너는 내가 어떻게 행동할지 보고 싶은 거구나."라고 말할 수 있다.

3. 아동이 행동을 고치는 데 관여하게 한다. 이 관계에서 상담자는 아동이 비수용적인 행동을 수용할 만한 행동으로 바꾸어 선택할 것을 요구한다. 이것은 상담자와 아동이 통제를 공유하는 상담과정이지만, 결정적인 말은 상담자가 하게 된다.

4. 아동이 앞의 세 단계를 어기려 한다면, 아동이 실시할 수 있는 논리적인(당연한) 결과를 세워라.

다음의 상호작용은 제한세팅 형태의 예이다.

아 동 : 나는 선생님이 싫어요, 나는 이 화살총으로 선생님을 쏠 거예요.
상담자 : 총으로 사람을 쏘는 것은 상담실의 규칙을 어기는 것이다.

아   동 : 상관없어요. 나는 어쨌든 할 거예요. 선생님은 나에게 어떤 것을 하
            라고 강요할 수 없어요.

상담자 : 넌 정말로 화가 났구나. 너는 내가 너를 통제할 수 없음을 나에게 보
            여주려고 하는 구나.

아   동 : 선생님은 이곳에서 대장이라고 생각하지만, 선생님은 아니에요.

상담자 : 네가 상담실 규칙에 대항하지 않고 네가 쏠 수 있는 다른 것을 생각
            할 수 있다고 생각하는데.

아   동 : 아니요. 나는 단지 선생님만 쏠고 싶어요.

상담자 : 아마도 너는 상담실에서 나를 어떤 것으로 상상하고 그것을 향해 쏠
            수 있을 거야.

아   동 : 나는 칠판에 선생님의 얼굴을 그려서 그것에 쏠 수도 있어요. 이것이
            내가 선생님을 쏠 수 있는 방법이고 선생님은 나를 멈추게 할 수 없
            겠죠.

상담자 : 그렇다면 너는 나에게 쏘는 척할 수 있었구나. 그것은 내가 너에게
            무엇을 하라고 강요할 수 없음을 나에게 보여주려고 한 거구나.

    만약 아동이 상담자에게 쏘려고 고집했다면, 또는 실제로 그에게 화살을 쏘았다면, 상담자는 그 행동에 대한 당연한 논리적인 결과를 그에게 감당하게 할 필요가 있다. 상담자는 두 가지 다른 방식으로 당연한 결과를 제시할 수 있다. 한 가지 접근은 상담자가 선택하여 결과를 제시하는 것이다. "만약 나를 쏜다면 너는 화살총을 벽장에 갖다 놓게 되고 나머지 회기 동안에 그것을 가지고 놀 수 없게 될 거야." 다른 한 가지 방법은 상담자는 나중에 일어날 규칙위반에 앞서서, 논리적인 결과를 아동과 협동 작업한다. "다음에 네가 규칙을 지키지 않는다면, 화살총이 어떻게 될 거라고 생각하니?" 어떤 상황에서 어느 정도의 권력을 주는 의사결정 과정에 아동을 포함시킴으로써, 상담자는 자기통제와 자기책임감을 줄 수 있는 이런 상호작용 유형을 사용할 수 있다. 코트만과 그의 제자들은 폭넓게 아동에게 제한세팅 방법을 사용했다. 이 접근은 아동에게 제한을 따르게 하고 어떤 결과를 강행할 많은 책임을 되돌리게 하기 때문에 더 좋은 작업이 된다. 그것은 아

동에게 사회적으로 수용적인 행동을 거의 성인의 지시 없이도 어떻게 선택할지를 가르쳐준다. 이런 과정을 통해서 아동은 이 기술을 일반화하게 되고 자기통제와 자기책임감을 상담실에서뿐만 아니라 다른 환경에서도 실행할 수 있게 된다.

아동상담실에서 자주 발생하는 제한대상에 들어가는 것은 아동들이 상담실에 있는 물건들을 자신의 집에 가져가겠다고 요구하는 것이다. 이러한 요청은 그 치료를 연장하려는 갈망으로 나타날 수도 있고, 그 치료에서 아동이 만든 어떤 것에 대한 애착을 반영하는 것일 수도 있으며, 이전에 정해두었던 제한된 검사 방법이 될 수도 있으며, 선물에 대한 요구일수도 있으므로 가져가려는 품목의 치료적인 의미를 조사해야 한다. 어떻게 그 요청을 해석하는지에 따라서, 상담자는 다양한 방법으로 반응할 수 있다. 아동의 요구가 회기가 끝나는 시점에 일어난 일이라면 치료를 연장하기 위한 의미로 해석할 수 있고, 이럴 경우에는 치료 규칙을 단순히 반복 설명하는 것만으로도 아동의 요구를 멈추게 할 수 있다. 만약 이러한 행동이 전이적인 대상을 가진 아동에게 제공됨으로써 그 회기에 대한 확장적인 요구라면, 다른 방법을 선택해야 할 것이다. 만약 아동이 색칠하거나 작은 점토작업을 통해 훌륭한 대상을 만들었다면, 그 요청은 당연한 것이다. 그리고 만약 그 대상의 크기나 부피가 너무 큰 것이라면, 그 요청은 받아들여질 수 없다. 그러나 아동과 논의하여 아동이 집에 가져갈 수 있는 다른 작은 것을 하나 만들어 가져가게 할 수 있다. 브렘스(Brems, 1993)는 가끔씩, 상담자가 대상에 대한 긍정적인 의미가 있다면, 전이적인 대상인 품목을 아동이 집으로 가져가도록 허락하는 방법을 선택하는 것도 가능하다고 한다. 그는 여러 주 동안 치료를 하면서 퍼핏 인형에게 특별한 애착을 가진 아동이 가족의 휴가 때문에 치료를 두 주 쉬어야 할 경우, 휴가 전 주에 아동이 좋아하는 퍼핏을 휴가 후 다시 가져올 것을 약속하고 가져가게 해도 무방하다고 한다.

마지막으로 생각해 볼 제한 사항은 아동들이 상담시간을 즐거워하여 상담을 계속해서 하고 싶어 하는 것이다. 때때로 아이들은 상담자에 의해 제한된 검사나 조작된 의미로서 종료를 거부한다. 이따금, 아동은 그 회기를 떠났을 때 직면해야 하는 실제적인 생활 상황이 두려워서 안정된 상담실에 남아 있기를 원한다. 그 이유가 무엇이든 문제가 되지 않는다. 아동들은 대개 왜 상담자가 자신이 조금 더 머물러 있도록 허락해야 되는지에 대해 여러 가지 변명을 늘어놓는다. 아이들은 그림을 완성하기 위해서라는 이유, 게임을 마쳐야 된다는 바람을 표현하거나 어떤 중요한 정보에 대한 갑작스러운 기억을 제기할 수도 있다. 그 변명이 무엇이든지 간에, 그 회기는 제시간에 끝내야 한다. 랜드레스(1991)는 치료의 한 가지 측면은 항상 아동에게 통제력을 내면화시키고 반응적인 행동을 돕는 것이라고 주장한다. 정확한 회기의 종료는 아동에게 자기 통제력을 연습시키도록 하고 또한 치료가 매우 안전하게 예측될 수 있기 위한 규칙의 일관성과 안정성을 제공한다. 아동을 위해 규칙을 바꾸는 것은 상담자에게 치료에 대해 예측할 수 없게 하고 치료를 조작할 수 있게 한다.

4. 함께 청소하기

아들러 아동상담에서는 평등한 관계를 형성하는 방법으로 아동과 함께 방을 치운다. 이는 아동과 협력 작업을 하는 의미와 아동이 자신의 행동에 대한 책임을 갖게 하는 목적도 있다. 아동은 팀에서 그 일을 어떻게 하는지를 결정하는 책임이 있다. 즉 누가 무엇을 치우고, 어떻게 해야 하는지를 아동이 명령한다. 함께 방 치우는 것은 대부분의 아동이 상담실에서 그들의 생각과 감정을 표현하는 것을 방해하지 않는다. 마루 위에 장난감을 던지거나 더럽히고 싶은 아동은 자신이 회기가 끝날 때 함께 방을 치운다는 것을 안다는 사실에 관계없이 그렇게 한다.

상담자가 함께 방을 치우는 것이 중요하다고 생각하면, 청소하는 절차는 간단하다. 각 회기를 마치기 5분 전에 상담자는 일어서서 아동에게 "좋아, 우리가 함께 방 치울 시간이다. 너는 내가 무엇을 하는 것을 원하니? 너는 어떻게 할 거니?"라고 말하면서, 청소에 대한 통보를 하고, 의논할 부분에 대해 말한다. 청소하는 것은 벌이 아니고, 또한 상담자가 깨끗한 것을 좋아해서도 아니라 책임을 나누고 협력 차원에서 하는 것임을 분명히 아동에게 알려야 한다.

아동이 상담실 청소를 돕는 것을 거부할 때, 상담자는 선택권을 아동에게 주어야 한다. "너는 함께 방 치우는 것을 선택하거나, 다음 번에 와서 함께 놀지 않는 것을 선택할 수 있다."라고 말함으로써 적어도 제한적인 선택을 우선 시도한다.

만약 아동이 거의 모든 장난감을 선반에서 내려놓거나 치우는 과정에서 단순히 상담자와 함께 일하는 것을 거부한다면, "너는 방 치우는 일을 돕거나, 다음 주에 와서는 장난감이 전혀 없는 다른 방에서 놀이하는 것을 선택할 수 있어."라고 말할 수 있다. 이때 상담자는 무비판적이고 비갈등적인 목소리로 말하는 것이 중요하다. 상담자는 아동과 힘 싸움하는 것을 피하고 평등적 관계를 유지하기 위해서 노력해야 한다.

제8장
부적응 문제행동의 목표 이해하기

부모와 교사는 아동이 도대체 왜 그런 행동을 하는지 이해가 안 된다고 하는 경우가 많다. 상담자의 경우에도 아동의 이상행동 또는 문제행동을 이해하지 못하여 치료의 방향을 잡지 못해 고전하는 경우가 있다. 아동의 행동이 이해가 안 된다고 말하는 사람들 대부분은 아동의 문제행동의 원인을 과거에서 찾고 있다. 아동의 과거력이 그런 이상행동을 할 이유가 없기 때문에 이해를 할 수 없게 된다. 머리가 아주 우수하고 영리한 아이가 갑자기 성적이 떨어지는 이유, 수업시간에 창밖을 보면서 연필을 두드려 수업을 방해하는 이유, 총명했던 학생이 학교를 다니지 않고 비행 학생이 된 이유 등 우리는 부적응 행동의 이유를 알지 못해 궁금해하고 대책이 없다고 걱정을 한다. 어쩌다 이해할 수 없는 행동의 원인을 찾았다고 하더라도 문제행동의 원인이 상담자와 내담자가 통제할 수 없는 요인들이기 때문에 아동을 돕는 데는 그리 도움이 되지 못하는 경우가 많다.

아이들을 어떻게 다룰지 모를 때마다 어른들은 아이들을 게으르거나, 걱정스러운 혹은 공격적인 아이라고 부르거나 'ADHD' 또는 '발달지체'와 같은 왜곡된 용어를 사용하는 경우가 많다. 개인심리학에서는 현재 아동의 행동에 영향을 주는 것은 과거의 경험이 아니라, 행동이면에서 아동이 기대하는 목표가 행동에 주요 동기 또는 충동이 된다고 한다. 이를 개인심리학에서는 가상적 목표라고 한다. 따라서 이러한 가상적 목표를 이해해야만 아동의 행동을 이해할 수 있게 되고 교육 및 치료의 맥락을 잡을 수 있다 (Adler, 1973b). 많은 경우, 어른들은 아동의 행동목표에는 무관심하고 행동 자체에만 관심을 갖고 평가하고, 비난하기 때문에 그들의 잘못된 행동을 감소시키기보다는 잘못된 가상의 목표를 정당화시키게 되어, 아동의 잘못된 행동을 도리어 강화시키는 결과를 낳게 되었다. 개인심리학에서는 아동들이 나타내는 다양한 장애들은 아동이 스스로 선택한 길이라고 해석하고, 장애의 원인 규명보다는 아동이 선택한 장애행동을 통해 추구하려는 목표를 규명하는 것이 매우 중요하고 우선되는 상담자의 과제라고 생각한다 (Ansbacher & Ansbacher, 1982). 그들은 아이들의 두려움 또는 공격성, 난독증의 목표를 이해하려고 노력한다. 만일 아이의 잘못된 행동의 목표를 이해할 수 있다면, 어떤 접근이 그를 도와줄 수 있을 것인지를 계획할 수 있게 될 것이다.

가상적 목적론을 이해하는 데 도움이 되는 유명한 사례가 있다.

이는 코르시니(Corsini)가 아들러학파가 되는 계기가 된 사건이기도 하다. 코르시니가 회고한 글을 소개한다.

코르시니는 드레이커스(Dreikurs)가 아들러(Adler) 연구소에서 한 가족과 초기 면담을 하는 장면을 관찰하였다. 어떤 여자와 남자가 치료실에 어린아이를 안고 들어 왔다. 그 아이는 여섯 살쯤 되어 보였고, 머리통이 크고, 커다랗고 멍한 푸른 눈에 사지가 빼빼마른 모습을 하고 있었다. 축 늘어진 채 아버지의 팔에 안겨서 입을 벌리고 멍하게 쳐다보는 그 아이의 모습에서 코르시니는 분명히 정신적으로나 신체적으로 이상이 있다고 생각했다. 아이를 의자에 앉히자 머리를 약간 떨어뜨린 채로 인형처럼 면접시간 내내 꼼짝도 하지 않았다. 선천적인 정신지체일 것이라고 생각하고 있었던 코르시니의 진단은 아이의 아버지의 설명으로 확인되었다.

그 아이의 아버지는 검사였고, 어머니는 공인회계사였다. 그들은 아들을 지체아를 위한 주립시설에 보내려던 참이었으며 마지막으로 찾아온 전문의사가 드레이커스였다.

그 아이는 독자였다. 어렸을 때부터 부모는 아이가 정상적으로 발달하지 않는 것 같았으나 소아과 의사는 너무 지나치게 걱정을 하고 있다고 했다. 첫 돌이 되어도 아이가 말지도 혼자 먹지도 걷지도 못하자, 부모는 소아신경과 의사를 찾기로 마음을 먹었다. 의사가 아이의 발달이 지체되었다고 말하는 것을 듣고 그들의 걱정이 검증되었다. 그들은 메이 클리닉(May Clinic)을 포함한 미국의 유명한 병원을 찾아다니기 시작했다. 많은 신경과의사, 정신과의사, 그리고 심리학자와 상담을 하였다. 모든 사람들이 그 소년의 발달이 지체되었음에 동의했으며 어떤 방법도 그에게 도움이 되지 않을 것이라고 결론 내렸다. 어떤 의사는 전기치료를 해 보라고 제안했고, 또 어떤 의사는 실험적인 뇌수술을 해 보라고 권하기도 했다. 그러나 모두들 이것은 유전인자의 잘못으로 인한 자연의 실수라고 결론을 내렸다. 이 이야기를 듣는 코르시니도 그렇게 생각했다. 그리고 최고의 해결책은 이 아이를 정신지체아를 위한 기관에 보내는 것이라는 결론을 내렸다.

그러나 드레이커스는 이 설명을 들은 후 무릎을 꿇고 그 아이를 똑바로 쳐다보면서 질문하기 시작했다. 드레이커스는 아이에게 똑같은 네 가지 질문을 순서를 바꾸어 가면서 5분 정도 계속 물어보았다. 머리도 잘 못 움직이고 말도 전혀 못하는 이 아이가 강한 악센트로 말하는 선생님의 질문을 이해할 수 없으리라는 것은 분명해 보였다. 이때 드레이커스는 일어서서 말했다. "당신의 아들에게는 아무런 이상이 없습니다. 이 아이는 정상입니다." 그리고 나서 그는 부모에게 그 아이에 대해 무엇을 해야 할지를 분명하게 충고하기 시작했다.

그때 코르시니는 그 오만방자한 돌팔이 의사를 당장 떠나고 싶었다고 한다. "대체 이 거만한 정신과의사는 그 아이를 어떻게 생각하고 있단 말인가?" 많은 전문가들이 그 아이는 정신지체이며 발달장애라는 것에 동의했으며 누구도 그가 정상이 될 수 있다는 희망을 갖지 않았다. 아이를 격리시키든가, 방안에 가두어야 할 것이라고 생각했다.

그리고 6주 후 코르시니는 초기 면접을 했던 같은 방에서 그 아이가 위태위태하지만 걷는 것을 보았고, 불완전하지만 말하기 시작하는 것을 들었다. 그때의 심정을 코르시니는 전기충격을 받은 것처럼 전율을 느꼈다고 표현한다. "사실상 나는 이 아이를 죽음으로 몰아넣을 뻔했다. 나를 포함해서 다른 전문가들은 모두 틀렸던 것이다. 드레이커스만이 옳았다! 아들러의 이론과 실제에는 무언가 특별한 점이 있음이 분명해졌다."

부모가 나간 후 코르시니는 드레이커스에게 어떻게 그 아이가 정상인지 알아낼 수 있었는지 물었다. 그는 말하길, "네 가지 질문을 통해서 그 아이가 꾀병을 부리고 있었고 못하는 체했음을 알아냈다."고 한다. 그러고 나서 부모에게 논리적인 충고를 정당하게 해주었다. 이 하나의 사건으로 코르시니는 아들러학파의 이론과 철학에 친근감을 느끼게 되었고 아들러학파의 일원이 되었다(Corsini et al., 1997).

1. 부적응 문제행동의 가상적 목표

아들러의 개인심리학에서는 정상적인 사람은 사회적인 관점에서 적응적이며 사회가 그의 활동으로부터 유익을 얻고 심리적으로 자신의 문제와 어려움을 직면하기에 충분한 힘과 활력을 가지고 있다고 본다. 반면에 부적응적인 사람은 사회에 부적응적이며 매일의 삶의 과제에 적응하지 못한다고 본다(Adler, 1973b). 인간을 정상과 비정상으로 분류하는 것을 반대하는 아들러는 신경증과 행동장애에 관한 핵심을 다음과 같이 정리하고 있다.

1. 자신과 세계에 대한 잘못된 관점을 가지고 있으며, 이에 따른 잘못된 목표와 생활양식을 가지고 있다.
2. 자신에 대한 의견을 계속 유지하기 위해 다양한 비정상적인 행동에 의존한다.
3. 잘못된 관점과 이에 따른 부적절한 준비로 인해 자신이 성공적으로 감당할 수 없다고 느끼는 상황에 부딪히게 된다.
4. 이러한 실수는 인간 사이의 관계를 고려하지 않는 자기중심성에 존재한다.

5. 개인은 이러한 잘못된 관점과 목표에서 잘못된 행동이 나오는 과정을
   의식적으로 깨닫고 있지 못한다.

부적응적이고 비정상적인 행동의 기본적인 이유를 아들러는 자신과 세계
에 대한 잘못된 이해와 목표설정의 부적절함에 두고 있다. 이에 부적응적
인 문제행동을 이해하고 치료하기 위해서는 자신과 세계에 대한 잘못된
이해와 그에 맞추어 설정된 잘못된 목표를 이해하는 것이 상담자의 우선적
이고 필수적인 과제가 된다.

개인심리학자들은 아동의 느낌이나 행동을 관찰하고, 그 아동과 상호작
용하는 어른들의 자발적인 반응들을 조사하고, 어른들의 반응에 대한 아동

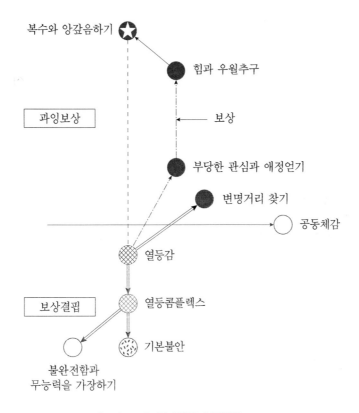

[그림 8-1] 문제행동의 목표들

의 반응을 종합하여서 아동들의 부적응적이고, 파괴적인 문제행동들 뒤에 숨어 있는 목표를 찾아냈다(Roehrich, 1976; Dreikurs & Cassel, 1977; Pepper, 1979, 1980; Dreikurs & Dinkmeyer, 1980; Dreikurs & Soltz, 1984; Dreikurs, 1985; Dreikurs & Blumental, 1986; Dinkmeyer & Sperry, 2000). 개인심리학자들은 아동들이 문제행동을 통해 성취하기를 바라는 목표를 네 가지 유형으로 분류하였다. 이 목표들은 보통 11세에서 12세까지의 아동들에게서 의식적 또는 무의식적으로 나타난다. 개인심리학자들이 분류한 목표는 다음과 같다.

- 관심과 애정을 얻으려는 목표
- 힘과 우월을 추구하려는 목표
- 복수하거나 앙갚음을 하려는 목표
- 불완전함이나 무능력을 가장하려는 목표

1) 관심과 애정을 얻으려는 목표

인간은 누구나 다른 사람으로부터 인정과 관심을 받고 싶어 한다. 인정과 관심을 받으려는 인간의 욕구는 정상적인 것이다. 여기서 말하는 인정과 관심을 목표로 하는 행동과 정상적인 욕구와는 구별되어야 한다(Roehrich, 1976). 아동들이 불안하거나 무시되었다는 느낌이 들거나 낙담되었을 때 정상적이고 유익한 방식으로 자신의 어려움과 문제를 해결하지 않고 관심을 끌기 위한 목표로 부적응적인 행동을 하는 아동들이 있다. 이러한 어린이들은 관심의 중심에 있어야 의미가 있다고 생각한다. 다른 사람들이 그들에게 관심을 기울이지 않으면, 그들은 무관심하고 무시당한 기분을 느낀다. 그들은 소속되기 위해서 관심을 필요로 한다고 느낀다. 그들은 "오직 다른 사람이 나를 돕고/거나 나를 주시할 때 나는 정말로 가치가 있다."라는 잘못된 확신을 가지고 있다.

드레이커스를 비롯한 많은 개인심리학자들은 관심과 애정을 끄는 것이 목표인 아동들이 관심을 얻기 위해 시도하는 네 가지 가능한 방법을 관찰하였다: 적극적이고 건설적인 방법, 수동적이고 건설적인 방법, 적극적이고 파괴적인 방법, 그리고 수동적이고 파괴적인 방법(Dreikurs & Cassel, 1977; Dreikurs & Dinkmeyer, 1980; Pepper, 1980; Dreikurs & Soltz, 1984; Dreikurs, 1985). 아동들은 대개 처음에는 건설적인 방법을 통해 관심을 얻으려 한다. 그러나 만일 긍정적이고 수월한 방식으로 수용이나 소속감을 얻지 못하게 되면 파괴적인 방식으로 바꾼다. 적극적이거나 수동적인 방식의 사용은 그들의 용기(courage)와 에너지 수준에 달려 있다. 용기와 에너지를 가진 아동들은 의미를 얻기 위해 적극적인 방식을 선택한다. 위축되고 실패감을 느끼고 두려워하는 아동들은 소속되기 위해 수동적인 방식을 택한다(Dreikurs & Cassel, 1977; Dreikurs & Dinkmeyer, 1980; Pepper, 1980; Dreikurs & Soltz, 1984; Dreikurs, 1985).

관심을 얻기 위해 적극적이고 건설적인 방식을 선택한 아동은 전형적으로 긍정적인 행동과 태도를 보이기 때문에, 많은 경우 이러한 행동을 문제행동이라고 분류한 것을 이상하게 생각한다. 그러나 이러한 행동들이 공동체감을 가지고 사회적 유익을 위해 하는 행동이 아니라 모든 것이 자신을 관심의 중심으로 만들기 위해 고안된 것이기에 문제행동으로 분류된다. 이러한 아동들은 대개 좋은 평판을 얻기 위해 '탁월함'을 발휘하는 교사의 애제자나 모범생들이다. 이들은 자주 과도하게 양심적이고 지나치게 인사를 잘하거나 부지런하고 심부름을 잘한다. 적극적이고 건설적인 관심추구자는 다른 사람들을 위해 거창하게 좋은 일들을 많이 한다. 좋은 행위를 통해 관심을 모으는 것이다.

수동적인 생활양식을 지닌 아동들은 관심을 얻기 위해 수동적이고 건설적인 방식을 선택한다. 이 아동들은 전형적으로 적극적이고 건설적인 아동들이 하는 행동들과 똑같은 유형의 행동을 나타낸다(Dreikurs & Cassel, 1977; Dreikurs & Dinkmeyer, 1980; Pepper, 1980; Dreikurs & Soltz, 1984; Dreikurs,

1985). 근본적인 차이점은 수동적이고 건설적인 아동은 그런 행동들을 생색을 덜 내면서 하며, 그러고 나서는 누군가 그것을 알아채서 자신이 갈망하고 있는 관심과 애정을 주기를 소망하며 기다린다. 가끔 수동적이고 건설적인 유형의 관심추구자는 다른 사람들이 보살펴주기를 기대한다. 이들도 준수한 외모나 호감을 주는 성격 등으로 많은 관심을 얻을 수 있고, 찬사나 봉사에 대한 인정을 받는다. 수동적이고 건설적인 방식으로 관심을 끌려는 아동의 행동 원인은 주로 간과되고 그들은 전형적으로 말 잘 듣고 착한 아동, 모범생으로 사회에서 인정을 받는다. 그러나 아들러의 개인심리학자들은 수동적이고 건설적인 방식의 행동을 적극적이고 파괴적인 방식의 행위보다 더 위험하게 본다. 이는 파괴적인 생활방식에서 건설적인 방식으로의 변화는 수동적인 생활양식에서 적극적인 생활양식으로의 전환보다 쉽다고 생각하기 때문이다.

네 가지 목표 중 첫 번째 목표인 관심과 애정을 끌기 위한 목표에서만 볼 수 있는 건설적인 방식을 사용하는 행동의 목표는 자주 어른들에 의해 간과된다. 왜냐하면 그들은 관심을 끄는 아동의 행위를 '귀여운' 행위 혹은 '모범적인' 행위로 간주하기 때문이다.

관심을 얻기 위해 적극적이고 파괴적인 방식을 선택한 아동은 대개 관심을 얻기 위해서 눈에 드러나게 부정적인 일들을 한다(Dreikurs & Cassel, 1977; Dreikurs & Dinkmeyer, 1980; Pepper, 1980; Dreikurs & Soltz, 1984; Dreikurs, 1985). 이 아동들은 교실에서는 말썽꾸러기, 집안에서는 악동노릇을 한다. 이들은 관심을 얻기 위해서 눈에 띄게 부정적인 행동들을 많이 사용한다. 이 아동은 아마도 반항적이거나 논쟁적이고 과도한 행동을 하고 쉽게 주의가 분산되거나 골목대장 노릇을 할 것이다.

페퍼(Pepper, 1980)는 이 범주에 들어가는 아동들을 몇 가지 유형으로 분류하였다. 과시형(showoff)은 관심을 얻기 위해 요란스럽게 부정적인 행동을 하는 아동이다. 이들은 사람들을 놀라게 하기를 좋아하고 단지 관심을 얻기 위한 말을 할 수도 있다. 방해꾼(obstructive) 아동은 관심과 의미를 얻기 위해 골칫거리가 된다. 두목격인 무서운 아이들은 관심을 얻기 위해 의도적으로 꾀를 부리며, 집단의 규율을 어긴다. 이 아동은 남을 방해하고 함부로 말한다. 이들은 다른 아동이나 성인과의 관계에서 재치 있고, 익살맞고, 영리하다. 걸어다니는 질문형의 아동은 계속해서 질문하는데, 그들은 이미 답을 알고 있는 경우에도 질문을 한다. 불안정한 아동은 많은 일들을 할 수 있음에도 불구하고, 쉽게 포기하고 지속적으로 재확인과 격려를 필요로 한다. 적극적이고 파괴적인 관심추구자는 관심을 얻기 위해서 시시때때로 이런 모든 행동들 중 하나 혹은 모든 것들을 사용할 것이다.

관심을 얻기 위해 수동적이고 파괴적인 방식을 선택한 아동은 적극적이고 파괴적인 관심추구자만큼 뚜렷하게 드러나지 않는다(Dreikurs & Cassel, 1977; Dreikurs & Dinkmeyer, 1980; Pepper, 1980; Dreikurs & Soltz, 1984; Dreikurs, 1985). 이 유형의 아동은 자주 게으르거나 의존적이다. 이들은 수줍음이 많고 다른 이들을 계속 끌어들이기 위해서 부끄러워한다. 이들은 헝클어지고, 지각을 자주하고, 게을러서 일을 하기 싫어한다. 이런 행동들은 관심을 얻기 위한 수동적인 기술들이다. 또한 지속적으로 재확인과 보살핌을 필요로 하면서 상당히 두려움이나 불안을 나타내는 아동은 수동적이고 파괴적인 관심추구자가 될 수도 있다. 이들은 의미를 얻고 사람들이 계속 관심을 기울이도록 하기 위해 섭식장애, 언어장애 혹은 난독증 등을 사용하기도 한다.

2) 힘과 우월을 추구하려는 목표

보다 건설적인 방식으로 관심과 애정을 얻으려고 노력했으나, 그런 수단들을 통해서 소속감을 얻지 못한 아동들은 안전하고 보호받기 위해서는 힘과 우월을 추구해야 한다는 잘못된 신념을 발달시킨다. 이들은 "나는 내가 하기 원하는 것을 할 수 있다는 것을 타인들이 알 때 정말로 가치가 있다."라는 잘못된 신념을 가지고 있다. 드레이커스(1985)는 "많은 경우 우월성은 우월성과 다투게 된다."라고 했다. 힘과 우월성을 얻기 위해 투쟁하는 아동들은 오로지 그들이 남을 통제할 때에만 중요성을 지닌다고 믿는다 (Dreikurs & Cassel, 1977; Dreikurs & Dinkmeyer, 1980; Pepper, 1980; Dreikurs & Soltz, 1984; Dreikurs, 1985). 그들은 그들 자신과 다른 사람들과 상황을 통제해야 한다고 느낀다. 그들이 통제하지 않을 때면, 그들은 무가치하고 무의미하다는 기분을 느끼며 힘을 다시 얻기 위해 가능한 모든 수단을 시도한다. 의미를 얻기 위해 힘을 추구하는 아동들은 전형적으로 자신감에 차 있고 우월감에 차 있는 듯이 보이기까지 한다. 그러나 그들 내면에는 불안정감과 자신감의 결여, 낙심감 등이 있다. 이러한 불확신감과 낙심으로 내면이 가득찼음에도 불구하고 외적으로는 힘과 우월을 드러내려고 한다.

아동들은 매우 어린 나이에 '아니요'라고 말하는 것에 대한 만족을 발견한다. 이때부터 아동들은 "나는 내가 하기 원하는 것을 할 수 있고 너는 나에게 내가 하기를 원하지 않는 어떤 것도 하게 만들 수 없다!"라는 주장을 통해 자신의 힘을 확인하려 한다. 힘겨루기를 하는 경우 승자와 패자가 있게 되는데 이들 모두가 비싼 값을 치러야 한다. 무엇보다 성인과 아동이 힘겨루기를 할 경우 성인이 승자가 되기 쉬운데, 이때 패배한 아동은 통제할 수 없는 심한 분노심이 생기게 된다. 이러한 행동 역시 적극적이고 수동적이며 파괴적인 형태를 취한다. 적극적인 아동들은 내놓고 반항하는 데 반해, 소극적인 아동들은 은밀하게 말을 안 듣는다.

힘을 추구함에 있어서 적극적이거나 수동적인 양상들을 구분하는 기준은 아동들이 자신의 행동에 투자하는 에너지의 수준이다. 적극적으로 힘을 추구하는 아동들은 권위적인 인물과 동료들에 대해 논쟁, 다툼, 맞서기, 그리고 드러나게 반항적으로 행동함으로써 힘 투쟁(power struggle)을 한다. 많은 순간 그들은 그들이 원하는 것을 얻기 위해 떼쓰기(분노폭발; tempertentrum)를 사용한다. 그들은 또한 눈에 보이는 거짓말을 하고 게임에 이기기 위해 속이고 상황이나 다른 사람들을 계속 통제하기 위해 여러 유형의 거짓말을 하기도 한다. 수동적으로 힘을 추구하는 아동들은 불복종하고 잘 잊어버리고 조작하고(manipulate) 고집 세고 게으르고 비협조적인 방식으로 힘 투쟁을 하게 된다. 수동적인 아동들은 다른 사람들에게 드러나게 도전하지는 않지만, 그 대신 수동-공격적인 방식으로 그들의 목표를 달성한다.

3) 복수하거나 앙갚음을 하려는 목표

아동과 힘겨루기에서 힘을 가진 성인이 벌로써 아동을 눌러 이기는 경우가 많다. 이때 아동은 자신의 우월성을 입증하기를 포기하고 무시당한 느낌, 진 느낌, 사랑받지 못한다는 느낌을 갖게 되고 이런 느낌을 가진 아동은 복수하려고 한다. 복수심에 의해 동기화된 아동들은 그들 자신에게 가해졌던 고통이나 상처를 다른 사람들에게 되돌려주는 차원에서 보복하거나 처벌하려는 시도를 한다(Dreikurs & Cassel, 1977; Dreikurs & Dinkmeyer, 1980; Pepper, 1980; Dreikurs, 1983). 복수를 하려는 아동들은 신체적 · 정서적인 학대나 무시당함을 경험해 왔을 수 있으며, 누구든 그들을 다치게 하기 전에 닥치는 대로 휘둘러서 자신을 보호하기를 원한다. 이들은 삶에서 너무 많은 고통을 느껴왔기 때문에 다른 사람들에게 상처를 주고 싶어 한다. 이런 아동들 중에는 고통스러운 관계만을 경험해 왔기 때문에 관계를 형성하고 유지하는 방식은 고통을 주는 것이라고 믿는 아이도 있다. 많은 경우에, 복수를 추구하는 아동들은 그들 자신을 사랑하지 않고, 세상에 필요없는 존재라고 느낀다. 그들이 심지어 상처받아 마땅하다고까지 느끼기도 하며, 다른 이들이 그들을 거절하기를 기대하기도 한다. 이들이 지닌 잘못된 신념은 "나는 내가 타인에게 상처줄 수 있다는 것을 제외하고는 인정받을 수 없다. 내가 상처를 주어야 그들은 내가 가치가 있다는 것을 알 것이다!"이다.

적극적 형태의 복수와 수동적 형태의 복수가 있는데, 이들은 다른 유형의 행동들을 나타낸다. 적극적으로 복수를 하려는 아동들은 폭력적이고 심술 궂고 잔인하다. 이러한 아동들은 자주 신체적으로나 정서적으로 다른 아동들과 성인들을 상처 주는 골목대장들이다. 그들이 게임에서 지면, 지게 한 사람들을 처벌하려고 할 것이다. 가끔 복수를 하고자 하는 아동들에게서 야뇨증과 유분증세가 나타난다. 침대를 적시거나 옷가지를 더럽히는 것은 이후에 그들을 씻겨줄 성인들에 대한 아동들의 감정을 은유적으로 나타내는 의사소통일 수 있다. 적극적으로 복수를 하기로 한 아동들은 또한 다른 사람들을 상처주기 위해 그들이 선호하는 소유물들을 훔치기도 한다.

수동적으로 복수를 하는 아동들은 그들이 상처를 주려는 의도보다 더 깊은 수준의 행동을 나타낸다. 그들은 변덕스럽고, 잘 뽀로통해지며, 위협하거나 혹은 철회해 버린다. 그들은 그들이 참가하고 있는 활동이나 놀이를 함께 하기를 거절하기도 한다. 수동적으로 힘을 추구하는 아동들과 수동적으로 복수를 하는 아동들 간의 차이점은 의도(intent)이다. 힘을 추구하는 아동들은 통제를 원하고, 복수를 하려는 아동들은 상대방에게 상처 입히기를 원한다.

4) 불완전함이나 무능력을 가장하려는 목표

복수하려는 시도마저 성인의 벌이나 압력 또는 억압에 의해 무산된 아동들은 복수의 노력을 포기하고, 자존감을 잃고 자신의 모든 과제와 개인적인 관계를 포기하고 위축되어 뒤로 물러나 있게 된다. 외부적으로 이들은 자신의 약함과 무능력만을 내 보이려고 한다. 이러한 행동을 통해 그들은 자신의 미래에 대한 또 다른 실패를 피하고자 한다. 다른 과제가 주어지는 것을 방어하려는 목적이다. 드레이커스와 카셀(Dreikurs & Cassel, 1977: 40)은 "자신의 무능함과 도움이 필요함을 내보이는 아동은 이것을 자신의 보호막 또는 방어벽으로 사용한다. 이들은 다시금 패배할 수 있는 모든 시험 상황에서 벗어나려고 한다. 이 아동은 열등콤플렉스를 보인다."라고 하였다. 열등감이 적절하게 극복되지 못할 경우 병적 열등감의 증상이 나타나게 되는데 이것이 열등콤플렉스이다. 아들러는 이를 '삶의 문제를 해결하지 못하는 것'으로 정의했다.

가장 수동적인 아동들을 돕는 것은 매우 어렵고 낙담적일 수 있다. 일상의 과제를 회피하는 아동은 어른들에 의해 간과될 수 있다. 그들의 메시지는 분명하다: "나는 줄 어떤 것도 가지고 있지 않기 때문에 나에게서 어떤 것도 기대하지 마라." 또는 "나는 어리석고, 부족하고, 정말로 희망이 없다. 나에게서 어떤 것도 기대하지 마라. 내가 하는 시도는 모든 사람들에게 단지 그 사실만을 증명할 뿐이다."라는 잘못된 신념을 가지고 있다. 인간은 자기 결정적인 존재이다. 인간은 자신의 경험에 스스로 의미를 부여하고, 자신의 삶에 부여한 의미에 따라서 삶의 태도와 방식이 달라진다. 그러므로 중요한 것은 개인에게 주어진 환경이 아니라 개인이 그 상황을 어떻게 해석하는가에 달려 있다. 그런데 아동이 자신의 삶의 의미를 부여하고 자신의 상황을 해석하는 데 있어 오류를 범할 경우 문제를 해결하는 능력이 떨어지게 되고, 이 무능의 경험은 결국 병적인 열등감에 이르게 된다.

자신이 부적합하다는 것을 증명하려고 노력하는 아동들은 정말로 위축되어 있다. 그들은 생활 속에서 주어지는 요구들을 그들이 부족감을 느끼는 활동들을 회피함으로써 자신을 보호한다(Dreikurs & Cassel, 1977; Dreikurs & Dinkmeyer, 1980; Pepper, 1980; Dreikurs & Soltz, 1984; Dreikurs, 1985). 이들이 하는 부적절한 행동은 어떤 일을 시도하려 하지 않고 쉽게 포기하고 다른 사람과 어울리는 것을 회피하는 등 대체로 수동적이다. 적극적인 방식으로는 위축의 극적인 형태인 자살이 있다.

어떤 가정에서는 부모가 그들 자신의 개인적 위축 때문에 아동의 부정적 자아상에 영향을 주어왔을 수가 있는데, 그것은 무시, 과도한 야망, 압력, 염세주의, 비평, 그리고 불가능하게 높은 기준 등의 형태로 나타날 수 있다. 그러나 가끔, 아동들은 자신들을 형제자매나 친구들과 불공평하게 비교함으로써 위축되기도 한다. 학습장애, 주의력 결핍, 과잉행동장애, 신체적 장애 혹은 정신지체 등의 문제를 지니고 있는 아동의 경우, 다른 사람들만큼 자신들이 잘 할 수 없다는 그들 자신의 평가는 정확하다.

뢰리히(Roehrich, 1976)는 다섯 번째 목표로 핑계찾기 또는 합리화의 목표

를 제시한다. 뢰리히는 아동들이 자신의 결핍, 부족과 거부상황에서도 사회
적으로 자신의 위치를 주장하고 정당화하려는 목표를 가진다고 한다. 심리
적으로 보면 이러한 합리화 방법은 무의식적 조정으로 언제나 실질적인 원
인 대신에 무능함과 거절의 논리적 이유를 찾거나 발견하려는 시도에서 나
타난다. 다섯 번째 목표는 다른 기회에 좀 더 심도 있게 다루기로 하고, 여
기서는 일반적으로 거의 모든 개인심리학자들이 인정하고 있는 네 가지 목
표에 대해서만 살펴보기로 한다.

　상담자는 대개 부적응행동의 어떤 목표가 그 아동에게 들어맞는지를 결
정할 수 있게 된다. 이 결정이 중요한 이유는 치료회기의 개입전략들이 아
동의 목표에 대한 상담자의 이해에 따라 다르기 때문이다. 아동의 목표를
아는 것은 부모와 교사의 자문에 대한 계획을 세울 때에도 도움이 되는데,
부적응행동을 다루는 데 사용되는 아들러식의 기법은 어떤 면으로는 목표
에 따라 분류된다고 볼 수 있다. 다음 절에서 행동의 목표에 따른 아동상담
전략에 대해 살펴보기로 한다.

2. 문제행동의 가상적 목표에 따른 아동상담 전략

1) 관심과 애정을 얻으려는 목표에 따른 아동상담 전략

　관심과 애정을 끌려는 아동과 상호작용할 때에, 어른들은 아이들로 인해
다소 귀찮다는 느낌을 갖게 된다. 대부분의 경우 어른들은 이러한 아동들
에게 그들을 원하는 경우 긍정적이든 부정적이든 간에 관심을 주게 된다.
건설적인 방식을 사용하는 아동들에게 어른들은 기본적으로 호의를 지니고
반응한다. 그러나 시간이 지나면서 계속 관계를 맺고 관심을 끌려는 아동
의 욕구는 부담이 되는 관계가 된다. 어른들은 파괴적인 방법을 사용하는
아동들에게 보다 적절한 행동을 하도록 설득하려 할 것이다.

어른들이 아동의 문제행동을 교정하려는 시도를 하면 관심을 추구하는 아동들은 잠정적으로 귀찮게 하는 행동들을 감소시키거나 소거시킨다. 다른 사람들이 그들에게 관심을 기울이면, 그들은 만족감을 느끼고 요구하는 상호작용을 중지할 것이다. 그러나 그들이 관심을 더 이상 못받으면 그들의 불안감은 상승되며, 곧 그들은 관심을 얻기 위해 전형적으로 사용하는 행동들을 나타내게 된다.

자신이 관심의 중심에 있어야만 한다는 관심추구형 아동들의 신념을 지지하지 않기 위해, 아들러식 상담자는 세 가지 주요한 전략으로 무시하기, 관심주기, 그리고 해석하기를 사용한다. 상담자는 이러한 아동들이 부적절한 방식으로 우스꽝스럽거나 과도하게 관심을 끌려는 행동을 보일 때 이들을 무시해야 한다. 그들이 관심을 끌려고 하지 않을 때에 관심을 기울임으로써 상담자는 그들에게 보다 긍정적인 방식으로 관심을 얻는 방법을 탐색하도록 격려할 수 있다. 상담자는 또한 아동들의 행동의 의도를 시험 삼아 노출시켜 해석할 수도 있다. 이 개입전략은 아들러식 치료의 제3단계인 생활양식의 통찰단계에서 주로 사용한다.

이러한 전략의 궁극적 목표는 아동들이 그들이 소속되거나 중요하게 되기 위해 관심의 중심이 될 필요가 없다는 것을 깨닫도록 하는 데 있다. 상담자는 아동이 치료 회기에서보다는 일반적인 환경에서 이런 생각들을 일반화시키도록 돕기 위해 이와 같은 기술들을 가정이나 학교에서 부모나 교사들도 사용할 수 있도록 교육시켜야 한다.

2) 힘과 우월을 추구하려는 목표에 따른 아동상담 전략

힘을 추구하는 아동을 대할 때 일반적으로 어른들은 화를 낸다. 그들은 아동들이 과시하려는 힘의 욕구 때문에 도전이나 위협받는 기분이 들 것이다. 어른들은 이런 도전에 대해서 아동과의 힘 투쟁에 휘말려 버리거나, 아동에게 규칙과 체계를 지키도록 하기 위해서 이들을 위협하거나 훈계를 할 것이다. 이러한 전략들은 힘을 얻으려는 아동들에게는 거의 성공하기 어렵다. 처벌을 받게 되면 힘을 추구하는 아동들은 대개 그들의 부정적인 행동을 더욱 많이 한다. 적극적인 아동들은 더욱 반항적이게 되고, 수동적인 아동들은 더욱 수동-공격적이게 된다. 힘과 우월을 추구하려는 아동들은 가정환경이나 어릴 적 경험에 따라 몇 가지 배경으로 분류가 되고 이 분류에 따라 다른 치료적 전략을 사용하는 것이 좋다(Kottman, 1995).

(1) 너무 힘이 없는 아동들을 위한 아동상담 전략

가정에서 힘을 가져 보지 못했던 아동들은 모든 상황에서 아주 적은 양의 통제를 받아야 한다고 느끼며, 모든 상황에서 힘을 얻기를 원함으로써 과잉보상을 받고 싶어 한다. 대개 과잉보호나 혹은 극단적으로 엄격하고 권위주의적인 양육방식으로 자란 아이들이 이에 해당한다. 이들의 부모들은 아동을 위해 그들이 스스로 할 수 있는 일들을 대신 해준다. 자녀의 이를 닦아주고, 옷을 입혀주고, 고기를 썰어주고, 그들의 옷가지를 골라주고, 무엇을 할 수 있는지, 어디를 갈 수 있는지, 누구를 사귀어야 하는지 등을 결정해준다. 이러한 아동들은 심지어는 상황에 따라 어느 정도 제한된 힘을 가지는 것이 발달적으로 그들에게 적합할 때에조차도 그들 자신이나 그들의 삶을 통제해 볼 기회를 전혀 가져보지 못한다. 그들은 결정을 하거나 책임을 지거나 혹은 그들의 일상적인 경험 속에 있는 아주 작은 일에 대해서조차 통제를 해본 적이 전혀 없기 때문에, 이러한 아동들은 다른 사람들을 조종하거나 떼쓰기를 통해 주변을 통제하려 한다. 이러한 아동들은 아주 적은 힘을 얻는 것에도 심각해지기 때문에, 이러한 아동들과의 상호작용은 기필코 이겨 힘을 얻기로 작정한 아동과의 힘 투쟁이 되어버린다.

너무 힘이 없는 아동들과의 초기 회기 동안에는 그들이 힘을 충분히 가져보는 경험을 한 후에 점차적으로 힘을 동등하게 나누도록 한다. 상담자는 치료실에서 결코 아무런 결정도 하지 않는다. 아동들이 모든 선택을 하도록 내버려두며 지속적으로 그들에게 책임을 돌린다. 이때에는 속삭임 기법을 사용하는 것이 좋다.

이러한 아동들은 자신들에게 주어진 힘에 대해서 부정적인 반응을 하는데, 이들이 힘을 어떻게 사용해야 할지 알지 못하고 심지어는 이것이 일종의 함정이라고 생각한다. 아동들이 자신들은 결정을 할 수 없다고 상담자에게 소리지르면 지르도록 내버려두며, 상담자가 어른이기 때문에 치료실에서 일어나는 것을 결정할 책임이 있다고 주장하면, 그렇게 주장하도록 놔둔다. 또 다른 아동들이 어떤 것을 결정하기를 거부하고 상담자가 책임을 떠맡기를 않아서 기다리면 기다리기만 하도록 놔둔다(이러한 똑같은 아동들이 그저 결정하기를 거부하고 상담자가 힘을 가지려는 의도를 보이기만 하면, 상담자로부터 힘을 빼앗으려는 시도를 할 것이다.). 상담자는 그들이 상담자를 믿는 것과 회기 동안 일어나는 것에 대해 책임을 지는 것이 얼마나 어려운지에 대해 생각하도록 하면서 아동들의 이런 반응들을 해석해 준다.

관계가 발전되고 자연적으로 힘을 갖는 것에 편안해하면, 상담자는 아동들에게 힘을 나누어 가지자고 요구하기 시작한다. 그들이 책임을 지거나 책임을 지더라도 회기 동안 편안하고 안정할 수 있다는 생각을 전달하고 싶은 것이다. 이를 달성하기 위해 번갈아가면서 함께 노는 게임의 규칙을 정할 것을 제안한다. 힘을 포기하도록 하기 위해 속삭임기법을 사용하지 않으면서 다양한 역할놀이를 시도해 볼 수도 있다. 아동과 함께 할 규칙을 정하는 놀이대본을 짜볼 수도 있다. 아동들의 감정을 반영하고 해석하기 위해 이러한 과정에 아동들이 보이는 반응들을 관찰하는 것이 중요하다.

부모상담 시간에는 부모와 함께 그들의 자녀가 연령에 적합한 힘을 가질 수 있도록 허용해 줄 것을 가르친다. 가끔, 부모들은 아동발달에 대한 올바른 정보를 가지지 못해서 단순히 아동이 스스로의 힘으로 무엇을 해낼 수 있을지를 알지 못하는 경우가 있다.

어떤 부모들은 그들 자신의 문제 때문에 자녀와 힘을 나누는 데에 어려움을 느낀다. 이러한 부모들은 개인치료를 받을 필요가 있다. 그러나 많은 경우 그들은 치료과정에 흥미를 못 느끼는데, 이는 그들의 힘을 포기하는 것을 의미하기 때문이다. 그들은 자신의 아이들과 상호작용하는 새로운 방식들을 배우는 것에서조차 저항할 것이다. 힘을 추구하는 부모들이 자신의 자녀들과 힘을 나누기 위한 방법 중 가장 효과적인 방식은 그들에게 제한된 선택권을 어떻게 주는지를 가르치는 것이다. 이 전략은 아동들에게는 자신의 삶에 대해 어느 정도의 힘을 누리도록 해주는 반면, 부모들에게는 가정 내에서 모든 결정을 포기하는 것을 의미하는 것은 아니라는 것을 알려주어야 한다.

(2) 너무 많은 힘을 가진 아동들을 위한 아동상담 전략

될 대로 되라는 방임식의 양육태도를 지닌 부모나 부모 그 자신이 너무 많은 문제를 지니고 있어서 자신들의 어려움에 골몰하여 자녀들에게 경계를 설정하고 체계를 제공하는 부모로서의 역할을 하지 못하는 부모, 도리어 자녀가 부모의 역할을 하는 부모화된(parentified) 아동의 부모 또는 자녀를 즐겁게 해주고 싶어 하는 욕구가 너무 강해서 아동의 행동에 제한을 가하지 못하고 과잉보호적이고 지나치게 허용적인 부모 밑에서 자란 아동들은 그들이 다른 사람과 세상과의 상호작용에 있어서 똑같은 양의 힘을 지녀야 한다고 믿는다. 이러한 아동들은 발달적으로 그런 선택들에 대해 준비되어 있기도 전에 그들의 삶에서 나타나는 다양한 측면에 대해서 스스로 결정을 내린다. 이들은 스스로를 돌보거나 형제들 나아가 부모까지도 돌본다. 이들은 과도하게 허용적이 되거나 다른 사람들이 그들의 일상적인 소망에 맞추어 주기를 기대한다. 이런 아동들은 그들 가족 외의 사람들이 그들에게 다른 사람들로부터 기대하도록 배워왔던 힘을 허용하지 않을 때에는 그들로부터 힘을 뺏으려 할 것이다. 그 결과는 아동들은 그들이 강한 힘을 가지는 것을 방해할 것이라고 생각하는 권위적인 인물과 지속적인 힘 투쟁을 벌이게 된다.

너무 많은 힘을 지닌 아동들과의 치료회기에서는 처음 회기부터 평등한 힘 나누기를 설정한다. 모든 상황을 완전히 통제하는 것을 포기하도록 하고, 그렇게 해도 그들이 아직 살아있고 행복하다는 것을 알려준다. 이런 아동들은 대개 다른 사람과 힘을 나누게 된다는 생각에 대해 부정적인 반응을 보일 것이며, 상담자와 힘 투쟁을 벌이려 할 것이다. 이에 대해서는 그들의 목표를 해석해 줌으로써 그들의 의도를 노출하여 그들과의 힘 투쟁에 말려들지 않아야 한다.

힘 투쟁을 피하는 한 가지 방법은 선택권을 주고 결과를 설정하는 것이다. 이것은 상담자와 아동의 관계를 민주적으로 유지하도록 하며, 아동들에게 전체 상황을 통제하도록 하지 않으면서 어느 정도 힘을 지니도록 허용한다. 아동의 행동을 개인적으로 받아들이지 않아야 하고 어떤 식으로든 도전받거나 위협받는다고 생각하지 않는 것이 중요하다. 상담자는 아동들보다 삶에 있어서 더 많은 자유와 선택권을 지니고 있으며, 아동과의 상호작용에서 조용하고 평형을 잃지 않은 채로 있어야 한다고 스스로에게 상기시킬 필요가 있다.

부모화된 아동들에게는 치료회기 동안 그들이 과도한 책임을 질 필요가 없다는 것을 확신시켜 주어야 한다. 그들이 방을 청소하지 않아도 된다는 것을 말해주고, 어린이다운 행동을 자유롭게 할 수 있도록 유도한다. 너무 허용적으로 자란 아동들에 대해서는 과도하게 허용적으로 되는 것과 그들에 대한 기대치를 낮추는 것은 피해야 한다. 그들에게는 그들이 과잉보호를 받거나 그들이 원하는 모든 것을 얻지 않고서도 충분히 풍요로울 수 있다는 확신을 주어야 한다.

너무 많은 통제력을 지닌 아동들의 부모들에게는 적절한 경계와 구조를 설정할 때에 요구되는 양육기술을 교육시켜야 한다. 특히 선택하는 방법, 논리적인 결과 인식, 문제소유를 결정하는 방법, 그리고 힘 투쟁에 말려들지 않는 방법 등에 대해 교육시킬 필요가 있다.

자녀양육에 방해가 될 수 있는 부모의 개인적 문제를 부모와 함께 작업하고, 필요하다면 개인 치료를 권유해야 한다. 효율적으로 양육하는 기술에 대해 고민하는 부모들을 격려하고, 결정기술을 가르친다. 개인적인 문제를 지니고 있고 자녀들을 기쁘게 하기 위해 헌신하는 부모들에게 그들의 자녀와의 관계에서 그들의 문제가 얼마나 많은 영향을 주는지를 직시할 수 있도록 돕는다. 지나치게 허용적인 부모는 그렇게 과도하게 허용적인 그들의 목표를 검토해 볼 필요가 있으며, 과도한 허용이 그들 자녀의 발달과 자아존중감에 미치는 해로운 영향에 대해 보다 많은 정보를 주어야 한다. 개인심리학적 부모교육 프로그램인 STEP이나 APT 등을 실시하는 것이 도움이 될 것이다.

(3) 혼란스러운 가정에서 자란 아동들을 위한 아동상담 전략

부모 중 한 명이 정신질환, 약물중독, 건강의 문제 혹은 알코올 문제가 있는 경우, 또는 부모의 양육기술이 미숙해서 아동들이 어려서부터 안전감이나 보호감을 느끼지 못하고 혼란스러운 가정에서 자란 경우가 있다. 이러한 가정은 아동에게 안전감을 주는 일상적인 체계와 구조를 설정하지 못하고 있다. 상당수의 가정이 다양한 사회봉사기관에서 보호와 안전감을 얻으려고 찾아 헤매는데, 그렇다고 아동들의 안전감과 보호감이 생기는 것은 아니다. 이러한 아동들이 가지고 있는 힘에 대한 열망은 자신을 보호해야 하는 생존기술이다.

혼란스러운 가정의 아동들에게는 너무 힘을 못 쓰는 아동들에게 사용하는 것과 유사한 개입전략을 사용한다. 치료회기에서의 모든 상호작용을 그들에게 통제하도록 한 후에, 점점 그들이 통제하지 않는 상황에서도 안전할 수 있다는 생각을 도입한다. 상담자는 그들이 이완하고 놀이를 즐길 수 있는 안전한 환경을 제공해 주어야 한다.

질서나 안전감이 거의 없는 가정의 일원이 되는 것이 어떤 기분인지에 대해 생각하도록 한다. 이러한 활동이 부모를 비판하는 것처럼 보이지 않도록 조심해야 한다. 혼란스러운 가정에서 영향력을 행사하는 것은 어려운 일이다. 가족원들은 효율적인 양육을 촉진시킬 수 있는 방식으로 상호작용할 능력이 부족하고 정신적으로 건강하지 못하다.

이러한 가족에게는 가족치료를 시도하는 것이 중요하다. 가족치료가 중요하기는 하지만 실질적으로 더 중요한 것은 아동에게 그 자신의 환경 속에서 다른 개인들을 위협하거나 도전하지 않는 생존기술과 힘을 얻는 방식을 가르치는 것이다. 예를 들어, 정신질환을 앓고 있는 엄마와 함께 사는 아동에게는 그의 엄마가 약을 복용하지 않는 상황을 알아차리는 방법과 그런 상황이 발생할 때 그를 보살펴 줄 수 있는 책임 있는 어른에게 연락하는 방법을 가르치는 것이 우선적인 과제일 것이다.

3) 복수하거나 앙갚음을 하려는 목표에 따른 아동상담 전략

복수를 하려는 아동들과 마주하면, 대부분의 어른들은 고통을 느낀다. 어떤 어른들은 이 고통으로부터 자신을 보호하기 위해 이들로부터 피해 버리기도 하는데, 그것은 아동들에게 그들 자신이 사랑스럽지 못하다는 신념을 지지해 주는 결과가 된다. 다른 어른들은 복수를 하려는 아동들에게 받는 고통에 대해서 이들에게 재보복하려는 시도를 하게 되는데, 이는 더 심한 상처로부터 자신을 보호하려는 아동의 열망을 더욱 부채질하는 것이 된다. 그들을 교정하기 위해서 어른들이 주는 질책이나 훈계, 처벌을 그들을 상처주기 위해 고안된 것이라고 생각한다. 그래서 이들은 즉각적으로 다른 사람들에게 상처를 주려고 더욱 노력을 한다.

복수의 일념을 지닌 아동들과 작업할 때에는 다른 사람들에게 고통을 가하는 것을 좋아하기 때문이 아니라 그들이 상처를 받아왔기 때문에 상담자에게 상처를 주려 한다는 사실을 상담자 자신에게 끊임없이 상기시켜야 한다. 그들의 행동을 개인적으로 받아들이지 말아야 하고, 그들이 상담자를 밀어내려 해도 그들을 긍정적으로 볼 수 있도록 노력해야 한다. 이에 대해 페퍼(1980, 30)는 다음과 같이 말한다.

"복수에 몰두한 아동을 대하는 것은 어른에게 가장 어려운 문제들 중 하나이다. 이 아동들은 도저히 논리에 닿지 않는 것이다. 자신이 구제불능으로 혐오되고 있고 집단에 소속될 기회가 없다고 확신하기 때문에, 이들은 자신을 다른 식으로 확인하게 하려는 그 어떤 노력에도 깊은 불신감으로 반응한다. 어른은 아동을 상처주기 위해 만들어진 모든 종류의 아주 교묘하게 고안된 도전에 노출되어 있는데, 그것이 아동으로 하여금 아동 자신이 가치 있고, 호감을 줄 수 있는 존재라는 사실을 아동에게 확인시키는 것을 어렵게 만든다.”

인내와 일치성(consistency)이 복수를 추구하는 아동들에 대한 치료의 열쇠이다. 이들이 꽤 오랜 기간 자신들을 격려하는 그 어떤 시도도 신뢰하지 않음으로 그들을 상대로 인내를 연습해야 하며, 그들의 반응에 위축되지 않는 것도 연습해야 한다. 이러한 아동들과 하게 되는 모든 상호작용에서 상담자는 아동에게 존중과 관심(respect & caring)을 전달해야 한다. 제한이 공정하고 예측 가능할 것임을 확신시키는 것도 중요하다. 제한할 경우에, 상담자의 언어와 비언어적 행동이 사실 그대로이면서 판단적이 되지 않게끔 평소보다 훨씬 더 많은 주의를 기울여야 한다. 복수를 하려는 아동들은 제한이 그들을 더 심하게 거부하고 상처주기 위해 사용하는 것으로 생각한다. 이러한 아동들에게 행동의 목표를 해석해줄 때, 상담자는 목소리에서 모든 정서를 배제한 채, 단순히 목표만을 해석해 준다는 느낌으로 언급해야 한다.

부모들 혹은 다른 가족원들에 의해 상처를 받은 아동이라면 무엇보다 먼저 학대나 방임이 이미 중지된 상태임을 확인하는 것이 중요하다. 만일 아동이 계속 학대받는 상황에 있다면, 아동이 위험에서 탈출하여 안전함과 보호받고 있다는 것을 느낄 수 있는 장소로 옮기는 방도를 찾는 것이 급선무이다. 부모가 아동을 상처 입게 하거나 상처를 주었다는 증거가 없는 경우도 있다. 이러한 경우에는 치료과정에서 아동의 상처를 충분히 상쇄하는 것이 거의 불가능해지게 된다.

부모의 상처주기 행동들이 모두 사라진 상황에서조차도, 손상된 부모/자녀 관계를 회복시키는 것은 매우 어려운 작업이다. 부모는 지속적으로 아동을 지지해 주고 아동의 도전을 참아 버텨내고 상처를 주는 행동을 개인적으로 받아들이지 않는 태도를 획득하는 것을 배워야 한다. 아동은 부모를 신뢰하고 자신이 사랑스럽고 중요하다는 것을 믿기 시작하고 자신의 중요성을 얻고 해로운 것으로부터 안전해지기 위해 새롭고 긍정적인 방식들을 탐색하는 것을 배워야 한다. 이 과정에서 상담자의 주된 기능은 아동과 부모 모두를 격려하고, 서로에 대해 혹은 자신에 대해 포기하지 않도록 하는 것이다. 부모들이 자신의 상처받은 감정과 좌절을 발산할 장소를 마련해 주고 아동에게 더 이상의 해가 가지 않도록 그들 자신의 문제를 해결할 수 있도록 돕는 것 역시 중요하다.

아동이 받은 상처에 대해 부모가 아무런 책임이 없지만, 부모에게 보복하려는 아동이 있다. 이런 아동은 부모가 자신을 해로운 것으로부터 충분히 보호해 주지 않았기 때문에 상처를 받았다고 생각하는 경우가 있다. 또 다른 가능성은 아동이 자신에게 상처를 준 사람에게 부정적인 감정을 발산시키는 것으로는 안전감을 느끼지 못하나, 부모에게 이러한 감정들을 발산하면 안정감을 느끼기 때문이다.

4) 불완전함이나 무능력을 가장하려는 목표에 따른 아동상담 전략

부적절성을 증명하려고 애쓰는 아동들과 상호작용하는 어른들은 대개 무기력, 절망감, 그리고 마치 아동들처럼 위축감을 느낀다. 그들은 아동들을 돕기 위해 무엇을 해야 할지를 모를 때가 많다. 위축된 아동들은 어른들의 반응에 아무런 반응을 하지 않거나 수동적으로 반응한다. 빈번하게 부모나 교사들은 이런 아동들과 관계 맺기를 포기하는데, 왜냐하면 그들이 개선되기보다는 더 악화되는 경향이 있기 때문이다. 만일 위축된 아동들이 실패나 교정을 경험하게 되면, 그들은 더욱 깊게 실망하고 성공이나 진실에 대한 아주 작은 시도마저도 포기해 버린다.

치료 회기에서 부적절함을 나타내는 대부분의 아동들은 그들이 성공하지 못할 것이라는 두려움으로 인해 어떤 종류의 놀이에도 참여할 것을 거부한다. 상담자는 부모와 교사와의 대화를 통해 아동들이 지닌 강점과 장점 등을 찾게 된다. 아동들은 그들이 어떤 힘을 지니고 있다는 것을 믿지 않는다. 이러한 아동들에게 가장 필요한 기법은 격려이다. 개인심리학적 치료에서 격려는 가장 기본적인 치료기법이지만 여기서는 무엇보다 격려의 기법이 필요하다. 아들러는 사람들이 삶의 문제를 다루는 데 있어서 어려움을 경험하여 낙담하고 있기 때문에 상담자를 찾아온다고 했다. 병리적 열등감을 극복하는 데 필요한 것은 무엇보다 용기(Mut)이다. 아들러학파에서는 좌절된 심령에 새롭게 다시 일어설 수 있는 용기를 불어넣어 주는 격려(Ermutigung)를 가장 중심되는 치료의 수단으로 제시한다. 아들러학파이면서 교육을 통한 치료에 심혈을 기울인 스필(Spiel)은 "실제적인 힘은 용기이다. 용기에 모든 것이 달려 있다. 용기는 모든 긍정적인 성취의 아버지이다."라고 하였다. 격려의 목표는 내담자로 하여금 용기와 책임감, 그리고 부지런함을 일깨워 자신의 삶의 문제에 당당히 직면하여 자신의 문제를 해결할 수 있도록 돕는 것이다. 아들러(1976: 50)는 격려를 "교육자의(치료 상황에서는 상담자의) 가장 성스러운 의무"라고 하였다. 개인심리학은 치료의 시작을 내담자의 강점과 장점을 찾는 데서 시작한다. 그 이유는 인간은 자신의 강점에 기초하여 자신을 세우기 시작하기 때문이다. 그래서 내담자의 긍정적인 면과 강한 면을 강조하고 강화시켜야 한다. 치료과정을 통해 성공의 경험을 계속하도록 도와서 내담자의 용기와 관심을 확대시켜 주어야 하고, 그 내담자가 스스로 자신의 인생을 해석하고 자기 자신의 역량에 부과된 한계점들을 제거하는 데 전념할 수 있도록 도와줄 것을 부탁한다.

상담자는 특히 어떤 활동에서 그들이 노력을 투자하거나, 개선하게 되는 환경이 무엇인지 찾아야 한다. 그들이 성공할 수 있는 활동에 참여시키는 것이 중요하다. 이때에는 덜 위험한 장난감이나 물건들이 필요하다. 손가락 그림(finger-painting)과 모래는 이러한 아동들에게는 뛰어난 중재도구가 되는데, 그런 것들로는 실패하는 것이 불가능하기 때문이다.

실패를 경험할 위험이 전혀 없는 놀이를 도입시키는 것이 이러한 아동들에게는 중요하다. 예를 들면, 게임을 사용하더라도 완전히 우연에 의한 보드게임이 기술게임보다는 도움이 된다.

가끔 부적절한 아동에게 제한된 수의 장난감과 선택 기회를 주는 실내에서의 상담 회기가 더 바람직하기도 하다. 이들은 쉽게 압도되고 자신들이 성공적으로 대처할 수 있다는 것을 상상할 수 없기 때문에, 이상적인 놀이실이 아마도 이들에게는 압도적이 될 것이다. 가능하다면, 치료실에서 거의 실패의 가능성이나 기회가 없는 위험 수준이 낮은 장난감을 한두 개 정도 가지고 노는 것이 좋다. 이러한 아동들은 자신에 대해 이미 믿고 있는 것들을 재증명하기로 마음먹고 있기 때문에, 치료실이 잠정적인 실패활동을 포함하고 있으면, 그들은 그것들을 찾아내서 자신들에 대한 지각을 확인한다.

이러한 아동들에게는 무제한적인 격려와 모든 인간의 잠재능력에 대한 기본적 신뢰를 아동들과 그들의 부모에게 끊임없이 전달해야 한다. 이러한 아동들은 분간하기 어려운 반응조차도 거의 보이지 않지만 가끔 그들의 목표에 대한 해석이 더 도움이 되기도 한다.

아주 위축되어서 그들이 영구적인 실패자라고 믿는 아동들의 부모들은 대부분 그들 스스로 아주 위축되어 있다. 이러한 부모들에 대해서는 그들의 노력과 개선점을 격려해 주는 것이 도움이 된다. 그들에게 그들의 자녀의 위축에 조금이라도 영향을 줄 만한 그들 자신의 행동요소 중 그 어느 것이라도 소거할 것을 요구하며, 아동들과 긍정적인 방식으로 상호작용할 수 있는 방법을 제한한다. 그들은 자신들의 자녀가 나타내는 아주 작은 개선점이라도 있으면 그것을 인식하고, 아동들이 보이는 조그마한 용기있는 행동에 대해서도 축하해 주어야 한다. 이것은 느리고 가끔은 고통스러운 과정이기는 하나 지지를 해 줌으로써 자녀들을 격려하는 것을 배울 수 있으며, 그 결과 아동의 태도와 행동들을 변화시킬 수 있게 되는 것이다.

아동을 대상으로 한 심리치료인 경우 격려는 부모와 교사상담에서도 중요한 요소이다. 부모가 그들 자신과 아동을 다르게 보기 시작하고, 잘못된 양육전략을 시도하려고 할 때 상담자는 그들의 새로운 자세와 태도를 그들 자녀와의 관계를 계속적으로 통합할 수 있도록 그들을 격려해야 한다.

3. 잘못된 행동목표 통찰 및 수정을 위한 상호이야기하기 기법

상호이야기하기(Mutual Storytelling)는 리처드 가드너(Richard Gardner, 1986) 가 개발하였다. 상호이야기하기는 상담자가 아동에게 도입, 전개, 그리고 종결이 있는 이야기를 만들라고 한다. 그 다음 상담자가 아동이 한 이야기를 바탕으로 하여 좀 더 적절하고 적용 가능한 종결의 이야기를 다시 이야기하는 방식이다. 아동과 상담자가 서로 번갈아가면서 이야기한다고 하여 상호이야기하기라는 제목을 붙인 것 같다. 가드너(1979)는 상담자의 이야기하기에는 아동이 이야기한 것을 반드시 포함시켜서 아동의 이야기와 유사한 이야기를 다시 이야기하는 과정을 제안했지만, 이러한 과정들은 수정 또는 변형될 수 있다. 예를 들어, 아이들이 먼저 이야기하는 것은 여러 이유로 인해 불가능할 수 있다. 그런 경우에는 상담자가 이야기를 먼저 만듦으로써 이야기하기 과정을 시범으로 보여줄 수 있다. 어떤 아이들은 상담자가 다시 이야기하는 것이 아니라 자신이 이야기를 다시 말하는 것을 더 좋아한다.

상담자들은 상호이야기하기 활동을 통해 아동의 문제와 좌절에 대해 알게 되고, 아동의 방어, 갈등, 그리고 가족역동의 통찰을 얻음으로써 아동의 이야기로부터 많은 정보를 얻게 된다(Gardner, 1979). 대부분의 아이들은 이야기하면서 광범위한 자기노출이 일어나는 것을 알지 못한다. 이야기는 자유연상이나 꿈보다 훨씬 더 투사적인 기법이다. 그것은 아이들이 설명이나 주석을 따로 제공할 필요도 없고, 자기나 가족을 보호하거나 방어할 필요도 없고, 그 정보가 수용된다는 것을 느끼지 않으면서 정보를 공유할 수 있기 때문에, 자신에 대한 정보를 별다른 방해 없이 밝힐 수 있게 된다. 가드너(1979)는 상담자는 아동의 무의식과 직접적으로 의사소통하고 아동의 무의식적인 의식에 대해 걱정할 필요는 없다고 했다. 사실 같은 인물과 환경을 사용하지만 약간 다르게 이야기를 되받아치면서 아동의 은유에 반응하는 과정을 통해 상담자들은 공공연하게 그렇게 한 적은 없으면서도 교정적인 경험을 아동에게 제공할 수 있고 해결책과 대응전략을 제안할 수 있고 사건을 재해석하거나 다시 구성할 수도 있고 충고를 할 수도 있다(Kottman & Stiles, 1990).

아들러학파 상담의 맥락에서 사용되는 상호이야기하기 기법은 아동의 잘못된 목표에 대한 통찰력을 얻기 위해 효과적인 전략이다. 그것은 또한 아동의 잘못된 목표를 바로잡고 그들 자신에 대해 아동이 가지고 있는 잘못된 신념을 변화시키고 그들의 사회적 관심을 발달시킨다. 재이야기(Retelling)한 것을 가지고 상담자는 아동이 자신의 생활양식에 대한 통찰을 얻고, 자신이 살고 있는 공간 안에서 어떤 변화를 만들어 나가기를 원하는지 탐색할 수 있다. 아동의 이야기는 치료과정에 따라 다른 특성을 지니게 된다. 이러한 이야기의 특성은 아동의 행동과 정서패턴을 탐색하고 치료과정을 평가하고 종료를 위한 준비를 위해 정보를 주고받는 데 사용될 수 있다. 다음에 제시한 사례는 코트만과 스타일스(Kottman & Stiles, 1997)가 아동 상담장면에서 상호이야기하기 기법을 적용한 사례이다.

1) 관심과 애정을 얻으려는 목표

다음은 관심의 목표를 가진 아동의 상호이야기하기 기법을 적용한 사례이다. 상담실에서 장난감을 사용해서 이야기해보라고 했을 때, 아동은 인형의 집으로 걸어가서 엄마, 아빠, 어린 남동생, 여자 곰 인형을 가져다가 다음과 같은 이야기를 했다.

그날은 여자 곰 생일이었고 가족이 함께 파티를 열었다. 여자 곰이 선물을 열기 시작했을 때 남동생 곰이 엄마 곰에게 욕실에 가도 되는지 물었다. 엄마 곰은 "그래."라고 말했으나 동생 곰은 엄마와 함께 가기를 원했다. 아빠 곰은 그에게 누구도 그를 더 이상 욕실에 데려다 줄 필요가 없다고 말했다. 그는 혼자 가야 했다. 동생 곰은 욕실에 가지 않았다. 그는 여자 곰이 선물을 열고 있는 그곳에 머물렀다. 몇 분 후 그는 아빠 곰에게 컵을 갖다 달라고 했다. 아빠 곰은 남동생 곰에게 누나 곰이 선물을 여는 것을 마칠 때까지 기다리거나 욕실에 가서 컵을 가져오라고 했다. 그는 여전히 가지 않았다. 몇 분 후 그는 엄마 곰에게 밖에 나가서 놀고 싶다고 말했다. 엄마 곰은 그가 그곳에 머물러 있으면서 누나 곰이 선물을 여는 것을 보는 것이 좋겠다고 했다. 그는 울기 시작했고 자신도 선물을 원했다. 부모는 그에게 오늘은 그의 생일이 아니고 누나 곰의 생일이기에 누나의 생일선물을 받을 수 없다고 했다. 그는 자신이 드럼과 물감세트와 자전거를 좋아한다고 하였다. 엄마 곰이 생일케이크를 가지고 오셨다. 동생 곰은 생일 축하노래를 매우 크게 불렀다. 동생 곰은 엄마 곰에게 가장 큰 케이크 조각을 달라고 했다. 엄마 곰은 그에게 그것은 누나 곰이 결정할 일이라고 말했다. 그러자 그는 누나 곰에게 자기가 큰 조각을 먹을 수 있는지 물었고, 누나 곰은 "그래."라고 했다.

인형을 사용하여 내담자가 꾸민 이야기 구조에 맞추어서 상담자가 이야기를 다시 했다.

전체가족이 누나 곰의 생일을 축하하기 위해 모였다. 파티에 선물과 케이크가 있다. 누나 곰이 선물을 열어보기 시작했을 때 동생 곰이 엄마 곰에게 욕실에 가도 되는지를 물었다. 엄마 곰은 "그래."라고 했지만 동생은 엄마와 함께 가려고 했다. 아빠 곰이 "누나가 오늘의 주인공이어서, 너는 무시당하는 것처럼 느껴지는가 보구나. 비록 누나의 생일이고 누나에게 일시적인 관심이 주어질지라도 우리가 너를 잊은 것은 아니란다. 너는 오늘 파티와 우리 가족에게 매우 중요한 존재란다."라고 말했다. 동생 곰은 아빠 곰의 말을 듣고 기뻐서 웃었다. 그러나 그는 여전히 욕실에 가지 않았다. 몇 분 후 그는 엄마 곰에게 물 한 잔을 달라고 했다. 엄마 곰은 "그것은 네가 혼자 힘으로 할 수 있는 일이야. 너는 금방 돌아올 수 있을 거야." 그는 잠시 머뭇거리더니 자신이 물을 가지러 갔다. 그가 돌아왔을 때 누나 곰은 계속해서 선물을 열고 있었고 동생은 파티가 점점 지루해졌다. 그는 자기는 선물이 하나도 없다고 불평했다. 그때 엄마는 "오늘은 누나의 생일날이지만 너는 여전히 우리 가족에게 소중한 아이란다."라고 말했다.

그때 누나 곰이 케이크를 자르고 그들은 모두 '생일축하 노래'를 불러 주었다. 누나 곰은 엄마, 아빠, 남동생을 껴안고 그들에게 감사했다. 동생 곰도 누나 생일을 함께 축하할 수 있다는 것에 행복감을 느꼈다.

2) 힘과 우월을 추구하려는 목표

다음은 힘이 목표인 아동에 대한 상호이야기하기 기법을 적용한 예이다. 놀이치료실에서 어떤 장난감을 사용해서 이야기를 말해보라고 했을 때 아동은 동물 선반에서 사자, 곰, 코끼리를 골랐다. 아동은 동물을 모래상자로 가져와서 다음과 같은 이야기를 시작했다.

이 세 동물은 다른 동물의 무리와 정글에서 함께 살았어요. 사자는 정글의 왕이었고 다른 동물들이 무엇을 해야 할지 명령하는 것을 좋아했어요. 다른 동물들은 누군가 그들이 해야 할 것을 명령하는 것을 좋아하지 않았기 때문에 곰과 코끼리를 화나게 만들었어요. 곰은 사자에게 말했어요. "너는 나에게 해야 할 것을 말하지 마라. 너는 나의 왕이 아니다. 내 자신이 나의 왕이다." 사자가 말했어요. "나는 왕이니까 너는 내가 말하는 것을 해야 한다." 곰은 말했어요. "아니야 그렇지 않아. 만약 네가 나에게 해야 할 것을 시킨다면 나는 너를 물어버리고 내가 왕이 될 테야. 그러면 나는 너에게 해야 할 것을 말할 수 있어." 코끼리가 말했어요. "너는 나의 왕이 될 수 없어. 나는 너보다 더 커. 나는 너에게 해야 할 것을 명령할 수 있어. 만약 내가 말하는 것을 하지 않으면 나는 너를 밟아버리고 부숴버릴 거야." 곰은 코끼리에게 말했어요.

"우리는 그가 말하는 것을 하지 않아도 돼. 누가 왕인지 그에게 보여 주자. 그와 싸우자. 그래서 그가 우리에게 시키지 못하도록 하자." 곰과 코끼리는 사자에게 말했어요. "우리에게 너의 규칙을 따르라고 하지 마라. 우리는 네가 말하는 것을 하기를 원치 않는다. 만약 네가 우리에게 계속 명령한다면 우리는 너를 밟아버리고 우리가 네가 해야 할 것을 말할 것이다." 그래서 곰은 사자를 물고 코끼리는 사자를 밟아버렸어요. 그 후 그들은 모두 왕이 되기를 원했어요. 그래서 그들은 서로 싸웠어요. 코끼리가 이겼어요. 그는 왕이 되었고 다른 모든 동물에게 해야 할 것을 명령했어요.

같은 동물과 비슷한 구성으로 상담자는 다음과 같은 이야기를 다시 말해 준다.

이 세 동물은 다른 동물의 무리와 정글에서 함께 살았어요. 모든 동물들은 사자가 정글의 왕이라는 것을 알고 있었어요. 그는 다른 동물이 해야 할 것을 명령하고 항상 왕처럼 행동했어요. 어느 날 곰과 코끼리는 강가에서 정글에서의 생활에 관해 이야기하고 있었어요. 왜냐하면 모든 동물들이 사자를 두려워했기 때문에 사자에 관하여 몰래 숨어서 말하지 않았어요. 그러나 그날 곰과 코끼리는 사자가 왕이 된 것을 불만으로 생각한다는 것을 인정했어요. 곰은 자기가 사자를 물고 자신이 왕이 되겠다고 주장했어요. 코끼리는 사자를 밟아서 박살을 내 버리고 자신이 왕이 되겠다고 했어요. 이렇게 말하고는 곰과 코끼리는 자신들도 놀라 서로 바라보았어요. 그들은 사자와 같은 방식으로 왕이 되길 원한다는 사실을 알게 되었어요. "사자 왕으로부터 믿음과 정글에 평화를 가져다 줄 완전한 다른 방법이 있다."라고 그들은 말했어요.

그들은 이 문제를 어떻게 해결할 것인가에 대해 다른 동물들의 아이디어를 듣기로 결정했어요. 다른 동물들은 사자 왕과 정글에서 함께 잘 지낼 수 없다는 곰과 코끼리의 말에 동의했어요. 얼룩말은 그들의 모임에 사자를 초대해서 그들이 왜 불행한지 그가 들을 수 있도록 하자고 제안했어요. 그가 도착했을 때 그들은 말했어요. "우리는 네가 항상 우리의 왕이기 때문에 불만스러워 한다는 사실을 알았으면 좋겠어. 우리는 왕이 바뀌기를 원해. 그래서 모든 동물들이 왕이 될 기회를 가져 보는 것이 좋다고 생각해." 그 말을 듣고 사자가 말했어요. "나는 그렇게 생각하지 않아. 나는 왕이 되기를 좋아해. 하지만 너희들이 원하지 않는다면 나는 다른 동물이 왕이 되는 것도 좋다고 생각해."

3) 복수하거나 앙갚음을 하려는 목표

다음은 복수심이 목표인 아동의 상담에서 상호이야기하기 기법을 적용한 예이다. 놀이치료실에서 어떤 장난감을 사용해서 이야기를 만들어보라고 했을 때 아동은 인형의 집으로 가서 아빠, 엄마, 작은 남자, 작은 여자와 아기 인형을 가져온다. 그는 그들을 큰 플라스틱 모래언덕 마차에 놓고 이야기를 한다.

> 이 가족은 물건을 사러 함께 갈 거예요. 아빠가 운전을 하는데, 작은 남자아이는 자기가 운전하기를 원했어요. 그래서 아빠에게 그가 운전해도 되는지를 물었어요. 아빠는 "안 돼."라고 말했어요. 작은 남자아이는 엄마에게 다시 운전을 해도 되는지를 물었어요. 엄마도 "안 돼."라고 말했어요. 작은 남자아이는 그의 누나에게도 운전을 해도 되는지를 물었어요. 누나는 "나는 그렇게 생각하지 않아 너는 너무 어려."라고 말했어요. 길은 매우 꾸불꾸불하고 아빠는 빨리 달렸어요. 작은 남자아이는 말했어요. "아빠 나는 너무 빨리 달린다고 생각해요." 아빠는 "조용히 해. 이 녀석아."라고 말하면서 아들을 때렸어요. 엄마도 아들을 때렸어요. 누나도 "더 세게 때려요."라고 말했어요. 그때 갑자기 차는 심하게 움직이기 시작했어요. 차는 길을 벗어났고 절벽으로 떨어져다 부서졌어요. 작은 남자아이와 누나만 남고 다른 가족은 모두 죽었어요.

이 이야기에 대한 같은 등장인물과 비슷한 구성의 사용에서 상담자는 그것을 이 방법에서 다시 말한다.

> 이 가족은 물건을 사러 함께 갈 거예요. 아빠가 운전을 하는데, 작은 남자아이는 자기가 운전하기를 원했어요. 그래서 아빠에게 그가 운전해도 되는지를 물었어요. 아빠는 "안 돼. 어린아이들은 운전하는 부모가 있기 때문에 안전하고 건강하게 있는 거야." 어린 소년은 엄마에게도 그가 운전해도 되는지를 물었어요. 엄마는 "너는 16세가 되었을 때 운전할 수 있다. 그러나 그때까지 아빠와 내가 운전을 해야 해."라고 말했어요. 길은 꾸불꾸불하고 모퉁이도 있고

위험했어요. 아빠는 빨리 운전을 하는 것 같았어요. 작은 남자아이가 말했어요. "아빠, 안전 운전하겠다고 했잖아요. 나는 지금 불안해요. 제발 속도를 줄이세요." 아빠는 속도를 줄이고 더 조심스럽게 운전을 했어요.

4) 불완전함이나 무능력을 가장하려는 목표

다음의 예에서 상호이야기하기는 불완전감이 목표인 아동상담에서 사용된다. 놀이치료실에서 장난감을 사용해서 이야기를 만들 때 아동은 방 중간에 서서 바닥을 보고 있었다. 매우 위축된 아동이었다. 상담자는 선반으로 가서 손가락 인형 두 개를 가져왔다. 상담자는 손 인형을 가지고 이야기를 할 수 있다고 한다. 상담자는 다음과 같은 이야기를 만들었다.

> 어느 날 엄마 곰은 아기 곰에게 짖기를 가르치고 있었다. "이제 나에게 의존하기보다는 네 스스로 으르렁거리기를 배워야 할 시간이 되었다." 어린 아기 곰은 자신은 으르렁거리기를 할 수 없다고 믿고 있었다. 그래서 엄마를 따라 하기를 원하지 않았다. 아기 곰은 엄마 곰이 자신을 위해 계속 으르렁거리기를 원했다. 아기 곰은 단지 그곳에 서서 땅바닥을 바라보았다. 엄마 곰은 계속해서 아기 곰에게 으르렁거리기를 따라 하라고 말했다. 그러나 아기 곰은 따라하지 않았다. 그때 벌 한 마리가 새끼의 코에 내려앉았다. 그때 아기 곰이 으르렁거렸다. 어미 곰이 말했다. "네가 지금 혼자서 으르렁거렸네! 얼마나 좋은 기분이니? 너 자신을 위하여 으르렁거릴 수 있다는 것이." 아기 곰은 웃었고 자부심을 느꼈다. 아기 곰은 엄마 곰을 따라 조그만 소리로 으르렁거리며 다시 웃었다.

일반적으로 아동의 문제행동이나 부적응행동을 보면 먼저 그 행동의 원인을 파악하려는 시도를 한다. 그러나 많은 경우 원인을 파악하기 어려울 뿐 아니라, 원인을 파악했다고 하더라도 그 원인은 많은 경우 상담자나 내담자가 통제하기 어려운 것으로 원인만 알 뿐 치료에 도움이 안 되는 경우가 많다. 개인심리학에서는 아동들이 나타내는 다양한 장애들은 아동이 스스로 선택한 길이라고 해석하고, 장애나 문제의 원인 규명보다는 아동이 선택한 장애행동을 통해 추구하려는 목표를 규명하는 것이 매우 중요하고 우선되는 상담자의 과제라고 생각한다. 아동의 문제행동을 이해하고 치료하는 데에는 문제행동 이면에서의 아동이 기대하는 목표를 파악하는 것이 치료의 맥락을 잡는 데 중요하다는 것이다. 행동의 가상적 목표에 대한 이해가 없는 어른들은 아동의 행동목표에는 무관심하고 행동 자체에만 관심을 갖고 평가하고 비난한다. 이러한 어른들의 행동은 아동의 잘못된 행동을 감소시키기보다는 잘못된 가상의 목표를 정당화시키게 되어, 아동의 잘못된 행동을 도리어 강화시키는 결과를 낳게 한다.

이에 본 장에서는 아동의 문제행동을 보다 잘 이해하고, 아동상담에 보다 적절한 치료전략을 고찰하기 위해서, 아들러의 이론을 중심으로 개인심리학의 가상적 목표론과 아들러의 수제자인 드레이커스와 그의 동료들에 의해 연구된 아동의 부적응 문제행동 이면에 숨겨진 잘못된 목표, 개인심리학적 아동상담을 발달시킨 코트만이 정리한 아동상담 전략을 고찰해 보았다.

아들러식의 아동상담자는 아동의 문제행동 또는 부적응행동은 아동이 자신의 목표를 달성하려는 목표로 의식적 또는 무의식적으로 사용할 수 있다는 인식을 해야 하고, 그 아동의 목표가 관심과 애정을 얻어내려는 목표인지, 힘과 우월을 추구하려는 목표인지, 복수하거나 앙갚음을 하려는 목표인지, 불완전함이나 무능력을 가장하려는 목표인지를 분명히 분명해야 한다. 아동행동의 부적절한 목표를 이해할 때, 상담자는 아동의 개인 내적인 그리고 대외적인 인간관계상의 역동을 이해할 수 있게 된다. 다양한 정보를 통해 아동의 잘못된 가상적 목표를 찾아내서, 아동의 행동에 대한 심리내적인 의도를 분명히 하고, 그런 배경을 정확히 파악할 때 적절한 치료전략을 계획할 수 있게 된다. 아동에 대한 바른 이해와 적절한 치료계획과 전략을 가지고 치료에 임하는 것이 상담자의 기본적이고 필수적인 자세가 될 것이다. 놀이가 가진 치료적 힘만으로도 아동의 문제가 해결될 수 있다고 하는 잘못된 인식과 나태한 자세를 가지고 있는 아동상담자들을 자주 본다. 이는 아동의 문제에 대한 이해의 부족과 어떻게 치료전략을 짜고, 치료과정을 이끌고 갈지를 알지 못하는 전문적 지식의 부족이 그 원인일 수 있다. 아동상담의 이론적 배경에 따라 상담자마다 각자 다른 치료전략을 사용할 수도 있겠지만, 여기서 제시한 아동의 문제행동에 대한 가상적 목표에 대한 이해와 치료전략은 보다 전문적인 자세로 치료에 임할 수 있도록 상담자들에게 명쾌하고 분명한 길을 제시해줄 수 있으리라고 생각한다.

제 9 장

생활양식 탐색

개인심리학에서는 생활양식을 효율적으로 탐색할 수 있는 기법을 여러 가지 제시하고 있다. 이러한 기법을 효과적으로 사용하기 위해서는 앞에서 고찰한 생활양식에 관한 이론적 배경을 확실히 이해하고 있어야 한다. 아들러학파에서 사용하는 생활양식 탐색기법으로는 초기기억, 가족구도, 가족분위기를 파악하는 질문기법, 꿈 분석 등이 있다. 이에 관해서는 이미 5장에서 다루었으나 여기에서는 코트만(Kottman, 1994)의 연구를 중심으로 아동상담 과정에서 사용하는 생활양식 탐색기법을 고찰하고자 한다.

1. 가족분위기 탐색

상담자들은 가족분위기 정보를 부모상담하는 동안에 아동의 부모로부터 그리고 상담실 안에서 아동들로부터 모은다. 부모들과 함께하는 초기 면담에서 상담자는 부모의 양육태도, 부모에 의해 분명히 나타나게 된 아이들에 대한 야망의 수준, 부부관계, 가족가치 등 현재 가족분위기를 이해할 수 있는 질문을 한다. 아들러식 아동상담자는 가족분위기에 대해 주요한 단서가 되는 인형집이나 부엌을 포함한 놀이장면을 주의깊게 관찰한다. 만약 한 아동이 인형집에서 많은 시간을 보내고 아동에게 소리치는 아빠인형을 가지고 있거나 많은 시간을 부엌에서 보내고 냄비와 주전자를 두드리면서 '아이들은 지금 당장 밥을 먹어야 한다.'라고 말한다면 이것은 아마도 권위적인 가족분위기를 암시하는 것으로 볼 수 있다. 상담자는 아동상담 시간 동안 부모의 자녀 양육방식과 부모 사이의 관계를 질문할 수 있다.

아동의 가족분위기에 대한 정보와 그것이 아동에게 미치는 영향을 알아보는 도구들로 아동과 부모관찰, 질문하기, 미술기법 등이 있다. 상담자는 자신이나 아동, 부모가 선호하는 방법을 적당하게 혼합하여 사용할 수 있다.

1) 아동과 부모 관찰

아들러식 아동상담에서는 가족상담을 겸해서 많이 하는데, 가족상담 회기를 통해 가족분위기에 대한 정보를 얻을 수 있다. 여기서 얻은 정보가 대표적인 것은 아니지만 경우에 따라서는 내담자나 그들 부모의 진술로 얻은 정보보다 더 정확할 때도 있으며, 더 많은 부분을 말해주기도 한다.

상담회기에서 아동은 대개 인형, 동물가족, 퍼펫, 부엌가구들을 가지고 가족분위기의 상황을 연출한다. 어떤 도구를 사용하든지 간에 상담자는 아동이 하는 놀이 속에서 그들이 자신과 부모, 형제와 다른 사람들을 어떻게 다루는지, 가족 구성원들끼리의 상호작용은 어떠한지, 가족 역동성의 다른 요소들이 어떻게 조화를 이루는지에 대해 잘 관찰해야 하고, 거기에 대한 아동의 느낌이나 생각도 잘 파악해야 한다.

상담자는 놀이상황에서 아동들이 표현한 것과 관련하여 아동의 가족분위기에 관한 정보를 수집할 수 있다. 이러한 정보를 기초로 놀이상황과 실제로 집에서 일어나는 사건과 관련하여 질문할 수 있고, 정보와 관련하여 아동의 감정을 반영하거나 해석해 줌으로써 더 정확하고 자세한 정보를 수집할 수 있다. 정보가 모아지면 흔히 역으로 어떻게 놀이가 집에서 일어난 사건과 관련 있는지 질문한다. 보다 유용한 접근은 아동에게 은유적인 의사소통법을 사용하는 것이다.

관찰해석의 예

#1. 아동A : (퍼핏을 가지고 놀고 있다. 하나의 퍼핏이 다른 퍼핏을 치고 있다. 맞은 퍼핏은 큰 소리를 내며 운다.)

　　상담자 : 퍼핏이 정말 아픈 것처럼 우는구나. 나는 다른 퍼핏이 그를 그만 때렸으면 해.

#2. 아동B : (인형 집에서 인형을 가지고 놀고 있다. 엄마인형은 어느 아기 인형을 꼭 끌어안고 있고, 다른 아기 인형은 무시하고 있다. 아동은 엄마인형을 움직이며)
　　　　　사랑해 나의 아기야.

　　상담자 : 엄마는 진정으로 아기를 보살피고 있구나. 나는 지금 동생의 기분이 어떤지 궁금해.

학교상담인 경우 상담자가 부모를 정규적으로 만나는 것이 불가능하기 때문에 아동의 관찰은 학교장면에서 더 중요하다. 교실에서의 일상적인 상호작용을 보는 것은 가족분위기에 대한 정보를 넓히는 데 유용하다.

부모가 다 있는 가족의 경우 상담자는 부모들과 상호작용하는 것을 관찰할 수 있다. 이것은 이러한 상황에서 부모노릇의 협동 정도와 동의 수준, 그들의 상호작용에 대한 느낌을 얻는 데 도움이 된다. 상담자는 만약 부모의 언어가 일치한다면 비언어적 의사소통을 관찰함으로써 더 많은 정보를 얻을 수 있다.

상담자는 아동을 치료실에서만 관찰하는 데 머무르지 않고, 아동이 생활하는 유아원, 유치원, 학교에서의 행동을 관찰해 보는 것이 좋다. 교실에서 일상적인 상호작용을 관찰하는 것은 아동과 아동의 가족분위기를 이해하는 데 도움이 된다.

아동과 부모의 상호작용을 관찰하는 것은 가족분위기 파악에 중요하다. 치료 전에 가족들이 대기실에서 기다릴 때 상담실에서보다 더 자연스럽고 실제적인 상호작용을 관찰할 수 있다.

2) 질문하기

생활양식을 탐색하는 중요한 방법은 질문하기이다. 아들러 자신도 생활양식을 탐색할 수 있는 질문들을 정리하였고, 국제 개인심리학회에서는 1900년에 이미 생활양식에 대한 질문목록을 제시하였다.

가족분위기를 파악하기 위해서 가족 구성원들에게 모두 유사한 질문을 하게 된다. 그럼으로써 가족 한 사람만의 독단적인 생각을 상담자에게 주입하는 것을 막고, 상담자가 아동과 부모 모두의 관점을 이해하는 것이 중요하다.

상담자는 아동이나 부모에게 몇 회기에 걸쳐 관계를 형성해 가면서 질문을 해야지, 아들러의 질문목록을 한꺼번에 사용하여 아동이나 부모를 질리게 해서는 안 된다. 상담자는 치료에 들어가기 전에 질문할 것들을 몇 가지 준비하고 들어가 자연스러운 의사소통 속에서 질문해야 한다. 질문을 통한 분위기 파악에만 의존하지 말고, 비언어적 반응을 주도면밀하게 관찰하는 것도 중요하다. 또한 간접적으로 질문하는 매개로서 놀이를 이용하는 것도 매우 유용하다. 아동이 놀이를 할 때 상담자는 은유적으로 가족분위기에 관해 질문할 수 있다.

#1. 말 가족을 가지고 노는 아동이 있을 때, 상담자는 아동이 가지고 노는 말 가족이 그 아동의 가족을 나타낸다고 가정할 수 있고, "이 조랑말들이 다른 조랑말과 가장 다른 것은 무엇이니?", "이 조랑말들 중에서 엄마 말을 가장 좋아하는 말은 어느 것이니? 또 이 말이 엄마 말을 가장 좋아하는 점

은 무엇 때문일까?" 등의 질문 목록에 있는 것을 놀이상황에서 은유적으로 질문함으로써 가족분위기를 파악할 수 있다.

#2. 내담아동이 인형가족들을 가지고 놀고 있다. 아빠인형은 방에서 아이인형을 데리고 나와 호통을 치고 있다. 가벼운 은유 대신에 상담자는 "아빠인형이 아이 인형을 혼낼 때 아이인형은 어떤 기분이 들까?" 또는 "만약 아빠인형이 그들을 혼낸 후에 아이인형이 끝까지 방에서 나오지 않을 경우 어떤 일이 일어날까?"라고 질문함으로써 그것을 정보를 얻는 데 사용한다.

#3. 내담아동이 부엌놀이 도구를 가지고 놀고 있으며 화난 얼굴로 바라보면서 접시들을 모래상자에 던지고 있다. 이때 상담자는 "와, 주위에 접시들을 던지고 누군가 굉장히 화가 난 것처럼 보이네."라고 말하자, 아동은 "예, 또다시 엄마가 몹시 화를 내고 있어요."라고 했다. 이때 상담자가 "엄마가 그렇게 화를 낼 때 아이는 무엇을 할까? 그들은 분명히 비명을 질렀을 거야."라고 말한다.

3) 미술기법 사용하기

아들러 아동상담자들은 미술치료기법을 즐겨 활용한다. 가족분위기를 탐색하기 위해서 사용하는 기법으로는 동적가족화법(KFD)이 있다. 아동에게 몇 장의 종이와 연필을 주고 가족그림을 그려보라고 한다. 아동에게 "가족그림을 그려 줄 수 있니?" 또는 "가족그림을 그려 줄래?"라고 묻지 말아야 한다. 그런 질문은 아동에게 거절할 수 있는 가능성이 있음을 제시되기 때문이다. 그런 다음 아동에게 KFD에서 요구하는 지시문을 그대로 제시하면 된다. "너를 포함해서 너의 가족 모두가 무엇인가를 하고 있는 그림을 그려 보아라. 무엇이든지 어떠한 행위를 하고 있는 그림을 그려야 하고, 너 자신도 그리는 것을 잊어서는 안 된다."(Burns & Kauffmann, 1970; 김동연, 1994, 재인용)

상담자는 아동이 인물을 잘 그리는 데 너무 신경을 쓰지 않도록 격려는 하지만 아동이 원하는 경우 너무 강제적으로 제지하지 말아야 한다. 그림을 다 그린 후 아동의 그림을 통해 가족 중에서 중요한 인물에 대한 지각, 가족들 간의 상호작용 패턴과 태도, 가족분위기 등을 파악하기 위한 질문을 계속할 수 있다.

이 외에도 유사한 정보를 유추하기 위해서 몇 가지 다른 미술치료기법을 사용할 수 있다. 가족상징화를 그리게 할 수도 있다. 각 가족 구성원의 상징을 그리라고 해서, 아동이 각각 상징하는 것이 무엇인지와 왜 그런 상징을 선택했는지를 설명하게 하면 그 가족의 역동성에 대해서 놀라운 정보를 얻을 수 있게 된다.

가족상징화와 같은 방식이나 일반적인 상징이 아니고, 동물상징으로 한정하여 동물가족화를 아동들에게 그려볼 것을 제안할 수도 있다. 그림을 그리는 것을 꺼려하는 아동들에게는 잡지의 사진을 통해 자신의 생각이나 마음을 표현하도록 배려할 수도 있다. 미술치료기법은 아동의 창조성을 마음껏 발휘할 수 있는 분위기와 자료를 준비하는 것이 중요하고, 미술치료기법은 아동의 창의성 발휘에 도움이 된다. 창의성을 매우 중요시 여기는 아들러 상담자들은 미술치료기법을 많이 사용한다.

만약 아동이 그리기를 거부한다면 상담자는 감정을 반영하거나 거절함에 있어서 아동의 의도가 무엇인지를 추측하게 된다. 그리고 유사한 정보를 끌어내도록 고안된 다른 미술기법을 제시함으로써 방향을 바꾼다. 상담자는 아동에게 사람그림 대신에 각 가족 구성원의 상징을 그려보라고 요구할 수 있다. 아동이 각각 상징하는 것은 무엇인지와 어떻게 그가 그것을 특별한 상징으로 선택했는지를 설명한 후에 상담자는 가족역동성에 대해 일반적인 짐작을 할 수 있게 된다.

가족분위기를 얻는 또 다른 도구는 전 가족을 상징하는 것을 그려보라고 하는 것이다. 그리고 아동에게 그것이 의미하는 것이 무엇인지를 설명해 보게 한다. 아동이 그림그리기에 위험을 느낀다면 상담자는 잡지의 사진을

이용할 수 있다. 잡지는 아동이 오릴 잡지 또는 상담자가 가져다주고 아동
이 선택하도록 하는 것 중 둘 중의 하나이다. 동물사진은 이러한 형식을 연
습하는 데 매우 좋다. 상담자는 이러한 특별한 창조적인 미술기법에 구애
받지 않도록 해야 한다. 창조성은 아들러식 상담의 특징이다. 만약 상담자
가 정보를 축적하는 다른 수단을 안다면 이 과정에서 사용할 수 있다.

2. 가족구도 및 형제서열 탐색

1) 가족구도

아들러식 아동상담자는 초기 아동상담 기간에 가족구도에 관해 간단하게
질문할 수 있다. 각 가족구성원에 관련된 질문들은 아동과 놀이를 하면서
언급할 수 있고, 아동의 놀이행동과 관련하여 가족에 관해 질문할 수 있다.
아동상담자는 또한 아동의 그림을 통해서도 가족구도에 관해 많은 것을 발
견할 수 있다. 상담자는 아동에게 가족의 그림을 그려보라고 요구할 수 있
다(예: 동적가족화나 동물가족화). 그러나 그림을 그리는 것을 강요할 수는 없
다. 아동이 그림을 그리는 것을 결정할 때까지 기다려야 한다. 그런 다음
그들에게 가족구도에 관한 질문을 한다.

가족구도를 통해 각 가족 구성원의 성격 특성, 다양한 구성원 사이의 정
서적 연결, 다른 구성원의 지배나 굴복, 가족의 규모, 형제간의 나이 차, 아
동의 성, 출생순위, 형제무리 등을 파악할 수 있다. 이들 특징들은 생활양
식 형성에 영향을 미친다. 아들러 심리학에서 심리적 출생순위는 아동이
자기 자신, 다른 사람, 세계를 지각하고 평가하는 데서 얻어진다. 그리고
상황의 환경적 기회와 주어진 천부적 재능, 아동에게 요구하는 것에 대한
신념을 형성하는 것에서 얻어진다. 가족형태에 영향을 미치는 심리적 요소
는 매우 중요하다. 가족가치, 성, 문화와 같은 요소는 아동이 가족 구성원

사이에서 그들의 역할을 설정하는 데에 상당한 영향을 준다.

가족구도 및 출생순위에 따른 정보를 모으기 위해서는 앞 절의 가족분위기 탐색을 위한 방법과 같은 기법을 사용할 수 있다. 관찰, 질문지, 미술기법은 가족배열과 심리적 출생순위를 조사하는 도구로도 유용하다. 아동이 그들의 형제와 어떻게 상호작용하고, 부모와 형제들이 어떻게 아동을 다루는지를 관찰함으로써 가족 간의 역동성을 파악할 수 있게 된다. 아들러학파에서는 형제평가척도를 만들어 제시하고 있다. 이는 상담자가 가족형태와 각 아동의 심리적 위치를 파악하는 데 많은 도움이 된다. 이러한 질문 목록은 앞서 제시한 것과 같이 자연스러운 치료과정 중에서 아동과 상호작용하면서 언어적으로 또는 은유와 비언어적인 방법으로 함께 사용해야 한다.

동적가족화, 가족상징화, 잡지사진을 이용한 콜라주와 같은 미술기법은 가족형태와 출생순위에 대한 정보를 알 수 있는 좋은 전략이다. 이밖에도 가족의 특징을 나타내는 그림을 찾거나 그리게 할 수 있고 동생이 태어났을 때의 상황을 그려보라고 할 수도 있다. 콜라주, 점토 만들기, 퍼펫 등을 사용하여 아동의 가족 문화적 배경이나 다른 성의 관점, 장애를 가진 형제의 영향 등을 파악할 수 있다. 상담자는 아동의 학교생활이 어떤지, 가족 내에서의 생활과 관련하여 학교에서의 태도는 어떤지를 이해하기 위해 아동에게 동적학교화(KSD: Kinethic School Drawing)를 그리게 하기도 한다.

평가척도는 개인의 가족 내의 순서적인 위치로서 그리고 다른 가족원과의 상대적인 특징들, 가족 내의 상호작용 패턴, 가족가치 그리고 물질적·사회경제적인 것들에 대한 적응, 그러한 정보를 발견하는 데 도움을 주는 일련의 질문들로 구성되어 있다. 다음은 가족구도를 평가할 때 사용하는 질문들이다(Dreikurs, 1967).

1) 형제서열

모든 형제들을 출생 순으로 나열한다. 그리고 그들의 나이를 내담자의 나이에 비교해 + 혹은 -로 나열한다. 지금의 형제관계는 물론이고 어린 시절에 죽었거나 유산된 아이도 모두 포함시켜야 한다. 예를 들면,

> 정식 +2
> 정후 13(내담자)
> 정순 -2
> 정자 -3(사산아)
> 정인 -8

이 예에서, 정후는 형제서열에서 둘째 아이이다. 정인이는 막내이나 정순이보다 여섯 살 적기 때문에 외동이의 특성을 가질 수도 있다.

2) 형제들의 묘사

1. 누가 가장 당신과 다른가? 어떤 면에서?
2. 누구와 가장 비슷한가? 어떤 면에서?
3. 당신은 어떤 종류의 아이였나?
4. 다른 형제 기술

> 형제서열　1. (첫째)
> 　　　　　　2.
> 　　　　　　3.
> 　　　　　　4.
> 　　　　　　5.
> 　　　　　　6.

3) 특성 비교

각 특성 중에서 가장 최고 또는 가장 최저의 능력을 가진 자를 누구라고

생각하는지 쓰고 자신과 형제들을 평가한다. 내담아동이 여러 특성들 중 아무것에도 포함되지 않는다면, 어떤 형제와 가장 비슷했는지 나타난다. 만약 내담아동이 독자라면 다른 아이들과 비교해서 각 특성을 평가한다.

	누가 최고인가	내담아동 ◀ ▶	누가 최저인가
1. 지능	_____	_____	_____
2. 열심인 일꾼	_____	_____	_____
3. 학교에서 공부 잘하는	_____	_____	_____
4. 집에서 많이 도움	_____	_____	_____
5. 순종적인	_____	_____	_____
6. 반항적인	_____	_____	_____
7. 기쁘게 하려 노력한	_____	_____	_____
8. 다른 사람을 비난하는	_____	_____	_____
9. 배려하는	_____	_____	_____
10. 이기주의	_____	_____	_____
11. 의지가 강한	_____	_____	_____
12. 감수성–쉽게 상처받는	_____	_____	_____
13. 잘난 체하는	_____	_____	_____
14. 화를 잘 내는	_____	_____	_____
15. 유머감각	_____	_____	_____
16. 이상주의	_____	_____	_____
17. 물질주의	_____	_____	_____
18. 기준이 높은	_____	_____	_____
a. 성취	_____	_____	_____
b. 행동	_____	_____	_____
c. 도덕	_____	_____	_____
19. 운동을 잘하는	_____	_____	_____

20. 예술적인   _____ _____ _____
21. 강한   _____ _____ _____
22. 키가 큰   _____ _____ _____
23. 가장 예쁜   _____ _____ _____
24. 남성적인   _____ _____ _____
25. 여성적인   _____ _____ _____

4) 형제간의 상호작용

1. 누가 돌봐 주었나?
2. 누구와 놀았나?
3. 누가 누구와 잘 지냈나?
4. 가장 많이 싸우고 다툰 두 가지?
5. 아버지가 가장 좋아한 사람은?
6. 어머니가 가장 좋아한 사람은?

5) 부모의 기술

1. 아버지의 나이는? 어머니의 나이는?
2. 아버지는 어떤 사람인가?
   직업의 종류는?
3. 어머니는 어떤 사람인가?
   직업의 종류는?
4. 아버지를 가장 좋아한 아이는 누구였나? 어떤 방법으로?
5. 어머니를 가장 좋아한 아이는 누구였나? 어떤 방법으로?
6. 아버지와 어머니의 사이에 존재하는 관계의 유형은 어떠했는가?
   a. 누가 지배적이고 결정권이 있었나?

　b. 아이 양육방법에서 부모가 일치했나 불일치했나?

　c. 부모가 자주 다투었나? 무엇에 관해서?

　d. 이러한 싸움에 대해 당신의 느낌은 어떠했으며 누구의 편이었나?

7. 아이들 중에서 누가 가장 야망적인 아이인가? 어떤 면에서?

8. 다른 사람(조부, 삼촌, 숙모, 방 친구 등등)이 가족과 살았나? 어린 시절에 중요하게 생각되었던 인물은? 당신과 그들의 관계에 대해 기술하라.

질문목록은 이미 언급한 것과 같이 치료 과정 중에서 자연스럽게 아동과 상호작용하면서 언어적으로 또는 은유와 비언어적인 방법으로 사용할 수 있다. 상담자는 아동이나 부모에게 몇 회기에 걸쳐 관계를 형성해 가면서 질문을 해야 한다. 상담자는 치료에 들어가기 전에 질문할 것들을 몇 가지 준비하고 들어가 자연스러운 의사소통 속에서 질문해야지, 질문목록을 한꺼번에 사용하여 아동이나 부모를 질리게 해서는 안 된다. 질문을 통해 얻은 가족구도의 정보는 인간의 성격발달에서 개인심리학자들이 중요하게 생각하는 주요개념과의 관련성 안에서 통합적이고 전체적으로 분석되어야 한다. 이때는 질문을 통한 탐색뿐 아니라 비언어적인 반응을 주도면밀하게 관찰하는 것도 중요하다.

3. 초기기억

아동은 많은 경험 중에서 그에게 깊은 인상을 심어준 사건을 기억하고 그의 인지적 지도의 표지를 만든다. 우리는 잊어버린 것에 대해서는 관심이 없고 기억되는 것에 관심을 가진다. 그것은 마치 '내가 이런 것 또는 저런 것이 나에게 일어났기 때문에 나는 결코 다시는 그런 방식으로 행동하지 않을 것이다.'라고 자신에게 말하는 것과 같다. 초기기억의 수집은 또한 아들러식 상담자가 아동의 생활양식을 이해하는 데 도움을 준다(Borden,

1982). 초기기억은 개인의 근본적인 생활양식과 자신의 삶에서 최초로 만족스러웠던 결정유형과 개인이 무엇을 자기 발달의 출발점으로 삼았는지, 또한 개인이 지니고 있는 '기본적인 생활양식의 오류'의 근원이 무엇인지를 알려 준다(설영환, 1987).

1) 초기기억 부탁

초기기억에 관해 아동에게 묻기 전에 상담자는 라포를 형성해야 하고 아동의 일반적인 행동을 관찰하고 아동의 가족형태에 대한 정보를 얻어야 한다. 이러한 기본적인 과정들은 상담자가 아동에게 초기기억을 그림으로 그려보라고 할지, 말해 보라고 할지, 퍼핏이나 인형을 이용해서 표출해 보라고 할지를 결정하는 근거를 준다. 그것들은 또한 상담자에게 기억의 의미를 이해하는 배경과 그것이 어떻게 아동의 생활양식과 관계가 있는지를 말해 준다. 상담자는 5~7개의 초기기억을 모은다. 상담자가 한 회기 전부를 초기기억을 얻는 데 보내려고 한다면 아동들은 쉽게 지루해하거나 거부할 수 있음으로 초기기억은 몇 회기에 걸쳐 작업하는 것이 좋다.

상담자는 다음과 같이 말할 수 있다.

- "나에게 네가 아주 어렸을 때 일어난 어떤 것을 그려다오."
- "네가 아주 어렸을 때 일어난 것들에 대해 이야기해 보렴."
- "퍼핏이나 인형을 사용해서 네가 어렸을 때 일어났던 이야기를 내게 해주렴."

만약 아동이 초기기억을 포착하기 위해서 그림을 이용한다면 상담자는 아동에게 그림에서 일어난 일이 무엇인지에 대해 물을 것이다. 아동이 표현의 도구로 사용하는 것이 무엇이든지 간에 상담자는 아동이 말하는 것을 모두 적어야 한다. 자세한 정보는 상담자가 아동의 초기기억의 의미를 해석하는 데 도움을 줄 것이다. 아동에게 기억과 관련된 느낌과 사건이 일어난 연령과의 관계를 묻는 것이 중요하다.

아동이 몇 개의 초기기억과 관련이 있다면 상담자는 각 기억에 대한 몇 개의 주요 테마와 기억들의 전반적인 패턴을 찾기 시작한다. 아래의 질문을 고려하면서 상담자는 아동의 생활양식을 형성시켜 나갈 수 있다.

- 각 기억에 대해 어떤 감정을 가지고 있는가? 다른 기억에 대해 감정 패턴이 있는가?

- 각 기억들의 초점은 무엇인가? 생생한 기억은 무엇이고 가장 주요한 기억이라고 생각하는 것은 무엇인가? 다른 기억들 중 초점의 패턴이 있는가?

- 각 기억에서 내담자는 있는가? 만약 있다면 내담자는 관찰자인가 참여자인가? 여러 기억들 중에서 관찰자나 참여자의 패턴이 있는가?

- 만약 내담자가 기억의 한 부분이라면 내담자는 혼자인가 다른 사람과 함께인가? 각 기억 간의 패턴은 혼자인가 다른 사람과 함께인가?

- 만약 내담자가 기억의 한 부분에 있다면 기억 속에서 내담자는 다른 사람과의 관계는 어떠한가? 각 기억 간의 관계형성 패턴이 있는가?

- 만약 내담자가 기억의 한 부분에 있다면 내담자는 다른 사람에게 받는 편인가 주는 편인가? 그 형태는?

- 사람들에 대한 관심이 있는가? 아니면 물질 소유 또는 상황인가? 기억들 사이의 패턴은 있는가?

- 기억에서 내담자는 어떤 감정을 나타내는가 또는 다른 사람보다 열등하게 행동하는가 우세하게 행동하는가? 그 형태는?

- 내담자는 상황을 통제하는가 아니면 다른 누군가가 통제를 하는가? 만약 내담자가 통제를 한다면 그는 어떻게 힘을 얻는가? 만약 내담자가 다른 사람들을 돌본다면 이것은 어떻게 일어나는가? 만약 다른 사람이 내담자를 돌본다면 이것은 어떻게 일어나는가? 그들은 어떻게 내담자를 돌보는가? 그 형태는?

- 기억과 관련된 내담자의 감정은 무엇인가? 그 감정은 얼마나 강한가? 내담자는 감정에 대해 어떻게 생각하는가?
- 내담자는 순응하는가? 반항하는가? 그 형태는?

아동의 초기기억들은 그들의 생활양식을 해석할 수 있게 한다. 이러한 초기기억들을 탐색하고 패턴을 찾음으로써 아들러식 아동상담자는 그들 자신에 대한 그들의 태도와 다른 사람과의 관계형성, 세상에 대한 그들의 관점을 이해하기 시작한다.

아들러는 어린 시절 경험이 생활양식 형성에 영향을 끼치기는 하지만 더욱 중요한 것은 어린 시절의 사건이 아니라 과거 사건에 대한 현재의 지각과 해석이 더욱 중요하다고 한다. 그는 인과론적 원인론을 거부하고 인간이 목적 지향적인 존재이며 창조적 존재임을 강조한다(Adler, 1965, 1973a, 1973b).

아동으로부터 초기기억을 이끌어내기 전에 상호 신뢰와 존중의 관계를 설정해야만 한다. 심리학적 조사(아동이 말하는 것이 그의 문제 영역이고 그가 그룹 환경 안에서 어떻게 행동하는지에 대한), 해석 또는 목표 탐색(아동의 특별한 사적인 논리의 인식을 얻는 것) 그리고 재교육(새로운 태도와 행동적 반응의 실제)들은 모두 밀접한 관계이고 계속되어야만 한다.

아동의 초기기억을 해석하고 이끌어낼 때 주의해야 할 사항으로 다음과 같은 점이 있다(Borden, 1997).

1. 사전에 라포 형성하기
2. 가족구도 이해하기
3. 아동행동의 목적과 자발적인 방식 이해하기
4. 초기기억을 물을 때 "당신이 기억할 수 있는 첫 번째 것은 무엇인가?" 와 같은 질문하기
5. 초기기억을 보고된 대로 정확하게 기록하기
6. 기억과 관련된 감정 질문하기

7. 만약 한 가지 이상의 초기기억이 주어졌을 때 순환하는 주제 찾기
8. 초기기억의 의미 해석하기, 일단 가족구도가 이해되고 아동의 움직임이 파악되면 초기기억은 생활양식을 드러낸다. 만약 해석이 정확하다면 인식 반사작용이 나타날 것이다.
9. 아동의 드러난 생활양식을 설명하는 데 초기기억을 보조 자료로 활용하기

초기 아동의 생활양식은 변화하는 데 도움이 된다. 그것은 항상 융통성 있는 상태이다. 초기기억은 자신, 다른 사람, 그리고 삶에 대한 그의 태도들이 일반적으로 형상화하는 것처럼 아동이 그의 행동의 방향과 움직임을 이해하는 데 도움을 주기 위해 활용할 수 있는 정보의 근원이다.

4. 꿈 분석

정신분석이나 분석심리만큼은 아니지만, 아들러도 꿈의 분석으로 개인의 생활양식을 분석한다. 아들러의 꿈에 대한 이해는 현재의 삶의 문제에 대한 개인의 감정과 그 문제에 대해서 개인이 의도하거나, 하고 싶은 것을 포함한다(Schultz, 1990). 아들러는 꿈은 개인의 생활양식의 또 다른 표현에 불과하다고 보고, 꿈에서 지녔던 감정과 분위기를 꿈의 내용보다 더 관심을 가지고, 꿈속에서 느꼈던 감정이 그 사람의 생활양식과 일치한다고 보았다(설영환, 1987).

5. 생활양식의 가정

가족분위기, 가족 배치, 심리적 출생순위, 초기기억, 꿈 분석 등을 통해

생활양식과 관련된 기초정보를 수집한다. 이러한 자료를 토대로 아동상담
자는 생활양식의 가정을 만들기 시작한다. 상담자는 아동이 다음의 문장을
어떻게 완성할 것인가를 추측함으로써 아동의 자아관, 타인관, 세계관을 포
함한 생활양식에 대한 개념을 체계화할 수 있다.

- 자아관과 관련하여: '나는 ~이다. 또는 나는 분명히 ~일 것이다.'
- 타인관과 관련하여: '다른 사람들은 ~이다. 또는 그들은 나를 ~하게
  대한다.'
- 세계관과 관련하여: '이 세상은 ~하다. 또는 삶은 ~이다.'
- '따라서 나의 행동은 ~해야 하는 것이 맞다. 또는 따라서 나는 ~처
  럼 행동해야 한다.'라고 하는 문장에 대해 상담자는 수집된 정보를 기
  초로 몇 개의 문장을 완성할 수 있을 것이다.

　아들러식 아동상담에서 상담자는 아동의 생활양식에 대한 가정으로 상담
회기를 이끌어 가지 않고, 그것들을 아동에게 설명하지 않는다. 상담자가
아동의 생활양식을 파악하게 되면 상담의 세 번째 단계로 들어가서, 상담
자는 아동 스스로 자신의 잘못된 생활양식을 통찰할 수 있도록 돕게 된다.
이때 상담자는 은유나 미술치료, 역할극, 이야기나누기 기법 등을 이용하여
아동이 자신과 타인, 그리고 세상을 어떻게 보는지, 아동이 어떻게 이러한
자아관, 타인관, 세계관의 가정에 따라 행동하는지를 아동과 함께 놀이를
통해 통찰할 수 있도록 도와야 한다.

제10장 통찰하기

아들러식 아동상담의 세 번째 단계는 아동이 자신의 행동, 자신과 타인, 세상에 대한 기본 신념, 자기 가치감과 소속감을 얻으려는 자신의 행동 목적을 잘 이해하도록 돕는 것이 목적이다. 생활양식에 대한 통찰과 행동 목적을 명확하게 인식할 때, 아동은 자신의 지각과 태도, 생각, 감정 그리고 행동 등을 다시 실험해 볼 수 있다. 이러한 재검사 과정에서 아동은 그들이 살아왔던 방식대로 계속 살거나 어떤 변화를 원할 수 있다.

이 단계에서는 아동이 자신의 확신과 타인과의 상호작용을 보다 자세하게 이해하게 하고 가족역동 혹은 잘못된 생활양식인 파괴적인 생활양식을 갖게 하는 양육방식을 바꾸도록 부모와 상담한다. 이 단계에서 사용하는 기법으로는 아동의 통찰을 돕는 해석하기와 메타 의사소통, 역할극, 은유, 미술기법 등이 있다. 상담자는 아동상담 동안 일어난 것과 일상생활에서 일어난 것을 연결시킴으로써 아동이 세상을 보는 새로운 방식을 일반화하도록 돕는다.

1. 해석하기

해석은 아동이 어떤 특정한 방식으로 행동하는 이유를 다루는 것으로 아동이 자기 자신이나 자신의 감정과 행동 그리고 자신의 문제에 대한 통찰력을 발달시키고, 새로운 관점을 생각하고 개발하고, 폭넓은 대안을 조사할 수 있도록 돕기 위해 사용되는 기법이다.

> "해석은 내담자에게 사건의 의미를 설명하는 적극적인 조력자 과정으로서 내담자들이 새로운 방식으로 문제를 볼 수 있게 한다."(Brammer, 1988)

> "해석의 이용은 유익한 감정이나 행동에 대한 대안적 견해를 제공하는 방식이다."(Muro & Dinkmeyer, 1977)

아들러식 상담에서 '해석'은 상담자가 아동의 행동 목적, 개인 논리, 그리고 자신 및 타인과 세상에 대한 기본 신념을 추측하는 잠정적이고 시험적인 가설의 형식을 취한다. 상담자는 또한 그 신념을 바탕으로 아동의 기본 신념과 행동과의 관계에 대해 해석할 수 있다. 이 기법을 아들러는 '내담자의 수프에 침 뱉기'라고 불렀다.

상담자의 해석이 정확할 때 아동은 그 행동을 계속하지만 내담자가 그것의 숨겨진 의미를 알게 되므로 더 이상의 매력은 없게 된다. 이 과정에서 상담자가 제한된 진술을 하여 아동이 자신을 발견하도록 한다. 그 가설이 잠정적이기 때문에 아동은 상담자에게 새로운 정보를 제공하고, 상담자가 언급한 가설이 틀렸다면 가설을 정정하고, 다루기에는 아직 고통스러운 통찰로부터 자신을 자유롭게 보호할 수 있다. 이 과정은 아동의 방어를 감소시키는 경향이 있고, 아동상담자의 의사소통과 통찰을 심화시켜 준다.

해석은 아동들에게 다양한 방법으로 지각될 수 있다. 아동들은 상담자가 말하는 것을 받아들일 수도 있고 거부할 수도 있고 또는 단순하게 무관심할 수도 있다. 해석이 아동이 두려워하는 '급소 가까운 곳을 찌르면' 아동들은 이 성인이 자신에 대해 너무 많은 것을 아는 것 같아 두려워하게 된다. 그런 경우에 격렬한 거부나 항의가 따를 수 있는데, 특히 아동이 두려움이나 무서움을 느낀다면 그러하다.

다른 상담기법처럼 해석도 그 자체로 '좋은' 것이거나 '나쁜' 것은 아니다. 해석의 가치는 언제 사용되는가, 무엇이 해석되는가, 내담자가 해석으로부터 무엇을 얻을 수 있는가 등에 달려 있다. 초기 상담 회기에서는 심오하고 면밀한 해석을 하는 것이 아동들에게 다소 위협이 될 수 있지만 나중에 가서는 보다 심층적이고 구체적인 해석이 유익할 수 있다(Muro & Dinkmeyer, 1977).

해석을 사용할 때 상담자들은 이 기법을 사용하는 이유를 분명히 알고 있어야 한다. 해석은 오로지 내담자가 그것을 수용해서 이해하고 활용할 수 있을 때에만 효과적이다. 게다가 해석은 아동의 말을 새로운 관점으로 바꾸는 것을 포함하기 때문에 잘못된 해석의 가능성이 항상 열려 있다. 저항을 최소화시키기 위해 해석은 일반적으로 "……라는 뜻입니까?" 혹은 "……라고 볼 수 있습니까?"라는 잠정적인 형식으로 제시된다.

많은 경우에, "네가 왜 그렇게 행동하는지에 대해 알고 싶니?"라고 말할 수 있다. 또는 상담자가 "철수야, 내가 틀릴 수도 있지만, 네가 항상 대장이 되어서 규칙을 정하고 싶어 하기 때문에 아이들이 너를 어떤 팀에도 넣어 주지 않으려 하는 것이 아닐까?"와 유사한 가설적 문장으로 해석한다. 이 기법은 해석의 일종이기 때문에, '부드러운' 진술이 유용하다. "혹시 ……가 아닐까?", "……라고 생각할 수 있을까?", 또는 "내 생각에는 ……" 식의 표현법을 사용할 수 있다.

아동의 반응, 놀이방식, 특정한 상황에 따라서 상담자는 직접 혹은 간접적인 가설을 사용할 수 있다. 직접적인 해석에 호의적인 반응을 보이는 아동에게 상담자는 아동의 동기, 대인관계 양식에 대해 직접적으로 추측할 수 있고, 아동의 놀이와 언어화가 아동에게 어떤 의미가 있는지 이야기할 수 있다.

직접적인 잠정가설에 의한 해석의 예

#1. 내담아동 : (펀칭백을 걷어차면서 소리를 지른다.) 난 널 이겼어. 너는 나를 해칠 수 없어.

　　상담자 :　너는 네 자신을 방어할 수 있기를 바라는 것 같구나. 그게 너에게 정말 중요한 것처럼 보인다.

#2. 내담아동 : (그림을 그리며) 무슨 색으로 꽃을 칠할까요?

　　상담자 :　가끔 너는 무엇을 할지 내게 묻는구나. 아마 너는 내가 원하는 것을 하면 내가 너를 더 좋아할 거라고 생각하는 것 같다.

#3. 내담아동 : (그의 동생이 항상 그의 방으로 와서 그의 장난감을 가져가는 것에 대해 이야기하고 있다.)

　　상담자 :　네가 전혀 사생활을 갖지 못하는 것처럼 느낄 때가 너에겐 힘든 것 같구나. 네가 그가 하길 바라는 일을 하지 않을 때를 너는 좋아하지 않는다고 생각하는구나.

간접적인 잠정가설에 의한 해석의 예

#4. 내담아동 : (모든 가족들에게 해야 할 일을 말했는데, 가족이 아동이 말한 대로 하지 않았기 때문에 아동은 화가 난 인형을 가지고 인형 집에서 놀고 있다.)

　　상담자 :　저 작은 소년은 모든 사람이 그의 지시를 따르기를 바라는데, 지시대로 하지 않아서 화가 난 것처럼 보이는구나.

#5. 내담아동 : (떡을 만들어 상담자에게 먹이며 주방에서 놀고 있다.)

　　상담자 :　사람들은 다른 사람을 돌볼 때 가끔 그들이 꽤 특별하고 사랑하고 있다는 것을 느낀다고 생각해.

#6. 내담아동 : (역할극에서 엄마 역을 하는데, 가족들 모두에게 먹을 것이 있는지 끊임없이 확인하고 있다.)

　　상담자 :　저 어머니는 다른 모든 사람들을 돌보느라 쉽게 피곤해질 것

　　　　　같구나. 아마 저 어머니는 단지 자신만을 돌볼 수 있고 다른
　　　　　모든 사람을 돌보는 데 대해서는 걱정을 하지 않기를 바라는
　　　　　것같이 보이는구나.

　치료에서 해석이 매우 긍정적으로 사용되는 경우는 상담자가 아동의 감정이 행동에 미치는 영향을 지적해 주고 그 행동이 자신의 세계에 있는 중요한 타인의 생활에 어떻게 영향을 미쳤는지를 지적해줄 때이다. 해석적 진술이 아동중심 상담자에게 매우 도움이 되기도 하지만 그것 역시 잘못 사용될 수 있다. 잘못 사용되는 경우를 피하기 위해 구메어(Gumaer, 1995)는 다음과 같은 제안을 한다.

1. 해석하기 전에 치료적 관계가 형성되었음을 확신할 수 있어야 한다.
2. 너무 빨리 해석하지 않는다. 해석이 추측이 아니라 돕고자 하는 교육적 행동이 되도록 하기 위해, 상담자는 내담자와 문제 상황에 대해 충분한 정보를 가지고 있다는 것을 확신해야 한다.
3. 해석할 때는 아동에게 상담자 자신의 가치나 태도, 감정을 투사시키지 않아야 한다.

2. 메타 의사소통

　상담자가 아동상담에서 상담자와 아동 사이에 일어난 일을 아동에게 말할 때, 메타 의사소통(Meta-Communication)을 사용할 수 있다. 메타 의사소통이란, 상담자와 아동의 상호작용에서 의사소통하는 것에 대한 의견을 교환하는 것으로 1) 상담자와 아동과의 의사소통양식, 2) 아동의 비언어적 의사소통, 3) 상담자의 진술이나 질문에 대한 아동의 반응을 해석하거나 언급하는 것이다.

1) 의사소통양식

의사소통양식이 뚜렷해질 때, 상담자는 자신의 의견이나 추측을 하기 위해 아동에게 메타 의사소통을 사용할 수 있다. 상담자는 흔히 아동이 다른 사람들과 비슷한 의사소통방식을 사용한다고 가정한다. 만일 아동이 어느 것이 효과적으로 활용되는가를 이해할 수 있다면, 아동은 타인과의 상호작용에서 변화를 시도할 수 있다. 대부분의 아동은 의사소통양식을 깨닫지 못하기 때문에 메타 의사소통 기법으로 아동을 도와줄 수 있고 설사 아동이 자기의 방식을 알고 있다고 해도 다른 사람의 도움을 받아야만 변화시킬 수 있을 때 이 방법은 특히 중요하다. 설사 아동이 자기의 방식을 알고 있다고 해도 다른 사람의 도움을 받지 않으면 변화시키는 방법을 찾지 못할 수도 있다.

의사소통양식에 대한 메타 의사소통의 예

#1. 내담아동 : (화가 났을 때마다 계속 중얼거린다.)

상 담 자 : 네가 원하는 대로 그것을 할 힘을 얻을 수 있다는 것을 너는 확신하지 못하는 것 같구나. 신경이 많이 예민해져 보이는구나. 너는 신경질이 나면 말을 많이 하는 것 같다.

#2. 내담아동 : (놀이장면에 참여한 두 번째 소년에 대해 질투심을 느끼고 있다.)

상 담 자 : 나는 네가 놀이실 전체 모두를 다시 차지하기를 바란다고 생각하는데…… 너는 은석이와 함께 나누는 것을 좋아하지 않는 것 같구나.

#3. 내담아동 : (상담자가 아동의 엄마와 먼저 이야기를 나눈 다음에 아동과 상담을 한 경우, 상담 회기 초반부터 계속해서 엄마와 상담자가 무슨 이야기를 했는지를 묻는다.)

상 담 자 : 너는 우리가 무슨 이야기를 했는지 알려고 많은 시간을 보내는구나. 내 생각에 아마 너는 우리 중 누군가 너에 대해 나쁜 얘길 했을까봐 두려워하는 것 같구나.

2) 비언어적 의사소통

아동들의 비언어적 의사소통은 아동의 생활양식에 대해 많은 것을 나타내 준다. 상담자는 비언어적 의사소통에 대해 메타 의사소통을 필요로 하고, 아동이 감정과 생각을 더 많이 인식하도록 돕기 위해 비언어적인 것의 함축성에 대해 추측한다.

비언어적 의사소통에 대한 메타 의사소통의 예

#4. 내담아동 : (총을 쏘기 전에 상담자의 허락을 구한다.)

　상 담 자 : 너는 총을 쏘는 것이 괜찮은지 잘 모르는 것 같구나. 총을 쏘아도 되는지 나에게 확인하고 싶니? 여기서 너는 네 스스로 결정할 수 있어.

#5. 내담아동 : (상담자가 아동에게 樺 때마다 움찔한다.)

　상 담 자 : 내가 너를 만질까봐 겁이 나니? 네가 허락하지 않는다면 난 널 만지지 않을 거야.

#6. 내담아동 : (상담자가 제한을 설정했을 때, 반항하듯이 보인다.)

　상 담 자 : 내가 거울을 쏘는 것은 상담실 규칙에 위배된다고 말한 것에 넌 화가 난 것 같구나. 상담실 규칙에는 어긋난다 하더라도 너는 그것을 하고 싶어 하는 것 같구나.

3) 상담자의 진술에 대한 반응

아동상담에서 상담자의 진술, 특히 해석과 질문에 대한 아동의 반응들을 관찰하는 것은 중요하다. 상담자는 아동의 반응에 관해 메타 의사소통할 수 있다. 아동이 메타 의사소통의 내용에 응답할 필요는 없지만 상담자는 메타 의사소통에 대한 아동의 반응을 관찰한다.

#7. 내담아동 : (상담자가 행동의 목적에 관해 추측할 때, 수철이가 미소를 짓는다.)

상 담 자 : 너는 미소짓는구나. 네가 두목이 되기를 좋아한다고 내가 말할 때 마치 네가 정말 그렇다는 것처럼 보이는데.

#8. 내담아동 : (상담자가 작은 여자 인형이 엄마에게 매맞을 필요가 있는 일을 했다고 생각하는 이유에 대해 물었을 때, 내담아동은 그 인형을 가지고 노는 것을 멈추었다.)

상 담 자 : 너는 다른 걸 하기로 했구나. 아마 그 여자 인형이 매 맞을 어떤 일을 했는지 질문하는 것을 좋아하지 않는 것 같다.

내담아동 : 지금 무슨 이야기하고 있어요. 나는 단지 그 인형과 놀지 않기로 했을 뿐이에요.

상 담 자 : 네가 그 질문 때문에 그 인형과 노는 것을 그만두었다고 생각하지 않기를 바라는구나.

3. 역할극

아동은 역할극 상황에서 부정적인 환상 혹은 무서운 실재 사건을 진지하게 재연하곤 한다. 그들은 매회 진행과정 혹은 극의 결과에 어떠한 변화도 없이 비관적인 결말의 장면을 되풀이하며 논다. 그러면서 아동은 반복적으로 통찰 혹은 감정적인 이완을 얻을 수도 있기 때문에 아동이 이야기의 결말을 변화시킬 준비가 될 때까지 그 역할극을 이끌도록 놔두는 것이 좋다. 그러나 아동이 어떻게 이야기를 바꿀지 모르기 때문에 또는 다른 가능성을 일으킬 정보나 해결 혹은 대안을 찾을 수 있는 충분한 통찰력이 부족하기 때문에 부정적인 결과를 반복할 수도 있다. 그럴 경우는 6~8회 반복 후 다른 인물을 등장시키거나 혹은 다른 방향으로 이야기를 이끌어 감으로써 역할극의 진행을 변화시킬 수 있다.

또 다른 경우는 외상을 겪은 아동들이 외상 후의 놀이에서 역할극을 한다. 대부분 외상 후 놀이는 정화적이지도 치료적이지도 않은 놀이로 그들 자신을 재외상 입히는 것처럼 보인다. 이런 경우는 상담자가 역할놀이의 방향을 다른 곳으로 유도할 필요가 있다. 코트만(Kottman, 1995)은 역할놀이 과정을 변화시키려고 할 때, 일상적인 목소리는 거의 사용하지 않고 속삭이는 목소리와 극 인물 목소리를 사용한다. 제안과 재방향 조정을 유지할 수 있는 방법으로 상담자가 하고자 하는 제시와 재방향 조정을 아동의 역할놀이 은유의 틀로 만들 수 있다.

다음은 고착된 상태에서 벗어나기 위해 도움이 필요한 아동과 역할놀이를 한 코트만(1995)의 사례이다. 내담아동 A는 유모로부터 성적 학대를 받았다. 그는 10회 동안 연속으로 똑같은 대사로 역할을 했기 때문에 내담아동 A가 고착되었다고 생각하였다. 그리고 상담자와 함께 좋은 접촉, 나쁜 접촉 그리고 그 자신을 방어하는 방법에 대해 토론했음에도 불구하고 어떤 방법으로도 개인적인 폭행에 반응하거나 자신을 방어할 수 없다는 느낌을 계속 갖고 있었다.

초기에 상담자는 상담자의 영향 없이 내담아동 A가 역할극을 진행하도록 했다. 그것은 다음과 같이 전개되었다.

내담아동 A : (크고 굵은 목소리로) 나는 나쁜 괴물이다. 나는 너의 방에 들어가 나쁜 짓을 할거야.

상　담　자 : (속삭이는 목소리로) 내가 어떻게 하길 원하니?

내담아동 A : '나는 두려워. 나는 그를 내 방 밖에 있도록 할 수가 없어. 그는 나를 해칠 거고 나는 그를 막을 수가 없어.' 라고 말하세요.

상　담　자 : (역할 목소리로) 나는 두려워. 그를 떼어놓을 수 없어. 그는 나를 해칠 거고 나는 그를 막을 수가 없어. (평소 목소리로) 들어보니 무시무시한 괴물 같다. 나는 그가 나에게 하려고 하는 것을 막을 수가 없다. (속삭이는 목소리로) 이제 무얼 해야 하지?

내담아동 A : 당신은 겁에 질려 보이고 덮개 아래로 숨어요. (역할 목소리로) 너도 알고 있듯이 너는 숨을 수가 없어. 네가 어디로 가든지 나는 너를 찾아낼 거야. 나는 내가 원하면 언제든지 널 해칠 수 있어. 넌 날 막지 못해.

상　담　자 : (숨어서 속삭이는 목소리로) 이제 무얼 해야 하지?

내담아동 A : '안 돼, 안 돼, 안 돼, 안 돼!! 꺼져 버려. 나를 혼자 있게 해줘.'
라고 하세요.

상　담　자 : (역할 목소리로) 안 돼, 안 돼, 안 돼, 안 돼!! 꺼져 버려. 나를 혼자
있게 해줘. (평소 목소리로) 내가 정말 이 괴물을 두려워하는 것처
럼 들리고 그가 날 해치는 것을 막을 수 있기를 바라는 것 같다.
단지 내가 아무것도 할 수 없는 것처럼 느껴진다. 나는 그가 날
혼자 내버려두게 할 수 없어.

　　내담아동 A는 가끔 무서워하는 아동역할을 했고, 가끔은 괴물역할을 했
지만 기본적으로 자신이 아무런 힘도 없고 괴물이 모든 힘을 가졌다는 동
일한 내용에 머물러 있었다. 10회 반복 후, 상담자는 내담아동 A가 표현하
는 무력한 아동을 약간 변화시켜 내담아동 A가 통찰을 얻도록 하고, 약간
의 적절한 제한을 설정하고 제한 위반을 다루는 방법을 만들기로 했다. 속
삭임 기법을 사용한 역할놀이에서 상담자가 '아동' 역을 할 때 대사 중의
일부를 좀 더 힘있는 언어로 바꾸고, 문제해결의 대안을 제시했다.

내담아동 : 나는 나쁜 괴물이다. 나는 가서 네게 비열한 짓을 할거야.

상　담　자 : (평소 목소리로) 저 괴물이 내게 비열한 짓을 할거라고 말한다. (속삭
이는 목소리로) 내가 무엇을 해야 하지?

내담아동 : '나는 저 나쁜 괴물이 정말 무서워. 그는 내게 원하는 것은 무엇이
든지 할 수 있고 나는 그를 막을 수가 없어.' 라고 말하세요.

상　담　자 : (역할 목소리로) 나는 저 나쁜 괴물이 정말 두려워. 원하는 것은 무엇
이든지 내게 할 수 있다고 생각하고, 내가 그를 막을 수 없다고 믿
는다. 내가 만일 방문을 잠가서 그가 이 방에 들어오지 못하면, 그
는 무엇을 할까 궁금하다. (속삭이는 목소리로) 이제 무엇을 해야 하
지?

내담아동 : 당신은 두려워하며 덮개 아래로 숨어요. (역할 목소리로) 너는 내게
서 숨을 수 없어. 나는 항상 너를 찾을 수 있다. 네가 문을 잠근다면
그게 어쨌단 말이냐? 나는 자물쇠를 부숴버리겠다.

상　담　자 : (역할 목소리로) 너는 자물쇠를 부술 수 있다고 생각하는데 만약 내가 그렇게 한다면 나는 엄마에게 말할 수 있어.

내담아동 : 넌 너의 엄마에게 이를 수 없어. 네가 만약 그렇게 한다면 나는 거짓말을 한 적이 없다는 걸 알아요.

상　담　자 : (역할 목소리로) 나의 엄마는 널 믿지 않을 거야. 엄마는 내가 거짓말한 적이 없다는 걸 알아. 엄마는 나를 믿을 것이고 너는 우리 집에 다시는 올 수 없게 될 거야.

이 역할놀이의 대안적 각색에서 상담자는 두 가지 기본적인 일을 했다. 상황을 재구성하는 말을 사용하고, 상황을 다루는 약간의 대안적인 방법들을 제시했다. "그는 원하는 것을 내게 할 수 있고 나는 그를 막을 수 없다."는 아동의 말을 "그는 그가 원하는 것을 내게 할 수 있다고 생각하며, 내가 그를 막을 수 없다고 믿는다."로 약간 변화시켰다. 대사의 이 작은 변화는 괴물의 힘을 어느 정도 없애고 그 힘을 아동에게 실어 주었다. 문을 잠그거나 엄마에게 이야기하는 것으로 아동이 상호관계를 통제할 수 있다는 생각을 제시함으로써, 그 상황을 지각하고 반응하는 다른 방법이 있다는 것과 다른 상호관계에서도 그가 더욱더 힘을 얻을 수 있는 방법이 있다는 것을 아동에게 전달하려고 했다. 이것이 아동의 문제를 영구적으로 해결할 수 있는 방법은 아니지만 아동이 통찰을 얻고 역할놀이에서 그의 반복행동으로 표현된 고착상황을 점차로 쉽게 통과하도록 도왔다.

4. 치료적 은유기법

은유는 수세기 동안 많은 영역에서 사용되어 온 상징적 언어형식이다. 신구약성서의 비유, 유대교의 문구, 시의 심상, 동화들 모두가 간접적이고 역설적으로 보다 의미깊은 방법으로 생각을 전달하기 위해 은유를 사용한다.

상담에서 놀이는 아동의 삶에서 무슨 일이 일어나고 있는지 의사소통하기 위한 은유적인 방법이며, 생각, 감정, 태도, 그리고 경험을 분석하기 위한 간접적인 방법이다. 아들러식 상담들은 아동이 자신의 생활양식에 대한 통찰을 얻도록 돕기 위해서 은유기법을 적용하며, 분석과 의사소통을 위해 아동의 자연스러운 은유를 사용한다.

1) 상담 장면에서 나타나는 은유

치료에서 정서적으로 충전된 정보를 전달하는 간접적이고 덜 위협적으로 나타나는 은유는 단순하지 않다. 은유 역시, 아동이 드러내는 의문들, 두려움, 희망, 버둥거림, 그리고 그들의 삶, 그들의 치료경험, 상담자와 관계하는 대처 방식을 통한 정보의 유용한 매개체가 된다. 놀이 그 자체는 아동의 의사소통의 은유적인 방법이기 때문에 놀이에서 아동이 하는 것은 무엇이나 아동의 세계 또는 세계관의 일부분을 나타낸다.

놀이에서 나타나는 은유의 예

#1. 내담아동 B의 부모는 이혼하였다. 아동 B는 놀이실로 가서 인형의 집에 줄을 둘러매었다. 이것은 소아가 그의 가족상황을 어떻게 보고 있는지, 가족들 모두를 지키기 위해 내담아동 B가 지각하는 은유일 수 있다.

#2. 내담아동 C는 심장외과 수술을 받았었다. 그녀의 어머니는 그녀에게 수술경과가 매우 좋다고 말했다. 그러나 그녀와 그녀의 어머니 두 사람은 그 과정에 대해 극도로 예민해져 있다. 그녀는 상담자를 반복해서 수술하고 상담자에게 죽는 것과 그 후 소생하는 것에 대해 말했다. 이것은 내담아동 C의 절박한 사건의 행동적 예행연습과 그녀에게 무슨 일이 일어날지에 대한 그녀의 두려움을 표현하는 것이다.

#3. 내담아동 D는 양육가정을 전전하며 살아왔고 또 다른 양육가정으로 옮겨지려고 한다. 그는 이 장소가 다른 곳보다 더 나을 게 없을지를 걱정하는 것처럼 보인다. 그는 놀이실 주위로 차를 몰고, 서로 다른 장소에서 잠

시 동안 멈추었다. 그리고 마지막으로 벽에 차를 충돌시킨다. 이 은유는 영구적인 집에 대한 내담아동 D의 추구, 그가 다양한 양육가정에서 보낸 짧은 체류들 그리고 그의 다음 장소 또한 요란한 소리를 내며 끝날 것이라는 그의 두려움을 표현하는 것일 수 있다.

　대부분의 아동들은 매 회기 상담에서 이와 유사한 은유들을 수없이 많이 표현한다. 만약 어떤 주체가 그들에게 중요하다면 아동들은 보통 회기 연속으로 주된 은유를 되풀이한다. 아동상담자는 아동의 삶의 상황에 대한 이 상징적 표현들을 주의하고 아동의 생각, 감정 그리고 태도에 대해 놀이가 무엇을 전달하는지에 대한 생각들을 형성하기 시작한다.
　아동의 은유를 활용하기 위해 상담자는 아동의 생각, 감정 그리고 행동을 평가하는 대신 놀이 중의 인물의 생각, 감정 그리고 행동에 대해 언급하거나 추측함으로써 이 생각들을 나눈다. 상담자는 감정의 반영, 격려, 해석, 그리고 메타 의사소통과 같은 기법을 사용하여 놀이상황에서 표현된 아동의 은유들을 치료적으로 활용할 수 있다.

의사소통하기 위해 아동의 은유를 사용한 예
　#4. 내담아동 B : (집을 묶는 행동을 한다.)
　　상　담　자 : 너는 저 집이 산산조각나지 않는다는 것을 확신하고 싶어 하는 것처럼 보인다. 저 집이 산산조각날 수 있다는 생각은 거기에 사는 사람들에게는 두려운 일임에 틀림없어, 그렇지? (상담자는 아동의 은유를 활용하여 해석하고 아동의 감정을 반영해 준다.)

　#5. 내담아동 D: (자동차 운전과 충돌 놀이를 한다.)
　　상　담　자 : 나는 저 차 안에 있는 사람들이 지금 무슨 생각을 할까, 궁금하다(내담아동 D가 대답할지 살피기 위해 잠시 멈춘다. 만약 그녀가 대답하지 않는다면 상담자가 계속 진행한다.). 나는 그들이 누군가 그들을 안전하게 지키고, 더 이상 주변을 달리는 모험을 하지 않기를 바란다고 생각해.

이렇게 말함으로써 내담아동의 감정을 반영하고, 그의 비언어적 행동에 대해 메타 의사소통을 한다.

상담자는 은유를 파기하는 것을 피해야 한다. 즉, 아동이 그 주제를 직접 다룰 준비가 되기 전에 직접적으로 문제를 드러내거나, 은유와 아동의 삶에서 일어난 것과의 관련성을 언급하는 것을 피하는 것이 좋다. 직접적인 의사소통 또는 은유적인 의사소통 중에서 아동이 더 편하게 느끼는 것을 결정할 권리를 주는 것은 중요하다. 아동들은 그들이 어떤 방식을 더 좋아하는지 상담자에게 알려준다. 주제를 보다 직접적으로 토론하려고 하는 아동은 그 주제에 대해 이야기할 때 처음 명명된 사람과 실제 생활의 예를 사용한다. 은유로 모든 것을 말하려는 아동은 민감한 주제들에 대한 그들의 생각과 감정을 상담상황에서 표현하며 처음 명명된 인간이나 실제 생활의 예들을 거의 사용하지 않는다.

2) 상호이야기 만들기의 예

다음은 우울과 자살성향이 강한 11세 남자 아동의 은유이야기이다. 아동의 은유적 이야기에서 상담자는 아동이 적절한 돌봄을 받고 있지 못함을 알 수 있다.

스트레스 받은 개가 있었다. 그 똥개이름은 똥먹어이고 스트레스를 받은 이유는 똥만 먹어서이다. 다른 것을 먹고 싶어도 아는 먹이는 똥뿐이었다. 그래서 스트레스를 받은 것이다. 이름까지 똥이 들어가니 무지 스트레스를 받을 것이다. 그래서 매일 오락실에 들어가 스트레스 해소 게임을 하였다. 그래도 스트레스가 안 풀렸다. 그래서 술집에서 술도 실컷 마시고 왔다. 그래서 애인한테 매일 죽도록 맞았다. 그래서 가출을 하였다. 그런데 갈 데가 없었다. 먹을 것은 잔뜩 널려 있었다. 그래서 은행에서 빚을 져 집을 샀다. 그리고 그 빚 때문에 또 스트레스가 생겼다. 결국엔 스트레스에 죽었다.

이 이야기를 쓴 후에 상담자가 아니고, 아동 자신이 다시 이야기를 만들었다.

똥먹어는 밥을 제대로 먹지 않고 똥만 먹어서 스트레스를 받았다. 먹고 싶은 것은 많은데 먹을 것은 없고 답답할 때, 그냥 참고만 있지 말고 엄마 개에게 맛있는 것을 해 달라고 말을 해야 한다. 엄마 개는 사실 바쁘다. 너무 바빠서 똥먹어가 잘 있는 줄만 알기 때문이다. 똥먹어는 심심해서 오락실에도 가고 집이 싫어서 가출도 하고 해 보았지만 그래도 집이 제일 좋은 곳이라는 것을 안다.

다음은 우울성향이 강한 11세 여자아동이 만든 이야기이다. 이 이야기에서도 이 글을 쓴 여자아동이 가족에게서 더 많은 관심과 사랑을 갈구하고 있음을 알 수 있다.

엔도르핀이라는 스트레스 받은 강아지가 있었다. 그 강아지가 받은 스트레스는 가족들의 스트레스였다. 엔도르핀은 자신이 가족들에게 소외당하고 있다고 생각하기 때문이다. 자신이 소외당하고 있다고 생각하기 때문에 스트레스를 받고 스트레스 때문에 가족들에게 따뜻하게 대하지 못해서 가족들이 피하게 되면 엔도르핀은 가족들이 자신을 일부러 피하고 자신을 싫어하고 증오하기까지 하는 줄 알 것이다. 가족들은 그런 엔도르핀을 이해하지 못해 피할 것이며 엔도르핀은 스트레스를 너무 받아서 사나워질 것 같다. 나중에는 가족들이 대화를 통해 엔도르핀의 스트레스를 풀어보려 하지만 스트레스를 너무 많이 받은 엔도르핀은 사나워졌기 때문에 대화를 하지 않을 것이다. 결국에는 그 스트레스 때문에 난폭한 강아지가 되었을 것이다.

이 이야기를 쓴 후에 상담자가 아니고, 아동 자신이 다시 이야기를 만들었다.

엔도르핀은 가족들이 자신에게 관심을 주지 않고 별로 대화도 하지 않아서 스트레스를 받고 있다. 사실은 가족들이 각자 주어진 일들 때문에 너무 바쁘고, 또 엔도르핀이 밥도 잘 먹고 잘 있는 줄 알고 있었기 때문에 별로 신경을 쓰지 않았던 것이다. 그러나 엔도르핀은 이러한 자신의 생각을 미리 말을 하였다면 스트레스를 덜 받았을 텐데 엔도르핀도 말을 하지 않고 속으로만 섭섭하게 생각하였던 것이다. 결국에는 가족들이 관심을 가지자, 엔도르핀은 도리어 화를 내고 사납게 대했고 가족들은 놀라서 엔도르핀을 더 이상하게 보고 미워하기 시작하였다. 엔도르핀이 섭섭한 것을 미리 말을 하였더라면 스트레스도 덜 받고 오해도 풀리고 사나워지지도 않았을 텐데라는 생각이 든다. 나도 섭섭하거나 속상하면 혼자서 생각하기보다는 말을 하여서 풀어야겠다.

이야기를 다시 만들면서 아동은 자신의 문제를 해결해 나갈 수 있는 방법을 모색하고 있음을 알 수 있다. 재이야기(Retelling)한 것을 가지고 상담자는 아동이 자신의 생활양식에 대한 통찰을 얻고, 자신이 살고 있는 공간 안에서 어떤 변화를 만들어 나가기를 원하는지 탐색할 수 있다.

5. 독서기법

아들러식 아동상담에서 자주 활용되는 은유적 중재는 독서기법이다. 독서를 통해서 내담아동은 자신이 문제를 안고 있는 유일한 사람이 아니라는 사실, 그가 안고 있는 문제에 대한 해결방도가 있을 뿐 아니라 또한 여러 가지가 있을 수 있다는 사실, 다른 사람은 어떻게 하다 그가 처해 있는 상황과 같은 상황에 처하게 되었는지, 이런 경험은 돈 주고도 못살 인생에 값진 교훈이라는 점, 그 문제를 해결하기 위해 구체적으로 어떻게 해야 할지, 문제를 해결하기 위해 진정으로 계획하고 실천할 용기를 얻게 한다(Bryan, Merkle, 1988, 재인용).

상담자는 아동이 통찰을 얻거나 행동과 태도 변화를 도울 수 있는 책을 아동상담에 활용한다. 상담자가 책을 이용하는 방법은 여러 가지가 있다. 상담자가 아동에게 그 책을 읽어 줄 수 있고, 아동이 책을 읽거나 혹은 상담자와 아동이 함께 그 책을 읽을 수 있다. 그들은 책에서 무슨 일이 생겼는지, 그것이 아동, 아동의 생활양식, 상황과 어떻게 연관되는지 토론할 수도 있고 토론하지 않아도 좋다. 직접적인 토론을 좋아하는 아동은 어떤 생각이나 감정, 그 책에 대한 반응 그리고 어떻게 그것이 아동의 상황과 연관되는지에 대해 토론하기를 원하는지 물어보는 것이 적절하다. 은유를 통해 간접적으로 의사소통하는 아동은 그 책이 아동의 삶과 어떻게 관계되는지 토론하기를 원하지 않지만 독서요법의 사용을 방해해서는 안 된다. 아동은 실제 삶의 상황을 언급하지 않고 그 책에서 무슨 일이 일어났는지 토론하는 것에서도 많은 것을 배우기 때문이다.

독서요법을 활용할 때 상담자에게 요구되는 기술로 구메어(1984)는 다음과 같은 기술을 제시하였다.

첫째, 적절한 유형의 도서를 선정하여 적절한 시기에 읽게 하는 일

둘째, 책에서의 경험과 관련지어 아동과 상담자 사이의 치료과정이나 상호작용을 하는 것

셋째, 그러한 상호작용을 자극하기 위한 상담자의 활동

또한 도서를 선택할 때는 다음과 같은 점을 고려해야 한다(Bernstein, 1977).

첫째, 책의 내용이 가지는 범위와 성격은 어떠한가?

둘째, 책 속의 모든 서술이 정확한가?

셋째, 만약에 서술이 정확하지 않다면 잘못된 정보인가, 아니면 성인이 명백하게 하거나 정정하기를 원하는 부적당한 사항인가?

넷째, 책의 내용이 주는 정서적인 영향은 무엇인가?

다섯째, 책의 내용이 주는 종교적인 설득력은 무엇인가?

여섯째, 책의 내용이 문학적 관점에서 가치가 있고, 감정적 수준과 정신

적 수준에서 아동을 만족시킬 만한가?

일곱째, 꾸민 이야기인가 아니면 사실을 바탕으로 한 것인가?

도서는 상담자에 의해서 주의 깊게 선정되어야 하겠으나, 도서선정 과정에서 상담자는 도서관 사서의 도움을 받을 수 있다. 도서관 사서들은 특정 아동을 위한 좋은 도서를 찾는 데 도움을 줄 수 있다. 요즘은 인터넷의 자료검색 사이트를 통해서도 쉽고 빠르게 내담아동에게 적합한 도서를 찾을 수 있다.

6. 미술기법

아들러식 놀이상담자들은 아동 생활양식의 탐색에 사용된 미술기법을 확대시켜 아동이 자신의 생활양식에 대한 통찰을 얻도록 도울 수 있다. 활동적인 그림을 확장시키려고 만화를 그리고, 신체를 그리고, 아동과 아동의 삶에 있어서 중요한 인간의 상징적 표현을 사용하는 것은 통찰을 얻도록 돕는 단계에서 상담자가 이용할 수 있는 미술기법들이다.

미술적 중재에 익숙한 상담자는 아동상담 과정에 활용하기 위해 창조적 가능성이 있는 다양한 미술 재료들을 사용할 것이다.

1) 동적화 확장하기

동적 가족화와 동적 학교화는 아동들의 자기 자신과 타인 그리고 세상에 대한 지각을 평가하는 데 유용하게 활용된다. 상담자는 아동에게 가족 혹은 학교를 주제로 다른 그림들을 그려보게 할 수 있다. 아동들은 이상적이며 그들이 일어나기를 바라는 변화가 일어난 가족 혹은 교실 그림들을 그릴 수 있고, 타인과의 관계를 어떻게 바꾸기 원하는지에 대한 그림을 그릴

[그림 10-1] 동적가족화

수 있다. 창조성이 개방되도록 유지함으로써 상담자는 아동 고유의 상황에서 아동에게 맞는 그림기법을 고안할 수 있다.

2) 만화

크로울리와 밀스(Crowley & Mills, 1989)는 그들의 두려움과 걱정을 다루는 데 도움이 되는 만화(cartoons) 그리기에 대한 몇 가지 기법을 개괄하였다. 만화 그리기는 3단계 과정으로 진행된다. 1단계는 종이 위에 두려움, 걱정이나 고통을 그리는 것이고, 2단계는 문제에 도움이 될 수 있는 만화 도우미(helper)를 그리는 것, 3단계는 아동이 그 문제를 해결할 때 그 문제를 어떻게 보는가를 그리는 것이다. 또 다른 전략으로 아동이 두려움, 걱정이나 고통을 그린 후, 상담자는 만화도우미가 아동에게 줄 선물, 즉 문제를 보다 긍정적인 것으로 전환시켜 줄 수 있는 것을 그리라고 요구한다. 그리고 나서 아동은 모든 것이 좋아진 후에는 문제가 어떻게 보이는지를 그린다.

3) 신체윤곽 그리기

슈타인하르트(Steinhardt, 1985)는 아동과 할 수 있는 다양한 작업의 하나로 신체윤곽 그리기(body outline drawings) 기법을 제안했다. 이 기법은 아동을 큰 종이에 눕히고, 상담자(또는 활동적인 집단원이 있으면 다른 아동)는 아동의 신체를 따라 선을 그린다. 상담자는 신체를 그리고 나서 아동에게 물어본다. "너는 이것이 누가 되기를 원하니?" 아동은 어떻게든 자신이 원하는 그림으로 완성시킬 수 있다. 그것은 아동이 자신을 어떻게 보느냐에 대한 정보를 상담자에게 제공할 것이다. 아동은 또한 다른 사람들을 나타내는 신체윤곽 그리기를 원할 수 있다. 이것은 때때로 아동이 존경하거나 두려워하는 영웅적 인물이나 가상의 인물이나 실제 인물이 될 수도 있다. 선택은 자아관, 타인관 그리고 세계관에 대한 단서를 제공한다.

아동이 그린 그림에 대해서 상담자는 아동의 신체 부위에 대해 질문할
수 있다(Steinhardt, 1985). 이것은 아마도 아동이 평소에 표현하지 않는 관심
사들을 이야기하는 데 도움이 될 것이다. 상담자는 신체윤곽 그리기를 경
계선상의 아동을 돕기 위해 사용할 수 있다. 약한 경계선에 있는 아동들은
아주 희미하게 신체 윤곽을 그린다. 강한 불투과성의 경계선을 가진 아동
은 아마도 윤곽 주위를 매우 강한 선으로 그릴 것이다. 이것은 상담자에게
값진 정보와 기회를 준다. 즉, 경계선으로 접근할 수 있는 다른 가능성을
탐구하고, 윤곽을 그리는 다른 방법들을 제시한다.

상담자는 신체윤곽의 바탕이 될 만한 좋아하는 장소, 다른 사람, 애완동
물 등을 추가해서 그릴 것을 제안할 수 있다. 이것은 상담자에게는 아동이
중요하게 생각하는 사물과 사람을 탐색할 기회를 주고, 아동에게는 그들이
이야기해야 하는 중요한 것을 그를 돕는 사람들에게 표현할 기회를 준다.

4) 상징적 묘사

오크랜더(Oaklander)는 아동들이 그들 자신과 삶에서 중요한 사람들을 상
징적으로 묘사하는 데 있어 몇 가지 중재전략을 제시했다. 아동에게 장미
덤불(보통 그들 자신과 그들 사람의 상황을 나타내는)을 그리게 한다. 상담자는
삶과 시간에 대한 은유적 대화에서 장미 덤불을 사용한다. 아동들은 또한
그들 가족 구성원에 대한 특별한 상징을 고안해서 가족을 상징적으로 그릴
수 있다. 상담자는 아동들이 그들의 생각, 감정, 그리고 가족 내 다른 사람
들에 대한 반응을 이해하는 것을 돕기 위해 이 정보를 사용할 수 있다. 또
한 이 기법은 학교에서 잘 적응하지 못하는 아이들의 선생님과 반 친구들
에 대한 그들의 느낌을 표현하도록 돕는 데 적당하다.

[그림 10-2] 동물가족화

제11장

재교육/재정향

아들러식 아동상담의 마지막 단계인 재교육/재정향 단계의 주목표는 1) 아동이 현실적인 목표를 세우게 하고, 2) 아동이 그들 자신과 다른 사람, 세계를 보는 새로운 방법을 배우고 연습하게 하고, 3) 다양한 상황에서 행동하고, 4) 사람들과 관계를 맺게 하는 것이다. 치료의 마지막 단계에서는 초기 상담단계에서보다 더 직접적으로 가르치는 기능을 하게 된다. 아동은 특정 기술이 부족하기 때문에 상담자들은 각 아동의 특정 필요에 따라 그들이 사회적 기술이나 극복 기술을 배우도록 돕는다. 상담자는 상담에서 새로운 지각, 행동, 기술을 아동에게 가르친다. 그리고 상담실 밖에서도 상담실에서 배운 바를 실행해 보도록 제안하고, 실제로 적용해 보고 난 뒤 일어난 일에 대해 보고하게 한다. 이 단계에서 상담자의 주요 역할은 아동을 격려하는 것과 그들의 발전에 대해 부모를 원조하는 것과 상담관계의 종료를 준비하도록 돕는 것이다.

1. 현실적인 목표 세우기

재방향 설정의 초기단계에서는 내담아동이 원하는 것이 무엇인지를 명료화할 필요가 있다. 상담자는 내담아동의 문제가 환경적 문제인지, 자신에 관한 것인지를 확실히 해야 한다. 사람들이 자신을 변화시킬 때, 그들의 환경 또한 변화시킨다는 것을 확실히 아는 것이 중요하다. "나는 모든 상황에서 이겨야만 해."라는 신념을 가진 아동이 "나는 기꺼이 협동하고 다른 사람 말에 귀 기울이고 필요할 때는 양보도 할 거야."라는 신념의 변화를 가지게 되면, 그 사람의 행동은 변하게 된다. 이러한 변화는 내담아동이 다른 사람과의 관계와 반응에 변화를 가져올 것이고, 결론적으로 아동의 감정, 목표, 그리고 행동 또한 변화시킬 것이다.

또한 이러한 변화에 대한 내담아동의 목표가 현실적인지의 여부를 결정하는 것이 중요하다. 비현실적인 목표는 실망으로 이어질 뿐이다. 비현실적인 목표에 대한 실패는 잘못된 가정을 강화시킬 것이다. 이럴 경우는 아동에게 성취할 수 있는 중간목표를 잡도록 격려하는 것이 좋다.

재정향 단계의 목표인 사람과 삶의 과제에 대한 새로운 방향설정은 신념, 지각, 느낌, 그리고 목표가 더 적절해지고, 좀 더 상식적인 수준에 있게 될 때 일어난다. 이 단계는 실제로 한 사람의 행동과 관계들이 그 사람의 의도나 신념과 어떤 관련이 있는지를 보여준다. 상담자는 내담아동이 어떻게 그의 목표와 의지를 선택하는지 그리고 그것들이 그의 모든 행동, 느낌, 그리고 삶의 과제에 대한 접근에 어떤 영향을 미치는지를 내담아동에게 비추어 준다.

2. 문제해결과 결정 내리기

　궁극적으로 상담은 아동이 보다 더 효과적이고 더 행복해질 수 있는 능동적이고 건설적인(active-constructive) 행동을 하게 하는 것이다. 자기 통찰과 탐색과정을 거친 아동이 실제 행동의 변화를 위해서 알아야 할 기본기술이 문제해결과 결정 내리기이다. 이 기술은 내담자가 문제를 적절하게 탐구하고 이해할 수 있도록 고안되었기 때문에 내담자의 목표가 정확하게 규정될 수 있다. 다음 단계는 행동에 대한 대안적인 과정을 고려하여 내담자가 가치들을 살피고 그것들의 우선순위를 정하는 것을 돕는다. 행동의 각 과정은 내담자들이 목표와 가치를 실현하도록 돕는 방법을 고려하는 과정이라고 할 수 있다. 칼쿠프(Carkhuff, 1980)는 이 기술을 주도하기(initiating) 기술이라고 하여, 아동이 주도적으로 생산적인 행동의 방향을 발견하고 생활에 의미를 부여하도록 돕는 기술이라고 한다. 아동이 자신을 위한 행동을 하도록 하는 것은 상담자의 책임이다. 아동이 건전한 의사결정 기술을 학습하는 것은 중요하다. 따라서 아동과 함께 행동을 주도할 때 칼쿠프는 다음과 같은 단계를 제안했다(Gumaer, 1984).

1. 아동이 가능한 한 많은 문제들을 파악하도록 격려한다. 문제가 재검토될 때, 그 문제들을 종이나 흑판에 쓴다.
2. 아동에게 가장 중요한 문제부터 가장 중요하지 않은 것 순으로 모두 순위를 매기라고 한다.
3. 자세히 논의하기 위해 가장 중요한 문제를 뽑는다. 가장 쉽게 변화될 수 있을 것으로 보이는 문제를 뽑는다. 아동에게는 성공적인 경험을 쌓는 것이 중요하다.
4. 문제에 대한 행동변화를 위해 대안을 검토한다.
5. 각각의 대안에 따른 결과를 검토한다.
6. 가장 좋은 대안을 선택하여 행동과정을 계획한다. 그 계획은 구체적인

행동목표를 포함해야 한다. 계획을 주도할 때 간단한 과업부터 좀 더 복잡한 과업으로 점차 진행하는 것은 아동이 이를 조직하고 성공하도록 하기 위함이다.

7. 아동의 진전을 격려한다.

8. 계획을 재평가하고 필요하면 다시 수정한다.

다음은 아동이 결정을 내리도록 돕기 위한 직접적인 접근을 사용한 예이다.

10살의 소년 우석이는 학교에서 교사에게 대들고 운동장에서 다른 아동을 때리는 문제로 학교 상담자에게 의뢰되었다. 상담자는 그와 관계형성을 맺은 뒤 그의 생활양식을 탐색했고 그가 다른 사람들과 순탄하게 상호작용할 수 있는 최선의 방법과 항상 자기 행동에는 책임을 져야 한다는 그의 지각을 재검토하는 것을 도왔다. 우석이는 교실과 상담실에서는 화를 덜 내고 안전감을 더 많이 느끼는 것 같았지만 다른 사람과 공격적이지 않게 상호작용할 수 있다는 데는 확신을 가지지 못했다.

상담자는 아동이 더 안전감을 느끼고 다른 사람과의 관계형성에 자신감을 가지고 더 나아가 다른 사람을 억누르지 않으면서 상호작용하고 분노와 화의 감정을 표현하는 것을 배우도록 도왔다. 상담자는 우선 그가 다른 사람과 상호작용하는 것과 관련된 그의 행동에 대해 착수했다. 상담자는 그녀와 함께 하는 상담 회기 동안은 스스로 통제할 수 있다는 것을 발견하고 상담자와 함께 있을 때 그의 능력과 학교 교사와 함께 할 때의 그의 능력을 접목시켰다. 그들은 우석이가 교사와 힘겨루기를 하지 않고 교사와 함께 할 때 통제할 수 있는 가능한 방법에 대해서 브레인스토밍 했다. 비록 대부분의 생각들이 실질적이지 못하지만 그들은 그것들을 그의 교사와 함께 관계형성을 할 수 있다고 결정한 몇 가지 생각을 평가했다. 그는 다음 주 동안 노력할 두 가지 생각을 정하고 그의 교사를 잘 따를 수 있는 방법을 연습했다.

우석이는 한 주 동안 두 가지 새로운 행동을 하려고 애썼다. 한 가지는 생활을 잘 하는 것이고, 자기에게만 이익을 주는 행동은 하지 않는 것이다. 상담자는 그 다음 주 상담에서 그의 진전도를 평가하고 그의 노력과 변화한 행동에 대해 많은 격려를 해주었다. 그들은 다음 주 동안의 더 바람직한 행동의 변화를 계획하고 연습했다. 그리고 우석이가 엄마와 함께 있는 상황과 같은 다른 상황에서 더 효과적으로 사용할 수 있는 방법에 대해 토론했다. 이러한 행동의 변화가 누적됨에 따라 그들은 또한 유사한 형태로 그의 사고와 감정을 변화시키도록 작업했다.

대부분의 아동들은 선택과 결정을 하기 위해 이런 직접적인 방법을 사용하려고 하지 않는다. 이 경우에는 아동상담자가 창조성을 훈련하고 미술기법, 역할놀이, 은유, 독서요법, 또는 다른 가능한 상담기법을 이용할 필요가 있다. 직접적인 접근법이 편안하지 않는 아동은 이야기만들기 기법이나 다른 간접적인 수단을 통해 똑같은 문제해결 및 브레인스토밍을 사용할 수 있다. 아동은 인형이나 퍼핏 또는 다른 상징적 표현을 통해 양자택일적 사고나 감정, 행동을 연습할 수 있다.

다음은 아동이 결정을 내리도록 간접적으로 돕는 예이다.

웅기는 초등학교 2학년으로 과제를 100% 완성하지 못할 때마다 항상 울었다. 학교 상담자는 그의 생활양식을 조사하고 심리적 출생순위와 그의 가족 분위기와 관련하여 그의 요구는 완벽해지는 것이라는 것을 발견했다. 웅기는 형제 중 맏이이고 그의 가족은 교육에 가치를 두는 높은 수준이었다. 그의 부모와의 상담에서 상담자는 웅기의 부모는 무엇보다 성적이 가장 중요하고 가치가 있다는 것을 암시했다는 것에 대해 이야기했다.

상담자는 웅기 자신은 완벽하지 않으면 사랑받을 만한 가치도 없다는 생각을 하고 있다고 추측했지만 웅기는 이것을 부정했다. 상담자는 이것이 웅기의 생활양식에서 중요하다고 믿고 있었기 때문에 그는 이 상황에서 간접적 접근법을 이용하기로 결정했다. 그는 웅기가 생활양식에 대한 통찰을 얻는 것을 돕기 위해 은유와 미술작업을 이용했고 작업은 잘 진행되는 것 같았다. 웅기는 조금 느슨해지기 시작했고, 그 자신에 대해 좀 더 잘 받아들이게 되었으나 그는 계속 일등을 지향했다.

상담자는 웅기가 이야기하도록 퍼핏을 이용했고 웅기를 나타내는 퍼핏에 대해 양자택일적인 사고를 브레인스토밍하기 시작했다. 그는 웅기에게 연못에서 가장 높이 점프하길 바라는 청개구리 이야기를 했다. 청개구리는 만약 자신이 연못의 다른 개구리보다 월등히 점프를 하지 못한다면 어떤 사람들도 자신을 좋아하지 않을 것이고, 그는 다른 곳으로 가서 살아야 한다고 말했다. 하루는 청개구리가 점프대회에 출전했다. 청개구리는 최선을 다했음에도 불구하고 최고가 되지 못했다. 청개구리는 당황했고 미칠 지경이었다. 그는 이제는 다른 개구리들이 자기를 좋아하지 않기 때문에 끝내 다른 연못으로 이사를 가야겠다고 결정했다. 청개구리는 다른 곳으로 이사가기 위해 짐을 꾸리고 있는데 그의 친구 노랑개구리가 왔다. 노랑 개구리는 자신이 제일 점프를 못하기 때문에 청개구리가 꼭 이사를 해야만 한다고 생각하는 것에 대해 이해할 수가 없었다. (그런 뒤 상담자는 웅기에게 노랑개구리가 최고가 되지 못한 청개구리에게 해줄 말과 청개구리가 연못에서 다시 자신의 가치를 얻을 수 있는 방법에 대해 물어 보았다.) 청개구리는 다른 개구리가 그를 좋아하고 노랑개구리에 대해 모든 것을 들은 후 만약 자신이 최고로 점프를 하지 못해도 다른 개구리가 자기를 좋아할 수도 있다고 생각하게 되었다. 그는 그들이 그를 좋아한다고 생각했기 때문에 행복했다.

아동의 문제해결과 결정내리는 과정을 돕는 방법은 아동의 발달 단계와 인과능력에 달려 있다. 추상적 인과능력이 발달되지 못한 아동들에게는 이러한 계획을 간단한 방법으로 진행한다. 그들은 사고나 감정을 통제할 수 있다는 것을 모르기 때문에 대개 행동을 목표로 하고 감정이나 사고를 목표로 하지 않는다. 아동이 그들 자신과 그들의 행동과 감정에 대한 지각이 변화됨에 따라 그리고 다른 사람들이 그들의 사고와 감정과 다르게 행동함으로써 그들의 부분에 대한 의식적인 노력 없이 쉽게 옮겨간다.

높은 추상적 인과기술이 발달된 아동들의 경우 그들의 사고, 감정, 행동을 통제하는 생각을 좋아한다는 것을 발견했다. 그들은 이 과정을 원하고 즉시 모든 것이 변화하기를 원한다. 이 경우 그들에게 실제적으로 성취할 수 있는 합리적인 계획을 하도록 노력한다. 그들에게 대개 하나의 영역(사고, 감정, 행동)에 집중하도록 요구하고 동시에 특별한 상황에서 두세 가지

재행동하도록 초점을 둔다. 나아가 양자택일적 사고, 감정, 행동을 통합하는 생각을 소개하고, 다른 상황에서 재행동하거나 새로운 행동을 하는 것을 일반화한다.

3. 새로운 기술과 행동 가르치기

아동들은 무엇을 변화시켜야 하고 어떻게 그것을 변화해야 할지에 대해 아무런 생각이 없기 때문에 많은 경우에서 브레인스토밍, 문제해결 전략은 사용하지 않는다. 이러한 상황에서 상담자는 아동에게 새로운 기술과 행동을 가르칠 필요가 있다. 상담자는 아동이 행동과 기술을 연습할 필요가 있는지에 관해서는 부모와 교사와 함께 상담하여 결정한다. 다른 전략과 함께 상담자는 기술을 가르치기 위해 직접적인 방법 또는 간접적인 방법을 사용할 수 있다.

가장 흔히 요구되는 기술은 사회적 기술, 협상기술, 지시 따르기 기술이다. 많은 상황에서 아동은 본래 다른 사람과 힘을 나누는 행동을 배울 필요가 있다. 아들러식 상담자는 어떤 기술이 내담자에게 도움이 될지를 결정하고 특수한 지도 전략을 결정한다.

사회적 기술에는 눈맞추기, 미소짓기, 순서대로 하기, 적절한 피드백 주기, 규칙 따르기, 또래와 잘 지내는 데 필요한 다른 행동뿐만 아니라 협동적으로 놀이하기 등과 같은 행동을 가르친다. 또한 성인들과 적절하게 상호작용할 수 있는 기술을 아동에게 가르친다. 그들은 그들의 요구를 얻는 데 있어서 그리고 감정을 표현하는 데 있어서 예의바른 언어를 사용할 필요가 있다.

아동에게 협상의 기술은 그들이 진정으로 원하는 것이 무엇이며 그들이 원하는 것을 얻기 위해 기꺼이 포기해야 하는 것이 무엇인지에 대해 평가하는 기술이다. 아동은 협상할 때 마음속으로 약속은 반드시 지킨다는 기본적인 생각을 바탕으로 자신이 원하는 것을 정확하고 분명하게 설명할 것이다. 그들은 그들의 위치에 맞게 순서 지키기를 배우고 그들이 협상하는 사람의 사정을 듣는 것도 배운다. 아동들은 또한 협상의 결과가 항상 그가 원하는 대로 되는 것은 아니라는 것을 배우는 것도 필요하다.

상담을 받는 아동들 중에는 지시 따르는 것을 어려워 하거나 규칙 따르는 방법을 배워야 하는 아동들이 많이 있다. 그들에게는 지시단계를 3~4단계로 나누어서 도와줄 필요가 있다. 그들에게 각 단계에서 지시하는 것이 무엇이며 각 단계마다 어떻게 해야 할지에 대해 가르친다. 이것은 비록 간단한 것처럼 보이지만 다단계 지도가 필요한 아동에게는 매우 유용하다.

새로운 기술을 배워야만 하는 아동은 아동을 힘에 의해 동기화시킨다. 이러한 아동들은 다른 사람들로부터 권력을 빼앗지 않으면서 상황을 통제하는 방법을 배울 필요가 있다. 이런 아동들에게는 차례 지키기와 나누기를 배울 수 있는 상황을 설정해주는 것이 좋다. 경우에 따라서 그들 스스로 규칙을 정하도록 하는 것도 좋다. 이것은 그들이 상황을 통제할 수 있는 기회를 경험하게 하는 가장 좋은 방법이다. 책임을 질 수 있는 상황을 설정한 뒤 통제받지 않으면서 안전하게 관계형성을 쉽게 하는 경험을 할 수 있다. 그런 뒤 아동은 상담자와 함께 힘겨루기를 익힐 수 있는 상황을 설정한다. 그래서 그들은 책임에 관해 그의 부모나 다른 아동들과 경험을 할 수 있는 기회를 얻는다.

4. 새로운 행동을 연습할 기회주기

아동이 새로운 행동을 배움에 따라 그들은 이러한 행동을 다른 관계형성에 시도해 보기 전에 안전한 아동상담의 관계형성 분위기에서 이러한 행동을 연습할 기회가 필요하다. 대개 이 과정의 첫 단계는 아동이 상담실에서 상호이야기하기 기법을 통해서나 퍼핏이나 인형 그리고 다른 장난감을 이용한 놀이를 통해서 간접적으로 양자택일적인 행동을 연습한다. 이러한 참여는 아동이 무엇을 말할 것인지, 무엇을 할 것인지, 무엇을 생각할 것인지, 무엇을 느끼는지, 그리고 어떻게 다른 사람들이 그들이 말하고 행동하고 생각하고 느낀 것에 대처하는지에 관한 연습이다. 놀이를 통해 미래의 일을 나타냄으로써 아동은 어떤 행동을 해야 할지를 생각해 볼 수 있다. 그들은 또한 다른 사람들이 나타낼 수 있는 반응을 생각해 볼 수 있고 특별한 상황에서 나타날 수 있는 가능성과 그들이 어떻게 그 밖의 다른 어려움을 대처할 것인지를 신중히 고려할 수 있게 된다.

상담자는 아동이 상황을 다루는 기술과 자신감을 얻는 것을 돕도록 역할놀이를 이끌 수 있다. 상담자와 함께 역할놀이를 함으로써 아동은 최소한의 위협조건하에서 피드백을 얻을 수 있다. 이러한 과정은 아동이 안정된 관계에서 상호작용할 수 있는 다른 행동들을 시도해 보게 한다.

새로운 행동의 발전과 함께 아동이 편안한 단계에 들어섬에 따라 상담자는 상담 회기에 다른 아동을 불러들일 수 있다. 이것은 아동이 지지적이고 안전한 환경에서 새로운 행동과 태도를 계속해서 연습할 수 있는 기회를 주게 된다. 이것은 또한 아동이 고통이나 질투와 같은 감정을 자유롭게 표현할 수 있는 장면에서 매우 중요한 어른의 영향과 관심을 나누는 것을 배우도록 한다.

상담 회기에 아동의 친구 중 한 아동을 데리고 올 경우에는 부모와 아동에게 물어본다. 아동에게 설명할 때는 다른 아동이 함께 노는 것이 재미있을 것이라고 말한다. 상담자는 나중에 들어온 아동과 즐거움을 나눌 수 있는 행동을 몇 가지 제안한다. 대개 아동들은 상담에 다른 사람을 추가시키는 것에 대해 흥미를 느낀다. 그러나 종료의 준비가 되지 않은 아동들은 부정적인 반응을 보이기도 한다. 이럴 경우는 아동의 진행을 재평가하고 그들이 다른 아동과 함께 할 때 일어날 일에 대한 그들의 느낌에 대해 그들의 부모와 논의한다. 재평가 후에 아동의 상태와 상황을 토론하고 앞으로 어떻게 진행할 것인지를 결정한다. 대부분의 경우 아동들은 개인적으로 작

업하기를 원하고 사실상 그가 준비되었을 때 다른 아동과 함께 하려는 생
각을 한다.

상담실에 들어가서 아동을 소개하기 전에 상담자는 아동에게 확신감과
상담실의 규칙과 모든 사람들은 상담실에서 안전하다는 것에 대해 이야기
한다. 다른 아동이 얼마나 자주 상담실에 와서 우리와 함께 할 것인지에 관
해서도 이야기한다. 많은 경우 나중에 온 아동은 6~8주 정도 매 회기 같이
상담하게 된다.

만약 이러한 상황이 보장되지 않는다면 그들의 부모나 다른 가족 구성원
을 상담 종료시기 이전 단계에 오라고 한다. 이 과정은 아동에게 그가 배운
새로운 기술과 태도를 연습할 기회를 준다. 그것은 또한 가족의 다른 구성
원, 특히 그들의 부모에게 부모 역할기술과 보다 적절한 상호작용의 형태
를 시도해 볼 수 있는 기회를 준다. 상담실은 가족 구성원들을 지지해 주
고, 그들이 얻은 진전과 노력을 인정해 주고, 안전한 환경에서 관계형성하
는 새로운 방법을 경험하기 위한 실험실이 될 수 있다.

5. 종결하기

아동이 변화함에 따라 상담자는 그들의 기본적인 신념과 생활양식이 변
화되었다는 증거를 상담상황에서 찾을 수 있다. 그것은 또한 그들의 행동
목표가 파괴적인 관심, 권력, 복수, 부적절함 등의 부정적인 목표에서 더
긍정적인 목표로 옮겨갔다는 것을 명백히 나타낸다. 다른 사람과의 상호작
용은 높아진 사회적 관심과 다른 사람의 권리에 대한 인식의 증거가 잘 나
타내준다.

상담자는 부모상담 또는 담임교사와의 면담을 통해 아동의 사고, 감정,
행동에 대한 정보를 모은다. 이것은 현재의 문제를 체크하는 데 중요하다.
또한 1~10점 척도를 사용하여 아동의 일반적인 상담효과와 행복도에 대한

그들의 인정 여부를 교사나 부모에게 물어볼 수도 있다.

마지막 4회기 정도 전에 아동에게 상담이 끝날 것이라는 것을 알린다. 상담실에서 관찰한 진전도와 학교와 부모가 보고한 진전도를 요약한다. 그가 사고, 감정, 행동, 그리고 그의 생에서 중요한 사람과의 관계형성에서 경험한 변화들을 아동이 지각하도록 권유한다. 이러한 토의 후에 아동은 자신이 향상되었다고 믿게 되고, 더 이상 상담실의 도움이 필요하지 않다고 생각한다. 상담종료에 대해 아동이 느낄 수 있는 감정을 반영하고 해석해 줌으로써 아동이 그들의 사고와 감정을 드러내도록 돕는다. 그리고 아동에게 상담을 마치는 것이 지금까지 있었던 관계를 끝내는 것이 아니라는 것을 말한다. 이때 아동에게 명함을 주고 그가 언제든지 돌아와도 되고, 전화를 할 수 있음을 알려준다.

6. 격려하기

격려의 목적은 아동의 행동을 적극적으로 지지해 주고 강화해 주어서 아동으로 하여금 용기와 책임감, 그리고 부지런함을 일깨워 자신의 삶의 문제에 당당히 직면하여 자신의 문제를 해결할 수 있도록 돕는 것이다. 아들러(Adler, 1974c; 1976)는 격려를 상담자의 가장 성스러운 의무라고 하면서, "내가 누군가의 용기를 북돋아 준다면 나는 교육과 심리학에 관해 더 이상 말할 필요가 없다."라고 말해 격려의 중요성을 강조하였다.

격려해 주면 아동들은 자신이 가치 있고, 힘이 있고, 스스로를 잘 통제하며, 잘 행동하고 있다는 느낌을 갖게 된다. 모든 아동들은 자신의 생활 중 적어도 일부분에서는 성공적인 경험을 하는 것이 필요하다. 상담자는 내담아동의 강점과 장점을 찾는 것으로 상담을 시작한다. 그래서 내담자의 긍정적인 면과 강한 면을 강조하고 강화시켜야 한다. 치료과정을 통해 성공의 경험을 계속 하도록 도와서 내담자의 용기와 관심을 확대시켜 주어야 하고, 그 내담자가 스스로 자신의 인생을 해석하고 자기 자신의 역량에 부과된 한계점들을 제거하는 데 전념할 수 있도록 도와주어야 한다.

코트만(Kottman, 1995)은 아동상담에서 격려를 잘 수행하기 위해 필요한 기술을 다음과 같이 제시하고 있다.

1) 무조건적인 수용

어떤 상담에서건 아동에게 무조건적이고 긍정적인 수용을 전달하는 것은 기본이다. 상담자는 아동을 존중해야 한다. 만약 상담자가 아동이 훌륭하고, 가치 있다고 믿고 아동에게 신뢰를 전달한다면, 아동은 상담자가 자기에게 보여준 특질들을 모두 가지고 있는 것처럼 행동하는 경우가 많다. 아동에게 수용받고 있다는 느낌과 따뜻한 온정을 전달하는 것은 매우 중요하다. 상담자들은 상담실에서 수용받을 수 있는 행동의 기준을 두고 제한함과 동시에 그들의 인간적 불완전함과 혹은 부적절한 행동에 관계없이 그들이 가치 있는 아동이라는 것을 보여주어야 한다.

2) 아동의 능력에 대한 믿음 보여주기

상담자는 삶에 대처하는 아동의 능력에 믿음을 보여주어야 한다. 만약 상담자가 아동이 도전을 극복하고 문제를 해결할 능력을 가졌다는 믿음을 전달한다면 아동은 더욱 자신을 믿으려고 한다. 상담자의 수용과 믿음은 자기존중과 자기확신의 발달에 도움을 준다. 아동이 크거나 작은 승리를 보고할 때 관심을 보여주는 것은 중요하다.

어떤 일을 하도록 아동을 격려할 때, 그들이 특별한 성취를 할 수 있는 능력이 있다는 것을 확신시켜 줄 필요가 있다. 성인들은 가끔, '만약, 아동이 좀 더 어려운 일을 시도한다면' 그가 어떤 것을 할 수 있다고 말한다. 만약 아동이 특별한 영역의 일을 할 수 없다면, 이 성취에 대한 압력은 아동에게 격려보다는 낙담을 주게 된다. 아동능력의 향상을 항상 찾아야 한다. 아동은 이전에 시도하기를 꺼려했던 일을 시도하거나 시작하려고 할 때 격려의 말을 들을 필요가 있다. 아무리 작은 향상이더라도 긍정적인 변화에 대한 인정과 그것에 대한 평가를 조심스럽게 하는 것은 중요하다. 이것은 아동이 성장할 수 있고 변화할 수 있다는 믿음을 전달한다. 이와 관련된 격려의 예는 다음과 같다.

> "너 스스로 그것을 해결했구나."
> "너는 블록을 쌓아 올리는 것을 점점 더 잘 하는구나. 너는 이 시간에 네가 원하는 만큼 그것들을 해냈구나."
> "너는 선이 곧게 그어지지 않아서 실망한 것 같구나. 하지만 너는 지난 주에 했던 것보다 이번 주에 더 똑바로 선을 그었어."

3) 노력을 인정해주기

대부분의 아동은 무엇을 시도했을 때 완벽하게 성공할 때에만 주목을 받는다. 그들은 실패나 실수를 두려워하기 때문에 새로운 것을 시도하려고 하지 않는다. 그들은 단지 완벽하게 할 수 있다고 절대적으로 확신하는 것만을 하려고 한다. 때때로 아동은 새로운 것을 시도하려고 노력하지 않는데, 이는 그가 매우 낙담해 있기 때문이다. 상담에서 특히 성공할 수 없다고 믿는 어떤 일을 하기 위해서 노력할 때, 상담자는 주목할 필요가 있다. 그들의 노력에 주목함으로써, 특히 그들이 성공을 장담하지 못할 때 시도해보는 것이 중요하고 가치가 있다는 것을 알게 해주는 것이 필요하다.

노력에 대한 인정은 다음과 같이 할 수 있다.

> "네가 할 수 없을 것이라고 생각했던 일을 시도했구나."
> "너는 네가 원하는 대로 그 선이 똑바로 그어지지 않아서 실망한 것 같구나. 어떤 일은 네가 원하는 만큼 정확히 할 수 없단다. 네가 열심히 노력했다는 것

이 정말 중요하지."

아동의 노력을 인정할 때 그들의 감정을 반영하려고 노력해라. 아동에게서 발견한 불안과 어떤 실망을 지적하는 것도 중요하다. 노력이 성취보다 중요하다는 것을 말해 주어야 한다. 아동의 행동과 감정을 평가할 때 '하지만'이라는 단어는 사용하지 않는 것이 좋다. 문장에서 '하지만'이라는 단어는 ('너는 성공하지 못했다. 하지만 열심히 노력했다.') 필요한 만큼의 능력이 없다는 것을 의미하는 것 같다. 그러한 평가는 격려라기보다는 위로처럼 들린다. 그 대안으로 '그리고'란 단어를 사용해 보는 것이 어떨지 제안해 보고 싶다. ('너는 성공하지 못했다. 그리고 열심히 노력했다.')

4) 강점과 장점에 초점두기

아들러식 상담에서 격려하는 방법 중에는 강점과 장점에 초점을 두는 것이 있다. 상담에 의뢰된 대부분의 아동은 자신의 장점을 알지 못한다. 처음의 여러 회기 동안 상담자는 아동에게 그들이 잘하는 것, 그들에 대해서 다른 사람이 좋아하는 것에 대해 말할 것을 요구한다. 많은 아동은 그들을 좋아하는 사람과 그들이 잘하는 것을 모른다고 한다. 모든 아동들은 그들이 잘하는 무언가를 가지고 있다. 아동이 그들이 잘할 수 있는 무언가를 가지고 있다는 것을 믿지 못하는 것은 그들이 가정에서 긍정적인 평가를 얻지 못하기 때문일 수 있다. 때때로 이혼 혹은 가족 구성원의 죽음 같은 요소 때문에 아동의 장점은 가족 내에서 주목받지 못한다.

아들러식 상담자는 강점과 장점을 누구보다 많이 강조한다. 상담자는 회기에서 그들의 장점을 지적함으로써 아동을 격려하고, 부모상담에서 아동의 행동을 재구성함으로써 부모를 격려한다. 상담자는 아동의 성격과 행동을 시험함으로써 그들의 강점이 무엇인지를 인식하는 것으로 상담을 시작한다. 상담자가 아동이 지니고 있는 귀중한 보물의 근원을 발견할 때, 상담

중에 아동의 강점을 평가할 수 있게 된다. 아동의 긍정적인 성격, 그들이 하는 유용한 행동 혹은 기여를 지적하는 것은 필수적이다. 처음에 상담자는 상담 회기에서 견실한 행동과 상호작용의 사례를 이용한다. 계속적으로 격려하는 내용에는 아동과 그들의 성취감, 그리고 장점에 대한 자부심에 초점을 두는 것이다. 때때로 아동은 특별한 버릇과 강점이 되는 행동을 인식하지 못해서 긍정적인 정서를 보여주지 못하는 경우도 있다. 만약 이런 긍정적인 정서에 대한 명백한 증거가 없다 하더라도 상담자는 자부심 혹은 성취감을 반영할 수 있다. 이런 자세는 그들이 특정 성격과 행동에 대한 좋은 감정을 고려하기를 원한다는 것을 아동에게 보여주기 위해 제공하는 것이다. 아동이 자신의 장점을 자각하도록 격려하는 예로는 다음과 같은 예가 있다.

"너는 그것이 어떤 일이고 어떻게 해결하는지 알고 있구나."
"너는 저 탑을 세운 것에 대해 정말로 자랑스러워하는구나."
"와! 너는 모래상자에서 네가 무엇을 하고 싶어 하는지 정확하게 아는 것 같구나."

아동의 강점을 확실히 발견한 후에는 그들의 부모에게 아동의 강점과 장점을 알려줄 필요가 있다. 아동의 강점을 표현해줌으로써 상담자는 부모의 아동에 대한 인식을 재규정해 줄 수 있다. 상담자가 부모와 상담할 때 아동의 행동과 아동과 가족이 아동을 규정해 온 방식 사이에는 불일치점이 나타난다. 이것은 아동에게 인정받지 못하는 강점 혹은 수용되지 못한 약점을 말한다. 어떤 부모는 아동의 문제를 재규정하기를 꺼려 한다. 가족 구성원은 아동에게 문제가 있다고 확신하고, 다른 면으로 아동을 생각하려 하지 않으려고 한다. 이 문제에서 그들과 힘싸움을 피하기 위해 상담자는 문제의 부분인 어떤 특성에 대해 설명하고, 잘못된 인식을 바로잡고 아동을 긍정적으로 볼 수 있도록 돕는다.

5) 행위자가 아닌 행위 강조하기

아동상담에서 아동을 격려하기 위한 다른 기법은 행위자보다는 행함의 즐거움과 행위에 초점을 두는 것이다. 이 전략은 상담자가 아동에 대해 가치 판단을 하지 않고 긍정적인 측면에 주의를 기울이게 한다. 많은 사람들은 "너는 정말 버릇없는 개구쟁이구나." 혹은 "넌 훌륭한 꼬마 연주자야!" 혹은 "너는 정말 훌륭한 화가구나!" 혹은 "네가 모래에 물을 부었구나, 너는 정말 지저분한 아이구나."와 같은 말을 한다. 이런 평가는 아동의 고유한 가치를 인정하지 않고 아동의 가치는 "그들이 누구인가?"보다 그가 무엇을 하는가에 달려 있다는 것을 암시한다. 상담에서 상담자는 아동의 행동에 상관없이 아동에게 관심을 전달하기를 원한다. 이것을 하기 위한 한 가지 방법은 아동과 그들의 행위를 분리하는 것이다. 상담자는 단순히 행위가 그들의 가치를 반영하는 방식에 대한 어떤 종류의 판단을 하지 않고 아동의 행위에 대해 평가한다. 어떤 일을 하는 데 있어서 아동의 즐거움과 성취감을 강조함으로써, 상담자는 유용한 행동을 계속 시도하도록 그들을 격려할 수 있다. 행위자가 아닌 행위에 초점을 두는 방법으로 다음과 같이 말할 수 있다.

> "그림을 그렸구나. 즐거워 보이는구나."
> "군인을 모두 집어 올려서 치우는구나. 네 스스로를 자랑스러워하는 것 같아 보인다."

6) 긍정적인 면에 초점두기

아동의 행동은 긍정적이고 부정적인 면 모두를 가진다. 만약 상담자가 그들의 훌륭한 행동을 신뢰하고 나쁜 행동을 무시한다면 아동들에게 더욱 도움이 된다. 대부분 교사와 부모는 아동의 긍정적인 면을 인식하지 않고 부정적인 면에 과도하게 초점을 둔다. 종종 부모와 교사는 "어떻게 너는 이 일을 이렇게 엉망으로 만들 수 있니?" 혹은 "너는 네 공 열 개 중에 다섯 개를 놓쳤어, 어떻게 그렇게 부주의하니?" 혹은 "10분을 제대로 앉아서 집중을 못하는구나. 그렇게 인내심이 없어서 도대체 뭐가 될래." 등의 말을 한다. 상담에서 아동을 격려하는 한 가지 방법은 그들이 적절하게 행동을 했을 때 그것을 알아채서 그들이 하고 있는 적절한 부분을 지적하여 행동의 긍정적인 면에 관심을 보여 주는 것이다. 아동의 유용한 행동은 신뢰하고, 무용한 행동은 무시하는 예를 보면 다음과 같다.

"와! 여섯 개를 맞추었네."
"너는 망치를 가지고 쳐도 깨지지 않을 물건을 두 개나 생각해냈구나."

7) 아동의 흥미에 관심 표현하기

아동을 격려하는 다른 방법은 그들의 흥미에 관심을 보여주는 것이다. 아동은 거북이, 야구, 서커스, 별자리 혹은 어떤 주제의 숫자에 흥미가 있을 수 있다. 아동은 흔히 이런 흥미 있는 것들을 그들의 삶에 중요한 성인과 나누기를 원한다. 성인들은 보통 아동들이 중요하다고 생각하는 것에 대해 흥미를 가지지 않는다. 아동들의 흥미에 관심을 보여줌으로써 상담자는 아동이 자신과 자신이 가치 있다고 여기는 것에 대해 좋은 감정을 느끼도록 격려할 수 있다. 다음은 아동의 흥미에 관심을 보이는 예들이다.

"지난 주에 한 축구 게임은 어떠했니?"
"네가 놀이실에 공룡그림을 가져온 것을 보았는데, 너는 공룡에 대해 많이 알고 있는 것 같구나."
"네게 새끼 고양이가 생겼구나. 너는 정말로 흥분한 것 같은데, 우리 고양이에 대해 이야기할까?"

이런 유형의 격려는 쉽게 할 수 있다. 아동의 중요한 어떤 것에 대해 성인이 관심을 가지는 것은 아동에게 자신감과 가치를 얻도록 돕는다.

8) 불완전한 것을 보여주기

성인이 아동에게 하는 가장 강력한 격려 중의 하나는 개인적인 실수를 알도록 하는 것이다. 상담자의 실수를 보고 아동은 상담자도 실수할 수 있다는 사실과 사람이 실수해도 괜찮다는 강력한 메시지를 받게 된다. 이것은 아동에게 자유로움을 준다. 상담자의 불완전함을 보여주는 예는 다음과 같다.

"내가 불을 켜는 것을 잊어 버렸구나. 대신 불을 켜 줘서 고마워."
"미안해. 내가 졌어. 나는 다음 번에는 좀 다르게 할 거야."
"미안해. 받는 놀이할 때 거칠게 던져서. 공으로 너를 쳐서 정말 미안해."

상담자는 때론 의도적인 실수를 할 수도 있다. 게임을 할 때 게임규칙을 약간 틀린다든가, 쉬운 숫자맞추기를 틀리는 등의 쉽게 정정할 수 있는 실수를 한 후, 아동에게 상담자도 실수를 할 수 있고 그것들을 고칠 수 있으며, 실수로부터 배울 수 있다는 것을 전달할 수 있다. 혹시 우연히 아동에게 상처를 입히거나 상대적으로 큰 실수를 한다면 아동에게 진심으로 정중하게 사과를 해야 한다. 이런 일이 일어날 때 아동은 성인이 그들에게 사과를 한다는 사실을 낯설어 한다. 아들러식 상담에서는 좋은 관계를 형성하고 아동을 존중해야 하기 때문에 이것은 매우 중요한 일이다.

9) 실수로부터 배우기

상담자는 아동이 실수를 고칠 수 있는 힘을 가지고 있음을 알려주어야 한다. 그리고 실제로 그들의 실수를 고칠 수 있는 방법을 알려주어야 한다. 아동을 격려하고, 실수를 고칠 수 있는 능력이 있음을 알도록 실수 혹은 사건을 이용하는 방법의 예는 다음과 같다.

> "네가 물감을 쏟았기 때문에 너에게 일어날 수 있는 나쁜 일을 두려워하고 있구나. 놀이실에선 때로 사고가 발생한단다. 만약 네가 그처럼 물감을 쏟았다면 일어날 수 있는 가장 나쁜 일은 무엇일까?"

실수로부터 배울 수 있고, 사고 혹은 판단에서의 실수가 반드시 부정적이거나 나쁘지 않다는 것을 아동이 깨닫도록 도와줄 때는 우선 실수에 대해 아동이 어떻게 느끼는지에 대해 주목하는 것이 필요하다.

그 경험에 대해 나쁜 감정을 가지고 있는 사건을 이용하는 것은 유용하다. 아동은 현재 상황에서 잘못된 것은 아무것도 없다고 생각할 수도 있다. 그러한 경우에 아동이 부정적인 반응을 가지고 있지 않으면 중재할 필요가 없다. 만약 아동이 좋지 않게 느낀다면 아동의 느낌을 반영해 준다. 그런 후 아동의 실수를 무비판적으로 관찰한다. 정서적인 말과 부정적인 딱지를 붙이지 말고 조심스럽게 얘기해야 한다. 때로 모든 사람이 살면서 가끔씩 실수를 한다는 사실과 상담실에서도 사고를 치거나 실수를 할 수 있다는 것을 언급한다. 실수의 경험으로부터 적극적으로 배우는 것을 돕기 위해 상담자는 아동에게 "너는 이것으로부터 무엇을 배울 수 있니?" 혹은 "다음에 너는 어떻게 다르게 할거니?"와 같은 질문을 할 수 있다.

10) 소속감을 형성하는 긍정적인 방법 배우기

아들러는 모든 사람은 소속감이 필요하다고 믿었다. 만약 아동이 중요성을 얻기 위한 긍정적인 방법을 찾을 수 없다면, 그들은 중요성을 얻기 위해 부정적인 방법을 찾을 것이다. 상담자는 아동이 유용한 방법으로 소속하는 것을 도와야 한다. 아동을 격려하는 한 가지 방법은 아동이 가족 혹은 학교에서 긍정적인 방식으로 살 수 있는 방법을 발견하도록 돕는 것이다. 상담자들은 상담실에서 발견한 장점에 초점을 두고 아동이 집과 교실에서 그들의 강점을 충분히 이용할 수 있는 방법을 제안할 수 있다. 아동에게 도움을 요청하는 예는 다음과 같다.

"나는 이 게임에 익숙하지 못해. 내가 어떻게 해야 할지 알려주겠니?"
"너는 TV 프로를 많이 알고 있어 보이는데 토요일 오전에 보기에 좋은 프로가 무엇인지 말해줄 수 있니?"

상담자는 아동이 다른 아동들과 함께 상담 회기에 오도록 할 수도 있다. 아들러식 상담에서는 아동의 공동체감을 형성시키기 위해서 아동의 친구를 초대해 함께 집단상담을 실시한다.

만약 상담자가 상담을 집단으로 한다면 내담자의 장점을 공개하는 집단 활동을 하거나 아동이 치료적 지지와 격려를 계속받는 경험을 통해 소속감을 경험하게 하는 것이 도움이 된다. 아동이 집단에서 소속감을 느끼기 위한 긍정적인 방법을 발견하도록 격려하는 예는 다음과 같다.

"놀이실에서 네가 나에게 미소짓고 있는 것을 보았는데 네가 친구가 되기를 원하는 사람을 정해서 미소짓는다면 네게 어떤 일이 생길지 궁금하구나."
"너는 상담실에 있는 물건을 정리하는 방법을 잘 알고 있구나. 네가 집에서도 그와 같이 정리할 수 있는 어떤 것을 찾아볼 수 있다고 생각한단다."
"네가 상담실에 있을 때 너는 정말로 높이 공을 던졌다. 너는 다른 아이들에게 네가 얼마나 높이 공을 던질 수 있는지 보여줄 수 있겠니?"

이 외에도 격려는 상담자의 큰 인내를 필요로 한다. 기다려 주는 것이 격려에서 매우 중요하다. 이런 모든 격려의 기법은 부모와 교사 상담에도 적용된다. 성인도 아이들처럼 중요성과 소속감을 얻으려고 한다. 그들은 아동과의 상호작용을 잘하고 싶어 한다. 부모와 교사와 상담하는 동안 아들러 상담자는 동일한 방법으로 그들이 아동을 격려하도록 격려의 방법들을 교육시킨다.

제**12**장
아동상담 사례

1. 천식증상 아동의 상담사례

이 사례는 하켄베르크(W. Hackenberg, 1982)가 어린이신경정신과 병동 (Kinderneurologischen Zentrum)에서 아들러식 아동상담을 실시한 사례이다.

1) 내담아동의 인적사항

내담아동 페트라(Petra)는 12세의 여자 아이로 3형제의 맏이다. 그의 부모는 그들 소유의 가게에서 함께 일을 하기 때문에 경제적 여유는 있는 편이다. 그래서 페트라의 물질적 욕구는 충족시켜 주지만, 시간이나 관심을 충분히 공급하지 못하고 있다.

페트라는 아주 어릴 적부터 천식을 앓고 있었고, 소아과 의사에 의해 상담에 의뢰되었다. 페트라는 매우 폐쇄적이고, 위축되었고, 수줍어하고, 부자연스러운 첫인상을 보였다. 심리진단 결과 몇 가지의 생활양식이 분명하게 드러났다. 그의 거부적인 행동장벽 뒤에 페트라는 보호받고 사랑받고 싶은 커다란 소망이 숨겨져 있었다. 페트라는 이런 소망을 직접 표현하는 것은 아무 의미가 없다고 생각했다. 작년까지만 해도 맏이로서의 역할을 잘 감당하려고 애를 썼다. 책임감도 있었고 성적도 좋아서 부모로부터 인정도 받았다. 그러나 한 살 반 아래인 여동생이 더욱 뛰어난 학업성적과 칭찬을 받게 되면서 페트라는 강한 경쟁관계에 들어가게 되었고, 페트라 역시 동생의 뛰어남을 인정하였다. 그 후 페트라는 자신이 잘 해 나가던 영역에서마저 자신감을 잃고 좌절하기 시작했다.

천식은 페트라에게 있어 주관적 의미를 지니고 있다. 천식은 그녀에게 있어 부모의 관심을 그에게 돌리려는, 특히 아버지의 관심을 끌려는 의도에서 나온 것으로 볼 수 있다. 천식이 아니고는 결코 부모의 관심을 끌 수 없다고 생각하고 있다.

2) 부모면담

치료자는 부모가 여러 가지 이유로 함께 치료에 임할 준비가 되어 있지 않았기 때문에 페트라와 개인치료를 하기로 했다.

치료 초기에 부모는 페트라에 관해 그들의 주관적인 경험을 이야기했다. 치료자는 그들의 잘못된 양육태도와 양육기술을 바꿀 것을 제안했다. 함께 식사를 한다든가 하는 일상생활 시간표를 바꾸고, 페트라가 자신의 문제를 스스로 극복할 수 있도록 그의 증상에 대해 보다 더 적합한 반응을 할 것을 제시하였다. 무엇보다 천식발작이 일어나면 관심을 주지 않고, 그녀와 함께 노는 데 더 많은 관심과 시간을 보낼 것을 제안했다.

3) 치료과정

페트라는 다른 사람들과 동등한 관계를 맺는 능력에 어려움이 있다는 점이 치료회기 처음부터 뚜렷하게 나타났다. 비지시적인 회기가 지난 후 약간의 용기가 생겨 치료자의 접촉제안을 받아들이고, 그녀와 가족과 그녀 자신에 대해 함께 이야기할 수 있게 되었다.

페트라는 치료자의 제안에 의해 자아상을 그렸다(그림 12-1 참고). 그녀는 손에 거북이를 들고 서 있었다. 그녀는 거북이가 불편해 보인다고 했다. "배의 밑 부분은 매우 물렁거리고 위는 장갑차 뚜껑이 있어서 항상 자신을 숨길 수 있어요."라고 말했다. 그녀는 쓰다듬어 줄 수 있는 개나 고양이를 더 좋아했다. 여기서 여자아이의 험상궂은 얼굴 인상과 손에 들고 있는 보호받고 싶고, 웅크리고 있는 거북이의 그림에서 페트라의 열등감을 분명히 볼 수 있었다.

그 다음 시간에 페트라는 치료자에게 그의 부모와 여형제들과의 관계에 대해 이야기했다. 어린 시절의 상황을 치료자와 함께 재구성해 보았다. 여동생과의 갈등과 부모가 자신을 부당하게 대하고 실망시킨 상황들을 이야기했다. 자신이 어린 여동생을 시기했다는 것도 기억해 냈다. 많은 경우 아

[그림 12-1] P양(12살)의 자화상

[그림 12-2] P양의 초기 아동기억화

버지는 페트라를 팔에 안고, 어머니는 동생을 안고 있던 모습을 기억해 냈다. 초기 어린 시절 기억에서 페트라는 가족이 바닷가에서 휴가를 보내던 때를 기억했다. 엄마와 여동생이 해변가 초막에 앉아 있고, 그 옆에서 자신은 모래성을 쌓고 있는 장면을 떠올렸다. 치료자는 이 장면을 그림으로 그려보라고 했다(그림 12-2 참고).

그림을 그리고 나서 그림 속에 있는 작은 소녀의 느낌과 생각에 대해서 함께 이야기했다.

페트라 : 나는 내가 벌써 혼자 놀 수 있다는 것이 매우 기뻐요.
치료자 : 이 아이는 가끔씩 슬프기도 하니?
페트라 : 예, 아이는 왜 아버지는 거기에 없는지 궁금해해요.
치료자 : 엄마와는 어떻게 지내니?
페트라 : 음, 엄마 아빠는 모두 시간이 없어서 우리와 함께 놀 기회가 없어요 … 나는 더 이상 그것에 대해 생각하지 않아요. 대신 유치원에서 친구들을 찾아요. 그러면 나는 내 여동생이 부모님과 더 자주 가까이 있다는 것을 완전히 잊어버려요.

잊어버린다는 것은 부모와의 관계에서 경험하는 아픔을 피상적으로 억압해 버리려는 시도이다. 페트라의 목적은 관심을 끌려는 것이 주도적이었고, 여동생을 어떻게든 해결하고픈 마음이 큰 역할을 한다. 본격적으로 이 문제를 분석하려고 했다.

이러한 시도는 두 번째 자화상에서 표현된다(그림 12-3 참고). 알록달록하고 견고하고, 불만 많고, 기분이 언짢아 보이는 소녀의 그림. 그 소녀는 날씨가 나빠서 기분이 나빴다고 한다. 그는 자신의 문제를 고집스럽게 회피하면 적게 해결하게 되고 그의 위치를 분명하고 뚜렷하게 대표할 것을 배우고 있다. 주위 환경과의 관계를 형성해야 함을 인지하고 치료실에서 도움을 받았다.

아버지와의 관계를 개선하고 가끔은 같이 놀기로 하였다. 엄마와의 관계는 아직 서먹서먹하고 어려웠지만 분노와 슬픔의 감정을 있는 그대로 인정할 수 있고, 어머니의 부분과 자기 자신의 부분을 차별화할 수 있게 되었다.

치료에서 거의 다루지 않았던 천식을 자신의 문제로 받아들였다. 신기하

[그림 12-3] P양의 두번째 자화상

게 천식발작이 줄어들었으나, 여동생과의 경쟁관계로 인해 가끔씩 문제가
나타났다. 이 시점에서 개인상담을 마치고, 아동집단 치료에서 사회적 관계
형성을 위한 생활기술을 배우기로 하였다.

2. 행동장애 아동의 상담사례

이 사례는 하켄베르크(W. Hackenberg, 1982)가 어린이신경정신과 병동에
서 아들러식 아동상담을 실시한 사례이다.

1) 내담아동의 인적 사항

스테판은 7살 9개월된 남자아이로 조부모와 함께 지내고 있다. 치료시간
시작 전까지 조부모 옆에 앉아 있다가 치료를 받으러 할머니와 함께 다른
방으로 갔다. 조부모 부부 사이에 위기가 있을 때 스테판이 입양되어 왔다.
할머니와 스테판은 새로운 집으로 이사를 했다. 할머니는 스테판이 처음부
터 까다롭고 예민하고, 자기를 감추는 아이였다고 한다. 처음 1세 때는 어
른들 사이에서 오로지 하나밖에 없는 외동이로서 매우 응석받이로 자랐다.
자신의 뜻이 이루어지지 않아서 의도적으로 물건을 부수기 시작하면 조부
모는 그에게 좀 더 엄격하게 대했다. 그러나 지금은 그를 어떻게 다루어야
할지 모르겠다고 했다.

심리적 · 의학적 진단결과 사회적 관계에서 많이 위축되어 있고, 좌절되
어 있고, 현실과의 관계를 포기하고 자신의 환상의 세계에 들어가 있다는
인상을 받았다.

할머니는 자기 스스로가 문제가 있는 성격이라고 하면서 자신은 계속해
서 함께 공동작업할 여건이 안 된다고 했다.

2) 부모면담

할머니는 자기 스스로가 문제가 있는 성격이라고 하면서 자신은 계속해서 직접 치료받을 여건이 안 되고 할 준비도 되어 있지 않다고 했다. 할머니와는 최소한의 접촉을 하기 위해 집을 방문하는 형식으로 기회가 되는 대로 대화를 했다. 스테판과의 개인치료는 일주일에 두 시간씩 장기간 집중치료를 하기로 계획하였다.

3) 치료과정

처음에 많은 시간을 들여 이룬 목표는 스테판과 신뢰관계를 형성하여 치료자가 그의 세계상을 볼 수 있어야 하는 것이다. 스테판은 치료자와 하는 거의 모든 활동을 소음을 내거나 대화를 아예 단절하는 등의 행동으로 방해하였다. 이런 행동은 그가 처음부터 자신의 생활영역에 침입하는 것을 막거나 그의 위협적인 성격감정을 계속 유지하기 위해 사용해 왔던 것이다. 상호작용을 계속해 가면서 치료자는 모자(母子) 상호작용의 초기 단계를 인식할 수 있었다.

치료자는 추적하기 기법을 사용하여 그를 따라했다. 그가 치료자에게 설명하는 것을 다시 그에게 설명해주고, 그의 놀이행동을 언어로 반영해주었다. 즉, 치료자는 자신을 그에게 거울로 소개해서 그가 스스로 자신의 표현형태를 경험할 수 있도록 했다. 이 역할을 통해 스테판은 위협을 느끼지 않았고, 대신 그는 자아개념을 발전시키는 데 약간의 확신을 가질 수 있게 되었다.

스테판은 많은 시간을 그림을 그리면서 보냈다. 그리기 영역은 스테판이 특별히 재능을 보이는 영역으로 일찍부터 훈련되었다. 그리기는 그가 유일하게 인정받는 영역이기도 했다. 그는 특별한 방법으로 자신의 생각과 느낌을 그림이야기로 표현하기를 좋아했다.

이 사례에서는 치료과정 중에 있었던 그의 그림이야기 세 가지를 소개하고자 한다.

첫 번째 치료단계에서 스테판은 실존적 위협감을 나타내는 수없이 많은 그림이야기 장면을 그렸다(그림 12-4 ~ 12-7 참고). 여기 소개한 이야기는 나쁜 상어가 작은 말을 잡아먹는 이야기이다. 스테판은 불안과 공포를 상징적으로 표현하였다. 침몰의 과정은 조각조각 단편적으로 나누어 해체되었다. 스테판은 이야기를 완성한 후에 항상 불안과 일종의 승리를 관통하였다. 상황에 대한 자신의 형성은 그의 억압을 극복하려는 시도이다.

이때 치료자는 이야기에 개입하여 스테판이 치료자에게 풀어낸 불안, 슬픔, 구조 요청 등의 감정을 반영해 주었다. 이러한 개입이 도움이 될 수 있을지 오랫동안 의심이 들었다. 스테판은 치료자의 도움을 거부하기도 했지만, 다른 한편 이런 작업이 도움이 되는 부분을 신기해하기도 했다. 그림그리기 경험을 통해 치료자는 매우 구체적인 해결 가능성을 상징적으로 작업했다. 그들은 투쟁의 대안으로 지지해주는 친구를 얻거나 위협적인 괴물의 친구를 얻는 것을 역할놀이했다.

특히 60회기 치료 후 스테판은 자신의 생활 영역을 한 단계 확장시켰다. 스테판은 치료자가 동반하여 그를 보호해 줄 때 과감하게 불, 물, 어둠의 경험을 시도하였다. 이런 경험 이후 스테판은 치료자를 파트너로 수용하고 저항을 덜 보이기 시작하면서 갑자기 전형적인 모자관계와 관련된 위협을 극복할 방법을 발견했다. 상어엄마 이야기(그림 12-8 ~ 12-13 참고)는 한 사내아이가 상어엄마에게 먹혀서 엄마 뱃속에 들어갔다가 다시 상어엄마에 의해 태어나서 그의 아이로 인정받게 되는 줄거리의 이야기이다. 이 시점에서 스테판은 할머니와 양모의 관계에서 그의 애정표현, 거부와 혐오를 표현하였다. 수용의 욕구 등을 말로 표현하기 시작했으며 할머니와 직접 열린 마음으로 껴안기도 했다. 다른 한편 격렬한 토론(대결, 분석, 설명)을 하였다.

그 후 40회기가 지나 거인 릴의 이야기가 시작되었다. 이제 스테판은 자신을 매우 강한 존재로 표현하는 것을 좋아했다. 어느 날 스테판은 꿈을 꾸었다고 했다. 꿈에서 그는 나무보다 다섯 배 큰 거인이 되었고, 다른 사람은 아주 작았다고 한다. 치료사가 꿈을 그려보라고 제안했다(그림 12-14 ~ 12-17 참고). 스테판은 그림에 대한 이야기를 썼다. "어느 날 아침에 나무에 갔어요. 나는 내 발 사이에 있는 다른 사람과 같이 한 인간이 되기를 원했어요."(그림 12-14 참고) "그리고 침대에 갔어요. 갑자기 누군가가 소녀를 높이 올리고 셋째, 넷째, 다섯째를 들어 올렸어요. '그를 간지럽게 하여라!' 는 생각이 떠올랐어요. 바다괴물을 데려와요. 좋아 내가 가서 데려오지. 그리고 아주 크게 으르렁거려야 해요. 그러면 거인이 깨요. 갑자기 거인은 고함소리를 들어요. 으르렁 소리에 거인이 침대에서 일어났어요." "괴물은 대체 뭐야?" "우리가 그걸 만들었어요." "괴물이 너를 작은 소년으로 변화시킬 수 있어요."(그림 12-16 참고) "잠시 후에 그는 작은 소년이 되었어요. 이것이 거인이야기예요."(그림 12-17 참고) 스테판의 공동체와의 관계가 보다 긴밀하게 되었다. 그의 이야기에 몇몇 아이들이 등장하였고, 그들은 그를 도왔고, 다른 사람이 되도록 하였다. 열등상황에서 그는 다른 사람보다 더 크고 강해지고 싶었다. 그러나 다른 한편 그는 단지 다른 사람과의 관계 속에서 자신의 안전을 발견할 수 있음을 발견했다.

　스테판과의 치료가 아직 끝나지 않은 상태이다. 치료자는 그의 안정적인 자존감을 좀 더 확고히 하고, 사회적 관계 기술을 발달시키기 위한 목적으로 개인상담과 함께 또래 집단상담을 계속하기로 계획하였다.

[그림 12-4] S군(7살 9개월)의 그림 : "저기 나쁜 상어가 와요. 상어는 작은 말 휴를 먹어 버릴 거예요. 휴는 겁에 질려 있어요."

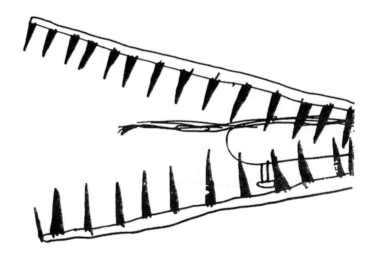

[그림 12-5] S군 : "휴는 벌써 상어 이빨 사이에 들어갔어요. 벌써 죽었나? 그가 밖으로 나올 수 있나? 아무도 그를 도울 수 없어요. 그는 다시 나올 수 없어요."

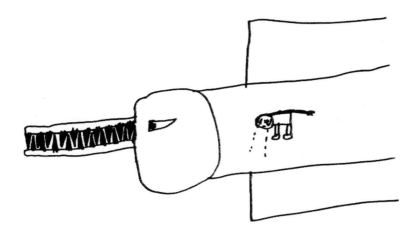

[그림 12-6] S군 : "이건 상어 뱃속에 있는 휴예요. 휴는 아직도 울고 있어요."

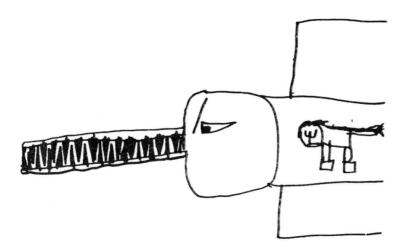

[그림 12-7] S군 : "휴가 완전히 죽었다고 생각해요."

[그림 12-8] S군 : "상어엄마가 있어요. 그 엄마는 1백만 미터의 키와 10미터나 강해
          요."

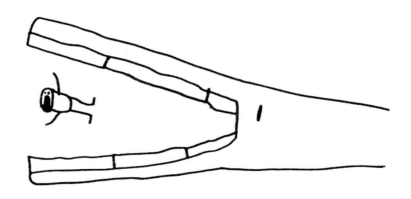

[그림 12-9] S군 : "그 엄마가 휴를 삼켜요."

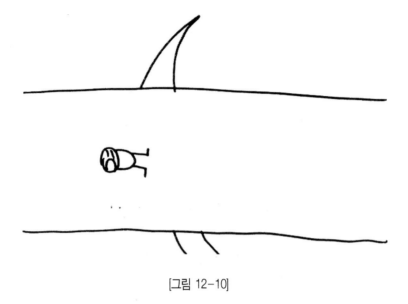

[그림 12-10]

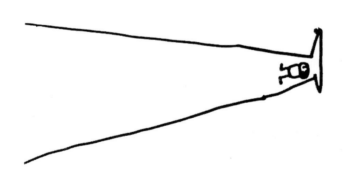

[그림 12-11]

[그림 12-12] S군 : "그가 밖으로 나왔어요. 거기에는 구멍이 있었어요."

[그림 12-13] S군 : "엄마는 그가 자기 아기라고 생각하고 있어요. 그 엄마는 이제 돌을 먹어요."

[그림 12-14] S군의 거인이야기 1

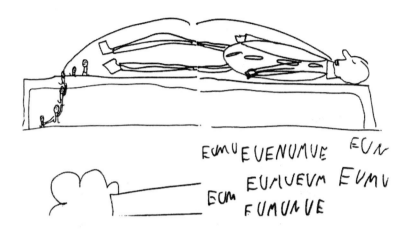

[그림 12-15] S군의 거인이야기 2

[그림 12-16] S군의 거인이야기 3

[그림 12-17] S군의 거인이야기 4

3. 학교부적응 아동의 상담사례

이 사례는 미국 남서부지역 대학 캠퍼스에 위치한 지역정신 건강 클리닉의 지도자로 있던 코트만(Kottman, 1995)박사가 아들러식 아동놀이치료를 한 사례를 요약 정리한 것이다.

1) 내담아동의 인적사항

내담아동은 7세의 남자아동으로 락엔롤의 황제라는 애칭을 가진 렉스 (Rex)이다. 그는 외동아이이고, 중하류층의 주택가에서 고모와 함께 살고 있다. 어느 날 아침 상담자가 사무실에 앉아 사무처리를 하고 있을 때, 클리닉 대기실에서 큰 고함소리를 들었다. 상담자는 사무실 문 밖으로 나가 대기실을 쳐다보았다. 거기에는 어깨까지 늘어뜨린 까만 머리카락을 가진 7~8세 된 작은 소년이 의자 위에 서서 기타를 연주하는 척하면서 알아듣지 못할 노래를 하고 있었다. 소년은 상담자를 똑바로 쳐다보면서 2~3분 정도 계속 연주를 하는 척하면서 노래를 불렀다. 노래가 끝나가는 것처럼 보일 때 그는 의자에서 뛰어내려 상담자 사무실의 문 앞에 와서 "안녕하세요? 나는 락엔롤의 황제 렉스예요. 나는 저런 놈이 물어보는 엉터리 질문에는 대답하지 않을 거예요!"라고 말했다. 그는 복도를 걸어 내려오고 있는 박사과정 실습생 중의 하나를 가리키고 있었는데 그 실습생은 렉스와 렉스의 고모에게 심리검사를 하면서 상담을 한 적이 있는 사람이었다. 그때 어떤 일이 있었는지를 알지 못한 채 상담자는 단순히 그의 감정을 반영해 주었으며 여기서는 그가 하고 싶어 하지 않는 일은 어떤 것도 그에게 강요하지 않을 것이라는 것을 알게 해주었다. 그는 의기양양하게 웃으며 박사과정 학생과 함께 복도를 걸어 내려갔다.

2) 내담아동의 주 호소내용

렉스는 매우 영리해 보였지만 2학년에서 낙제를 했기 때문에 상담에 의뢰되었다. 그는 대부분의 숙제를 거부하고, 학교에서 보내는 시간을 거의 기타, 엠프, 다른 음악장비를 그리면서 보내며 교실에서 하는 학문적, 사회적, 신체적 활동에 참여하기를 거부했다. 그는 또한 음악이나 미술활동에도 참여하기를 거부했는데 그런 것들은 자기처럼 냉철한 멋쟁이가 하는 것이 아니라 아기나 얼간이들이 하는 것이라고 말했다. 렉스는 교사나 다른 친구들에게 언어적인 폭력과 친절하고 협조적인 행동을 교대로 반복하였다. 그의 교사는 렉스의 이러한 변덕스러운 행동 유형을 알 수 없다고 심리검사팀에 보고하였다.

렉스의 고모 릴라(Lila)도 렉스가 집에서 그녀와 함께 있을 때 유사한 행동과 태도를 보인다고 보고하였다. 그는 도움을 요청하지 않아도 집에서 고모를 도와주기도 하지만, 도움을 요청하면 언제나 거절하였으며 고모에게 언어적으로 폭력을 행사하기도 하였다. 고모가 말하는 언어적 폭력은 자기 마음대로 일이 안 될 때, 화를 내거나 소리를 지르거나 욕설을 하는 등의 행동을 말한다. 고모는 렉스의 이러한 행동을 매우 당황스러워 했지만, 그것보다는 렉스가 3학년에 진학하지 못할 가능성도 있다는 사실에 더 놀랐다.

3) 가족배경

고모 릴라는 34세로 미혼이다. 릴라의 유일한 형제 대니(Danny)가 렉스의 아버지였으며 그는 렉스의 법적 후견인이었다. 릴라의 설명에 따르면 대니는 비교적 성공한 락그룹의 리더싱어였다. 렉스의 엄마 제니(Jennie)는 대니 밴드의 지방 공연 매니저였다. 제니는 대니와의 관계로 임신을 했지만 대니는 그녀와 결혼하기를 거절하였다. 렉스가 태어난 지 몇 개월 지나 제니는 릴라의 집에 와서 릴라가 자신보다 더 좋은 엄마가 될 것이므로 릴라가 아이를 키워줄 것을 부탁했다. 대니나 릴라는 그 후로 그녀를 한번도 보지 못했고 아무런 소식도 듣지 못했다. 제니가 렉스를 릴라의 집에 두고 떠난 날 아침 릴라는 대니에게 전화를 해서 그 아기를 어떻게 하기를 원하는지 물어보았다. 대니는 릴라에게 자기가 자신의 음악적 명성을 추구할 수 있도록 릴라가 렉스를 돌봐 줄 것을 부탁했고, 재정적인 지원을 약속했다. 릴라는 자신이 어떻게 하는 것이 좋은지 알 수는 없었지만 렉스가 매우 귀여웠고, 자기 동생은 아기를 돌볼 상황이 아니란 것을 알기 때문에 또 아기가 돌봐주고 사랑해줄 사람 없이 성장하기를 원하지 않았기 때문에 자신이 렉스를 양육하는 책임을 맡게 되었다고 말했다.

대니로부터 오는 재정적 지원은 극히 불규칙했다. 몇 달은 아주 돈을 많이 보내고, 또 어떤 달은 하나도 보내지 않았다. 상담을 시작할 시기에 릴라는 대니가 보내는 돈을 보충하기 위해 레코드 가게에서 일하고 있었다.

대니는 소문에 의하면 일년에 5~6차례 마을에 나타났다. 릴라는 대니가 자주 마약을 하였으며 심지어는 아이 앞에서도 했다고 말했다. 그는 렉스를 클럽에도 데리고 가려고 했다. 후에 그는 렉스를 순회공연에 데리고 가기를 원했다고 말했다. 릴라는 자신은 대니가 그들을 방문할 때가 무서웠다고 말했다. 대니는 렉스를 쉽게 손에 넣었으며 렉스에게 많은 돈을 사용했으며 렉스는 그가 멋지다고 생각했다. 대니가 떠나면 렉스는 너무나 슬퍼하고 화를 냈다. 그는 정말로 거칠어지고 릴라가 원하는 일은 그 어떤 것도 하려고 하지 않고 릴라의 말을 듣지 않았다. 몇 주가 지나 모든 것이 잠잠해지고 다시 정상을 찾으면, 그때 대니가 또다시 나타났다. 그의 동생에게 이러한 상황과 그의 재정지원의 문제점을 지적하면, 대니는 누나가 자신의 말대로 하지 않으면 렉스를 누나에게서 떼어놓겠다고 말했다. 이러한 말을 렉스 앞에서도 여러 번 했으며, 대니가 그녀에게 그렇게 말할 때마다 렉스는 두려워하였다. 고모의 말에 의하면 렉스도 자신이 원하는 것을 얻기 위해 자기 아빠와 같은 위협적인 말을 사용한다고 한다.

4) 심리검사 결과

공식적인 상담기간 동안 사실상 렉스는 이러한 위협을 계속 사용했으며 자신이 생각하기에 너무 개인적이라고 생각하는 질문에는 대답을 거절했다. 종합심리검사 결과, 그는 학업수행 능력 영역에는 아무 문제가 없었다. 지능검사에서는 높은 수준의 IQ를 가졌다는 결과가 나왔고, 학업능력 검사에서는 모든 학업영역에서 자기 학년 수준보다 유의하게 더 높은 성취능력을 보여주었다. 성격검사에서는 평균 이하의 자아존중감을 가진 아이로 나타났으며, 비행과 품행장애(conduct-disorder) 행동을 보여주는 경향이 있는 것으로 평가되었다. 렉스는 또한 "이건 내가 하기에는 너무 유치한 방식이에요. 냉철한 멋쟁이는 이런 종류의 일을 하지 않아요. 어쨌든 나는 내가 하고 싶지 않은 것은 아무것도 하지 않을 거예요."라고 말하면서 집-나무-사람(House-Tree-Person)과 동적가족화(Kinetic Family Drawing)와 같은 그림 그리는 검사를 거절하였다.

심리검사를 수행한 검사자는 렉스가 가진 학업수행을 방해하는 학습문제 혹은 학문적 결핍을 말해주는 어떠한 자료도 발견하지 못했다. 이러한 결과를 바탕으로 그의 낮은 학업수행과 훈련문제는 심리적인 요인에 있다고 결정을 내리고, 렉스에게 대인관계 기술과 자아존중감, 자기통제능력 향상을 위한 아들러식 놀이치료를 처방내렸다. 또한 그의 고모에게는 부모상담과 부모교육 교실에 참석하라고 제안하였다. 상담팀에서는 릴라, 렉스, 대니와 함께 가족치료를 하는 것도 고려하였지만, 릴라가 제공한 정보를 고려해 볼 때, 대니가 가족치료 과정에 참석할 것인지의 여부에 대해서 회의적이어서 가족치료는 유보시켰다.

5) 이론적 개념화

아동과 함께 하는 처음 몇 회기 동안 수집한 정보와 그들의 부모와 함께한 상담에서 수집한 자료에 기초하여 아동과 아동의 문제점들을 개념화하는데, 이는 아동의 행동목표, 잘못된 신념, 생활양식, 그리고 아동의 장점과 자산에 대한 가설을 형성하기 위해서이다. 이를 통해 검사결과로 알게 된 것보다 더 많은 자료를 얻게 된다. 코트만 박사(상담자)는 관계를 시작하기 전에 이론적 개념화를 형성하고, 아동상담 및 부모상담의 목적을 공식화하기 시작한다.

상담자는 렉스의 행동 대부분의 목표를 힘으로 간주하였다. 그는 다른 사람들이 자신을 통제할 수 없다는 것을 타인들에게 보여주기 위해서 그리고 자신을 안전하게 하기 위해서 그의 행동과 태도를 사용하였다. 첫 번째 회기 동안 그는 상담자에게 그의 어머니가 사라졌으며 그녀는 결코 자기를 사랑하지 않았고 영원히 자신에게 돌아오지 않을 것이라고 말했다. 또 렉스는 자신은 항상 고모나 아버지와 살 것이며 그는 자신이 누구와 함께 살기 원하는지 결정할 수 없고 때로는 아버지가 자기와 함께 살기를 원하지만 어떨 때는 또 그렇지 않다고 말했다. 그는 또한 고모 릴라가 항상 자기와 함께 살기를 원하지만 때때로 그녀가 그를 정말 미치게 할 때가 있어 그녀와 함께 살기를 원치 않을 때가 있다고 말했다. 가족 배열에 대한 릴라와 렉스의 기술로부터 상담자는 렉스가 목표가 힘인 세 번째 범주의 아동에 적합하다고 추측하였다. 그는 자신도 자신의 고모도 힘이 있다거나 통제하에 있다고 느끼지 않는 상황에 있었다. 이들의 생활은 혼란스럽고 통제력을 벗어난 것으로 보였다. 렉스는 안전감과 안정감이 부족한 것으로 보였다. 그는 매일 매일 자신이 어디에서 살고 있는지, 누가 책임을 지는지, 누가 그를 사랑하는지 혹은 그의 부모는 누구인지 등을 확신할 수 없었다.

이러한 불안정감(insecurity)에 기초하여 렉스는 자신의 의지를 세상에 그리고 그와 접촉하고 있는 타인들에게 발휘하기로 결정하였다. 만약 어떤 누구도 렉스가 안전하고 안정하다는 것을 확신하도록 해주는 책임을 지지 않으려고 했다면 그는 자신을 보호하기 위해서 그리고 그가 필요로 하는 물질적, 정서적 지지를 얻었다는 것을 확신하기 위하여 매우 강력해지려고 했을 것이다.

렉스의 가족분위기는 혼란스럽고 갈등적이었다. 따라서 그는 통제와 힘을 얻으려고 애쓰는 성인들에게 노출되어 있었다. 렉스의 삶에 있어 자신의 법적, 정서적 지위에 대해 릴라가 가진 불확실함은 일관된 훈육 형태를 확립하기 위한 그녀의 능력을 손상시킨 것으로 여겨진다. 대니가 렉스를 떼어놓을지도 모른다는 릴라의 두려움은 렉스와의 관계에 있어 그녀의 정서적 관여를 약화시켰다. 그녀는 대니가 렉스를 데리고 가서 자신의 마음을 아프게 할까봐 두려웠기 때문에 항상 렉스로부터 정서적으로 분리되어 있으려고 했다. 렉스의 삶에는 다른 형제나 다른 책임감 있는 성인이 없었기 때문에 그는 극도의 낙담을 경험하였고, 이러한 정서적 혼돈을 다루는 데 있어 어떠한 지지나 구원(relief)을 받지 못했다.

가족에 대한 렉스의 주관적인 사정과 가족 내 그의 위치를 고려해 볼 때, 렉스는 다음과 같은 잘못된 신념으로 현실을 해석하고 있는 것으로 여겨진다.

1. 나는 내가 안전하고 안정하다는 것을 확신하기 위해 그리고 내가 필요로 하고 원하는 것을 얻을 수 있다는 것을 확신하기 위해 모든 상황을 통제해야만 한다.

2. 나는 내가 안정하다고 확신하기 위해서 그리고 소속감을 위한 방법을 찾도록 도와주기 위해서 성인이나 다른 아동들을 믿을 수 없다.

3. 통제하에 있는 최선의 방법은 그들이 해야만 하는 것을 다른 사람에게 말하고 내가 원하는 것을 내가 갖지 못한다면 화를 냄으로써 타인이 균형을 잃게 하는 것이다.

4. 나의 어머니는 나를 사랑하지 않았기 때문에 나를 떠났다. 나는 나를 사랑하거나 나와 함께 머무르는 사람들에게 의지할 수 없다.

5. 나는 다른 사람들이 나를 좋아하게 할 필요가 없다. 내가 원하는 것을 그들이 하도록 하는 것이 훨씬 더 중요하다.

6. 나의 고모는 매우 힘이 없는 사람이며 그녀는 아버지로부터 나나 그녀 자신을 방어할 수 없다.

7. 나의 아버지는 매우 강력한 사람이다. 그는 다른 사람들을 위협함으로써 그리고 타인의 균형을 잃게 함으로써 자신이 원하는 것을 얻는다.

8. 어떤 사람도 세상으로부터 고모와 내가 안전하도록 도와줄 수 없다. 나는 혼자다.

아들러 이론에 따르면 렉스는 자신의 감정과 행동에 영향을 미치는 이러한 신념을 자각하지 못한다. 대부분의 경우 이러한 잘못된 신념은 무의식층에 머물러 있기 때문에, 그는 계속해서 이러한 신념에 기초하여 자신의 생활양식을 유지하고, 개인적 논리를 사용하면서 이러한 신념이 정확하고 대표적인 것처럼 생각하고 거기에 맞는 행동을 선택했다. 이러한 잘못된 믿

음에 기초하여 렉스는 다음과 같은 생활양식을 개발시켜온 것으로 여겨진
다.

- 나는 내가 다른 사람을 통제할 수 없는 한 무력하다. 때때로 타인을 통제하기 위한 최선의 방법을 내게 있어서는 통제 밖의 행동을 하는 것이다.
- 나는 타인을 통제하는 것을 학습하지 못하면 타인들로부터 위험에 처하게 된다.
- 나는 나와 함께 머무는 사람이나 나를 사랑하는 사람들을 믿을 수 없다.
- 다른 사람들은 신뢰할 수 없다.
- 다른 사람들은 나를 희생하여 그들이 원하는 것을 얻으려고 노력한다.
- 다른 사람들은 내가 하기를 원치 않는 일을 내게 시키려고 노력한다.
- 다른 사람들은 잘 돌보아 주지 않는다. 그들은 나와 함께 머물고 나를 돌보아줄 만큼 나를 사랑하지 않는다.
- 세상은 내가 다른 사람이나 다른 것에 의존할 수 없는 무서운 장소이다.
- 세상은 내가 나 자신을 돌보아야 하는 위험한 장소이다.
- 세상은 내가 어떻게 하면 사랑을 받고 보살핌을 받을 수 있는지를 확신할 수 없는 혼란스러운 장소이다.
- 따라서 나는 상처를 입을 수도 있는 위험 그리고 내가 필요로 하고 원하는 것을 얻지 못할 수도 있는 위험을 최소화하는 방식으로 행동해야만 한다.
- 따라서 나는 내가 원하고 필요로 하는 것을 얻기 위해 나의 기질과 다른 행동들을 사용해야만 한다.
- 따라서 나는 다른 사람들이 나에게 어떤 것을 하라고 말할 수 없다는 것을 보여 주어야만 한다.
- 따라서 나는 아버지가 내가 알고 있는 사람 가운데 가장 힘이 센 사람

이기 때문에 아버지가 나를 좋아하도록 노력해야만 한다.

상담자는 렉스가 안전감을 느끼고 자신에게 통제감을 주기 위해 항상 부정적인 행동을 사용할 필요가 없다는 것을 깨닫게 되기를 원했다. 구체적인 렉스와의 상담목표는 그에게

1. 일관성과 규칙성을 제공함으로써 상담실에서 나와 함께 안정하다고 느끼도록 하고,
2. 상담실에서의 거의 모든 결정을 그가 하도록 허락함으로써 그가 힘이 있고 통제력이 있다고 느끼도록 하고,
3. 힘을 공유하는 것을 배우고 내가 그가 필요로 하는 물질적, 정서적 지지를 그가 갖도록 도와줄 수 있다는 것을 신뢰할 수 있도록 하고,
4. 그가 결코 혼자가 아니며 그가 다른 사람들로부터 지지를 얻을 수 있다는 것을 깨닫도록 하고,
5. 그의 아버지는 전지전능한 것이 아니며 그가 그렇게 하도록 선택하지 않았다면 그와 같이 행동하지 않을 것임을 이해하도록 그를 도와주는 것이다.

릴라와의 상담 목표는

1. 렉스가 통제력을 얻으려고 하고 그가 문제행동을 보일 때가 그가 목표한 것을 얻으려고 노력할 때라는 것을 인식하는 방법을 학습하도록 도와주고,
2. 그녀가 보다 힘이 있고 가족이 일관되게 따르는 일련의 일과를 확인할 수 있다는 느낌을 획득할 수 있도록 도와주고,
3. 그녀가 대니와의 관계 및 렉스와 대니와의 관계를 어떻게 정의하기를 원하는지를 알 수 있도록 도와주고,
4. 대니와 그녀와의 관계에서 그리고 렉스와 대니와의 관계에서 경계와 구조를 확립하기 위해서 그녀가 자기 주장을 할 수 있도록 그녀를 도와주는 것이다.

6) 아동상담 과정

(1) 1단계 : 부모 및 아동과의 관계형성

렉스와 상담을 한 코트만 박사는 가능한 한 첫 회기는 언제나 부모상담을 한다고 한다. 릴라는 기본적으로 렉스의 유일한 부모로서 기여하고 있었기 때문에 상담자는 놀이치료 회기에서 렉스를 만나기 전에 고모를 만났다. 가족정보를 간접적으로 심리검사자를 통해 알게 되었기에 릴라에게서 직접 얻은 가족정보는 상담개념화와 상담계획을 하는 데 매우 중요하다. 초기 회기에 부모상담을 하는 것은 부모와 라포 형성에도 도움이 된다. 대부분의 부모들은 그들이 자녀를 잘 양육하지 못한 책임감을 느끼고 수치심을 가지고 있다. 릴라 역시 상담자가 그녀에게 부모로서 훌륭하지 못하다고 말할 것을 무서워했다. 그녀는 자신이 부모 역할에 대한 권리를 가지고 있다는 것을 확신하지 못했기 때문에 다른 부모들보다 더 불안정했다.

릴라는 동생 대니가 태어난 이후 항상 자신이 원하는 것은 무엇이든 하기 위해 어떻게 행동했는지에 대해 말하면서, 극도로 겁을 먹고 당황해했다. 그녀는 자신의 원가족에 대한 이야기에 신경질적으로 반응하고, 안절부절못하고 말을 더듬었다. 그녀가 10세 때 대니가 태어났고, 그때 그들의 부모는 늙고 지쳐 있었다. 그들은 릴라에게 대니를 키우게 하였고 릴라는 대니가 버릇이 없고 책임감이 없었기 때문에 자신이 동생을 잘 돌보지 못했다고 생각했다. 그녀는 대니가 그렇게 된 것에 대해 죄책감을 느끼는 것처럼 보였으며 렉스가 그와 같이 성장하게 될 것을 두려워했다. 그녀가 대니와 렉스와의 관계에 대해 이야기할 때 그녀는 이들 둘 다에 대해 책임감을 느끼고 있고 이들과의 관계에 있어 어느 누구에게도 아무런 힘을 행사하지 못하고 있음이 분명했다. 그녀는 대니가 렉스에게 해 주는 것 없이 자신이 렉스의 진짜 부모이기 때문에 자신이 원하는 것은 무엇이든 할 수 있다고 생각한다고 이야기할 때 매우 흥분하였다.

상담자가 어떻게 그녀가 이런 사건들을 마무리지을 수 있었는지를 물었을 때, 그녀는 울음을 터뜨리면서 자신이 그 일에 대해 할 수 있는 것이 아무것도 없다고 말했다. 상담자는 두려움과 희망이 없음에 대한 그녀의 감정을 반영한 후, 이러한 위협에 대해 조금 더 깊이 조사했다. 대니가 실제로 한 말을 반복해 보도록 요청하였을 때 그녀가 기억해 낸 말은 "렉스는 그의 아들이고 자신은 원하는 것은 무엇이든 할 수 있다."라는 대니의 말이었다. 릴라는 대니의 위협에 의해 그리고 만약 대니가 렉스와 함께 살기로 결정한다면 발생할 수 있는 일에 대한 생각에 완전히 협박당하는 것처럼 보였다. 그러면서도 릴라는 대니가 살고 있는 거친 생활로부터 렉스를 보호하기로 결심하였다.

상담자는 릴라가 생각하고 있는 것보다 그녀가 더 많은 힘을 가지고 있다는 것을 제안하기 위해 '스프에 침 뱉기'라고 부르는 아들러식 직면을 사용하였다. 그녀는 렉스의 유일한 정서적 지지자였고 일차적인 재정지지자였기에, 상담자는 그녀가 자신이 생각하고 있는 것보다 더 많은 법적 권리를 가지고 있다고 믿었다. 상담자는 또한 그녀가 두려움을 버릴 수 있고, 대니가 실제로 위협한 대로 렉스를 데리고 갈 때 대니가 렉스에게 모든 끔찍한 일들을 할 것이라는 그녀의 생각이 그녀의 무력감과 두려움을 악화시키고 있다고 조용히 제안하였다. 또한 그녀는 대니가 실제로 렉스를 전적으로 보살필 수 있는 상황이 아니라는 사실을 잊어버림으로써 그에게 보다 많은 힘을 실어주고 있음도 지적해 주었다.

첫 회기에서 상담자는 앞으로 렉스와 릴라와 함께 할 아홉 달 동안 나타날 수 있는 개인적 무력감, 구조화된 양육을 제공하는 데 대한 그녀의 어려움, 그녀의 논리가 그녀가 좋아하지 않는 상황에서 최악의 것을 그녀가 상상하도록 이끄는 방법, 그리고 부모로서의 그녀의 부적절함 등에 관한 많은 주제들을 다루었다.

상담자는 릴라가 그들의 생활환경을 변화시킬 수 있을 만큼의 개인적인 힘을 얻기 위해서는 많은 양의 지지를 필요로 한다고 느꼈기 때문에 매주 50분의 부모상담 시간을 그녀에게 배당하였다. 일반적으로 상담자는 아동과 30분 상담을 하고 나서 20분 동안 부모를 만난다. 렉스와 릴라에게 변화를 가져오기 위해서는 최대한의 지지가 필요하다고 생각했기 때문에 렉스와 릴라에게는 시간배정을 다르게 하였다.

상담자는 힘에 대한 렉스의 목표가 그의 혼란스럽고 통제를 벗어난 가족상황에 기초하고 있다고 믿었기 때문에 그가 상담실에서 처음부터 사물을 통제할 수 있다는 것을 확립함으로써 관계를 시작할 계획을 세웠다. 상담자는 렉스가 놀이치료 과정에서 안전함을 느끼기 위해서는 그가 대장이라는 것을 믿어야만 한다는 것을 알고 있었다. 상담자는 또한 그가 폭군이 되지 않고 적절한 방식으로 힘을 얻을 수 있다는 것을 보여주기를 원했다. 그가 상담자를 신뢰하고 상담실과 치료관계에서 안정감을 느끼는 것을 학습함에 따라 상담자는 점차 그가 안전하고 안정되지만 책임을 지지 않아도 되는 상황을 경험할 수 있도록 상담실에서 힘을 공유하도록 하였다.

처음 렉스가 클리닉에 왔을 때 그는 대기실에서 멈추지 않았다. 그는 상담자 코트만 박사의 사무실로 와서 "나는 당신을 알아요. 나는 이미 며칠 전 당신에게 그 부인이 나에 대한 모든 질문을 했다는 것을 말했어요. 당신도 알다시피 당신은 내가 아버지같이 되지 않도록 할 수 없어요."라고 말했다. 이때 상담자는 그의 감정을 반영했고 이 진술에 깔려 있는 메시지에 대해 시험적인 가설을 설정하고 "너는 내가 너를 달라지게 하려고 노력하는 것을 두려워하는 것 같구나. 나는 지금의 네 방식대로 너와 함께 있는 것이 좋아. 너의 아버지가 정말로 너에게 중요한 사람인 것과 내가 너를 그와 같이 되는 것을 방해할 수 없다는 것을 나에게 알려주기를 원하는 것처럼 들리는구나."라고 말함으로써 내담자와의 관계를 재구성하였다. 렉스는 보다 의심스러운 눈초리로 상담자를 보았고 생각에 잠긴 듯이 고개를 끄덕였다. 그는 화가 난 것처럼 보였고 상담자에게 "당신이 그것을 어떻게 알지요?"라고 물었다. 상담자는 "나는 내가 어떻게 그것을 알았는지 잘 몰라. 그냥 추측일 뿐이야. 나는 많은 아이들과 함께 했고 때때로 그들이 내가 그와 같은 것을 알 수 있게 도와주었어. 이제 우리 상담실에 들어가서 함께 이 문제를 해결해보자."라고 대답했다. 이러한 반응과 함께 상담자는 그가 원하지 않은 일을 하도록 강요하지 않을 것이라는 것과 그들이 놀이치료 과정에서 동등한 파트너가 될 것이라는 것을 알려주었다.

렉스는 매우 똑똑하고 생각을 분명하게 표현할 수 있고 의심이 많은 아이였다. 그래서 그와 함께 놀이치료를 한다는 것은 재미있고 흥미로운 것이었다. 그의 생각은 너무나 빨리 쉽게 한 가지 생각에서 다른 생각으로 옮겨다녔고, 그래서 가끔은 그를 따라잡는 것이 힘들었다. 상담자는 렉스와 함께 상담실로 걸어갔고 그는 그곳에 있는 장난감을 보고 매우 흥분하였다. 그는 물건들을 만져보고, 상담자에게 그것들이 어떤 것인지 말해달라고 요청하면서 방 주변을 걸어다녔다. 상담자는 "여기에서는 네가 그것을 결정할 수 있어." 혹은 "나는 네가 스스로 그것들을 이해할 수 있을 거라고 생각해."라고 대답하였다. 그는 "이것들이 무엇인지 내게 말해줘요. 당신은 알고 있고 내게 말해줄 수 있잖아요."라고 소리치면서 상담자에게 매우 화를 냈다. 상담자는 그에게 영향을 미치려고 시도하기 위해 그의 좌절감과 거부에 대한 그의 의심을 반영하였으며 상담자가 대장이 되려고 노력하는지를 알아보기 위해 그가 어떻게 테스트하고 있는가에 대해 설명하였다. 몇 차례 상담자는 그가 대장으로 자신의 일을 결정할 수 있음을 말했지만, 렉스가 상담자의 말을 믿고 있지 않음을 지적해 주었다. 이런 설명을 할 때, 처음에는 무시하였지만 두 번째 설명할 때에는 "나는 당신이 내가 해야 할 일을 말하는 것을 싫어한다는 것을 알고 있어요. 내가 알고 있는 모든 어른들은 나에게 무엇인가를 명령하기를 원하고 내가 그것을 하지 않을 때는 나에게 소리를 질러요. 만약 내가 당신이 원하는 것을 하지 않는다면 당신도 나를 여기에 더 이상 오지 못하게 할 거예요."라고 대답하였다.

첫 번째 8회기 동안 관계를 설립하는 동안 이러한 주제들이 반복적으로 나타났다. 처음 두 회기 동안 렉스는 계속적으로 그가 결정권을 가지고 있음을 믿게 하려는 상담자의 의지를 의심하면서 회의적인 표현을 반복하였다. 두 번째 회기에서 상담자가 거울에 총을 쏘는 것은 상담실의 규칙을 위반하는 것이라고 렉스에게 방에 있는 거울에 다트 총을 쏘는 것에 대한 제한을 말했을 때, 그는 매우 화를 냈다. 상담자는 그의 목적을 반영하고 대안적 행동을 하게 하면서 렉스가 자신과 거울을 제외하고는 방에 있는 어떤 것이든 쏠 권리가 있음을 보장한다고 말해주고 계속해서 나머지 규칙들을 말해 주었다. 상담자가 이렇게 말했을 때 그의 얼굴이 밝아지고 그는 미소를 지었다. 몇 초가 지난 후 그는 얼굴을 찡그리고 소리쳤다. "나는 무엇이 괜찮은 건지 몰라요. 당신은 내가 모든 것을 결정하도록 해요! 당신은 내가 단지 어린아이일 뿐이라는 것을 모르나요?" 상담자는 "너는 네가 혼란을 만들어 내가 화를 낼까봐 두려워하는구나."라고 말함으로써 그의 혼란과 불안정감을 반영하였다. 또한 "여기에서 네가 상담실 규칙을 어기면 말을 하겠지만, 나는 네가 나와 다른 선택을 한다 하더라도 화를 내지는 않을 거야. 여기에서는 네가 결정할 수 있는 것이 많이 있고 내가 결정할 것도 있어."라고 덧붙임으로써 그를 격려하였다. 상담자가 이렇게 말했을 때 그는 고개를 끄덕이고 다트 총을 벽에 겨누고, 상담자를 보고 웃었다. 상담자는 그가 총을 쏘아도 괜찮은 것을 이해했다는 것을 알았으며 자랑스러움과 성취감을 반영했다.

시간이 흐름에 따라 렉스는 그가 관계의 모든 측면에 통제력을 갖게 하려는 상담자의 의지를 계속해서 테스트했다. 첫 6회기 동안 항상 상담자는 그에게 어떤 것에 대한 의사결정 책임을 되돌렸으며 그는 상담자에게 소리를 지르고 그를 속인다고 혹은 그는 단지 아이이기 때문에 그에게 너무 많은 것을 요청하지 말라고 상담자를 비난하였다. 몇 차례 상담자가 그와 상의하지 않고 의사결정을 했을 때 혹은 사실적 응답으로 정보적 질문에 대답하였을 때 그는 상담자에게 그가 해야 하는 것을 말하는 것에 대해 맹렬히 화를 냈다. 그에게 통제력을 주는 것에 대해 렉스는 새침해하거나 화를 내고 또한 기쁨을 표현하기도 하고 공포에 이르기까지 다양한 반응을 보였다. 렉스는 통제감뿐만 아니라 그의 생활에 있어 자신을 돌보아 주고 안전하게 지켜줄 강한 성인을 원했다. 안정감, 양육, 보호에 대한 이러한 요구가 '자신을 돌보아주는 사람을 믿을 수 없다'라는 그의 신념과 갈등을 일으키고 있었다.

그가 상담자를 믿고 상담실에서 안전하다고 느끼기 시작함에 따라 그에게 책임을 되돌리는 데 대한 그의 반응은 부드러워졌다. 그는 더 이상 의심에 찬 표현을 하지 않았으며 그가 단지 어린아이이기 때문에 중요한 의사결정을 할 수는 없다고 상담자에게 소리지르지 않았다. 7번째 회기에서 그는 상담자에게 그림을 색칠해야 하는지를 묻고는 상담자가 대답하기도 전에 "알고 있어요. 알고 있어요. 나는 혼자서 그것을 결정할 수 있어요."라고 말했다. 그는 돌아서서 상담자에게 미소를 지으며 말했다. "나는 내가 내 집과 고모 그리고 나를 색칠할 수 있을 거라고 생각해요. 나는 여기에 색칠하는 것을 결정할 수 있어요."

처음 8주 동안 렉스는 매 회기마다 폭력 및 공격, 양육, 그리고 노래하기의 세 가지 놀이주제를 보여주었다. 그는 각 회기마다 약 20분 동안 샌드백을 때리고 차고 짓누르면서 보냈다. 그에게 샌드백은 어떨 때는 그의 교사이고, 어떨 때는 그의 고모이고, 어떨 때는 그의 아버지, 어떨 때는 상담자, 그리고 어떨 때는 이름 없는 나쁜 놈이었다. 상담자는 렉스가 자신의 공격성과 화를 표출해 낼 적절한 상징적 활동을 필요로 한다고 느꼈기 때문에 이러한 행동을 제한하지 않았다. 상담자는 이 놀이를 그의 분노와 좌절감을 반영하고 힘에 대한 그의 목표에 대한 가설을 세우는 데 사용하였다. 그는 종종 샌드백에 대한 자신의 공격에 너무나 몰입하여 땀에 흠뻑 젖기도 했다. 이때 상담자는 그가 화를 내고 누가 대장인지를 샌드백에게 보여주려는 행동이 그를 얼마나 지치게 했는지를 지적하였다.

그는 각 회기마다 부엌 영역에서 5~10분 정도 그를 위해 음식을 만들어 달라고 상담자에게 요청하였다. 그는 상담자가 그가 좋아하는 음식을 결정해서 접시에 음식을 차려 그에게 대접하기를 원했다. 그는 종종 상담자가 그 주에 그가 가장 좋아하는 음식이 무엇인지 추측하고 그것을 그에게 먹여주기를 원했다. 이것은 상담자가 그를 양육할 수 있게 하기 위해 그의 마음을 읽을 수 있을 것인지를 알아보기 위한 일종의 테스트라고 할 수 있다. 상담자는 렉스가 의사소통을 하기 위해 사용해 온 부정적인 행동 대신 말로써 그가 다른 사람들로부터 원하는 것을 요청하는 것을 배우는 것이 필요하다고 생각했기에 그가 원하는 것을 말로 표현했을 때에만 그에게 먹여 주었다.

상담자는 그에게 상호작용의 통제력을 주기 위해 '속삭임 기법'을 사용하였다. 항상 그는 상담자에게 무엇인가를 먹여달라고 말했다 상담자는 "너는 내가 너에게 무엇을 먹여주기를 원하니?"라고 속삭였다. 처음에 그는 상담자에게 매우 화를 내면서 "당신이 결정해요! 당신은 나를 돌보아 줄 거라고 생각했어요."라고 소리쳤다. 그가 이렇게 하였을 때 상담자는 "나는 정말 너를 보살펴주기를 원해. 그렇지만 네가 무엇을 원하는지 내가 알도록 해주어야지."라고 대답했다. 그가 상담자에게 자신이 원하는 것을 말했을 때 상담자는 그가 원하는 것을 요청할 수 있는 능력 그리고 의사를 결정하고 타인들과 이러한 결정에 대해 의사소통할 수 있는 능력을 그가 가지고 있음을 지적하기 위해 장려를 사용하였다. 그가 상담자에게 자신이 원하는 것을 말하기를 거부했을 때 상담자는 "때때로 너는 네가 원하는 것을 사람들에게 말하는 것을 두려워하는구나. 나는 네가 만약 그들이 너에게 그것을 줄 수 없다는 것을 말할지도 모르는 것에 대해 두려워한다는 것을 장담할 수 있어."라고 말하면서 그의 두려움과 주저함을 반영하였다. 첫 번째 8~10회기 동안 그는 처음에는 상담자에게 원하는 것을 말하기를 거부했다. 상담자가 그와의 투쟁에서 힘을 갖는 것을 회피하고 단지 그의 감정과 목표만을 반영하면, 그는 "좋아요. 내가 지금 원하는 것을 말할게요."라고 말함으로써 그의 통제를 단언하였다.

이러한 시작 회기 동안 렉스는 간헐적으로 갑자기 노래를 불렀다. 상담자는 노래에 나오는 많은 단어들을 이해하는 데 어려움을 겪었으며 그것들에 대해 물었을 때 그는 상담자에게 그 노래들이 락이고 상담자는 그것들을 알기에는 너무 늙었다고 말하면서 초조해하고 새침해하는 것으로 보였다.

이와 관련된 에피소드 중 하나로 3회기 때, 렉스는 노래를 부르고 자신의 엉덩이와 골반을 부드럽게 움직이면서 방 주변을 거들먹거리며 활보하였다. 이렇게 몇 분이 지난 후 그는 멈추고 상담자를 보고 싱긋 웃으며 "나는 당신에게 내가 락엔롤의 황제라고 말했어요."라고 말했다. 때때로 렉스가 노래를 즐기기 때문에 단순히 노래를 하는 것으로 보이기도 했지만 어떤 때는 들썩거리면서 몸을 흔들었고 그리고 나서는 상담자의 반응을 확인하였다. 때때로 그러한 행동은 상담자에게 충격을 주려는 시도로 보였으며 어떨 때는 상담자에게 감명을 주려는 것처럼 보였다. 상담자는 이 둘 가능성에 대해 모두 추측해 보았다.

상담자가 때때로 그가 자신의 아버지처럼 행동할 때 그것에 대해 어떻게 생각하는지를 궁금해하는 것에 대해 상담자가 논평할 때 인지반사(recognition reflex)를 보인 반면, 다른 경우에는 상담자를 무시하거나 화를 내고 그가 그의 아버지처럼 되지 않아야만 한다고 말한 것에 대해 상담자를 비난하였다. 첫 번째 5, 6회기 후에 상담자는 그의 노래 형태에 주목하였다. 보통 그는 대니 밴드의 레퍼토리의 락송이나 그가 라디오에서 들은 노래를 불렀다. 그는 다른 사람들이 작곡한 노래를 부를 때 그의 목적은 즐거움이었다. 그는 자신이 즉석에서 작곡한 노래를 부를 때 그는 보통 상담자가 말한 것 혹은 행한 것에 반응하였다. 때때로 이러한 노래는 인지반사의 형태로서, 상담자의 추측이나 논평에 대한 반응이고, 때로는 상담자에게 그가 직접적으로 말할 수 없거나 말하지 못할 수도 있는 것을 말하는 상담자와 의사소통하는 방식이었다.

렉스는 상담자가 어머니에 대해 질문한 첫 번째 회기 이후 그녀에 대해 언급하지 않았다. 8회기에서 이것이 변화하였고 그는 어머니에 대한 주제를 소개했다. 그는 이때 의사소통하기 위해 자신이 작곡한 노래를 불렀다.

렉 스 : [샌드백을 때리면서] 이건 우리 엄마예요. 그녀는 나쁜 엄마예요.
상담자 : 너는 너의 엄마에게 화가 났구나.

(상담자는 놀랐고 단순히 감정을 반영하였다.)

렉　스 : [화가 나서 상담자 쪽으로 돌아서서 상담자를 보면서]
　　　　아무도 나의 엄마를 나쁘다고 말할 수 없어요. 아빠도, 고모도, 당신
　　　　도 아니에요. 만약 그녀에 대해 나쁜 것을 말하는 사람이 있다면 나
　　　　는 그 사람을 차 버릴 거예요.

(렉스는 그의 화에 대한 상담자의 반영을 자신의 엄마에 대한 위협으로 지각하는
것처럼 보였으며 상담자를 위협하는 것으로써 이에 반응하였다.)

상담자 : 너는 너의 엄마를 나쁘게 말하는 사람들로부터 엄마를 보호하기를
　　　　원하는 것처럼 보이는구나.

(상담자는 그의 약속에 대한 추측을 하였다. 또한 상담자는 자신의 어머니에게 화
가 나는 것에 대해 그가 느끼는 죄책감에 대한 시험적인 가설로 설명하였다.)

렉　스 : 맞아요. 나는 이처럼 나쁜 사람들을 찰 거예요.[샌드백을 가리키면서]

상담자 : 너는 내가 엄마에 대해 나쁜 것을 말하지 않는 편이 나을 것이라는
　　　　것을 내게 보여주기를 원하지? 너는 그녀를 사랑하고, 그녀를 보호
　　　　하고 그녀를 안전하게 지킬 거야. 나는 누군가가 너를 그처럼 보호해
　　　　줄 것을 네가 바라고 있다고 생각해.

(또다시 상담자는 그의 목적에 대한 질문을 하였으며 안전하고 보호받고 있다고
느끼기 위한 그의 요구에 대해 추측하였다.)

렉　스 : 나는 나를 안전하게 지켜줄 다른 누가 필요하지 않아요. 나는 터프한
　　　　남자예요.['터프한 남자' 에 관한 노래를 부르기 시작한다.]

(상담자는 그가 상담자의 추측에 동의할 것이라고 기대하지 않았지만 그가 자기가
작곡한 노래를 시작했다는 것이 흥미로웠다.)

(2) 2단계 : 생활양식 탐색

상담자는 관계형성 단계 초기에 렉스의 성격 구성요소를 조사하기 시작
했다. 첫 번째 만남에서부터 렉스 행동의 주된 목표는 분명했다. 렉스는 다
른 누군가가 자신을 통제하도록 하지 않을 것을 공고히 하였다. 놀이치료
의 초반 8회기 동안 상담자는 계속해서 렉스의 행동 목표와 렉스의 성격
형성에 미친 가족환경과 가족배열의 영향을 조사했다. 상담자는 그의 행동

특히 부엌에서의 그의 행동을 살펴보았는데, 이는 그가 인형의 집을 완전히 무시했기 때문이다. 양육 주제에 관한 그의 놀이에서 릴라가 따뜻함과 사랑을 제공하고는 있지만 고모에게서 보다 일관되고 지속적인 지지를 받고 싶어 한다는 것을 나타냈다. 때때로 렉스는 부엌의 가정용품을 사용하는 데 있어(그 용구들을 주변에 던지고 소리를 지르면서 폭력적으로 행동했기 때문에) 조심스럽고 통제당했다.

놀이치료상담과 릴라와 함께하는 대기실에서의 렉스의 행동에 관한 관찰에 기초하여 상담자는 렉스의 장점과 문제 영역의 리스트를 작성했다. 이때 상담자는 전형적인 외동아이에 대한 상담자의 지식을 사용했다. 상담자는 렉스가 가정과 친구들에게 중요성을 획득하는 방법을 파악하기 위해 렉스에게 "너의 모든 친구들 중에서 누가 너와 가장 비슷하니? 그가 너와 어떻게 비슷하니? 너의 모든 친구들 중에서 누가 가장 너와 다르니? 네가 너 자신을 좋아하게 하는 것은 무엇이니?"와 같은 몇 가지 질문을 하였다.

렉스의 행동과 태도는 외동아이의 전형적인 특징을 보여주었다. 긍정적인 면에서 그는 많은 성인과 잘 지내왔다. 그는 어휘력이 많이 발달되어 있었고 대부분의 7세 된 아동과는 다른 방식으로 많은 주제에 관해 이야기할 수 있었다. 그는 매우 지적이고 그의 지식을 타인에게 매력적으로 보이도록 사용할 줄 알았다. 렉스는 놀라운 서정적 가사와 아름다운 멜로디를 작곡하기 위해 자신의 음악적 재능과 상상력을 사용하는 매우 창조적인 아이이다. 또한 렉스는 자기 즐거움(self-entertaining)을 찾는 아이이고 관심의 중심이 되기를 좋아한다. 스타의식이 있다고 볼 수 있다. 그가 노래를 하거나 매력적이게 되는 것과 같은 건설적인 방식으로 목표한 것을 성취한다면 이것은 긍정적인 특성이다. 그러나 그는 화를 내거나 파괴적인 방식으로 관심의 중심이 되기를 선택하였다. 또한 렉스는 단지 자기 자신과 자신이 원하는 것에만 흥미를 보였고, 사회적 관심이 낮아 타인을 이해하기 위해 시간이나 에너지를 사용하지 않았다. 그는 자신이 원하는 것을 얻는 최선의 방법은 다른 사람에게 자신을 위해 그것을 하도록 강요하는 것이라고 믿었다. 그는 종종 자신의 고모에게 대항하기 위해 자신의 아버지와 함께 노는 것으로써 자신이 원하는 것을 얻었다. 렉스는 자신이 원하는 것을 얻지 못할 때마다 자신이 불공정하게 취급되었다고 믿었다. 외동아이의 특징적인 상호작용 형태를 아는 것은 상담자가 내담아동의 특성과 경향성을 탐색하는 데 도움이 된다.

9~12회기 동안 상담자는 초점을 변화시켰다. 비록 상담자가 그들 관계에서 계속 치료를 하였지만 상담자는 렉스의 개인적 논리, 기본신념 그리고 생활양식을 확신하기를 원했다. 결과적으로 9회기에서 상담자는 렉스에게 동적가족화(KFD)를 그리도록 요청했다. 그는 심리검사 동안은 그림검사를 거절하였지만 이번에는 재빨리 자신의 가족을 그리는 데 동의하였다. 그는 상담자가 준 연필대신 크레용으로 그림을 그릴 것이라고 말함으로써 자신이 책임을 지고 있는 사람이라는 것을 상담자에게 알려주었다.

그는 검은 크레용으로 종이의 중앙에 매우 크게 아버지의 초상화를 먼저 그리기 시작하였다. 그는 자신의 아버지를 크고, 사납게 보이는 눈썹을 가진, 그리고 웃으면서 기타를 들고 있는 것으로 그렸다. 렉스는 자기를 종이의 오른쪽에 그렸는데 역시 검은 색 크레용으로 훨씬 더 작은 것을 제외하고는 자신의 아버지와 거의 똑같이 보이도록 그렸다. 아버지와 자신의 그림 간에는 커다란 틈이 있었다. 자기와 자기 아버지 사이에 자기보다 더 작게 렉스쪽으로 붙어서 있는 고모를 그렸다. 그녀는 렉스에게 웃으면서 손을 내밀고 있었다. 상담자는 렉스에게 그림에 있는 사람 각각을 설명해 달라고 말했으며 그들이 무엇을 하고 있는지도 말해 달라고 하였다. 자신의 아버지에 대해서 말하면서, 아버지는 많은 장식의 방석을 가지고 있고 릴라와 많이 싸운다고 말하면서 현재 기타를 연주하고 새로운 노래를 부르고 있는 중이라고 설명했다. 렉스는 자신을 크고 아버지와 비슷하게 생겼고, 아버지 같이 강하다고 기술하였다. 그는 그 그림에서 자신이 상담자를 위해 종종 하는 것처럼 노래를 작곡하고 있다고 말했다. 고모 릴라에 대한 기술에서는 "그녀는 멋지고, 내가 하도록 기대되는 일을 내게 시키려고 해요.

그렇지만 나는 항상 그것을 하지 않죠."라고 말했다. 상담자가 그림에서 그녀는 무엇을 하고 있는 중인지를 물었을 때 "그녀는 내 손을 잡으려고 해요. 그렇지만 나는 바쁘고 그녀와 손을 잡기를 원치 않아요."라고 대답했다. 상담자가 그에게 그림을 다 그렸는가를 물었을 때 렉스는 "아뇨, 나는 한 사람을 더 그려야 해요."라고 말하고는 종이를 뒤집고 종이 중앙에 점을 하나 그렸다. 상담자가 그것에 대해 물었을 때 그는 "이건 우리 엄마예요. 기억나지 않나요? 그녀가 사라져 버렸다고 예전에 당신에게 말했어요."라고 대답했다. 그는 매우 화가 나고 동요된 것처럼 보였다. 상담자가 "너는 누군가에게 화가 난 것같이 보여."라고 말함으로써 이것을 반영하였을 때 그는 갑자기 일어서서 "나는 당신을 위해 그림 그리는 것을 좋아하지 않아요. 그리고 나는 더 이상 이런 걸 하지 않을 거야."라고 말했다.

전반적으로 그림에는 가족응집력이 부족한 것처럼 보였다. 이것은 이미 알고 있던 가족분위기와 일치한다. 그림으로 봐서는 대니와 릴라가 많은 갈등을 가지고 있는 것처럼 나타나지 않았다는 사실이 상담자를 흥미롭게 했다. 그림의 상대적인 크기에 기초해 보았을 때 렉스는 릴라가 가족에 대한 대니의 통제력을 위협할 수 있는 충분한 힘을 가지고 있다는 것을 믿지 않았다. 그림에 대한 상담자의 해석은 렉스가 자신의 아버지를 강력하고 아들보다는 자신의 음악적 명성에 더 흥미를 가지고 있는 무서운 사람으로 보고 있다고 제안하였다. 그림에서 사람들의 배치는 렉스가 아버지보다는 고모와 더 가깝게 느끼지만 자신은 아버지 같아질 수 있기를 바라는 것을 지적하고 있는 것으로 보였다. 렉스에게 릴라가 손을 뻗치고 있는 모습은 상담자가 그들의 관계에서 관찰한 것과 일관되는 것으로 여겨졌다. 그녀는 렉스에게 훌륭한 보호자가 되기를 원했다. 상담자는 그림에서 렉스가 그의 어머니를 배제시킨 것을 잘 이해할 수 없었다. 어머니는 그의 삶에 있어야만 하고 사랑과 안정감을 제공해야만 하는 사람으로서 아직 렉스의 마음속에 남아 있는 것으로 보였다. 어머니에 대해 말할 때마다 렉스가 상담자에게 쏟아 붓는 분노는 자신의 상처와 버림받았다는 느낌을 포함하고 있는 것이다.

10회기에서 상담자는 렉스에게 다양한 가족 구성원 간의 관계에 관한 이야기를 하기 위해 그림을 사용하려고 시도하였지만 그는 그림을 바라보는 것조차 거부하였다. 대신 그는 회기의 첫 부분을 샌드백을 때리고 차면서 보냈고 회기의 두 번째 부분은 모래에 군인들을 묻으면서 보냈다. 그는 11회기와 12회기에서 이러한 패턴을 되풀이했으며 이들 두 회기의 마지막 5분은 상담자에게 요리를 해서 그를 대접해 달라는 요청을 했다.

그림에 대한 상담자의 질문에 대한 렉스의 반응을 봐서 상담자는 그에게 초기 회상을 하도록 요청하지 않는 것이 좋겠다는 결정을 내렸다. 상담자는 이미 그의 생활양식에 대해 꽤 분명한 이해를 갖게 되었으며 그와 잠재적인 힘을 얻기 위해 싸움을 하는 것을 피하기를 원했다. 상담자가 협동과 파트너 관계를 연습하기 위해서 상담실을 청소하는 것을 제안하곤 하지만 상담자는 이것이 렉스와의 관계가 성장하는 것을 돕기보다는 방해한다고 믿었기 때문에 렉스와는 이러한 전략을 사용하지 않기로 선택하였다.

릴라와의 부모상담에서 상담자는 렉스에 대한 그녀의 지각과 그가 어떻게 중요성을 획득했는가를 조사했다. 상담자는 또한 그녀 자신, 타인 그리고 세상에 대한 릴라의 견해를 탐색했다. 상담자는 릴라가 여러 가지 면에서—책임적이고 세상을 구하려고 노력하는—전형적인 맏이라는 것을 발견했다. 동시에 그녀 자신과 자신의 능력에 대한 자신감의 부족이 통제감과 힘을 약화시켰다. 대니와의 관계에서도 그녀는 항상 그의 욕망과 변덕에 비위를 맞추어 왔다. 그녀로서는 관계의 역동성을 변화시키는 것은 상상조차 하기 어려운 것이다. 관계에 있어 힘을 얻도록 그녀를 장려한 방법 중의 하나는 렉스에 관한 그녀의 법적 권리에 대해 변호사와 상담하라고 제안하는 것이었다. 그녀는 이렇게 하는 것을 상당히 두려워하며 주저하였으며 대니의 위치에 결코 도전하지 않았다. 상담자는 이것에 관해 그녀와 투쟁하지는 않았지만 그녀에게 준비가 되면 그 상황에 대해 변호사와 이야기하라고 말했다.

12회기의 마지막까지 상담자는 이 장의 앞부분에서 제시한 렉스에 관한 이론적 개념화를 공식화하였다. 상담자는 두 번째, 세 번째 회기 이후로 렉스의 개인적 논리, 기본신념, 생활양식에 관한 그의 생각들을 공유하기 위해 실험적인 가설을 사용해왔다.

(3) 3단계 : 통찰력 얻도록 도와주기

세 번째 단계에서 렉스와 함께 한 치료의 많은 부분은 타인과 세상에 대한 렉스의 자아 개념과 태도에 관한 상담자의 생각을 전달하기 위해 시험적인 가설 형태로 해석하고 그의 놀이 은유를 사용하였다. 렉스의 은유는 릴라, 대니 그리고 상담자와의 관계에서 통제와 양육 주변을 맴돌았다. 예를 들어, 렉스는 13회기에서 상담자가 여전히 자신의 그림을 갖고 있는지를 물었다. 상담자는 그렇다고 대답했고 그는 자신이 상담자에게 그것에 관한 이야기를 하기를 원한다고 말했다. 그는 상담자에게 폭풍이 자신과 고모 릴라가 살고 있는 집으로 다가와 자신들을 날려버리고 그들을 다시 본 사람이 아무도 없었다는 이야기를 들려주었다. 계속되는 5회기 동안 렉스는 폭풍이 자신과 릴라를 매우 편안한 장소로 날려주었고 다시 집으로 보내주었다는 이야기에서부터 폭풍이 자신과 릴라 고모 그리고 아빠와 엄마 모든 사람을 날려버렸고 아무도 다시 돌아오지 않았다는 이야기까지 약간씩만 변형된 이야기를 반복하였다. 상담자는 렉스가 이 이야기에서 언어적으로 그리고 비언어적으로 표현하고 있는 다양한 감정을 반영하였으며 그 폭풍이 모든 사람들의 삶을 변화시킬 수 있고 사람들을 데리고 가 버릴 수 있다는 사실을 매우 두려워하고 있음을 해석해 주었다. 상담자가 "우리가 어디로 가고 있는지 그리고 우리가 무엇을 하고 있는지를 결정할 수 없다는 것이 힘들다."라고 말할 때마다 렉스는 동의의 표시로 얼굴을 찡그리고 고개를 끄덕이거나 자신이 작곡한 '작은 부인에게 다시 권리를'이라는 후렴구가 있는 노래를 부르기 시작하였다.

15회기에서 렉스는 새로운 게임을 소개하였다. 그는 상담자가 그와 함께 볼링 놀이를 하기를 원했지만 그는 항상 자신이 이기고 싶어서 상담자가 핀을 넘어뜨리지 않기를 원했다. 15회기에서 18회기까지 상담자는 이러한 규칙에 따라 노는 데 동의하였다. 19회기에서 상담자는 놀이 파트너 관계에서 그들이 함께 힘을 공유할 수 있고 그렇게 해도 렉스가 여전히 안전할 수 있다는 생각을 단계적으로 심어주기 시작했다. 상담자는 그에게 상담자가 규칙을 변화시킬 것이고 상담자도 핀을 넘어뜨릴 수 있다고 말했다. 그는 처음에는 화를 내면서 그들이 자신이 세운 규칙에 따라 놀지 않는다면 놀지 않겠다고 말했다. 상담자가 게임에서 이김으로써 그가 얻으려는 통제와 그가 지닌 분노를 반영했을 때 그는 "좋아요, 선생님도 가끔은 이길 수 있어요. 당신도 알게 되겠지만 우리는 지금도 그리고 다음 번에도 이 새 규칙에 따라 놀 거예요."라고 말했다. 상담자는 한 번은 그의 규칙에 따라 놀고 다음 번에는 상담자의 규칙에 따라 놀 수도 있고, 혹은 핀을 가장 많이 넘어뜨리는 사람이 누구인가에 따라 누가 승리자인지 알 수 있다고 대답했다. 상담자는 렉스가 이 두 가지 놀이 방법 중의 하나를 선택할 수 있다고 그에게 확신시켰다.

　20~21회기에서 그들은 렉스의 규칙과 상담자의 규칙으로 번갈아 가며 볼링을 하였다. 그가 어떤 방식으로든지 대부분 자신이 승리한다는 것을 알게 되었을 때 그는 "이것이 보다 공평하고 상담자는 어떤 방식으로든 승리할 수 있어요."라고 말하면서 앞으로는 상담자가 정한 규칙대로 놀이를 할 수 있다고 결정했다. 상담자가 렉스를 본 나머지 시간 동안 각 회기를 시작할 때, 그들은 세 번 정도 볼링 게임을 하였다. 25회기가 되어서 그는 볼링을 하는 중 적어도 한 번은 상담자가 이길 수 있도록 자신의 공 굴리기를 배열하였다. 이러한 행동은 렉스가 사회적 관심을 학습하고 있다는 징후이다.

　상담자는 계속해서 렉스가 통제에 대한 요구를 어떻게 느끼는지 그리고 그가 가족 내에서 어떻게 중요성을 획득했는지에 관해 해석했다. 상담자는 또한 그의 아버지와 그의 관계에 관한 추측을 하였다("너는 네 아버지처럼 강하고 크게 되고 싶어 하는구나. 그렇지만 너는 너에게 그리고 릴라 고모에게 그가 더 멋진 사람이 되기를 바라는구나.")

24회기에서 렉스는 그가 상담자의 해석을 좋아하지 않는다는 것을 은유적인 방식으로 상담자가 알 수 있도록 하였다.

> 렉　스 : [샌드백을 때리면서] 나는 그에게 보여 줄 거예요. 그는 나를 계속 괴롭힐 거구요. 나를 혼자 내버려두지 않을 거예요.
> (상담자는 이 '비열한 남자'가 아마도 상담자의 대리인(박사과정 학생)일 거라고 생각했다.)
> 상담자 : 너는 그 비열한 남자에게 화를 내고 있구나. 너는 그가 너를 혼자 내버려두기를 원하는구나.
> (상담자는 상담자에 대한 그의 좌절과 분노를 반영하기 위해 렉스의 은유를 사용하였다. 상담자는 그의 은유를 해석하기를 원하지 않았으며, 그가 상담자와 의사소통하기 위해 이것을 사용하는 것처럼 그와 의사소통하기 위해 이것을 사용하였다.)
> 렉　스 : [샌드백을 때리면서] 그는 내가 하기 싫어하는 일은 그 어떤 것도 시킬 수 없어요. 나는 그가 나와 이야기하는 것을 그만두기를 바라요. 나는 그녀가 ……하는 것을 좋아하지 않아요. 내 말은 …… 그가 말해요.
> (렉스는 상담자에게 그의 가족과 가족의 관계에 관해 알고 있는 해석에 행복하지 않을 것을 상담자에게 말하려는 것으로 보였다. 이러한 상담자 생각은 그가 비열한 남성의 성을 여성으로 바꾸려고 할 때 그의 실수로써 확실해졌다.)
> 상담자 : 너는 비열한 남자에게 말하고 싶은 것이 있다는 것을 좋아하는구나. 그가 들을 수도 있고 말할 수도 있다고 가정해 보자. 그에게 뭐라고 말하고 싶니?
> (렉스와의 상담 목표 중의 하나는 그가 자신이 원하고 필요로 하는 것을 직접적으로 요청하도록 그에게 용기를 주는 것이었다. 그러나 상담자는 그가 이미 상담자에게 추측하는 것을 그만두라고 직접적으로 요청할 준비가 되어 있지 않다는 것을 안다. 상담자는 이러한 질문이 그에게 자신이 원하는 것을 조금이나마 직접적으로 요청할 수 있도록 하는 방법을 주기를 희망하였다.)
> 렉　스 : '제발 나를 혼자 내버려 두세요!' 그게 말하고자 하는 거예요.
> 상담자 : 너는 비열한 남자에게 그렇게 말할 수 있니?

렉   스 : 아뇨. 나는 그러고 싶지 않아요. 그건 내가 아니라 당신 생각이에요.
　(상담자는 이것을 강요함으로써 아마도 너무나 빨리 이동하려고 했다. 렉스는 아직
　그가 필요로 하는 것을 요청할 준비가 되어 있지 않았고, 상담자에게 그가 하지 않
　을 것이라는 것을 알도록 하였다.)

　이번 치료 단계 동안 상담자는 렉스의 자산을 지적하고 그의 태도와 관계의 변화를 강조하기 위해 격려를 사용하였다. 그가 자신의 창조성과 지식을 나타냈을 때 상담자는 "너는 노래하는 방법을 잘 알고 있구나." "너는 네가 새로운 노래를 만드는 것에 대해 정말로 자랑스러워하는 것 같구나." "너는 학교에서 배운 새로운 것을 나에게 보여주는 것을 좋아하구나."와 같은 말을 해 주었다. 상담자는 "네가 처음 상담실에 왔을 때는 다트 총을 쏠 수 없다고 말했었는데 이제 너는 다트 총으로 동물도 쏘아 넘어뜨리려고 하는구나." "너는 볼링 핀을 모두 넘어뜨릴 수 있다는 것을 내가 알기를 원하지만 내가 이 게임에서 이겨야 한다고 결정하는구나."와 같은 말과 함께 행동의 변화가 일어나고 있다는 것을 알게 하였다. 30회기까지 렉스는 "나는 편안한 노래를 많이 알아요." "나는 혼자서도 많은 일을 할 수 있는 방법을 알아요. 당신은 더 이상 그것을 하도록 나를 도와줄 필요가 없어요."와 같은 말을 하였다. 그는 자신만의 자산을 인식하기 시작했고, 상담자와 함께 통제와 책임을 공유하려고 하였다.
　동시에 상담자는 릴라에게 아들러 양육전략을 가르쳤다(Dinkmeyer & McKay, 1989). 그녀는 적극적으로 렉스의 말을 경청하는 것, 그의 감정을 반영하는 것을 학습하였다. 그녀는 또한 행동목표와 렉스가 화를 낼 기질을 사용함으로써 상황을 통제하려고 할 때 렉스에게 반응하는 방법에 관해 배웠다. 상담자는 그녀에게 렉스가 나이에 적절한 힘을 가질 수 있도록 렉스가 선택할 수 있게 하는 것을 그녀에게 가르치고 있었으며 렉스가 그들이 함께 세운 가족 규칙을 따르지 않을 때 논리적 결과를 확립하는 방법에 대해 가르쳤다. 그녀는 이러한 양육 전략을 일관되게 수행하는 것에 항상 성

공적이지는 않았지만 집에서의 렉스의 태도에 중요한 향상을 보았다. 그녀는 집에서 따라야 하는 일과를 설정하였으며 그들은 꽤 잘 지냈다. 렉스는 여전히 학교에서의 행동과 태도에서는 약간의 어려움을 겪고 있었지만 그의 성적은 2학년을 통과하고 3학년 초기에 상당히 잘 하고 있을 만큼 충분히 향상되었다.

릴라는 30회기에 변호사와 이야기를 했다고 했다. 그녀는 미리 약속을 하고 시간당 변호사 비용이 얼마인지를 알고 나서 약속을 취소했다. 그러나 대니가 렉스를 데리고 가서 다시는 못 보게 할 거라고 협박한 후에 릴라는 자신이 렉스를 얼마나 많이 사랑하는지 그리고 그가 가는 것을 원하지 않는다는 것을 깨달았다. 변호사는 릴라에게 그녀는 법적인 권리를 가지고 있지는 않지만, 만약 대니가 자신의 부모로서의 권리를 포기하는 데 동의한다면 그녀가 렉스를 입양할 수는 있다고 말했다. 그녀는 실망스러웠지만 렉스는 너무나 문제가 많아서 길 위에서 보살필 수는 없을 것이라고 대니가 확신할 수 있도록 노력하겠다고 말했다. 그녀는 대니의 밴드는 두 번째 음반을 발매했고 음반회사는 이 음반을 위해 1년 동안 유럽과 일본 공연을 하기를 원하기 때문에 이것이 기회가 될 수 있다고 믿었다.

32회기까지 렉스는 자신의 기본적 신념과 개인적 논리에 대한 많은 통찰을 발달시킨 것처럼 보였다. 그는 더 이상 파괴적인 방식으로 통제력을 추구하지 않고 보다 건설적인 방식으로 통제력을 추구하도록 자신의 방식을 변화시키기 시작했다. 비록 그가 여전히 가끔은 상황을 통제하려는 시도를 하지만 기꺼이 다른 사람들과 통제력을 공유하려고 하고 있고 보통은 힘을 얻기 위해 화를 내기보다는 사회적으로 적절한 방법을 사용하였다. 그는 아직은 좀더 성인의 관심을 요구하는 대신 아이들과 친구가 되는 사회적 기술을 배워야 할 필요가 있다. 렉스가 여전히 자신의 아버지처럼 되기를 원하지만 아버지가 항상 좋은 남자인 것은 아니라는 것을 깨달았다. 그는 주변 사람들에게 강요하였으며 사람들은 그것을 좋아하지 않았다. 그는 릴라 고모와 함께 살고 아빠는 가끔씩 방문하는 것이 좋겠다고 생각했다. 그는 25회기 이후로는 자신의 어머니를 언급하지 않았는데, 이때 그는 좀 그리워하는 듯이 "나는 릴라 고모가 우리 엄마처럼 사라지지 않았으면 해요."라고 말했다. 상담자는 그가 이 문제를 해결했다고 확신할 수 없었다. 렉스는 상담자가 그의 어머니에 대한 이야기나 어머니가 포함된 은유적 시나리오 놀이를 소개하려고 할 때 언어적으로든 비언어적으로든 아무런 반응도 하지 않았다.

(4) 4단계 : 재정향/재교육

상담자는 재정향/재교육 단계 동안 렉스가 힘이 있고 통제력이 있다는 느낌을 얻을 수 있는 사회적으로 적절한 방식을 배울 수 있도록 도와주었다. 상담자는 단순히 그가 상담자 주변에서 대장일 때 상담자가 어떻게 느꼈는지를 지적하고 때때로 다른 사람들도 그런 식으로 느낄 수 있음을 알려주었고, 그가 원하는 것을 얻기 위한 다른 방법을 찾도록 함께 브레인스토밍을 하였다. 그의 창조성이 이 시기 동안 꽃을 피웠으며 그는 강제적인 방식에 의존하지 않고 자신이 원하는 것을 얻는 새로운 많은 방법을 생각해냈다. 때때로 상담자는 그가 릴라 고모, 학교에서 다른 학생들과 선생님이랑 함께 시도할 수 있는 행동을 제안하였다. 그가 상담실 밖에서 새로운 행동을 시도하기 전에 상담실에서 예행연습을 몇 차례 해보았다. 실제 학교나 상담실 밖에서 몇 차례 시도해 본 후에 회기에 와서 결과가 어떠했는지를 보고했다.

33회기에서 상담자는 렉스에게 그가 고모의 부모상담 동안 상담실에 있을 건지 그리고 상담자가 그녀에게 몇 가지 기술을 가르치는 것을 도와줄 수 있는지를 물었다. 렉스는 자기가 상담자와 함께 시간이 있는 한 이렇게 하는 것에 동의하였다. 우리는 그들의 의사소통 유형 특히 협상 기술에 대해 작업하기 시작했다. 릴라는 여전히 렉스가 그들의 상호작용에 많은 통제력을 갖도록 내버려두었으며 그가 취침하는 것과 관련하여 설정한 구조를 그가 따르도록 주장하지 않았다. 상담자는 렉스가 상당한 양의 힘을 가지고 있지만 릴라의 강함에 의해 안전하고 보호받는다고 느끼도록 그들이 힘을 공유하고 민주적인 의사결정을 하는 것을 실습하도록 도와주기를 원했다. 다음과 같은 상호작용이 34회기에서 발생하였다.

상담자 : 좋아요. 나는 렉스가 취침하러 갈 때 어떤 일이 발생하는지를 당신이 말해주기를 원해요.

　(상담자는 갈등에 객관적으로 관계하기 위해 그들이 서로 협동적으로 상호작용하기를 원했다.)

고　모 : 나는 우리가 동의한 것처럼 타이머를 설치했고 렉스는 더 긴 시간이 되도록 이것을 변화시키기를 원했어요.

렉　스 : 나는 그렇게 일찍 자러가는 것을 좋아하지 않아요. 나는 보다 늦게 자러가고 싶어요.

상담자 : 그 시간에 동의했나요?

　(상담자는 렉스가 의사결정 과정에서 힘을 가지고 있는 것처럼 느끼기를 확신하기를 원했다.)

렉　스 : 예. 그러나 나는 마음을 바꿨어요. 그건 너무 이른 시간이에요. 그때까지는 어두워지지도 않았어요. 나는 다른 시간을 원해요.

고　모 : 실제로 8시에는 약간 밝아요.

상담자 : 렉스야! 릴라 고모에게 네가 어떻게 하기를 원하는지 말할 수 있니?

　(교환대(switch-board)로써 상담자를 사용하는 대신 상담자는 그들이 서로에게 말하는 것을 장려하기를 원했다.)

렉　스 : 나는 꼭두각시가 말하게 할 거예요.[꼭두각시가 릴라에게 말한다.] 나는 좀 늦게 취침하러 가기를 원해요. 여전히 환한데 침대에 가기는 싫어요.

　(이것은 좋은 현상이다. 아동들은 종종 의사소통하기 위해서 인형을 사용하는 것에 편안함을 느낀다.)

상담자 : 릴라, 렉스의 꼭두각시에게 취침시간에 대해 당신이 어떻게 할 것인지를 말해줄 수 있나요?

　(렉스가 꼭두각시를 통해 이야기하기로 결정했기 때문에 상담자는 릴라도 이 경로를 사용하기를 원했다.)

고　모 : 나는 네 취침시간을 8시 15분으로 바꿔줄 수도 있어. 이건 약간 더
　　　　늦은 시간이다.

　(이들은 진지하게 협상과정을 시작했다.)

렉　스 : 그 때가 어둡나요?

고　모 : [내게 돌아서며] 그때가 그렇게 어둡지는 않아요, 그렇지요? 나는 얼
　　　　마나 늦게 렉스가 취침하기를 원하는지 확신할 수가 없어요.

상담자 : 그것에 대해 렉스의 꼭두각시에게 말을 해요. 나는 당신이 혼자 이것
　　　　을 해결할 수 있다는 것을 알아요.

　(상담자는 이들이 매개로써 상담자를 이용하지 않고 서로에게 직접적으로 이야기
　하기를 원했다.)

고　모 : [꼭두각시에게] 나는 렉스가 기분이 나쁘게 되기를 원치 않아. 그렇지
　　　　않니?

렉　스 : 아뇨. 그러나 나는 그가 조금 더 늦게까지 자지 않게 되기를 원해요.

고　모 : 8시 20분쯤이면 어떨까? 그리고 나서 8시 30분까지 잠잘 때 동화책
　　　　을 읽어줄게.

렉　스 : 우리는 할 수 있을 거예요. 그때가 얼마나 환한지 알아봐요.

이 협상과정은 상담자가 치료의 네 번째 단계에서 렉스와 릴라와 함께 사용한 전형적인 형태의 개입전략이다. 보통 아들러 상담자는 다른 아이를 상담실에 데려와서 내담아동이 새롭게 습득한 기술을 상담실의 안전한 상황 속에서 연습하기를 원한다. 렉스의 경우는 학교 친구 몇 명을 데려 오려고 계획했지만, 실행되지 않았다. 릴라는 자신이 렉스를 입양하는 데 대니가 합의하도록 작업을 시작하였다. 38회기에 렉스, 릴라 그리고 상담자는 모두 그들이 이미 상담자 없이도 변화된 생활을 계속 유지할 수 있다는 것에 동의하였다. 관계를 맺기 위해 한 회기를 더 가졌다. 마지막 회기에서는 놀이에서 많이 행한 것처럼 렉스와 상담자는 서로에게 진짜 음식을 먹여주었다. 상담자는 많은 양육 회기에서 서로에게 먹여주는 체했던 실제 음식을 가져와서 릴라와 함께 먹었다. 회기의 마지막에 렉스는 상담자에게 그가 상담자를 위해 노래를 작곡했다고 말하고 상담자에게 락엔롤 박자로

"그리고 나는 항상 당신을 기억할 거예요."라는 말로 끝나는 자장가를 불러 주었다.

(5) 5단계 : 결과와 추수

회기를 종결한 지 1년 뒤에 상담자는 릴라가 일하던 레코드 가게에 갔다. 그녀는 상담자를 보고 반가워했으며 모든 것이 매우 좋다고 말했다. 그녀는 렉스가 3학년때 매우 잘했으며 4학년에 올라가서는 우수한 아이들을 위한 교육 프로그램에 배치받았다고 말했다. 그녀는 렉스가 좋아할 합창단 프로그램을 발견했고, 렉스가 자신의 락 그룹을 시작할 거라고 말했다. 아직 완벽하다고는 할 수 없지만 렉스의 행동은 많이 향상되었다. 그는 여전히 때때로 힘을 얻으려고 그녀와 선생님에게 저항하지만, 전반적으로 더 평온하고 더 평화로워졌다. 대니는 아이를 갖는 것이 멋진 일이기는 하지만 너무 문제가 많다고 결정하였다. 그는 부모로서의 권리를 포기하는 것에 동의하였고 릴라는 법적으로 렉스를 입양하는 절차를 밟고 있었다. 대니가 실제로 구제받은 것처럼 보이며 이 모든 일들이 있기 전보다 자신과 렉스와 더 많은 시간을 보낸다고 말했다. 그녀가 공식적으로 렉스에 대한 책임을 지게 되는 순간부터 대니는 렉스에 대한 힘을 발휘하기 위해 릴라와 싸우는 것을 그만두었으며 그들과의 상호작용을 즐겼다고 한다.

7) 논의사항

렉스는 목표가 힘인 아동의 전형적인 사례였다. 그는 자신에게 정서적으로 안정감과 안전감을 제공하기 위해서 타인과 상황에 대한 통제력을 얻을 필요가 있다고 믿었다. 그의 가족상황에서는 여러 면에서 그가 옳다. 아들러 아동상담은 힘에 의해 동기화된 아동을 잘 치료한다. 이것은 이들 아동에 대한 이해와 이들이 자신의 감정, 사고, 그리고 행동을 바꿀 수 있도록 도와주는 틀을 제공한다. 아들러 아동상담은 또한 상담자들에게 부모와 아동의 사회적 맥락 내 다른 구성원들이 아동의 행동이 가능한 것을 멈추게 하기 위한 변화를 일으킬 수 있도록 도와주는 방법을 제공한다. 릴라가 자신의 개인적 논리를 변화시키고 양육 기술을 학습한 것처럼 그녀는 자신과 렉스가 성장할 수 있는 안전하고 안정된 관계를 제공하기 위해 가정 내 힘의 균형을 변화시키기 시작했다.

상담자는 렉스로부터 의사소통하는 것과 사랑에 대해 많은 것을 배웠다. 렉스는 상담자가 자신의 요구, 생각, 느낌에 대해 알 수 있도록 자신의 놀이와 노래를 독특하고 창조적으로 사용하는 방법을 알고 있었다. 렉스는 상담자에게 항상 분명하거나 단순하지 않은, 그럼에도 불구하고 매우 현실적인 메시지를 귀와 마음으로 경청하도록 가르쳤다.

상담자는 렉스와의 상담과정을 회고해 볼 때, 렉스의 어머니에 의한 유기 문제를 다루지 못한 것을 아쉬워하였다. 아직 렉스는 이 문제를 다룰 준비가 되어 있지 않았다. 렉스가 그 문제를 다룰 준비가 되면 사라진 자신의 어머니에 대한 생각과 느낌을 치료하기 위해 또 다른 상담기회를 가져야 할 것이다.

 참고문헌

강문희, 이혜상(1997). 유아문학교육. 서울: 학지사.

강인수, 김영숙(1994). 유아문학교육. 서울: 양서원.

김난예, 김춘경(2003). 성격 우선순위검사(K-PPS)의 타당화 연구. 상담학연구 4(4), 615-629.

김열규 역(1998). 그림형제동화전집 I, II. 서울: 지성사.

김인애(1985). 한국전래동화의 연구-모티브 분류와 동화의 해석. 중앙대학교 석사학위논문〈미간행〉.

김정희(1995). 개인심리치료. 윤순임 외, 현대상담 · 심리치료의 이론과 실제(pp. 127-172). 서울: 중앙적성출판사.

김정희(1996). 사회환경과 청소년의 좌절: 원인, 반응 및 대책. 현대사회환경과 청소년의 좌절. 청소년대화의 광장, 12회 특수상담사례연구발표, 61-70.

김춘경(1997). 열등감과 교육. 교육학연구 35(5), 1-20.

김춘경(1998). 동화의 치료적 힘을 이용한 놀이치료. 놀이치료연구 2(2), 19-33.

김춘경(1999). 응석의 생활양식과 병리적 성격. 한독교육학연구 4(1), 85-103.

김춘경(2000). 부모의 과잉보호적 양육태도가 아동의 성격형성에 미치는 영향에 관한 개인심리학적 연구. 놀이치료연구 34(2), 13-34.

김춘경(2004). 아동상담: 이론과 실제. 서울: 학지사.

김태련 외(1995). 발달심리학. 서울: 박영사.

김현희, 박상희(1999). 유아문학교육. 서울: 학지사.

김희경(1996). 명작동화의 매력. 서울: 교문사.

노안영, 강영신(2003). 성격심리학. 서울: 학지사.

노치현, 박인숙(1996). 유아 문학의 실제. 서울: 창지사.

박아청(1998). 과보호의 발달심리학적 의미에 대한 일 고찰. 인간발달연구 5(1), 53-
　　　73.

박춘식(1987). 아동문학의 이론과 실제. 서울: 학문사.

변학수(1999). 문학치료와 문학적 경험. 독일어문학 7(2), 267-300.

설영환 역(1987). 아들러 심리학 해설. 서울: 선영사.

송명자(1995). 발달심리학. 서울: 학지사.

송영혜(1997). 놀이치료 원리. 대구: 대구대학교출판부.

심상욱(1998). Grimm 설화의 해석을 통한 무의식 고찰. 미술치료연구 5(2), 253-284.

우재현(1994). 임상교류분석. 대구: 정암서원.

우종태(1998). 민담에 대한 심리적 반응. 놀이치료연구 2(1), 49-66.

윤순임 외(1995). 현대상담, 심리치료의 이론과 실제. 서울: 중앙적성출판사.

이부영(1993). 한국민담의 심층분석. 서울: 집문당.

이상금, 장영희(1986). 유아문학론. 서울: 교문사.

이상현(1987). 아동문학강의. 서울: 일지사.

이재철(1983). 아동문학의 이론. 서울: 형설출판사.

이향아(2000). 문학과 사랑. 여성신문사 주최 문학강연 초록집.

이훈구 역(1983). 성격심리학. 서울: 법문사.

정영자(2000). 문학이란 무엇인가. www.poet.co.kr.

정원식(1996). 21세기를 지향하는 가정교육. 청소년대화의 광장 편. 자녀지도를 위한
　　　부모교육, 163-175.

조동일(1981). 구비문학의 세계. 서울: 새문사.

최운식 외(1988). 문학교육론. 집문당.

최운식 외(1998). 전래동화교육의 이론과 실제. 서울 : 집문당.

한국미술치료학회편(1994). 미술치료의 이론과 실제. 대구: 동아문화사.

한오주(1990). 한국민담 금아이-은아이의 분석심리학적 해석. 심성연구 5(2), 49-71.

Ackroyd, E. (1993). *A Dictionary of Dream Symbols*. 김병준 역(1997). 꿈 상징 사
　　　전. 서울: 한국심리치료연구소.

Adams, P. L. (1982). *A Primer of Child Psychotherapy* (2nd ed.). Boston: Little, Brown, & Company.

Adler, A. (1929). *Problems of neurosis.* New York: Happer Torchbooks, 1964.

Adler, A. (1930). *Das Problem der Homosexualitaet.* Leipzig.

Adler, A. (1930). *The problem child.* New York: Putnam Capricorn Books, 1963.

Adler, A. (1932a). Sexuelle Perversionen, In: *Internationale Zeitschrift für Individualpsychologie,* 10. Jg.

Adler, A. (1932b). Individualpsychologie und Erziehung. In: Vierteljahrschrift fuer Jugendkunde. 2.Jg. 1 Ht.

Adler, A. (1956). *The individual psychology of Alfred Adler.* H. Ansbacher & R. Ansbacher(Eds.). New York: Harper and Row.

Adler, A. (1958). *What life shoud mean to you?* New York: Capricorn.

Adler, A. (1964). *Superiority and social interest.* In: H. Ansbacher & R. Ansbacher (Eds.), Evanston, IL: Northwestern University Press.

Adler, A. (1965). Praxis und Theorie der Individualpsycholgoie 2. Frankfurt/M.

Adler, A. (1966). *Menschenkenntnis.* Frankfurt/M.

Adler, A. (1972). *Der nervöse Charakter.* Frankfurt/M.

Adler, A. (1973a). *Der Sinn des Lebens.* Frankfurt/M.

Adler, (1973b). *Individualpsychologie in der Schule. Vorlesungen für Lehrer und Schuler.* Frankfurt/M.

Adler, A. (1974). *Die Technik der Individualpsychologie 2.* Frankfurt/M.

Adler, A. (1976). *Kindererziehung.* Frankfurt/M.

Adler, A. (1977). *Studie über Minderwertigkeit von Organen.* Wien.

Adler, A. (1978). *Cooperation between the sexes: Writings on women and men, love and marriage, and sexuality.* Edited and translated by H. Ansbacher and R. Ansbacher. New York: Norton.

Adler, A. (1979). Significance of early recollections. In: H. A. Olson(Ed.), *Early recollections: Their use in diagnosis and psychotherapy.* Springfield, Ill.: Charles C. Thomas.

Adler, A. (1981). *What life should mean to you.* 설영환 역(1981). 애들러 심리학해설. 서울: 선영사.

Adler, A., & Furtmueller, C., & Wexberg, E. (1973c): *Heilen und Bilden.*

Frankfurt/M.

Allers, E. (1936). *Heilerziehung bei Abwegigkeit des Charakters*. Köln.

Andriessens, E. (1985). Nahziele. Brunner, R., Kausen, R., Titze, M.. *Wörterbuch der Individualpsychologie*. München; Basel.

Ansbacher, H. L. (1978). The delvelopment of Adler's concept of social interest : A critical study. *Journal of Individual Psychology, 34*(2), 64–66.

Ansbacher, H. L. (1991). The concept of social interest. *Journal of Individual Psychology, 47*(1), 28–47.

Ansbacher, H. L. (1992). Alfred Adler's concepts of community feeling and of social interest and the relevance of community feeling for old age. *Journal of Individual Psychology, 48*(4), 402–412.

Ansbacher, H. L., & Ansbacher, R. R. (1978). *Cooperation between the sexes*. Garden City, New York: Anchor Books, Doubleday.

Ansbacher, H. L., & Ansbacher, R. R. (Hg.). (1972). *Alfred Adlers Individualpsychologie*. Reinhardt München/Basel.

Ansbacher, H. L., & Ansbacher, R. R.(Eds.).(1956). *The Individual Psychology of Alfred Adler*. New York: Basic Books.

Axline, V. (1947). *Play Therapy*. New York: Ballantine.

Bandura, A. (1971). Psychotherapy based on medeling principles. In: A. Bergin and S. Garfield (Eds.), *Handbook of Psychotherapy and Behavior Change*. New York: Wiley.

Barker, P. (1985). *Using metaphor in psychotherapy*. N. Y.: Brunner/ Mazel.

Barkley, H., Wilborn, B., & Towers, M. (1991). Social interest in a peer counseling training program. *Journal of Individual Psychology, 47*(1), 1–15.

Bettelheim, B. (1980). *Kinder brauchen Maerchen*. Müenchen. DTV.

Bitter, J. R. (1993). Communication Styles, Personality Priorities, and Social Interest: Strategies for Helping Couples Build a Life Together, *Journal of Individual Psychology, 49*(3), 330–350.

Bixler, R. (1982). Limits are therapy ln G. Landreth (Ed.), *Play Therapy* (pp. 173–188). Springfield, IL: Charles C. Thomas.

Bleidick, U. (1986). *Die Individualpsychologie in ihrer Bedeutung fur die Padagogik*. Petzkorn–Scheifhacken Mülheim (Ruhr).

Bonime, W. (1982). *The clinical use of dreams*. New York: Da Capo.

Borden, B. L. (1997). Primary Age Children, in: J. Carlson & S. Slavik (ed.), *Techniques in Adlerian Psychology*. Washington: Taylor & Francis Ltd.

Borgatta, E. (1964). The structure of personality characteristics. *Behavioral Science, 9,* 8-17.

Boxill, E. H. (1985). *Music Therapy for the Developmentally Disabled*. 김태련, 염현경, 정현지, 김현정 편역(1994). 발달장애인을 위한 음악치료. 서울: 이화여자대학교 출판부.

Brammer, L. P. (1988). *The helping relationship*. Engelwood Cliffs, NJ: Prentice-Hall.

Brems, C. (1993). *A comprehensive guide to child psychotherapy*. Boston: Allyn & Bacon.

Brigman, G., & Molina, B. (1999). Developing social interest and enhancing school success skills: A service learning approach. *Journal of Individual Psychology, 55*(3), 342-354.

Britzman, M. J., & Henkin, A. L. (1992). Wellness and Personality Priorities: The Utilization of Adleerian Encouragement Strategies. *Individual Psychology 49*(2). 194-202.

Brough, M. F. (1994). Alleviation of loneliness: Evaluation of an Adlerian-based group therapy program. *Journal of Individual Psychology, 50*(1), 41-51.

Brown, J. (1976). *Practical applications of the personality priorities*. Clinton, Maryland: B S F Associates, Inc.

Bruscia, K. E. (1987). *Improvisational Models of Music Therapy*. 김군자 역(1998). 음악치료의 즉흥연주 모델. 서울: 양서원.

Bruscia, K. E. (1998). *Defining Music Therapy*. 최병철 역(2003). 음악치료. 서울: 학지사.

Carich, M. S. (1997). Variations of the "As If" Technique, in: J. Carlson & S. Slavik (ed.), *Techniques in Adlerian Psychology*. Washington: Taylor & Francis Ltd.

Carkhuff, R. R. (1969). *Helping and human relations, 1*. New York: Holt, Rinehart & Winsotn.

Carkhuff, R. (1980). *The art of helping IV*. Amherst, MA: Human Resource

Development Pres.

Carlson, J., & Slavik, S. (Ed.)(1997). *Techniques in Adlerian Psychology.* Washington: Taylor & Francis Ltd.

Chambers, A. (1993). *Tell me: Children, reading & talk.* Lockwood: The Thimble Press.

Clark, A. J. (1995). The organization and implementation of a social interest program in the schools. *Journal of Individual Psychology, 51*(4), 318–331.

Coleman, L., & Ganong, L. H. (1990). The uses of juvenile fiction and self–help books with stepfamilies. *Journal of counseling and Development, 68,* 327–331.

Coppolillo, H. P. (1987). *Psychodynamic Psychotherapy of Children.* Madison, CT: International Universities Press.

Corey, G. (2001). *The Art of Integrative Counseling.* 현명호, 유제호 역(2001). 상담 및 심리치료의 통합적 접근. 서울: 시그마프레스.

Corey, M. S., & Corey, G. (1993). Becoming a helper. Pacific Grove: Brooks/Cole.

Cornett, C. E., & Cornett, Ch. F. (1980). *Bibliotherapy: the right book at the right time.* Indiana: Bloomington.

Corsini, R. J. et al. (1987). *Current Psychotherapies.* 김정희, 이장희 역(1987). 현대 심리치료. 서울: 중앙적성출판사.

Corsini, R. J. et al. (1997). *Five therapists and one client.* 이혜성 역(1997). 다섯 명의 치료자와 한 명의 내담자. 서울: 이화여자대학교 출판부.

DeKraii, M. B., & Scales, B. (1991). Legal issues in the conduct of child therapy. In: T. R. Kratochwill and R. J. Morris (Eds.), *The Practice of Child Therapy.* New York: Pergamon.

Devereux, G. (1951). Some criteria for the timing of confreontations and interpretations. *International Journal of Psychoanalysis, 32,* 19–24.

Dinkmeyer, D. C., & McKay, G. D. (1976). *Systematic training for effective parenting.* Circle Pines, MN: American Guidance Service.

Dinkmeyer, D. C., & Sperry, L. (2000). *Counseling and Psychotherapy.* Columbus, Ohio: Merrill.

Dinkmeyer, D., & Sperry, L. (1987). *Adlerian counseling and psychotherapy.*

Columbus, OH: Merrill Publishing.

Dinkmeyer, D., & Sperry, L. (2000). *Counseling and Psychotherapy Approach.* New Jersey: Prentice-Hall.

Dinkmeyer, D., & Sperry, L. (2002). *Counseling and Psychotherapy.* 김춘경 역 (2004), 상담과 심리치료: Adler 개인심리학의 통합적 접근. 서울: 시그마프레스.

Dodds, J. B. (1985). *A Child Psychotherapy Primer.* New York: Human Sciences Press.

Dreikurs. R. (1932). Ueber Liebeswahl. In: Internationale Zeitschrift für Individualpsychologie. 10.Jg.

Dreikurs, R. (1957). Psychology in the classroom. New York: Harper.

Dreikurs, R. (1967). *Psychodynamics, psychotherapy, and counseling: Collected papers.* Chicago: Alfred Adler Institute.

Dreikurs, R. (1969). *Grundbegriffe der individualpsychologie.* Stuttgart: Ernst Klett Verlag.

Dreikurs, R. (1971). *Grundbegriffe der Individualpsychologie.* Stuttgart.

Dreikurs, R. (1985). *Psychologie im Klassenzimmer.* Stuttgart.

Dreikurs, R., & Blumental, L. (1986). *Eltern unddd Kinder-Freunde oder Feinde.* Stuttgart.

Dreikurs, R., & Cassel, P. (1977). *Disziplin ohne Strage.* Ravensburg.

Dreikurs, R., & Dinkmeyer, D. C. (1980). *Ermutigung als Lernhilfe.* Stuttgart.

Dreikurs, R., & Soltz, V. (1966). *Kinder fordern uns heraus.* Stuttgart.

Dreikurs, R., & Soltz, V. (1984). *Kinder fordern uns heraus.* Stuttgart.

Dreyer, S. S. (1985). *The bookfinder: A guide to children's literature about the needs and problems of youth ages 2 and up.* Circle pines, MN: American Guidance.

Ellenberger, H. (1970). *The discovery of the unconsious: The history and evolution of dynamic psychiatry.* New York: Basic Books.

Ellenberger, H. (1970). *The discovery of the unconsious: The history and evolution of dynamic psychiatry.* New York: Happer and Row.

Ellenwanger, W., & Groemminger, A. (1979). *Mäerchen-Erziehungshilfe oder Gefahr?.* Freiburg. Herder.

Ellis, A. (1970). Humanism, values, rationality. *Journal of Individual Psychology,*

26, 37−38.

Erikson, E. H. (1950). *Childhood and Society*. New York: W. W. Norton.

Essa, E. L., Murray, C. I., & Everts, J. (1995). *Death of a friend*. Childhood Education, 71(3), 130−133.

Fontana, D.(1993). *A Visual Key To Symbols And Their Meanings*. 최승자 역 (1993). 상징의 비밀: 상징과 그 의미를 푸는 시각적 열쇠. 서울: 문학동네.

Freedheim, D. K., & Russ, S. R. (1983). Psychotherapy with children. In C. E. Walker and M. C. Roberts (Eds.), *Handbook of Clinical Child Psychology*. New York: Wiley and Sons.

Furtmueller, C. (1980). Selbsterfundene Maerchen. in: Adler, A. *Heilen und Bilden*. Frankfurt a. M. Fischer.

Gardner, R. (1986). *The psychoterapeutic techniques of Richard A. Gardner*. Creskill, NJ: Creative Therapeutics.

Gardner, R. A. (1973). *Understanding Children*. New York: Jason Aronson.

Gardner, R. A. (1979). Mutual storytelling technique. In: C. Schaefer (ED.), *The Therapeutic Use of Child's Play*, Northvale, NJ.

Gaston, E. (1968). *Music in Therapy*. New York: MacMillan.

Gelso, C. J., & Carter, J. A. (1985). The relationship in counseling and psychotherapy: Components, consequences, and theoretical antecedents. *The Counseling Psychologist, 13*, 155−243.

Gil, E. (1991). *The healing power of play: Working with abused children*. New York: Guilford.

Ginott, H. G. (1960). *Group Psychotherapy with Children*. NY: McGraw Hill.

Ginott, H. G. (1961). *Group psychotherapy with children*. New York: McGraw− Hill.

Ginott, H. G. (1982). Therapeutic intervention in child treatment. In: G. Landreth (Ed.), *Play therapy: Dynamics of the process of counseling with children* (pp. 160−172). Springfield, IL: Charles C. Thomas.

Gladding, S. T., & Gladding, C. (1991). *The ABCs of bibliotherapy for school counselors. the School counselor, 39*, 7−13.

Glasser, W. N. (1980). Reality therapy. In: W. N. Glasser (Ed.), *What are you doing?* (pp. 48−60). New York: Harper & Row.

Glasser, W. N. (1988). Control theory. In W. N. Glasser (Ed.), *Control theory in the practice of reality therapy*. New York: Harper & Row.

Gondor, L. H. (1994). Use of Fantasy Communications in Child Psycgotherapy. in: Haworth. M. R.(1994), *Child Psychotherapy, Practice and Theory*. New Jersey: Jason Aronson Inc.

Goodman, J. (1985). *Turning points: New developments in values clarification*. Saratoga Springs. N.Y.: Creative Resource Press.

Grimm, Brueder Grimm (1980). *Kinder–und Hausmaerchen*. Bde. 1, 2, 3. Stuttgart.

Gumaer, J. (1984). *Counseling and therapy for children*. 이재연, 서영숙, 이명조 (1997). 아동상담과 치료. 서울: 양서원.

Hackenberg, W. (1982). Beispiele individualpsychologischer Kindertherapie. in: R. Schmidt (Hg.). (1982), *Die Individualpsychologie Alfred Adlers*. Stuttgart.

Haley, J. (1976). *Problem–solving therapy: New stratgies for effective family therapy*. San Francisco: Jossey–Bass.

Hall, C. S., & Lindzey, G. (1970). *Theories of Personality*. 이지영 외 역(1977). 성격의 이론. 서울: 중앙적성출판사.

Hanna, F. J. (1996). Community feeling, empathy, and intersubjectivity: A phenomenological framework. *Journal of Individual Psychology, 52*(1), 22–31.

Hartma. F. R. (1980). A systematization of families of archetypes for script analysis. *Transactional Analysis Journal, 4*(4), 32–35.

Haworth. M. R. (1994). *Child Psychotherapy, Practice and Theory*. New Jersey: Jason Aronson Inc.

Hellfardt, H. (1991). Maerchen und Maerchentherapie in der Sicht der Individualpsychologie Alfred Adlers. In: Petzold, H. Orch. I. (1991), *Die neuen Kreativitaetstherapien*. Band I. Paderborn.

Hjelle, L. A., & Ziegler, D. J. (1981). *Personality Theories*. 이훈구(1998). 성격심리학. 서울: 법문사.

Hutchins, D. E., & Cole, C. G. (1986). *Helping relations and strategies*. Pacific Grove, CA: Brooks/Cole.

Hynes, A. (1980). The goals of bibliotherapy. *The Arts in Psychotherapy, 7*, 35–

41.

Jacoby, H. (1974). Alfred Adlers Individualpsychologie und dialektische Charakterkunde. Frankfurt/M.

Jung, C. G. (1968). *Man and Symbols.* 정영목 역(1999). 사람과 상징. 서울: 까치글방.

Kaplan, H. B. (1991). Sex Differences in social interest. *Journal of Individual Psychology, 47*(1), 120−124.

Kast, V. (1989). *Maerchen als Therapie.* Müenchen. Walter−Verlag.

Kast. V. (1988). *Wege aus Angst und Symbiose.* Muenchen. Walter−Verlag.

Kaufman, A. S. (1979). *Intelligent testing with the WISC−R.* New York: John Wiley & Sons.

Kaus, G. (1926). Die seelische Entwicklung des Kindes. In: Mexberg, Erwin. (hg), Hadnbuch der Individualpsychologie. 1Bd. Muenchen.

Kausen, R. (1979). Zur Theorie der Individualpsychologie. In: Pongratz, L. J. (Hg.) *Klinische Psychologie Handbuch der Psychologie.* Bd. 8.1 Halbbd.. Güttingen.

Kefir, N. (1971). *Priorities: A different approach to life style.* Paper presented at ICASSI, Tel Aviv, Israel.

Kefir, N., & Corsini, R. (1974). Dispositional sets: A contribution to typology. *Journal of Individual Psychology, 30,* 163−178.

Kefir, N. (1981). Inpasse/priority therapy. In: R. J. Corsini(Ed.), *Handbook of innovative psychologist, 3,* 31−40.

Kendall, P. C. (1985). Toward a cognitive−behavior model of child psychopathology and a critique of related interventions. *Journal of Abnormal child Psychology, 13,* 357−375.

Kendall, P. C. (1993). *Child and Adolescent Therapy: Cognitive−Behavioral Procedures.* New York: Guilford.

Kendall, P. C., & MacDonald, J. P. (1993). Cognition in the psychopathology of youth and implications for treatment. In: K. S. Dobson & P. C. Kendall (Eds.), *Psychopathology and cognition,* 387−427. San Diego: Academic Press.

Kendall, P. C., Ronan, K. R., & Epps, J. (1991). Aggression in children/

adlescents: Cognitive-behavioral treatment perspectives. In: D. J. Pepler & K. H. Rubin (Eds.), *The Development and Treatment of Childhood Aggression*, 341-360. Hilsdale, NJ: Erlbaum.

Kleber, D. (1982). Bibliotherapie: Ein Beitrag zur Geschite und zur Begriffsbestimmung. *Zentralblatt fuer Bibliotheswesen, 98*(9), 390-399.

Kline, P. (1993). *The handbook of psychological testing*. New York: Methuen & Co.

Kottman, T. (1993a). Billy, the teddy bear boy. In: L. Golden & M. Norwich (Eds.), *Case studies in child counseling* (pp. 75-88). New York: Merrill.

Kottman, T., & Warlick, J. (1990). Adlerian play therapy: Practical considerations. *Journal of Individual Psychology, 45*, 433-446.

Kottman, T., & Warlick, J. (1991). Adlerian play therapy. *Journal of Humanistic Education and Development, 28*, 125-132.

Kottman, T., & Johnson, V. (1993). Adlerian play therapy: A tool for school counselors. *Elementary Guidance and Counseling, 27*, 42-51.

Kottman, T.(1995). *Partners in Play: An Adlerian Approach to Play Therapy*. American counseling Association.

Kottman, T., & Schaefer, C. (1995). *Play therapy in Action: A Casebook for Practitioners*. Northvale, NJ: Jason Aronson.

Kottman, T., & Stiles, K. (1997). An Adlerian Application in Child Therapy, in: J. Carlson & S. Slavik (Ed.), *Techniques in Adlerian Psychology*. Washington: Taylor & Francis Ltd.

Kramer, P. A., & Smith, G. G. (1998). Easing the Pain of Divorce Through childrens's Literature. *Early childhood Education Journal, 26*(2), 89-95.

Kuerthy, T. (1985). *Dornroeschens zweites Erwachen*. Hamburg.

Kunkel, F. (1976). *Charakter, Wachstum und Erziehung*. Leipzig.

Lampe, R., & Johnson, R. P. (1988). School counselors and ethical dilemmas. *TACD Journal, 16*, 121-124.

Landgarten, H. B. (1981). *Clinical art Therapy: A Comprehensive Guide*. New York: Brunner/Mazel.

Landreth, G. L. (1982). *Play therapy*. Springfield: Charles C. Thomas publisher.

Landreth, G. L. (1987). Play therapy: Facilitative use of child's play in elementary school counseling. *Elementary School Guidance and Counseling, 21*, 253–261.

Landreth, G. L. (1991). *Play Therapy: The Art of the Relationship*. Muncie, IN: Accelerated Development Inc.

Landreth, G. L. (1993). Child-centerd play therapy. *Elemently School Guidance and Counseling, 28*, 17–29.

Langenfeld, S. D. (1981). *Personal Priorities: A factor analytic study*. Unpublished doctoral dissertation. University of South Dakoia.

Langenfeld, S. D., & Main, F. O. (1983). Personality priorities: A factor analytic study. *Individual Psychology, 39*, 40–51.

Lazarusfeld, S. (1931). *Wie die Frau den Mann erlebt*. Leipzig/Wien.

Lukens, R. J. (1995). *A Critical handbook of children's literature*. NY: Harper Collins College Publischers. Sutherland, A. & Arbuthnot, M. H. (1991). *Children and books*. NY: Harper Collins Publischers.

Lundin, R, W. (1989). *Alfred Adler's Basic Concepts and Implication*. 노안영, 강만철, 오익수, 김광운, 송현종 역(2001). 애들러 상담이론. 서울: 학지사.

Main, F., & Oliver, R. (1988). Complementary, symmetrical, and parallel personality priorities as indicators of marital adjustment. *Individual Psychology: The Adlerian Journal of Research, Theory and Practice, 45(2)*. 324–332.

Massay, R. F. (1989). The Philosophical compatability of Adler and Berne. *Individualpsychology, 45(3)*, 322–334.

Massay, R. F. (1990). Berne's Transactional Analysis as a New-Freudian/ New-Adlerian perspective. *Transactional Analysis Journal, 20(3)*, 173–186.

Merkle, Rolf (1988). *Bibliotherapie, Der Einfluss des therapiebegleitenden lesens auf das emotionale Befinden bei ambulant behandelten Patienten*. Mannheim.

Mosak, H. (1984). Adlerian psychology. In: R. Corsini & B.Ozaki (Eds.), *Encyclopedia of Psychology*. New York: Wiley-Interscience, 232–258.

Mosak, H. (1989). Adlerian Psychotherapy. In: R. J. Corsini (Ed.), *Current Psychotherapies*. Itasca, IL: F.E. Peacock.

Mosak, H. H. (1979). Adlerian psychotherapy. In: R. Corsini (Ed.), *Current*

Psychotherapies. Itasca, IL: Peacock Publishers.

Mosak, H. H. (1987). Adlerian psychotherapy. In: Corsini, R. J. (1987). *Current Psychotherapies.* 김정희, 이장희 역(1987). 현대심리치료. 서울: 중앙적성출판사.

Mosak, H. H. (1991). "I don't have social interest": Social interest as construct. *Journal of Individual Psychology, 47*(1), 309-321.

Mosak, H. H. (1997). Life Style Assessment: A Demonstration Focused on. In: J. Carlson & S. Slavik (Ed.), *Techniques in Adlerian Psychology.* Washington: Taylor & Francis Ltd.

Mosak, H. H., & Dreikurs, R. (1973). Adlerian psychotherapy. In: R. Corsini (Ed.), *Current Psychotherapies* (pp. 126-157). Itasca, IL: F. E. Peacock.

Mosak, H. H., & Shulman, B. H. (1974). *The lifestyle inventory.* Chicago: Alfred Adler Institute.

Moustakas, C. (1959). *Psychotherapy with children: The living relationship.* New York: Harper & Row.

Mozdzierz, G., Macchitelli, F., & Lisiecki, J. (1976). The paradox in psychotherapy: An Adlerian perspective. *Journal of Individual Psychology, 42*(3), 339-349.

Muro, J. J., & Dinkmeyer, D. C. (1977). *Counseling in the elementary and middle schools.* Dubuque, LA: Wm. C. Brown.

Nelson-Jones, R. (1990). *Human relationship.* Pacific Grove, CA: Brooks/ Cole.

Norby, V. J., & Hall, C. S. (1974). *A guide to psychologists and their concepts.* San Francisco: W. H. Freeman.

Nugent, F. A. (1990). *An introduction to the profession of counseling.* Columbus, OH: Merrill.

O'Hearne, L. P. (1974). Use of fairy tales in redicision. *Transactional Analysis Journal, 4*(4), 32-35.

Ogdon, D. (1977). *Psychodiagnostics and personality assessment: A handbook* (2nd ed.). Los Angeles, CA: Western Psychological Services.

Orgler, H. (1974). *Alfred Adler, Triumph Ueber Minderwertigkeitskomplex.* Muenchen.

O'Connor, K. J. (1991). *The play therapy primer: An integration of theories and techniques*. New York: Wiley.

Papanek, H. (1997). The Use of Early Recollections in Psychotherapy. In: J. Carlson & S. Slavik (Ed.), *Techniques in Adlerian Psychology*. Washington: Taylor & Francis Ltd.

Pardeck, J. T. (1994). Using literature to help adoleschents cope with problems. *Adolescence, 29*, 421-427.

Pepper, F. (1979). The characteristics of the family constellation. *Individual Psychologist, 17*, 19-37.

Pepper, F. (1980). Why children misbehabe. *Individual Psychologist, 17*, 19-37.

Pietrofesa, J. J., Pietrofesa, C. J., & Pietrofesa, J. D. (1990). The mental health counselor and duty to warn. *Journal of Mental health Counseling, 12*, 129-137.

Rambert, M. L. (1964). The use of drawings as a method of child psychoanalysis. In: M. R. Haworth (Ed.), *Child Psychotherapy*. New York: Basic Books.

Rasmussen, D. M. (1974). *Symbol and Interpretation*. 장석만 역(1991). 상징과 해석. 서울: 서광사.

Rattner, J. (1963). *Individualpsychologie*. München/Basel.

Reynolds, C. (1978). A quick-scoring guide to the interpretation of children? Kinetic Family Drawings(KFD). *Psychology in the Schools, 15*, 489-492.

Richardson, F. C., & Manaster, G. J. (2003). Social interest, emotional well-being, and the quest for civil society. *Journal of Individual Psychology, 59*(2), 123-135.

Riordan, R. J., & Wilson, L. S. (1989). Bibliotherapy: Does it work? *Journal of Counseling and Development, 67*, 506-509.

Roehrich, R. (1976). *Individualpsychologie in Erziehung und Unterricht*, München.

Rogers, C. R. (1951). *Client centered therapy*. Boston: Houghton Mifflin.

Rogers, C. R. (1961). *On becoming a person*. Boston: Houghton Mifflin.

Rosenberg, M. (1965). *Society and adolescent self-image*. Prinston. NJ: Prinston University Press.

Rothlein, L. C., & Meinbach, A. M. (1991). *The literature connection: Using children's books in the classroom*. Glenview, IL: Good Year.

Rubin, R. J. (1978). *Bibliotherapy sourcebook*. AZ:Oryz Press, London.

Ruesch, J. (1961). *Therapeutic communication*. New York: Norton.

Schaefer, C. E. (1993). *Therapeutic powers of play*. Northvale: Jason Aronson Inc.

Schirrmeister, M. (1926). *Das verwöhnte Kind*. Dresden.

Schlichter, C. L., & Burke, M. (1994). Using books to nurture the socail and emotional development of gifted students. *Rooper Review, 16*, 280–283.

Schmidt, R. (Hg.) (1982). *Die Individualpsychologie Alfred Adlers*. Stuttgart.

Schultz, O. (1990). *Theory of Personality*. Pacific Grove, CA. Brook/Cole.

Schwartz, E. K. (1994). A Psychoanalytic Study of the Fairy Tale. In: Haworth. M. R. (1994), *Child Psychotherapy, Practice and Theory*. New Jersey: Jason Aronson Inc.

Shulman, B. H. (1973). The use of dramatic confrontation. In group psychotherapy. *Psychiatric Quarter, 36* (Suppl. Part I).

Shulman, B. H. (1997). Confrontation Techniques in Adlerian Psychotherapy. In: J. Carlson & S. Slavik (Ed.), *Techniques in Adlerian Psychology*. Washington: Taylor & Francis Ltd.

Shulman, B. H., & Mosak, H. (1988a). *LSI–Life Style Inventory*. Muncie, IN: Accelerated Development.

Shulman, B. H., & Mosak, H. (1988b). *Manual for life style assessment*. Muncie, IN: Accelerated Development.

Simmons, J. E. (1987). *Psychiatric Examination of Children* (4th ed.). Philadelphia: Lea and Febinger.

Simon, A. (1931). Volksschule oder Hilfsschule. In: *Internationale Zeitschrift fuer Individual psychologie, 9*: Jg.

Slavik, S. (1997). A Practical Use of Dreams. In: J. Carlson & S. Slavik(Ed.), *Techniques in Adlerian Psychology*. Washington: Taylor & Francis Ltd.

Sperry, L. (1997). The "Rediscovery" of Interventive Interviewing. In: J. Carlson & S. Slavik (Ed.), *Techniques in Adlerian Psychology*. Washington: Taylor & Francis Ltd.

Spiegel, S. (1989). *An Interpersonal Approach to Child Therapy*. New York: Columbia University Press.

Spiel, O. (1979). *Am Schaltbrett der Erziehung*. Wien.

Steinhardt, L. (1985). Freedom within boundaries: Body outline drawings in art therapy with children. *The Arts in Psychotherapy, 12*, 25–34.

Sweeny, T. J. (1989). *Adlerian Counseling: A Practical Approach for a New Decade.* Bristol: Taylor & Francis Group.

Titze, M. (1978). Geschichte der Individualpsychologie. In: Brunner, R., M. Titze (Hg.), *Woerterbuch der Individualpsychologie,* 165–177.

Titze, M. (1979). *Lebensziel und Lebensstil. Grundzuege der Teleoanaylse nach Alfred Adler.* Muenchen.

Tomm, K. (1987). Interventive interviewing. Part I : Strategizing as a fourth guideline for the therapist. *Family Press, 26,* 3–13.

Topf, D. W. (1984). *Personality Priorities and Marriage Adjustment.* Unpublisched doctoral dissertation, University of South Dakota.

Tyler, L. E. (1969). *The work of the counselor* (3rd ed.). New York: Appleton–Century–Grofts.

Tyndall, L. W., & Lichtenberg, J. (1985). Spouses' cognitive styles and marital interactionpatterns. *Journal of Marital and Family therapy, 11*(2), 193–202.

Unzner. (1990). *Das Mittlere Kind in der Geschwisterkonstellationsforschung.* Aachen RWTH, Phil. Dissertation.

Watzlawick, P. (1987). If you desire to see, learn how to act. In: J. K. Zeig(Ed.), *The evolution of psychotherapy.* New York: Brunner/Mazel.

Weeks, G. R., & L'Abate, L. (1982). *Paradoxical psychotherapy: Theory and practice with individuals, couples and families.* New York: Brunner/Mazel.

Weiss, L. (1986). *Dream analysis in psychotherapy.* New York: Pergamon.

West, J. D., Main, F. O., & Zarski, J. J. (1997). The Paradoxical Prescription in Individual Psychology. In: J. Carlson & S. Slavik (Ed.), *Techniques in Adlerian Psychology.* Washington: Taylor & Francis Ltd.

Wexberg, E. (1926). *Das verwöhnte Kind.* Dresden.

Wexberg, E. (1969). *Individualpsychologie,* Stuttgart.

Wexberg, E. (1973). Verzogene Kinder. In: Adler, A., Furtmueller, C. & Wexberg, E. (1973c). *Heilen und Bilden.* Frankfurt/M.

Wexberg, E. (1974). *Individualpsychologie.* Stuttgart.

Wolberg, L. R. (1967). *The technique of psychotherapy* (2nd ed.). New York:

Grune & Stratton.

Young, M. E. (1992). *Counseling methods and techniques*. New York: Merrill.

 찾아보기

[내 용]

저자약력

■ 김 춘 경

연세대학교에서 아동학을 전공하고, 동 대학 연합신학대학원에서 실천신학(기독교 교육, 목회상담) 전공으로 문학석사학위를 취득하였고, 독일 아헨대학교에서 교육학(상담 및 심리), 심리학, 기독교 조직신학 전공으로 철학박사학위를 취득하였다. 몬테소리 국제교사자격을 취득하고, 독일 IAP 연구소에서 Adler의 개인심리학적 상담 및 심리치료사 교육과정을 수료하였다. 2001년 독일 쾰른대학교 치료교육대학에서 연구교수로 있었고, 현재 경북대학교 아동가족학과 부교수로 아동·가족 상담학을 지도·연구하고 있다.

저서 및 역서

아동상담 이론과 실제(학지사), 아동 집단상담 프로그램(공저, 학지사), 아동학개론(공저, 학지사), 상담 및 심리치료의 이해(공역, 학지사), 상호작용놀이를 통한 집단상담: 이론과 실제(공저, 학지사), 가족치료 사전(공저, 정암서원), 중·고등학생을 위한 집단상담: 삶의 기술(학지사), 상담과 심리치료: Adler 개인심리학의 통합적 접근(시그마프레스), 집단상담: 전략과 기술(시그마프레스), 집단상담기법(시그마프레스), 세계의 영유아 보육(공역, 이화여대출판사) 등이 있다. 이 외에 놀이치료, 미술치료, 문학치료기법을 활용한 아동상담과 가족상담에 관련된 다수의 논문과 워크숍 지도서 등이 있다.

아들러 아동상담 -이론과실제-

2006년 2월 8일 1판 1쇄 발행
2022년 11월 25일 1판 5쇄 발행

지은이 • 김 춘 경
펴낸이 • 김 진 환
펴낸곳 • (주) **학지사**

　　　　　04031 서울특별시 마포구 양화로 15길 20 마인드월드빌딩 5층
대표전화 • 02) 330-5114　　팩스 • 02) 324-2345
등록번호 • 제313-2006-000265호
홈페이지 • http://www.hakjisa.co.kr
페이스북 • https://www.facebook.com/hakjisabook

ISBN 978-89-5891-201-9 93180

정가 **16,000원**

출판미디어기업 **학지사**

간호보건의학출판 **학지사메디컬** www.hakjisamd.co.kr
심리검사연구소 **인싸이트** www.inpsyt.co.kr
학술논문서비스 **뉴논문** www.newnonmun.com
원격교육연수원 **카운피아** www.counpia.com